Über den Verfasser

Matt Cartmill ist Professor am Department für Biologische Anthropologie und Anatomie an der Duke University, Durham, North Carolina, in den USA.

Matt Cartmill

Das Bambi-Syndrom

Jagdleidenschaft und Misanthropie
in der Kulturgeschichte

Deutsch von Hans-Ulrich Möhring

rowohlts enzyklopädie
kulturen und ideen

rowohlts enzyklopädie
Herausgegeben von Burghard König

Für Kaye
voll Liebe und Dankbarkeit

Veröffentlicht im Rowohlt Taschenbuch Verlag GmbH,
Reinbek bei Hamburg, Dezember 1995
Deutsche Erstausgabe, erschienen unter dem Titel *Tod im Morgengrauen.*
Das Verhältnis des Menschen zu Natur und Jagd,
Copyright © 1993 by Artemis & Winkler Verlags GmbH, München
Alle Rechte, einschließlich derjenigen des auszugsweisen Abdrucks und
der photomechanischen Wiedergabe, vorbehalten
Published by arrangement with Harvard University Press
Titel der Originalausgabe: *A View to a Death in the Morning.*
Hunting and Nature through History
Harvard University Press, Cambridge, Mass./London 1993
© 1993 by the President and Fellows of Harvard College
Umschlaggestaltung Jens Kreitmeyer
(Abbildung Sir Edwin Landseer: *A Random Shot*)
Gesamtherstellung Clausen & Bosse, Leck
Printed in Germany
2690-ISBN 3 499 55566 2

Inhaltsverzeichnis

Vorwort

Dieses Buch handelt von den Verbindungen, die von verschiedenen Seiten zwischen der Jagd und dem Menschsein hergestellt wurden. Es setzt sich vor allem mit der Jagdhypothese vom Ursprung des Menschen auseinander, also mit der Geschichte, die erzählt, wie einige Affen zu Menschen wurden, als sie begannen, Waffen zu benutzen und zu töten. Die Geschichte vom Mörderaffen hat Wurzeln in älteren Überlieferungen, und so ist dieses Buch zum Teil eine Literaturgeschichte. Aber es ist auch ein Buch über die Wissenschaft, weil die bedeutendsten Erzähler dieser Geschichte Wissenschaftler waren.

Ich fange mit meiner historischen Darstellung ziemlich am Ende an, indem ich zuerst die Entstehung und den Siegeszug der Jagdhypothese im anthropologischen Denken nach dem Zweiten Weltkrieg nachverfolge. Im 2. Kapitel beschreibe ich den Niedergang der Hypothese in den siebziger Jahren und frage, weshalb eine so fadenscheinige Geschichte mit so schwer verdaulichen Implikationen von kritisch denkenden Wissenschaftlern so lange akzeptiert wurde. Manche Kritiker sind der Ansicht, das Bild von Homo sapiens als einem wahnsinnigen Mörderaffen spreche diejenigen an, welche Krieg, Gewalt und Grausamkeit gern als in der Natur des Menschen liegend entschuldigen möchten. Doch dieses Argument trifft auf die frühen Versionen der Jagdhypothese nicht zu, denn sie enthalten einige der bittersten Anklagen dieser Übel, die je geschrieben wurden. Was haben wir also davon, daß wir uns als kranke, gestörte Tiere betrachten – und was bringt einen Menschen auf den Gedanken, daß der Ursprung unserer Krankheit irgendwie mit dem Jagen zusammenhängen könnte?

Der mittlere Teil des Buches versucht, diese Fragen zu beantworten. Im 3. Kapitel («Jungfräuliche Jägerinnen und ‹rohverschlin-

gende Mähler>») zeige ich, daß die Jagd in der gesamten Geschichte des
europäischen Denkens mit dem Krieg verglichen worden ist. In altgriechischen Mythen und Schriften wurde die Jagd gewöhnlich als gerechter Krieg hingestellt, ein Sieg des Menschlichen und Vernünftigen über
das Tierische und Unvernünftige; aber im christlichen Zeitalter erscheint
dann die Jagd in einem zunehmend ungünstigen Licht. Das 4. Kapitel
(«Der weiße Hirsch») berichtet, wie sich die Bedeutung der Jagd gegen
Ende des Mittelalters zu wandeln begann, als das Jagen zum aus-
schließlichen Vorrecht des Adels wurde, der wilde Wald plötzlich als
Idyll erschien und das Wild des Jägers den Nimbus des Tragischen, Edlen und Geheimnisvollen annahm. Das 5. Kapitel («Das schluchzende
Geschöpf») beschreibt, wie sich die Jagd in der Renaissance zu einem
Symbol der Tyrannei und einem Gegenstand moralischer Entrüstung
entwickelte.

Die im 17. Jahrhundert aufkommende jagdfeindliche Einstellung
ist in mehrerlei Hinsicht mit dem Aufstieg der Wissenschaft in Verbindung gebracht worden. Im 6. Kapitel («Das Kreischen kaputtgehender
Maschinen») zeige ich, wie die Wissenschaft selbst die sittlichen Grundlagen der menschlichen Herrschaft über die Natur in Frage gestellt hat,
indem sie die Grenze zwischen Menschen und Tieren verwischte. Die
im 7. Kapitel («Die Leiden des Eohippus») beschriebene romantische
Gegenreaktion auf die Wissenschaft hat uns gelehrt, die Natur als einen
heiligen Raum im Gegensatz zur um sich greifenden Umweltschändung
durch die Technik zu begreifen. Umgekehrt wird die dem entgegen-
setzte darwinistische Sicht, der die Natur als Kampf ums Dasein erscheint, häufig als Rechtfertigung der Jägerei ins Feld geführt. In der
viktorianischen Zeit berief man sich auch gern auf den Darwinismus,
um Imperialismus und Laissez-faire-Kapitalismus zu rechtfertigen. Im
8. Kapitel («Das kranke Tier») stelle ich dar, wie die Großwildjagd bei
den europäischen Kolonialisten ein Symbol für die Herrschaft des Menschen über die niederen Daseinsstufen war und wie sie von den Geg-
nern des Imperialismus als grausam und unterdrückerisch angegriffen
wurde. Das 9. Kapitel («Das Bambi-Syndrom») beschreibt, wie Angst
vor dem Krieg, romantische Naturverehrung, freudianischer Pessimismus hinsichtlich der Zukunft der Menschheit und die symbolischen
Werte, die wir Hirschen und Rehen beilegen, in die Schaffung des ein-

flußreichsten Propagandawerks gegen die Jagd eingingen, das je produziert wurde.

Im 10. Kapitel («Eine tödliche Krankheit der Natur») komme ich auf die wissenschaftlichen Versionen der Jagdhypothese zurück und zeige, daß die im Kern gleichen Geschichten, die 1960 von den Wissenschaftlern wärmstens begrüßt wurden, auf kalte Ablehnung stießen, als sie 1920 von anderen vorgetragen wurden. Diese unterschiedliche Reaktion erklärt sich zum Teil aus dem Triumph des Neodarwinismus in den dreißiger Jahren und der Entdeckung neuer Fossilien in den Vierzigern; aber meine These ist, daß sich darin sehr stark auch tiefere kulturelle und historische Veränderungen widerspiegeln, als da wären der Zusammenbruch Nazideutschlands und der europäischen Kolonialreiche, die Entstehung eines ökologischen Bewußtseins in der Nachkriegszeit und die von der Atombombe und dem Anbruch des Kalten Krieges geschürten Ängste vor der wissenschaftlichen Technik. In den Schlußkapiteln des Buches äußere ich meine Zweifel an dem Sinn und dem Wirklichkeitsgehalt von Unterscheidungen, die wir zwischen dem Künstlichen und dem Natürlichen und zwischen Menschen und Tieren vornehmen.

*

Ohne großzügige Hilfe von anderen hätte ich dies alles nicht bewältigen können. Viele von ihnen sind in der Danksagung am Ende des Buches namentlich genannt. Hier am Anfang möchte ich meiner Frau, Freundin und Kollegin Kaye Brown meinen besonderen Dank aussprechen. Die ganzen Jahre über, in denen ich forschend und schreibend an diesem Buch gearbeitet habe, hat sie sich meine Gedanken angehört und mir geholfen, die Irrtümer auszujäten, hat selber viele wichtige Erkenntnisse beigesteuert, mitgewirkt, unser Leben und unsere Termine so zu organisieren, daß ich mich ganz der Arbeit widmen konnte, und darauf geachtet, daß ich meine Energie und Aufmerksamkeit auf das mühselige Geschäft konzentrierte, die Worte zu Papier zu bringen. Wie das meiste von dem, was ich bisher zustande bringen durfte, verdankt sich auch dieses Buch in hohem Maße ihrer denkenden Mithilfe und liebevollen Unterstützung. Es ist ihr voll Liebe, Dankbarkeit und Bewunderung gewidmet.

Kennt ihr John Peel mit dem Rock so bunt?
Kennt ihr John Peel in der frühsten Stund?
Kennt ihr John Peel mit Horn und Hund,
Wenn er weit, weit weg ist am Morgen?

Der Schall seines Horns hat mich geweckt
Und das Belln seiner Hunde, denn wenn er's bezweckt,
Hätte Peels «Fuchs, hallo!» Tote wachgeschreckt
Und den Fuchs aus dem Bau am Morgen.

Ja, ich kenne John Peel und weiß, wer da bellt:
Ranter und Ringwood, Bellman und Held.
Erst erspürt, dann verlorn, erst verlorn, dann gestellt,
Erst gestellt, dann ein Tod am Morgen.

Traditionelles Lied zur Fuchsjagd
(zugeschrieben John Woodcock Graves, um 1820)

KAPITEL I

Der Mörderaffe

*Pessimistische Darstellungen der conditio humana lassen sich
als warnende Hinweise auf das begreifen, was wir, wenn wir
wollten, vermeiden könnten.*

S. A. Barnett

Südafrikas Nordprovinz Transvaal erstreckt sich 1000 km von Osten
nach Westen bis zu den Südausläufern der Kalahari-Wüste. 1922 war
Transvaal ein trostloser Winkel des britischen Kolonialreichs und seine
größte Stadt Johannesburg eine staubige Bergwerkssiedlung voller
Blechdachhütten. Jedoch am kulturellen Horizont der Stadt zeichneten
sich große Dinge ab. Die alte südafrikanische Bergwerksschule hatte
soeben ihre dreijährige Umwandlung in die University of the Witwatersrand abgeschlossen, mit einem großen neuen Universitätsgelän-
de in der Innenstadt, dreißig Studienfächern und einer eigenen medizinischen Fakultät.[1]

Leider hatte die neue Universität auch gleich einen häßlichen
Skandal am Hals. Professor E. P. Stibbe, der an der medizinischen Fakultät den Lehrstuhl für Anatomie innehatte, war während einer Ab-
wesenheit seiner Gattin mit einer anderen Frau im Kino gesehen worden. Für diese Ungeheuerlichkeit gerüffelt, erklärte Stibbe dem Rektor
der Universität entrüstet, das gehe ihn überhaupt nichts an – und wurde prompt entlassen.[2]

Als diese Nachricht dem berühmten englischen Neuroanatomen
G. Elliot Smith im fernen London zu Ohren kam, schlug dieser sogleich

einen seiner Schützlinge als Nachfolger für Stibbe vor. Smiths Kandidat, ein junger australischer Anatom namens Raymond Dart, war nicht gerade entzückt von der Aussicht, seine prestigeträchtige Stelle am University College London gegen einen Posten an irgendeiner Provinzschule im hintersten Hinterwald der Ziviliation einzutauschen. Er ließ sich von Smith überreden, sich auf den Stuhl in Witwatersrand zu bewerben, und er nahm die Stelle an, als er sie bekam; aber er tat es wider besseres Wissen.[3]

Zunächst meinte Dart, einen verhängnisvollen Fehler begangen zu haben. Als er im Januar 1923 an der School of Medicine in Johannesburg anfing, sah er sich einem «abgrundtiefen Mangel in puncto Ausstattung und Literatur»[4] gegenüber. Der Fachbereich für Anatomie war in einem heruntergekommenen alten Gebäude untergebracht. Seine zentrale Einrichtung, ein ramschiger Seziersaal, in dem überall vertrocknete Kadaverreste herumlagen, wurde nach Vorlesungsschluß zum Tennisspielen benutzt. Die meisten von Darts neuen Kollegen hielten es für eine Schande, daß man den allseits beliebten Stibbe gefeuert und einen anderen auf seinen Posten gesetzt hatte – und auch noch einen Australier! Darts vordem rosige Zukunft als Wissenschaftler sah jetzt traurig und düster aus.

Dann geschah etwas, das alles veränderte: Darts Leben, die Universität und Südafrikas Platz in der Geschichte der Wissenschaft. Zuletzt sollte es auch die Vorstellungen verändern, die man sich allgemein vom Wesen und Ursprung der Gattung Mensch machte.

Seit vielen Jahren baute die Northern Lime Company an einem Ort namens Taung, 400 km südöstlich von Johannesburg, Kalkstein ab. Bergleute fanden gelegentlich im Kalkstein bei Taung Fossilien und hoben sie als Kuriositäten auf. Ein Bergwerksdirektor, der im Mai 1924 den Steinbruch besichtigte, bekam ein Sammlung dieser Fossilien gezeigt. Er suchte sich einen schönen Affenschädel aus, um ihn bei sich zu Hause in Johannesburg auf dem Schreibtisch als Briefbeschwerer zu benutzen. Sein Sohn lieh sich das Fossil aus, um es seinen Freunden und Freundinnen an der Universität zu zeigen – und eine davon, eine Medizinstudentin im ersten Semester namens Josephine Salmons, lieh ihn sich ihrerseits aus und zeigte ihn ihrem Anatomieprofessor Dr. Dart.

Dart identifizierte den Schädel als den einer neuen Pavianart und vermerkte, daß aus der Hirnschale oben ein rundes Stück säuberlich herausgebrochen worden war. Fasziniert von dem Fund bat er Professor R. B. Young vom geologischen Fachbereich der Universität, doch zu schauen, ob sich nicht noch mehr Fossilien von der Fundstätte beschaffen ließen. Young fuhr im November nach Taung und kehrte mit einem weiteren Fossilienschädel zurück. Das neue Fossil war kein Pavian; der Schädel sah aus wie der eines Menschenaffenkindes.

Das war eine wichtige und verblüffende Entdeckung. Heutzutage leben Menschenaffen im Wald, doch das nördliche Südafrika ist schon seit Jahrmillionen semiarides Grasland. Wie hätte ein Tier wie ein Schimpanse oder ein Orang-Utan auf einer baumlosen Steppe überleben sollen? Bei der Untersuchung des Schädels fiel Dart auf, daß das Gehirn anscheinend ungewöhnlich groß und menschenähnlich gewesen war – und er begann sich zu fragen, ob vielleicht eine Verbindung zwischen diesem Wesen und seinen eigenen Vorfahren bestand. Sein erster Gedanke beim Anblick des kindlichen Schädels war, daß dieser ausgestorbene südafrikanische Menschenaffe von der Jagd gelebt hatte:

> Während ich über das Rätsel nachgrübelte, wie das großhirnige Wesen ohne die natürlichen Futterquellen eines Anthropoiden in Transvaal hatte überleben können, fiel mir mit einemmal Fräulein Salmons Pavianschädel wieder ein, der von derselben Fundstätte gekommen war. Ich erinnerte mich an das säuberliche runde Loch oben rechts.
>
> Konnte es sein, daß ein anderes Wesen die Öffnung gemacht hatte, um das Gehirn als Nahrung herauszusaugen? Hatte dieser Affe mit dem großen Gehirn Paviane gefangen und gefressen? Wenn ja, dann mußte er sehr schlau gewesen sein, daß er sie fangen und töten konnte; und sehr mutig.[5]

Dart hatte es erstaunlich eilig, mit der Sache an die Öffentlichkeit zu treten. In unermüdlicher Tag- und Nachtarbeit meißelte er den Schädel von Taung aus dem Kalkstein, säuberte ihn, fertigte mehrere Zeichnungen und Fotos für die Veröffentlichung an, schrieb seine Entdeckungen und Schlüsse nieder und sandte sein Manuskript an die englische wissenschaftliche Zeitschrift *Nature* – alles in weniger als sechs Wochen.[6]

Darts Aufsatz erschien am 7. Februar 1925. Darin taufte Dart seinen großhirnigen Anthropoiden *Australopithecus africanus* (afrikanischer Südaffenmensch) und ernannte ihn zu einem aufrecht gehenden Zweifüßer und Vorfahren des Menschen.

In einem längeren Artikel im Jahr darauf trug Dart einige Schlüsse über die Lebensgewohnheiten seines Affenmenschen vor. Australopithecus, so seine Überlegung, war ein räuberischer Primat gewesen, ein Affe, der sich «seiner tropischen Fruchtnahrung so weit entwöhnt hatte, daß er zur Abwechslung Früchte der Jagd in seinen Speiseplan aufnahm». Aber diese ersten Früchte der Jagd sahen nach einer ziemlich mageren Ausbeute aus. Nachdem er die in den Brekzien von Taung gefundene Sammlung von Knochenabfällen untersucht hatte, kam Dart zu dem Schluß, es müsse sich dabei um die Überbleibsel von Australopithecinenmahlzeiten handeln, da das Ganze für die gesammelten Speisereste eines großen, kräftigen Fleischfressers zu dürftig war:

> Das Material, das wie die zerkleinerten Knochen von Schildkröten, Vögeln, Insektenfressern, Nagern, Pavianen und vielleicht kleinen Rehboks aussieht, dazu noch Schalen von Vogeleiern, deutet durch seine Art, seine Spärlichkeit und seinen abgesuchten und aufgebrauchten Zustand auf das sorgfältige und gründliche Fiseln eines Tieres hin, das nicht große Tiere als Lebensinhalt, sondern kleine Tiere für den Lebensunterhalt tötete.[7]

Die Australopithecinen, schrieb Dart, waren genau deswegen auf den Weg der Menschwerdung gebracht worden, *weil* sie sich in einer widrigen Umwelt mühsamst durchschlagen mußten. Die anderen Menschenaffen, die es sich in den üppigen äquatorialen Urwäldern wohl sein ließen, führten ein viel zu sorgenfreies Leben. («In den fruchtreichen Wäldern der Tropengürtel bot die Natur mit großzügiger und verschwenderischer Hand eine leichte und bequeme Lösung [...] des Existenzproblems.»[8]) Doch von einem in Transvaal lebenden Affen waren zum Überleben «ständig und in wachsendem Maße Entscheidungsvermögen und Schlauheit gefordert, [...] wenn er neue Arten von Nahrung finden und davon leben und die Gefahren und Feinde der offenen Steppe vermeiden wollte». Dart mutmaßte, daß Australopithecus gezwungen gewesen war, sich auf die Hinterbeine zu stellen, um Raubtieren zu entkommen: «zur jähen und flinken zweifüßigen Bewegung, um nicht gefaßt zu werden». Sein anstrengendes Leben unentwegter Ausweichmanöver vor Geparden und Anschläge auf junge Antilopen hatte «die Fähigkeit des Anthropoiden geweckt, zu denken und vorauszuplanen, und mit dieser Fähigkeit die Umwandlung vom Anthropoiden zum Menschen in Gang gesetzt».[9]

Darts frühe Aufsätze stellen den Menschenaffen von Taung als einen schleichenden Knochenfiseler und Eierschalenauslutscher dar, «einen in Höhlen wohnenden, über die Steppe streifenden, Bäche belagernden, Vogelnester ausräubernden und Knochen aufbrechenden Affen».[10] Die Australopithecinen, schrieb er 1940, hätten nur durch «die Ausschöpfung jeder verfügbaren Nahrungsquelle» überleben können. Zweifellos hätten sie sogar «die Geier und Hyänen verscheucht und sich mit den widerlichen Überresten der Löwenmahlzeit den Bauch vollgeschlagen».[11]

Als aber weitere Fossilien von anderen Stellen in Transvaal ans Licht kamen, gab Dart nach und nach sein ursprüngliches Bild von Australopithecus auf, wonach er eine Art Schimpanse gewesen war, der eine Lehre als Schakal absolvierte. Die Affenmenschenfossilien von den neuen Fundstellen in Transvaal waren vermischt mit den Resten von Weißschwanzgnus, Kudus, Warzenschweinen, Zebras und anderem Großwild. Die Untersuchung dieser Tierfossilien überzeugte Dart, daß sie alle von den Affenmenschen getötet, geschlachtet und verzehrt worden waren.[12] In den fünfziger Jahren schilderte er Australopithecus nicht mehr als einen Aasfresser, der sich mit den Geiern um widerliche Löwenabfälle balgte. Die ganzen Kleintierknochen und Eierschalen in den Brekzien von Taung, die ihm zuvor dafür gesprochen hatten, daß die Affenmenschen wahllose Allesfresser gewesen waren, sah er jetzt als Beweis dafür an, daß Australopithecus «im Begriff stand, die Herrschaft über alle Tiere des Feldes [...] und über alles Gewürm, das auf Erden kriecht, anzutreten». «Die Hauptnahrung der Brekzienmacher», befand er 1957, «war Wild.»[13]

Ursprünglich hatte Dart Australopithecus als einen verzweifelten Fruchtfresser betrachtet, der gezwungen gewesen war, sich auf Fleisch umzustellen, um in einer feindlichen Umwelt zu überleben. In den fünfziger Jahren war er zu der Ansicht gelangt, daß die Affenmenschen in der vorsätzlichen Suche nach Fleisch aus den äquatorialen Urwäldern auf die Steppen hinausgezogen waren. «Daß die Vorfahren von Australopithecus ihre Brüder auf den Bäumen Zentralafrikas verließen», schrieb er, «lag an ihrem Abenteuergeist und der verlockenderen Fleischkost, die auf den weiten Savannen der südlichen Ebenen wartete.»[14] Der Geschmack an Blut also war es, nicht das strapaziöse Leben in Transvaal, was uns zu Menschen gemacht hatte.

Die südafrikanischen Australopithecinenfundstätten brachten Tausende von Wildknochen zutage, aber sehr viel weniger Steingeräte. Die wenigen Geräte, die man fand, stammten aus den spätesten Ablagerungen in den Höhlen und waren wahrscheinlich von weiter fortgeschrittenen Menschenahnen angefertigt worden. Es gab kein stichhaltiges Indiz dafür, daß die Australopithecinen jemals eigenhändig einen einzigen Stein behauen hatten. Aber wie waren sie dann in der Lage gewesen, diese ganzen Tiere zu töten und zu schlachten? Indem sie die Knochen selbst als Waffen nahmen, entschied Dart; und er legte Fundstücke und Statistiken vor, die zeigen sollten, daß die Affenmenschen die knöchernen Teile ihrer Beute als Mord- und Schlachtwerkzeuge gehandhabt hatten. Unterkiefer von Hyänen seien als Schlachtermesser benutzt worden, Kinnladen von Warzenschweinen als Streitäxte, Hörner von Antilopen als Dolche, Schenkelknochen von Zebras als Keulen und so weiter.

Nur wenige Archäologen nahmen Dart mit seinen Knochengeräten allzu ernst, und die Wissenschaftler waren sich allgemein einig, daß die Australopithecinen (wie die meisten Menschen heute) «überwiegend pflanzliche Kost» zu sich genommen hatten.[15] Doch das Bild der Mörderaffen, das Dart von unseren fernen Vorfahren entwarf, fand bei seinen Zunftgenossen großen Anklang. Vom Anfang der fünfziger bis zur Mitte der siebziger Jahre stimmten die maßgeblichen Autoritäten auf dem Gebiet der menschlichen Evolution darin überein, daß Australopithecus ein Jäger gewesen war und daß unsere Vorfahren hauptsächlich dank der Hinwendung zur Jagd zu Menschen geworden waren. Kenneth Oakleys Essay von 1951 «A Definition of Man» gab den Grundton an:

Die heutigen Menschenaffen sind Waldbewohner und ernähren sich fast ausschließlich von Früchten, Blättern, Schößlingen und Insekten. Bei allen bekannten Menschenrassen dagegen hat tierisches Fleisch einen beträchtlichen Anteil an der Ernährung. [...] Ich möchte meinen, daß das Fleischessen so alt ist wie der Mensch, daß mit der Umstellung vom Walddasein zum Leben im offenen Gelände die Ernährung der Protomenschen zwangsläufig abwechslungsreicher wurde und sie selbst aus hauptsächlichen Pflanzen- und Pflanzenfruchtfressern zu teilweisen Fleischfressern wurden.

Den Anfang der Technik sah Oakley in den Werkzeugen des Metzgers. «Den frühen Hominiden muß es oft Schwierigkeiten bereitet haben, Haut und Fell abzubekommen und das Fleisch zu zerteilen. Bei dem Fehlen von starken Eckzähnen wurden [diese Schwierigkeiten] am ehesten durch die Zuhilfenahme scharfer Steinsplitter überwunden. [...] Die Benutzung von Steingeräten hing meiner Meinung nach in allen wesentlichen Fällen primär mit der Übernahme semikarnivorer Gewohnheiten zusammen.»[16]

In einem häufig nachgedruckten Artikel von 1953 zeichneten der Zoologe G. A. Bartholomew und der Anthropologe J. B. Birdsell die Australopithecinen als «allgemein karnivore Tiere» und Großwildjäger, «für die sich durch das Freiwerden der Hände und den Gebrauch einfacher Geräte das Größenspektrum der eßbaren Tiere ungeheuer verbreiterte». Wieso hatten sich die Affenmenschen überhaupt aufs Jagen verlegt? Bartholomew und Birdsell brachten die Sexualität damit in Zusammenhang. Die Jagd, meinten sie, sei als zufälliger Nebeneffekt von Kämpfen zwischen unseren affenartigen Vorvätern um das sexuelle Verfügungsrecht über die Weibchen entstanden. Die größten und aggressivsten Männchen hätten in diesen Kämpfen gesiegt und so ihre Gene an die nächste Generation weitergegeben. Nach vielen Generationen seien auf diese Weise alle Männchen groß und aggressiv geworden. Mit ihrer Stärke und Brutalität hätten diese Männchen neuen Schlags sich nebenbei auch die Eignung zur Großwildjagd erworben, als «eine vom aggressiven Verhalten abgeleitete sekundäre Funktion».

Aber das Jagen zwang die Männchen auch, miteinander koope-

rieren zu lernen. Dart hatte gezeigt, daß Australopithecus Paviane erlegte, die in großen, gut gesicherten Gruppen ziehen. Bartholomew und
Birdsell überlegten weiter, daß die männlichen Australopithecinen sich
für die Jagd gleichfalls zu Gruppen zusammengerottet haben mußten,
da «ein einzelner Australopithecine, auch mit einer Keule bewaffnet,
keine ernsthafte Bedrohung für eine Gruppe Paviane dargestellt hätte».
Koordiniertes Vorgehen in der Gruppe war, wie der Werkzeuggebrauch
und die Differenzierung der Geschlechterrollen, ein weiteres typisch
menschliches Merkmal, das als Nebeneffekt der Jagd entstanden war.[17]

William Etkin entwickelte davon ausgehend ein Modell der pro-
tomenschlichen Familie, «in der sich das Männchen zum Jäger spezialisierte, das Weibchen zur Haushälterin». Die Haushaltung eines Mörderaffen hätte nach Etkins Meinung einen ungefähr so gearteten Unterschied zwischen den Rollen der beiden Geschlechter notwendig gemacht. Weil junge Anthropoiden sich an ihre Mütter klammern und lange brauchen, um erwachsen zu werden, trägt eine Äffin «fast ständig ein
Kind mit sich herum. Wird das eine entwöhnt, kommt schon das nächste zur Welt. Das Weibchen ist daher für die Jagd schlecht zu gebrauchen. Zur Entstehung einer auf der Jagd basierenden Wirtschaftsweise
kann es bei einem Anthropoiden nur dann kommen, wenn das Männchen bei der Ernährung und Pflege der Jungen mitwirkt.»

Etkin meinte, diese Mitwirkung – «die Sozialisation des Männchens» nannte er sie – sei durch «die Ausdehnung der sexuellen Bereit-
schaft über den gesamten Zyklus» beim Weibchen zustande gekommen.
Das nicht nachlassende Interesse des Weibchens an sexueller Betätigung
habe dazu geführt, «Männchen und Weibchen in einer überaus vorteil-
haften Weise sozial aneinander zu binden». Die sexuelle Aktivität wurde spielerischer und liebevoller, mehr vom Gehirn gesteuert und weniger von einem unwiderstehlichen periodischen Hormonandrang. Unsere großen Gehirne, argumentierte Etkin, «hängen demnach ebenso
mit der Steuerung des Sexualverhaltens wie mit den intellektuellen
Funktionen zusammen».[18]

«Die soziale Organisationsform des Familienverbands», meinte
Etkin, «veränderte auch den Auslesedruck auf die Entwicklung der Jungen.» War der Vater weitgehend für die Versorgung der Familie zuständig, so brauchte die Mutter nicht mehr selbständig auf Nahrungssuche

zu gehen und dabei die Kinder mit sich herumzutragen oder zu beaufsichtigen. Statt dessen konnte sie fest an einem wie immer gearteten heimischen Herd bleiben und ihre Zeit und Aufmerksamkeit ganz dem Nachwuchs widmen. Bei solch intensiver mütterlicher Zuwendung brauchten ihre Jungen nicht rasch heranzuwachsen; sie konnten sich eine längere Frist der Abhängigkeit von den Eltern leisten. Dies wäre durchaus sinnvoll gewesen, weil die jungen Affenmenschen eine Menge Lektionen zu lernen hatten. Nichts von alledem, was sie zum Überleben wissen mußten – wie man Geräte herstellt und benutzt, beim Jagen kooperiert, kortikal gesteuerten Umgang mit dem anderen Geschlecht hat und für die eigenen hilflosen Jungen sorgt –, war ihnen instinktiv gegeben. Jede neue Generation mußte die ganze Liste wieder von Null lernen, und die Liste wurde ständig länger. Eine ausgedehntere Kindheit «räumte den Jungen eine längere Periode des Lernens ein», so daß sie sich all diese Fertigkeiten aneignen konnten, bevor sie sich selbständig machten und ihre eigenen Familien gründeten.

Intensive mütterliche Zuwendung war theoretisch noch aus einem anderen Grund wichtig: sie machte es möglich, daß das Gehirn des Säuglings größer wurde. «Der Grund, weshalb das neugeborene Kind einen größeren Teil seines Geburtsgewichts an die menschliche Besonderheit Hirn und relativ wenig an einen weitgehend hilflosen Körper wenden kann», schrieb Weston La Barre, «ist genau diese geschützte Abhängigkeit und Pflege, die ihm die Mutter angedeihen läßt.»[19] S. L. Washburn stellte einen Zusammenhang mit der Zweifüßigkeit fest:

> Bei allen Menschenaffen und Affen klammert sich das Baby an die Mutter; dazu muß es mit einem Zentralnervensystem geboren worden sein, das sich in einem fortgeschrittenen Entwicklungsstadium befindet. Aber des Gehirn des Fötus muß klein genug sein, daß die Geburt erfolgen kann. Beim Menschen verengte die Anpassung an die zweifüßige Fortbewegung den knöchernen Geburtskanal, während gleichzeitig durch die Anforderungen des Werkzeuggebrauchs größere Gehirne von der Auslese begünstigt wurden. Dieses obstetrische Dilemma wurde durch die Entbindung vom Fötus in einem viel früheren Entwicklungsstadium gelöst. Dies war aber nur möglich, weil die Mut-

ter, die bereits zweifüßig war und von Fortbewegungsaufgaben befreite Hände hatte, den hilflosen, unentwickelten Säugling halten konnte.[20]

Alle diese Muster verstärkten sich gegenseitig. Die Jagd verlangte Waffen. Waffen förderten die Zweifüßigkeit. Die Zweifüßigkeit ermöglichte es, Dinge zu tragen – nicht nur Waffen und hilflose Babys, sondern auch Fleisch.[21] Zweifüßige Männchen konnten demnach Eßbares zu ihren Weibchen tragen, die sich nicht selber etwas jagen konnten, weil die Kinder sie daran hinderten. «Die langsame, weil das Baby tragende Mutter konnte nicht jagen», schrieb Washburn, «und die Verbindung der Frauenpflicht, für die langsam heranwachsenden Kinder zu sorgen, mit dem Männerberuf des Jagens bildete ein Grundmuster für die soziale Organisation der menschlichen Spezies vor.»[22] Dieses soziale Grundmuster war die Kleinfamilie, bestehend aus einem männlichen Ernährer, einer weiblichen Hegerin und einer Reihe mehr oder weniger unselbständiger, langsam heranwachsender Sprößlinge. Ernährt von ihren jagenden Vätern, konnten die jungen Affenmenschen sich länger dauernde Kinderjahre erlauben, in denen sie größere Gehirne ausbildeten und kompliziertere Fertigkeiten erlernten. Aber die Ernährung der Weibchen und Jungen während dieser längeren Kindheit stellte größere Anforderungen an das Jagdgeschick der Männchen. Um diesen Anforderungen gerecht zu werden, mußten die Männchen ihre Geräte, ihre Techniken und ihr Zusammenspiel verbessern. Dies wiederum verlangte mehr Lernen, was noch größere Gehirne bedeutete, was noch abhängigere Kinder bedeutete – und so schraubte sich die Entwicklung zum Menschen immer weiter und höher, nachdem sie mit dem entscheidenden Übergang zu mehr fleischlicher Nahrung ihren Anfang genommen hatte.

«Die Jagd hat die menschliche Geschichte beherrscht», schrieben Washburn und Lancaster.[23] «Unser Intellekt, unsere Interessen, unsere Emotionen und die Grundlagen unseres gesellschaftlichen Lebens – alle sind sie entwicklungsgeschichtliche Produkte der gelungenen Anpassung an die Jagd.» «Das Jägerdasein des Menschen lieferte alle anderen Elemente für das Erreichen der Zivilisation», behauptete W. S. Laughlin 1968. «Die Jagd ist das prägende Verhaltensmuster der menschlichen Spezies.»[24] Und ein imposantes Aufgebot an namhaften Wissenschaftlern und bedeutenden Anthropologen pflichtete dem bei: Die Jagd sei es gewesen, was Menschenaffen oder Affenmenschen in Menschen verwandelte hatte, und der Druck auf den Menschen, ein immer besserer Jäger zu werden, habe den gesamten Gang der menschlichen Evolution bis zur Erfindung des Ackerbaus bestimmt.[25]

Wir können dies mit Robert Ardrey die *Jagdhypothese* nennen.[26] So wie oben umrissen, hört sich das alles ganz besonnen, wissenschaftlich und objektiv an. Aber von ihrem allerersten Auftreten in Darts Artikeln aus den frühen fünfziger Jahren an hatte die Jagdhypothese einen Anstrich der düstersten moralischen Mißbilligung. In dem Maße, als Dart eine höhere Meinung vom jägerischen Können der Australopithecinen gewann, sank seine Meinung von ihrer Moral. «Sie waren als Jäger genauso tüchtig wie Menschen», schrieb er, «wahrscheinlich tüchtiger, weil sie weniger Hemmungen hatten.» Die Affenmenschen aus Transvaal

> waren, wie Nimrod lange nach ihnen, gewaltige Jäger. Sie waren auch gefühllos und brutal. Der schockierendste Fund dort war der zerbrochene Unterkiefer des zwölfjährigen Sohnes eines menschenähnlichen Affen. Der Junge war durch einen heftigen Schlag getötet worden, der von einer wuchtigen Faust oder einer Keule mit kalkulierter Genauigkeit auf die Kinnspitze geführt worden war. Der Hammerschlag war so furchtbar gewesen, daß er den Kiefer auf beiden Seiten des Gesichts zerschmettert und sämtliche Vorderzähne herausgehauen hatte. Dieses extreme Fundstück veranlaßte mich 1948 und die sieben folgenden Jahre, ihre mörderische und kannibalistische Lebensweise weiter zu erforschen.[27]

Dart benötigte nicht die ganzen sieben Jahre, um zu einem Urteilsspruch zu kommen. In seinem Artikel von 1953 über den «raubtierhaften Übergang vom Affen zum Menschen» beschrieb er die Affenmenschen bereits als «erwiesene Mörder: karnivore Geschöpfe, die lebende Beutetiere mit Gewalt packten, sie zu Tode droschen und ihre zerschlagenen Körper Glied für Glied zerrissen, woraufhin sie ihren maßlosen Durst

am warmen Blut der Opfer stillten und gierig das zuckende Fleisch verschlangen». Australopithecus war nicht nur ein Räuber, sondern auch
ein Kannibale, der «andere Australopithecinen gnadenlos tötete und sie
genauso auffraß, wie er es mit jedem anderen Tier getan hätte».[28]

Beim Sinnieren über die zerbrochenen und zertrümmerten Knochen aus den Höhlen von Transvaal gewann Dart zu seinem Entsetzen
die Überzeugung, daß die Menschen nichts weiter als übertünchte Australopithecinen sind und daß wir uns alle bösartigen Eigenschaften unserer Stammväter erhalten haben. Seinem ersten Aufsatz, in dem er der
Welt seine Entdeckung mitteilte, stellte Dart ein Zitat Richard Baxters
voran, eines kalvinistischen Theologen aus dem 17. Jahrhundert: «Von
allen Tieren ist das Menschentier das schlimmste, / Den andern und sich
selbst der ärgste Feind.» Und im weiteren beschrieb Dart Homo sapiens in der bittersten und misanthropischsten Sprache, die er aufbieten
konnte:

> Die Geschöpfe, die im Namen der Religion von Karthago bis
> Mexiko ermordet, und die Greueltaten, die in diesem Namen be-
> gangen wurden, die Hekatomben von Tieren, die von den Al-
> tären der Antike bis zu den Schlachthöfen jeder modernen Groß-
> stadt geopfert wurden, verkünden den immer und überall blut-
> befleckten Fortschritt des Menschen. Er hat die Tiere der Welt
> entweder dezimiert und ausgerottet oder sie als Hausvieh in sei-
> ne Schlachthäuser geführt.
> Die abscheuliche Grausamkeit des Menschen gegen den Men-
> schen ist das Nebenprodukt seiner Blutgier; dieses den Menschen
> auszeichnende Merkmal läßt sich nur durch seinen karnivoren
> und kannibalistischen Ursprung erklären. […]
> Die von Blut und Eingeweiden besudelten Chroniken der
> menschlichen Geschichte, von den ältesten ägyptischen und su-
> merischen Urkunden bis zu den jüngsten unaussprechlichen
> Greueln des Ersten und Zweiten Weltkriegs, passen zu dem
> frühen allgemeinen Kannibalismus, zu systematischen Tier- und
> Menschenopfern oder ihren Ersatzformen in den erstarrten Re-
> ligionen und zu den weltweiten menschlichen Bräuchen der
> Kopfjagd, des Skalpierens, der körperlichen Verstümmelung und

der Nekrophilie und legen Zeugnis ab von diesem gemeinsamen Unterscheidungsmerkmal der Blutgier, diesem Kainszeichen, das den Menschen nahrungsmäßig von seinen anthropoiden Verwandten trennt. Diese Raubtiergewohnheit macht den Menschen zum Genossen [...] der mörderischsten Karnivoren.[29]

Die in diesen Passagen zum Ausdruck kommende Misanthropie war keine Besonderheit Raymond Darts. Viele andere Wissenschaftler meinten, die Wurzeln der menschlichen Mordlust in genau diesen Räubergewohnheiten entdeckt zu haben, durch die unsere Vorfahren zu Menschen geworden waren. Washburn und Avis vermuteten, daß menschlicher Sadismus ein Raubtierinstinkt sein könne: «Wenn nicht sorgfältige Übung diese natürlichen Triebe verdeckt, genießen die Menschen die Jagd und das Töten. Bei den meisten Kulturen wurden Marter und Leiden zu einem öffentlichen Ereignis, einem Vergnügen für alle. Die Opfer können dabei entweder Tiere oder Menschen sein. Dieses Verhalten ist dem vieler Fleischfresser verblüffend ähnlich.»[30] Der Zusammenhang von Jagd und Krieg wurde von Washburn und Lancaster untersucht:

Die Menschen haben Freude am Jagen und Töten, und diese Aktivitäten werden als Sport weitergeführt, auch wenn sie wirtschaftlich nicht mehr notwendig sind. [...] Die Evolution schafft einen Zusammenhang zwischen Biologie, Psychologie und Verhalten, und daher hatte die entwicklungsgeschichtliche Durchsetzung der Jagd tiefgehende Auswirkungen auf die menschliche Psyche. Am besten läßt sich das vielleicht an dem Ausmaß der Bemühungen zeigen, die unternommen werden, um das Töten als Sport zu bewahren. In früheren Zeiten besaßen Könige und Adelige Parks, wo sie dem Sport des Tötens frönen konnten, und heute gibt die Regierung der Vereinigten Staaten viele Millionen Dollar aus, um für die Jäger Wild bereitzustellen. [...] Und bis vor kurzem noch wurde der Krieg in etwa genauso aufgefaßt wie die Jagd. Andere Menschen waren ganz einfach das gefährlichste Wild. Der Krieg hat in der menschlichen Geschichte eine viel zu wichtige Rolle gespielt, als daß er für die beteiligten Männer etwas anderes als lustbesetzt gewesen sein könnte.[31]

Warum ermorden dann Löwen und Wölfe und andere jagende Tiere nicht *ihre* Freunde und Verwandten zum Vergnügen? Der Zoologe und Nobelpreisträger Konrad Lorenz hatte darauf eine Antwort parat. Andere Raubtiere konnten ihren Tötungsapparat über Millionen von Jahren hin ausbilden. Während dieses langen Prozesses fand eine strenge natürliche Auslese zuungunsten derjenigen statt, die ihre Waffen gegen ihre Weibchen oder Jungen gebrauchten. Infolge dessen sind «bei allen derartigen schwerbewaffneten Raubtieren hochentwickelte Hemmungsmechanismen vorhanden [...], die eine Selbstvernichtung der Art verhindern». Das einzigartige Mordverhalten des Menschen, sagt Lorenz, kommt daher,

> daß er von Natur aus ein verhältnismäßig harmloser Allesfresser ist, dem natürliche, am Körper gewachsene Waffen fehlen, mit denen er große Tiere töten könnte, denn eben deshalb fehlen ihm ja auch jene stammesgeschichtlich entstandenen Sicherheitsmechanismen, die alle «berufsmäßigen» Raubtiere daran verhindern, ihre Fähigkeiten zum Töten großer Tiere gegen Artgenossen zu mißbrauchen. [...] In der Vorgeschichte der Menschen waren keine besonders hochentwickelten Hemmungsmechanismen zur Verhinderung plötzlichen Totschlags nötig [...] Als dann die Erfindung künstlicher Waffen mit einem Schlage neue Tötungsmöglichkeiten eröffnete, wurde das vorher vorhandene Gleichgewicht zwischen den verhältnismäßig schwachen Aggressionshemmungen und der Fähigkeit zum Töten von Artgenossen gründlich gestört. Der Mensch befand sich nun etwa in der Lage, in die eine Taubenart versetzt würde, würde ihr ein grausames Naturspiel den Schnabel eines Raben verleihen.

Weil unsere Waffen plötzlich erfunden und nicht langsam ausgebildet wurden, hatten wir nicht die Zeit, uns die Hemmungsinstinkte anzueignen, die mit unserer Fähigkeit zu töten einhergehen sollten. Wenn ein besiegter Wolf auf dem Rücken liegt, wendet sich der Sieger mit instinktiver Ritterlichkeit ab; wenn ein besiegter Mensch auf dem Rücken liegt, stößt ihm der Sieger den Speer in den Bauch. Der Waffengebrauch stellt auch eine unnatürliche Entfernung zwischen uns und dem Tötungsakt her und erspart uns die unangenehme Erfahrung, unser Opfer mit eigenen Händen und Zähnen zu töten. In Lorenz' Augen ist ein Jagen um des Vergnügens willen nur deshalb möglich, weil die Waffe zwischen uns und die Beute tritt: «Kein geistig gesunder Mensch würde auch nur auf die Hasenjagd gehen, müßte er das Wild mit Zähnen und Fingernägeln töten.» Möglich wird dies nur «durch Abschirmung unserer Gefühle gegen alle sinnfälligen Folgen unseres Tuns».[32]

Die Jagd hatte auch die Entfremdung des Menschen von der Natur zur Folge. Mit den Worten von Washburn und Lancaster:

> Das Jagen veränderte die Beziehungen des Menschen zu anderen Tieren und seine Auffassung davon, was natürlich sei. Die menschliche Ansicht, daß es normal sei, wenn Tiere fliehen, die ganze Vorstellung, daß Tiere wild zu sein hätten, ist das Ergebnis der menschlichen Gewohnheit zu jagen. In Wildreservaten lernen viele verschiedene Tierarten bald, den Menschen nicht zu fürchten, und sie fliehen ihn nicht mehr. James Woodburn nahm einen Mann vom Stamm der Hazda in den Nairobi-Park mit, und der Hazda war erstaunt und begeistert, denn obwohl er sein Lebtag gejagt hatte, hatte er noch nie eine solche Vielzahl und Vielfalt von Tieren aus nächster Nähe gesehen. [...] Im Park sah der Hazda-Jäger zum erstenmal den Frieden der pflanzenfressenden Welt. Bevor sie zu jagen anfingen, müssen die Beziehungen unserer Vorfahren zu anderen Tieren denen der übrigen Nichtfleischfresser sehr ähnlich gewesen sein. Sie dürften unter den anderen Arten einhergegangen sein, neben ihnen gefressen und dieselben Wasserlöcher benutzt haben. Doch mit dem Aufkommen der menschlichen Jagd wurde das friedliche Verhältnis zerstört, und seit wenigstens einer halben Million Jahre ist der Mensch der Feind selbst der größten Säugetiere.

«Die ganze menschliche Auffassung davon, was im Verhältnis des Menschen zu den Tieren normal und natürlich sei», schlossen Washburn und Lancaster, «ist ein Produkt der Jagd, und die Welt von Flucht und Furcht ist das Ergebnis der Tüchtigkeit der Jäger.»[33]

In den sechziger Jahren wurden die Jagdhypothese und die damit einhergehende Misanthropie von populärwissenschaftlichen Autoren und den Massenmedien weit über die Anthropologenzunft hinaus verbreitet. Die Hypothese erhielt ihren Namen und ihre größte Publizität durch den Dramatiker Robert Ardrey, der Dart die Ideen praktisch frisch aus der Schreibmaschine wegschnappte und sie zu einer Reihe von Bestsellern verarbeitete. Ardrey stellte Dart, Lorenz und andere als die Vorhut eines Aufklärungsgefechts gegen überlebte wissenschaftliche und religiöse Mythen dar. «Die neue Aufklärung» heißt das erste Kapitel von Ardreys Buch mit dem ironischen Titel *African Genesis* (dt. *Adam kam aus Afrika*). Sein erster Absatz prägt sich mit seinem unheilsschwangeren Ton ein:

> Weder in Unschuld noch in Asien wurde die Menschheit geboren. Die Heimat unserer Vorfahren war jenes Hochland, das sich vom Kap der Guten Hoffnung zu den Nilseen erstreckt. Hier, auf einer weit offenen Savanne voll der lauernden Gefahren, begann unsere langsame, unendlich langsame Entwicklung.[34]

«Der Mensch», meinte Ardrey, «ist ein Raubtier, dessen natürlicher Instinkt ihn dazu treibt, mit der Waffe zu töten.»[35] Der Krieg ist die natürliche Folge der Interaktion zwischen unserem Tötungsinstinkt und unserem Revierinstinkt. Er ist ein Wesensmoment des menschlichen Lebens, von so zentraler Bedeutung für unser Menschsein wie die Sprache oder der aufrechte Gang:

> Niemand kann den Krieg als solchen gutheißen. Aber er hat zu uns gehört. Niemand kann den unaufhörlichen Kampf mit der Waffe als etwas anderes bezeichnen als pure Kräftevergeudung und reinen Wahnsinn. Aber er war unser wirksamstes und letztes Mittel, Konflikte auszutragen. Jeder Mensch kann vernünftige Alternativen zum bewaffneten Kampf vorschlagen. Aber wir sind keine Geschöpfe der Vernunft, obwohl wir es gern glauben möchten.[36]

Ardrey hatte ein journalistisches Talent dafür, in problematischen Tatsachen düstere Vorzeichen und in Gemeinplätzen subversive Neuheit zu entdecken. Nicht zuletzt dieses Talent machte seine Bücher für Laien unwiderstehlich, aber es erzürnte die Wissenschaftler, die seine Werke in ihren Rezensionen empört verrissen.[37] Doch Ardreys Ideen waren im wesentlichen die von Dart, und viele davon wurden in amerikanischen Lehrbüchern der physischen Anthropologie als Tatsachen festgeschrieben.[38] Obwohl er lange einer von Ardreys schärfsten Kritikern war, konnte C. L. Brace 1972 schreiben:

> Kein Sachkundiger stellt heute die Tatsache in Frage, daß die jetzige Verfassung des Menschen den gestaltenden Einflüssen einer Lebensweise, zu der die Jagd als ein Hauptbestandteil gehörte, viel zu verdanken hat. [...] Die sich regelmäßig beweisende Fähigkeit des Menschen zu todbringendem Verhalten ist ohne Parallele unter den nichtmenschlichen Primaten und fast mit Sicherheit ein entwicklungsgeschichtliches Erbe aus der halben Million Jahre oder mehr, in der der Menschenstamm als einziger von allen Primaten den Nahrungserwerb zu einem wesentlichen Teil mit Jagen bestritt.[39]

In den sechziger Jahren wurden die zentralen Aussagen der Jagdhypothese – daß die Jagd und der von ihr ausgehende Auslesedruck aus unseren affenartigen Vorfahren Männer und Frauen gemacht, ihnen einen Hang zur Gewalt eingeimpft, sie dem Tierreich entfremdet und aus der Ordnung der Natur ausgeschlossen habe – geläufige Topoi unserer Kultur, und das Bild von Homo sapiens als einem seelisch aus dem Gleichgewicht geratenen Räuber, der eine ansonsten harmonische Natur bedrohte, wurde so allgemein, daß es keinen Widerspruch mehr auslöste. Diese Topoi wurden nicht nur durch populärwissenschaftliche Bücher verbreitet, sondern auch durch Romane, Comics, Filme und Fernsehsendungen. Millionen von Kinogängern kamen 1968 in den Genuß von Darts kompletter Theorie, als in einem beeindruckenden Bild von Stanley Kubricks Film *2001* ein Australopithecine, der soeben mit einem Zebraoberschenkelknochen den ersten Mord der Welt begangen hat, den Knochen voll hämischer Freude in die Luft schleudert – wo er sich in ein fliegendes Raumschiff im Weltall verwandelt.[40]

KAPITEL II

Ein schwerer Geruch nach Fleisch und Niedertracht

Menschen essen von jeher Menschen.
Was sonst? Das wär doch gelacht!
Hätt der Juju nicht gewollt, daß wir Menschen essen,
Hätt er uns nicht aus Fleisch gemacht.

Michael Flanders

Die Jagdhypothese firmierte in Anthropologielehrbüchern zwei Jahrzehnte lang als Tatsache. Gegen Ende der siebziger Jahre jedoch begann die wissenschaftliche Meinung sich gegen sie zu kehren.

Darts Sammlung von knöchernen und hörnernen «Werkzeugen» aus den Brekzien von Transvaal war der erste Teil des Pakets, der weggeworfen wurde. Diese angeblichen Werkzeuge waren ohnehin von vielen Wissenschaftlern nicht allzu ernst genommen worden,[1] und sie verloren jegliche Glaubwürdigkeit, als C. K. Brain zeigte, daß sie genau wie von Leoparden und Hyänen zerkaute Knochenstücke aussahen.[2] Es stellte sich heraus, daß die runden Löcher in den Fossilienschädeln, die nach Ansicht von Dart und Ardrey von Affenmenschen mit Knochendolchen geschlagen worden waren, genau zu den Fängen eines Leoparden paßten.[3] Dellen, die laut Dart von Knochenkeulen stammten, wurden jetzt umgedeutet zu Folgen des Drucks von Steinen auf die in der Erde liegenden Fossilien.[4] Mitte der siebziger Jahre war dann kein Grund

mehr übrig, anzunehmen, daß Australopithecus in Südafrika Tierkno-
chen und -hörner als Werkzeuge benutzt hatte.

Zunächst machte sich der Wegfall des südafrikanischen Beweis-
materials nicht sonderlich bemerkbar, weil es an anderen Orten neuere
und bessere Beweise für ein frühes Jägerdasein zu geben schien. Von
1959 an waren Fossilien von Australopithecinen in Ostafrika aufge-
taucht. Die ostafrikanischen Affenmenschen wurden nicht nur mit den
Überresten von Beutetieren gefunden, sondern auch mit unverkennba-
ren Steingeräten. Die meisten Wissenschaftler gingen davon aus, daß die
ostafrikanischen Australopithecinen diese Geräte selbst angefertigt und
dazu benutzt hatten, die Tiere zu schlachten.[5]

Doch als immer mehr Fossilien ans Licht kamen, wurde deutlich, daß die Australopithecinen nicht die einzigen Hominiden in diesen ostafrikanischen Ablagerungen waren. Es gab auch Fossilien von
weiter fortgeschrittenen Hominiden mit größeren Gehirnen, die als primitive Angehörige unserer eigenen Gattung Homo angesehen werden
durften. Inzwischen ist es offenbar so, daß man überall, wo Steingeräte
gefunden werden, damit rechnen kann, früher oder später auf Homofossilien zu stoßen.[6] Es gibt keinen stichhaltigen Beweis dafür, daß
Australopithecus jemals Geräte oder Waffen hergestellt hätte. Es fällt
schwer, sich die Australopithecinen weiterhin als gewaltige Jäger und
geschickte Metzger vorzustellen.

Der schwerste Schlag wurde der Jagdhypothese wahrscheinlich
durch E. S. Vrbas Analyse von Antilopenknochen aus den Höhlen von
Transvaal versetzt. In den älteren Schichten dieser Höhlen ist Australopithecus der einzige Hominide, und es gibt keinerlei Steinwerkzeuge.
Jüngere Ablagerungen in höheren Schichten derselben Höhlen enthalten Homofossilien und primitive Steingeräte. Auf beiden Stufen finden
sich viele Antilopenknochen. Aber die Antilopen in den australopithecusführenden Schichten sind größtenteils junge Tiere von geringer
Größe, während in den homoführenden Schichten Antilopenfossilien
aller Größen und Altersklassen zutage treten.[7]

Dieser Unterschied ist bedeutsam. Die Knochen, die sich an den
Lagerplätzen fleischfressender Tiere ansammeln, sind von Tier zu Tier
unterschiedlich. Von den heutigen großen afrikanischen Karnivoren
sind die geschickteren Jäger – Löwen, Leoparden, Hyänenhunde – wäh-

lerisch in dem, was sie töten. Bevorzugt stellen sie jungen, hilflosen Opfern nach, und jedes Raubtier konzentriert sich auf Beutetiere einer bestimmten Größe. Aasfresser dagegen fressen alles, was sie erwischen können: frisches Fleisch oder Aas, junge Tiere oder alte, große Arten oder kleine. So kann ein Biologe anhand der Knochen, die er im Bau eines Fleischfressers findet, unter Umständen feststellen, ob dieser die von ihm bevorzugte Beute tötet oder ob er alle möglichen vermischten Reste von tüchtigeren Räubern stiehlt. Die Antilopenknochen aus den australopithecusführenden Schichten der Höhlen von Transvaal sehen so aus, als wären sie von einem wählerischen, tüchtigen Räuber zusammengetragen worden. Die Knochen aus den jüngeren Schichten – in denen sich Homofossilien finden – sind ein buntes Durcheinander, das anscheinend von einem reinen Aasfresser in die Höhlen geschleppt wurde.

War Australopithecus demnach ein besserer Jäger als seine größeren und intelligenteren Nachfahren der Gattung Homo? Das wäre unwahrscheinlich. Es scheint eher glaubhaft, daß die Knochen in den älteren Ablagerungen von einem vierfüßigen Fleischfresser in die Höhlen gebracht wurden. Wenn das stimmt, waren die Australopithecinen keine Räuber, sondern Opfer. Die von Leopardenzähnen in die Affenmenschenschädel geschlagenen Löcher legen denselben Schluß nahe. Der gegenwärtige Konsens unter der Wissenschaftlern ist, daß die Affenmenschen, genau wie die mit ihnen gefundenen Antilopen und Paviane, von irgendwelchen größeren Karnivoren getötet, in die Höhlen geschleppt und dort gefressen wurden.

Spätere Hominiden, die sich in diesen Höhlen fanden, vertrieben die Tiere und beanspruchten die Höhlen für sich. Dies wissen wir, weil die späteren Ablagerungen Steingeräte enthalten (die Leoparden und Hyänen nicht in die Höhlen geschleift hätten). Die neben den Geräten gefundenen Antilopenknochen wurden vermutlich ebenfalls von frühen Hominiden in die Höhlen gebracht. Aber diese Knochen sind ein wahlloses Durcheinander von Tieren aller Altersklassen und Größen, von kleinen Klippspringern bis zu 2000 Pfund schweren Elenantilopen. Dies deutet darauf hin, daß der frühe Homo eine Art Aasfresser war, der das Fleisch, das er verzehrte, zum größten Teil verschiedenen vierbeinigen Räubern wegnahm.[8]

Wenn der frühe Homo nichts weiter war als ein Aasfresser, dann darf man bezweifeln, daß Australopithecus überhaupt ein großer Fleischfresser gewesen sein kann. Die meisten Erforscher der menschlichen Evolution würden heute wahrscheinlich C. O. Lovejoy zustimmen, daß es «nicht den geringsten Beweis für eine Jagdtätigkeit der frühen Hominiden gibt» und daß Fleisch in der Ernährung der Australopithecinen wahrscheinlich keine wesentliche Rolle spielte.[9]

Zwei weitere Tatsachen, die in den späten sechziger Jahren zum Vorschein kamen, trugen ebenfalls dazu bei, die Jagdhypothese zu untergraben. Erstens stellte sich heraus, daß der Geschmack an Tierfleisch nicht etwas ist, was die Menschen von den Menschenaffen unterscheidet. Auch Schimpansen reißen andere Tiere und stehlen anderen Räubern die Beute – ja, sie töten und fressen sogar ihre Artgenossen. Wenn Schimpansen Raubtiere sind, dann war das räuberische Verhalten unserer affenähnlichen Vorfahren wahrscheinlich gar keine abweichende Neuerung. Somit kann räuberisches Verhalten allein nicht erklären, weshalb unsere Vorfahren sich zu Australopithecinen entwickelten und die Schimpansen nicht.[10]

Zweitens macht selbst bei heutigen Jägervölkern in der Kalahari pflanzliche Kost zwei Drittel der Nahrung aus.[11] Damit ist Darts Auffassung hinfällig, unsere Vorfahren hätten, als sie den Wald verließen, karnivor werden oder verhungern müssen. Es gibt keinen Grund zu der Annahme, daß Australopithecus karnivorer sein mußte als ein Schimpanse, um am Rand der Kalahari zu überleben.

Alle diese neuen Tatsachen und Interpretationen trugen zur Abkehr der Anthropologie von der Jagdhypothese bei. Doch diese Abkehr hatte auch politische Hintergründe. Die meisten Geschosse, die auf die Jagdhypothese vom Ursprung des Menschen abgefeuert wurden, kamen von links. Marxistischen Kritikern paßte das Bild der menschlichen Natur nicht, das Dart, Ardrey und Lorenz zeichneten, weil es für viele unserer gesellschaftlichen Mißstände den Ahnen des Menschen die Schuld gab und nicht unserer Wirtschaftsordnung. Pazifisten mißfiel die Vorstellung, daß eine instinktive, unauslöschliche Lust am Töten einer der Gründe des Krieges sein sollte. Und Feministinnen betrachteten die Annahme, daß gleich mit den ersten Anfängen der Menschwerdung «sich das Männchen zum Jäger spezialisierte, das Weibchen zur Haushälterin», mit verständlichem Argwohn. Seit den frühen siebziger Jahren neigen dementsprechend die Anthropologen dazu (die gemeinhin links, pazifistisch und feministisch sind), das Jagdmodell als einen Mythos abzutun, der reaktionären Interessen dient.

Der pazifistische Widerstand gegen die Jagdhypothese begann in den späten sechziger Jahren, auf der Höhe des Vietnamkrieges. Der vorherrschende Verdacht unter den pazifistischen Kritikern damals war, die ganze Hypothese sei bloß als Entschuldigung für den Militarismus des Kalten Krieges ausgedacht worden. «Ein Argumentationszusammenhang wie der von Ardrey z. B.», schrieb K. E. Boulding 1967, «scheint [...] unsere gegenwärtige Moral zu legitimieren [...] unter Berufung auf unsere biologischen Vorfahren. [...] Wenn sowohl die Vergangenheit wie auch die Wissenschaft herangezogen werden können, um unser Verhalten zu legitimieren, wird das moralische Unbehagen über Napalm und die Abschlachtung Unschuldiger in Vietnam möglicherweise gemildert.»[12]

Diese Analyse der tieferen Beweggründe hinter der Jagdhypothese ist unter Anthropologen nach wie vor populär. Ashley Montagu zum Beispiel meint, Bücher wie das Ardreys seien «tröstlich für den Leser, der nach einer Art Absolution für seine Sünden sucht. [...] Wenn wir von ‹Natur› aus sind, wie wir sind, wenn wir die direkten Abkommen unserer ‹mörderischen› Vorfahren sind, können wir kaum [...] verantwortlich sein oder verantwortlich gemacht werden [... für] Kriminalität, Raub, Mord, Brandstiftung, Krieg».[13] Auch Niles Eldredge und Ian Tattersall nennen den Mythos vom Menschen als Mörderaffen «eine Unschuldsmasche: wir geben einem fernen Vorfahren die Schuld an unseren Kriegen und Gewaltverbrechen, [um ...] uns von der Verantwortung für die Unmenschlichkeit des Menschen gegen den Menschen [zu] entbinden».[14] Peter Bowler bemerkt, daß «das Bild vom Menschen als Jäger zur Zeit des Kalten Krieges populär wurde und noch immer von denen befürwortet wird, die in einem Element der Rivalität gern einen Wesenszug der menschlichen Natur sehen möchten».[15]

Für feministische Kritikerinnen versteckt sich in der Jagdhypothese ein anderer Subtext. Laut Adrienne Zihlman und Nancy Tanner betont das geläufige anthropologische Bild vom Menschen als Jäger die Rolle der Männer unter nahezu völliger Absehung von den Frauen. In dieser Tradition werden die Männer dargestellt als Beschützer der Kinder und der Frauen, mit denen sie, so die Theorie, sexuelle Paarbindungen eingehen. Die Männer bringen den im Lager wartenden Abhängigen Fleisch mit, angeblich das wichtigste Nahrungsmittel. Diese Anschauung bringt die Männer mit der Technik und der Hauptsorge für den Lebensunterhalt zusammen. [...] Sie unterstützt den Gedanken, daß männliche Aggression zur Jagd und zum Schutz der schwachen und passiven Frauen und Kinder notwendig sei, und setzt eine der jagenden Lebensweise zwangsläufig innewohnende männliche Dominanz über die Frauen voraus.[16]

Andere Kritiker betrachten das Jagdmodell als Vehikel für sonstige antiquierte Ideologien. Timothy Perper und Carmel Schrire nennen die Jagdhypothese «eine in den einschnürenden Fäden abendländischer Mythen verfangene Mischung aus biologischen Tatsachen und entwicklungsgeschichtlichen Vorstellungen».[17] Sie tun die ganze Geschichte vom Mörderaffen als ein Wiederaufwärmen des alten biblischen Märchens von der verbotenen Frucht und Adams Fall in Ungnade ab (wobei in dieser Neuauflage rohes Fleisch anstelle des Apfels serviert wird). Für Kenneth Bock setzen Ardrey und Lorenz die «theriophile» Tradition fort, wie George Boas sie nannte[18] – den bis auf Ovid und Plutarch zurückgehenden Brauch, Homo sapiens nachteilig mit den vernünftigeren und freundlicheren Tieren zu vergleichen. Wie viele andere Kulturanthropologen meint auch Bock, daß alle derartigen Vergleiche von Menschen mit Tieren irreführen, weil wir den Tieren in keiner wesentlichen Hinsicht gleichen. «Unser eigenartiger Hang anzunehmen, wir seien wie andere Tiere auch», schreibt er, verschafft uns womöglich «Entlastung von Schuldgefühlen wegen unseres Verhaltens; er dient somit als Ersatz für die Lehre von der Erbsünde.»[19]

Einige dieser Kritiken verdrehen scheinbar mutwillig Tatsachen. Die meisten Verfechter der Jagdhypothese haben nie versucht, Homo sapiens unter die Tiere einzuordnen. Sie haben im Gegenteil behauptet, daß sich unsere Spezies durch die Unsitte, mit Waffen zu jagen, den anderen Tieren und der natürlichen Ordnung *entfremdet* habe. Dieses Motiv der Entfremdung ist in den Werken von Dart, Washburn und Lorenz besonders deutlich. Und mit der Lehre von der Erbsünde ist nicht bezweckt, daß wir uns frei von Schuld fühlen sollen, wie jeder Kalvinist bezeugen kann.

Doch die Kritiker haben sicher recht, wenn sie meinen, daß die Anziehungskraft der Jagdhypothese nichts mit der wissenschaftlichen Beweislage zu tun hatte. Wissenschaftliche Beweise lieferten Ausreden, nicht Gründe dafür, die Jagdgeschichte und die mit ihr einhergehende Misanthropie zu akzeptieren. Obwohl Ardrey so tat, als wäre Darts düstere Beurteilung der menschlichen Natur eine bittere Pille,[20] war man tatsächlich allgemein bereit, sie unter derart fadenscheinigen Vorwänden zu schlucken, daß sich unter ihrer bitteren Hülle irgendeine heimliche Süße verbergen mußte.

Darts eigene Schriften zeigen das ganz deutlich. Aufgrund von bloß zwei Fossilien aus Taung, einem Pavianschädel mit einem Loch und und dem Schädel eines affenartigen Kindes, stellte Dart sofort die These auf, die Eltern des Kindes seien Vorfahren des Menschen gewesen, die den Pavian getötet und das Loch gemacht hätten, um das Gehirn zu verzehren. Das war kein schmerzlicher Schluß, zu dem Dart von der erdrückenden Beweislast widerwillig getrieben worden wäre. Es war ein Schluß, für den es überhaupt keine Beweise gab. Die angeblichen Beweise für die Jagd, die später an den anderen Australopithecinenfundorten auftauchten – die ganzen Knochenstücke, die Dart als Werkzeuge und zerschmetterte Beutetiere und Überreste von Kannibalenmahlzeiten interpretierte –, waren fast genauso phantastisch. Die Fossilien aus Transvaal mußten offensichtlich als Vorwand für eine Anschauung herhalten, die Dart und andere aus vorher schon bestehenden Gründen gern für wahr halten wollten.

Doch was können das für Gründe gewesen sein? Gab es in den fünfziger und sechziger Jahren wirklich eine Verschwörung der Anthropologen mit dem Ziel, der biblischen Geschichte von Adams Sündenfall neues Leben einzuhauchen oder windige Ausreden für den Militarismus und die Unterdrückung der Frauen zu erfinden?

Die Werke zweier literarischer Figuren, des amerikanischen Dichters Robinson Jeffers und des englischen Nobelpreisträgers William Golding, können etwas Licht auf diese Fragen werfen. In den vierziger und fünfziger Jahren zeigten beide Schriftsteller Bindeglieder zwischen der Jagd, dem Ursprung des Menschen und seiner Schlechtigkeit auf und kamen damit Darts Thesen zuvor.

Mit dem Schmieden dieser Bindeglieder begann Jeffers fünf Jahre vor Dart. Sein Buch *The Double Axe* von 1948 enthält ein kurzes Gedicht mit dem bissigen Titel «Erbsünde», das die fernen Vorfahren des Menschen als kranke Tiere schildert, die der Natur durch ihre räuberische Grausamkeit fremd geworden sind. Jeffers beschreibt eine Horde eiszeitlicher Affenmenschen:

> Der menschenhirn- und -handbegabte Bodenaffe, äußerlich
> Das abstoßendste von allen warmblütigen Tieren
> Bis dahin in der Welt: sie hatten eine Grube ausgehoben
> Und ein Mammut erwischt, wie aber sollten sie mit Stock und Stein
> Zum Leben in dem Fell da dringen?

Jeffers' Bodenaffen lösen das Problem, indem sie Holz und Brände von ihrem Feuer in die Grube werfen – und so das schreiende Tier langsam zu Tode braten. Die Verse, die die Tötung beschreiben, sind durchflochten mit einer lyrischen Beschreibung der Naturschönheiten ringsherum. Das Gedicht endet auf einem so eisig reinen Ton der Misanthropie, daß es in einen hehren moralischen Appell umschlägt:

> Dies sind die Menschen.
> Dies ist der Menschheitsanfang. Ich für mein Teil wäre lieber
> Ein Wurm in einem wilden Apfel als ein Menschensohn.
> Doch wir sind, was wir sind, und wir könnten dran denken,
> Keinen Menschen zu hassen, denn alle sind böse;
> Und uns über kein Übel zu wundern, alle sind verdient;
> Und den Tod nicht zu fürchten; er allein kann uns läutern.[21]

In «Die Liebe und der Haß», dem langen erzählenden Gedicht, mit dem Jeffers' Buch anfängt, werden die ebenfalls auftauchenden Motive der Jagd, der menschlichen Bosheit und des Feuertodes mit dem Krieg ver-

bunden. Der Held des Gedichtes ist ein im Zweiten Weltkrieg gefalle-
ner Soldat, der aus dem Grab wiederkehrt, um den Vater zu vernichten,
der ihn in den Krieg geschickt hat. Am ersten Tag der Hirschjagdzeit
geht er mit seinem Vater jagen, schießt ihn in den Rücken und sieht zu,
wie er in einem Buschfeuer verbrennt. Das Feuer bricht aus, weil andere Jäger Leuchtspurgeschosse, die sie von der Armee gestohlen haben,
auf das Wild abfeuern, um es in dem Schein treffen zu können. Der tote Soldat bezeichnet den Menschen als «die letztendliche Hölle des Lebens, das Tier, / Zu dem die Evolution sich hinplagte und verdammt war
/ Von Anbeginn.»

Jeffers versammelt diese Motive abermals in dem kurzen Gedicht
«Der König der Tiere», das die leidenden Tiere aufruft, sich über Hiroshima und Auschwitz zu freuen:

> Kühe in den Schlachtbuchten, langsam zu Tode
> Gequälte Laborhunde, gepeitschte Pferde, gefangene Pelzträger,
> Qualen im Schnee, wenn am eiskalten Stahl die spitzen Zähne
>   zersplittern – schaut:
> Der Mensch, euer Satan, ist auch nicht sehr glücklich. Ich woll-
>   te, ihr hättet gesehen das Kriegsgrauen, die Bomben,
> Das Kreischen im Feuertod. Ich wollte, ihr könntet sehen den
>   endlosen Hunger, die Kälte, die Hoffnungslosigkeit.
> Ich wollte, ihr könntet riechen die russischen und deutschen
>   Folterlager.[22]

William Goldings erste beide Romane, geschrieben in den frühen fünf-
ziger Jahren, zeichnen ein kühleres, aber genauso ausweglose Bild vom
Menschen als Jäger. In seinem ersten und bekanntesten Buch, *Herr der
Fliegen*, erzählt Golding, wie es eine Gruppe englischer Schuljungen als
Schiffbrüchige auf eine tropische Insel verschlägt. Die krampfhaften
Bemühungen der Jungen, an so etwas wie zivilisierten Umgangsformen
festzuhalten, scheitern, als sie anfangen, Wildschweine zu jagen. Die
Hetzjagd entfesselt blinde, primitive Triebe in ihnen, die bald dazu
führen, daß sie sich gegenseitig jagen und töten und dazu singen: «Stecht
das Tier! Macht es tot! Blut fließt rot!»[23] Auf einmal taucht ein briti-
scher Marineoffizier auf und macht dem Karneval des Mordens ein

Ende. Doch im Grunde hebt er ihn lediglich auf die Erwachsenenebene, denn er bringt die Jungen auf ein Kriegsschiff, das bald schon andere menschliche Opfer mit derselben unsinnigen Grausamkeit jagen und töten wird.

Goldings zweiter Roman, *Die Erben*, skizziert die prähistorischen Ursprünge der «erkrankten Natur»[24] des Menschen. Wieder sucht Golding die Wurzeln der menschlichen Schlechtigkeit in der Jagd. Das Buch erzählt die Geschichte der letzten Neandertalerhorde: eines einfältigen, aber freundlichen und intuitiv veranlagten Menschenschlags, der sich hauptsächlich von Pflanzen ernährt. Wenn sie keine Früchte und Beeren finden können, fleddern die Neandertaler voll innerem Widerstreben die Beutereste großer Katzen. Doch sie spüren, daß es irgendwie zutiefst falsch ist, tote Tiere zu zerschneiden und zu essen:

> Das Reh war auseinandergenommen, die Stücke lagen verstreut. Fa schlitzte den Bauch auf, holte den verschlungenen Magen hervor und schüttete das bittere gerupfte Gras und die abgeästeten Schößlinge aus. Lok hämmerte auf den Schädel ein, um an das Hirn zu kommen, und zwängte das Maul auf und riß die Zunge ab. Sie füllten den Magen mit Leckerbissen und drehten die Därme zusammen, so daß der Magen wie ein schlaffer Beutel dahing. Während der ganzen Zeit murmelte Lok vor sich hin.
> «Das ist schlimm. Das ist sehr schlimm.» [...] Gewalttätigkeit und Schweiß lagen bedrohlich in der Luft zwischen den Felsen, ein schwerer Geruch nach Fleisch und Niedertracht. [...] in der Luft unter den Vögeln hing es wie Finsternis.
> Lok sprach diesen Gedanken von der Finsternis laut aus.
> «Das ist sehr schlimm. Oa hat das Reh einmal aus ihrem Schoß hervorgebracht. [...] Aber eine Katze hat dich getötet, es ist also nichts Böses dabei.»[25]

Oa ist Mutter Natur, die Schöpfergöttin der Neandertaler. Während die Neandertaler in den Schatten geduckt eine Homo-sapiens-Horde beobachten, die in ihren Wald eingedrungen ist, spüren sie, daß die Neuen etwas Unnatürliches an sich haben. «Sie kommen nicht aus Oas Schoß», sagt einer von ihnen. Die neuen Menschen sind bestechende

Psychopathen – gottgleich, unheimlich und grausam. Sie suchen kein Aas, sie töten, und sie haben Spaß daran. Sogar ihre Sexualität ist raubtierhaft und sadistisch.[26] Am Ende des Buches, als die letzten erwachsenen Neandertaler tot sind, brechen ihre Erben in Kanus in das symbolische Dunkel auf und nehmen das einzige überlebende Neandertalerkind mit – um es den blutrünstigen Dämonen zu opfern, die sie in ihren wirren Träumen heimsuchen.

Obwohl Dart, Jeffers und Golding alle die Menschen als kranke Tiere darstellen, deren Krankheit ihren Herd in einem Vergnügen an der Jagd und ihren Grausamkeiten hat, gibt es keinen Grund zu der Annahme, daß einer der drei Männer seine Ideen von einem der anderen abgeschrieben hätte. Goldings Bücher erschienen zu spät, als daß sie Jeffers oder Dart hätten beeinflussen können. Jeffers' Gedichte von 1948 hätten Dart oder Golding beeinflussen können, aber das ist unwahrscheinlich. *The Double Axe* war kein vielgelesenes Buch. Ja, es wurde «allgemein für vergessenswert befunden und hatte zur Folge, daß Jeffers die Rolle einer glaubwürdigen dichterischen Stimme zu seinen Lebzeiten ein für allemal ausgespielt hatte».[27] Darts Artikel von 1953, in dem er zum erstenmal die Jagd mit der menschlichen Schlechtigkeit in Verbindung brachte, erschien an einem noch entlegeneren Ort, in einer privat herausgegebenen Zeitschrift. Er gelangte mit ziemlicher Sicherheit nicht zu Goldings Kenntnis, während dieser *Herr der Fliegen* (1954) und *Die Erben* (1955) schrieb. Und Dart konnte die Idee weder von Jeffers noch von Golding entliehen haben, da ihm einige Aspekte davon schon seit 1925 durch den Kopf gingen, als Jeffers gerade die Korrekturfahnen seines ersten erfolgreichen Buches las und Golding noch ein Schuljunge war.

Ein weiterer Grund zu der Annahme, daß jeder der drei Männer seine Anschauungen selbständig entwickelte, ist deren Unterschiedlichkeit. Jeder Autor sieht den Fall des Menschen aus der tierischen Gnade auf einer anderen Stufe der menschlichen Evolution geschehen – Dart auf der des Australopithecus, Jeffers auf der des frühen Homo, Golding auf der des modernen Homo. Dart meint, unser Makel sei schlicht und einfach die Sitte, Fleisch zu essen, aber Golding und Jeffers halten die menschliche Jagdtätigkeit für besonders übel, weil vom menschlichen Willen vergiftet. Jeffers macht das in seinem Gedicht «Orca» aus *The*

Double Axe deutlich, das beschreibt, wie Mörderwale einen Seelöwen auffressen:

> Hier geschah Tod, und mit Grauen, doch er sah rein und klar aus, er war schön.
> Warum? Weil nichts Menschliches im Spiel war, Leiden oder -Bereiten; keine Lügen, kein Grinsen, keine Bosheit;
> Alles streng und gehörig; Menschenwille war nicht im Spiel. Die Erde ist ein Stern, sein Menschenelement
> Verdüstert ihn. Krieg ist böse, der Friede wird böse sein; Grausamkeit ist böse; der Tod nicht. Doch die Menschenbrut
> War abartig von jeher: wie ein verpfuschter Versuch, durchgedreht, den man abbrechen sollte.28

Was veranlaßte diese drei Männer, im selben Nachkriegsjahrzehnt unabhängig voneinander derart ähnliche Geschichten über die Jagd und die menschliche Natur vorzutragen? Ein Teil der Antwort ist der Zweite Weltkrieg selbst. In einer Ansprache von 1962 erläuterte Golding die Wirkung, die der Krieg auf ihn gehabt hatte:

> Vor dem Zweiten Weltkrieg glaubte ich an die Möglichkeit, das Gesellschaftswesen Mensch zu vervollkommnen, [...] aber nach dem Krieg nicht mehr, es ging nicht mehr. Ich hatte gesehen, was ein Mensch einem anderen antun kann. Ich denke dabei gar nicht daran, daß ein Mensch einen anderen mit einem Gewehr erschießen oder eine Bombe auf ihn werfen oder ihn in die Luft sprengen oder ihn torpedieren kann. Ich denke an die alle Worte übersteigende Niedertracht, die sich Jahr für Jahr in den totalitären Staaten abspielte. [...] Jeder, der diese Jahre mitgemacht hat, ohne zu begreifen, daß der Mensch Böses hervorbringt wie die Biene Honig, muß blind gewesen sein oder nicht ganz richtig im Kopf.29

Jeffers sagt in *The Double Axe* dasselbe, wieder und immer wieder, und Dart weist auf die «jüngsten Greuel des Zweiten Weltkriegs» hin,30 um seine These von der angeborenen Bosheit des Menschen zu stützen.

Ganz offenbar war der Krieg eine der Ursachen, die diese Männer dazu trieb, über die historischen Wurzeln der menschlichen Abscheulich-
keit nachzudenken. Die Geschichten, zu denen alle drei gelangten,
drücken das Entsetzen vor unserer unmittelbaren Vergangenheit und
ein Grauen vor unserer unmittelbaren Zukunft aus.[31] Die Geschichten
vom Mörderaffen aus den fünfziger Jahren waren nicht (wie einige von
Darts Kritikern es gern hätten) zusammenphantasierte Mythen zur
Rechtfertigung von Krieg und Gewalt. Vielmehr wollten sie uns davor
warnen.

Aber die Schrecken des Zweiten Weltkriegs und die Furchtbar-
keiten der Nachkriegsjahre können nicht ältere Formulierungen der
Jagdhypothese erklären. Diese Hypothese wurde schon fast zweihundert Jahre vor dem Zweiten Weltkrieg aufgestellt, nämlich erstmals 1773
von dem schottischen Aristokraten James Burnett, Lord Monboddo.

Im ersten Band seiner weitschweifigen Abhandlung *Of the Origin and Progress of Language* vertrat Monboddo die Auffassung, die
menschliche Gesellschaft sei entstanden, als unsere Vorfahren sich zu
Gruppen zusammenschlossen, um sich mit vereinten Kräften gegen andere Tiere zu verteidigen – und zu jagen. Die Folgen, die die Aufnahme
des Jagens hatte, waren nach Ansicht von Monboddo verheerend:

> Diese Veränderung des Menschen von einem fruchtfressenden
> zu einem fleischfressenden Tiere [muß] eine große Veränderung
> des Charakters hervorgebracht haben. [...] Solange der Mensch
> von den Früchten der Erde lebte, war er ein unschädliches Tier,
> und gleich andern, die auf eben die Weise leben, geneigter, vor
> einem Anfalle zu fliehen, als ihn zu machen. Aber sobald er ein
> Jäger wurde, so nahm das wilde Tier, welches ein Teil seiner Com-
> position ist, in ihm überhand. Er wurde wild und kühn, und er-
> götzte sich an Blut und Blutvergießen. Krieg folgte bald auf die
> Jagd; und die notwendige Folge des Krieges war, daß die Sieger
> die Besiegten fraßen, wenn sie sie töten oder fangen konnten;
> [denn bei solchen Menschen ist der Krieg eine Art Jagd].[32]

Dies alles klingt dem, was Raymond Dart zweihundert Jahre später sagen sollte, bemerkenswert ähnlich, bis hin zur Gleichsetzung des Krie-

ges mit der Jagd. Monboddo nahm nicht nur Darts Theorien vorweg, sondern auch seine Misanthropie. Denn es ist der Mensch, versicherte Monboddo,

> wenn er nicht zahm gemacht, oder durch Gesetze und Sitten gebändiget ist, das gefährlichste und heilloseste unter allen Geschöpfen, die Gott gemacht hat; weit mehr, als ein Löwe oder Tiger, oder jedes andere wilde Tier, das in den Wäldern irret. [... Man muß sagen,] daß er beinahe schon die Erde entvölkert habe, indem er in vielen Ländern ganze Gattungen von Tieren ausgerottet hat, und täglich fortfährt, die noch übrigen zu zerstören, nicht nur zur Befriedigung seiner Schwelgerei und Eitelkeit, sondern zum bloßen Spiel und Zeitvertreib.[33]

Und Monboddo ging von hier aus weiter zu dem Wunsch, den Jeffers so oft geäußert hatte: die Tiere möchten bald von der Bedrückung durch den Menschen befreit werden – durch sein Aussterben.

> Welchen Ersatz, höchst schädliches zweifüßiges [..] Tier, [..] kannst du für diesen so großen Mißbrauch deiner höhern Fähigkeiten, und diese Zerstörung der Geschöpfe Gottes machen? Keinen andern, ausgenommen dich selbst zunächst zu zerstören, und so das übrige tierische Geschlecht zu rächen. Dies tust du so geschwind, als möglich; und dafür allein kann ich dich loben. Wann dieses Werk vollendet ist; dann wird der wahre Stand der Natur, und das echte goldne Zeitalter wiederkehren. [..] So wird die tierische Schöpfung, von einem tyrannischen und eigensinnigen Herrn befreit, das Leben leben, welches die Natur für sie bestimmt hat, und den Zweck ihres Daseins erfüllen.[34]

Zu diesen düsteren Schlüssen wurde Monboddo nicht durch Fossilienfunde aus Transvaal oder durch das Blutbad des Zweiten Weltkriegs getrieben. Darts Kritiker haben offensichtlich recht, wenn sie meinen, daß die ganze Jagdhypothese einen kulturellen Topos zum Ausdruck bringt, der schon lange im Schwange ist – auf jeden Fall seit dem späten 18. Jahrhundert. Doch was dieser Topos ist und was die Moral der Geschichte vom Mörderaffen sein soll, ist nicht klar.

Es gibt keinen naheliegenden Grund, ob faktischer oder symbolischer Art, weshalb irgend jemand die Wurzeln der menschlichen Bosheit in der Jagd suchen sollte. Die Jagd ist eine gedeihliche und erbauliche Betätigung, die von abendländischen Philosophen und Staatsmännern von Platon und Xenophon bis zu Theodore Roosevelt wegen ihrer großen Festigung von Gesundheit, Tapferkeit und sittlichem Charakter gepriesen wurde.[35] Wenn Mythen wirklich die Aufgabe haben, traditionelle Werte zu bekräftigen, dann sollten wir Geschichten davon erzählen, wie tapfer und herrlich unsere jagenden Vorväter waren, und nicht die Jagd als Erbsünde des Menschen verteufeln.

Auch gibt es keinen klaren Grund für die Anziehungskraft der Misanthropie, die die führenden Vertreter der Jagdhypothese in ihre Geschichten einfließen ließen. Wenn wir uns von der Vorstellung freimachen, daß Dart, Jeffers und Golding Lakaien des Pentagon waren oder Chauvinisten, die die Rolle des Mannes in vorgeschichtlicher Zeit verherrlichen wollten, fällt es uns schwer zu erklären, weshalb die ihnen gemeinsame Anschauung irgend jemanden ansprechen sollte. Wir sollten es unerträglich deprimierend finden, uns Homo sapiens als einen psychopathischen Affen vorzustellen, der eine blutige Schneise über das Antlitz der holden grünen Natur zieht. Und doch ist diese Sicht der Welt und unseres Platzes in ihr seit Monboddos Zeit immer bestimmender geworden und geistert durch die meisten Versionen der Jagdhypothese.

Es kann sein, daß die Jagdhypothese uns anspricht, weil sie indirekt einige der Grundwerte unserer Kultur stützt. Vielleicht bestätigt die Hypothese, wie Perper und Schrire behaupten, christliche religiöse Werte, indem sie die Geschichte vom Sündenfall in wissenschaftliche Begriffe ummünzt.[36] Oder vielleicht reichen die Wurzeln der Jagdhypothese, wie Bocks Kritik unterstellt, bis in die griechische Antike zurück. Es lohnt sich, hier genauer hinzuschauen.

Dabei lohnt es sich auch, daran zu denken, daß nicht alle Mythen einfach unwahre Geschichten sind. Wir sollten uns für die Möglichkeit offen halten, daß der Mythos vom Mörderaffen nicht nur deshalb populär wurde, weil er die Spannungen des Kalten Kriegs zum Ausdruck brachte oder weil er die bekannte Geschichte von Eva und Adam neu erzählte, sondern auch weil er – wenigstens in einem symbolischen Sinne – im wesentlichen wahr ist.

KAPITEL III

Jungfräuliche Jägerinnen und «rohverschlingende Mähler»

PHAIDRA:

Bringt mich ins Gebirg! In den Wald will ich gehn
und hin zu den Fichten, dort, wo die Hunde,
die Mörder des Wildes, spüren,
die scheckigen Hirsche erjagend.
Ich möchte, bei den Göttern, den Hunden pfeifen
und schleudern, vorbei am blonden Gelock,
den thessalischen Speer, mit der Hand umfassend
das spitze Geschoß.

AMME:

Was bist du, mein Kind, nur derart erregt?
Was hast denn du mit der Jagd zu tun?

Euripides: Hippolytos

Die Bedeutung der Jagd ist vor allem symbolischer, nicht wirtschaftlicher Art. Für einige wenige geübte Jäger in ländlichen Gegenden mag die «Ernte» wilder Tiere mit dem Gewehr eine praktische Möglichkeit sein, Fleisch auf den Tisch zu bekommen; aber der durchschnittliche amerikanische Hirschjäger, der ungefähr fünf Stunden Arbeit und zwanzig Dollar dafür verausgabt, ein einziges Pfund Wildbret heimzubringen, würde einen besseren Schnitt machen, wenn er sein Roastbeef in einem guten Restaurant ernten ginge.[1] «Von jeder Schachtel Patronen, die ich verfeuert habe, könnte ich mir ein Steak kaufen», bekennt ein erfahrener Jäger. «Wenn ich die Zeit bezahlt kriegte, die ich draußen zugebracht habe, könnte ich beim heutigen Stand der Löhne fast unser Haus damit bauen. Wenn man den Nutzen in Pfund Fleisch und Geldwert rechnet, ist es ein schlechtes Geschäft, und ich könnte hinzufügen, daß einer, der den Jagdsport unter diesem Blickwinkel betrachtet, nie ein echter Weidmann sein wird.»[2]

Kurzum, man darf die Jagd in der heutigen Welt nicht als ein praktisches Mittel verstehen, billig zu Proteinen zu kommen. Sie ist nur als symbolisches Verhalten begreifbar, wie ein Spiel oder eine religiöse Zeremonie, und auch die Emotionen, die die Jagd erregt, lassen sich nur symbolisch verstehen.

Die symbolische Bedeutung, die das Jagen für uns hat, hat viel mit unserer Definition des Begriffs Jagd zu tun, die eigentümlich eng ist.[3] Zur Jagd reicht es nicht, daß man loszieht und einfach das nächstbeste Tier tötet; überhaupt kommt dem Töten von Tieren nur in sehr wenigen Fällen der Rang des Jagens zu. Eine erfolgreiche Jagd endet mit der Tötung eines Tiers, aber es muß ein besonderes Tier sein, das auf besondere Weise aus einem bestimmten Grund getötet wird.

Vor allen Dingen muß das Opfer ein *wildes* Tier sein. Das Wort «wild» kann viel heißen; aber für den Jäger ist ein wildes Tier eines, das nicht *zahm* ist – das heißt nicht freundlich zu Menschen oder ihnen gefügig. Kein anderes Kriterium der Wildheit zählt bei der Jagd.[4] Die jagdbaren Tiere in einer privaten Jagddomäne können das Eigentum eines Mannes sein, aber für den Jäger zählen sie dennoch als wilde Tiere, solange sie vor ihm weglaufen. Selbst Hausvieh kann für den Jäger als Wild gelten, wenn es verwildert ist wie die Schweine in *Herr der Fliegen*. Aber zu einem Tier hinzugehen, das nicht flieht – etwa zu einem zahmen Hirsch in einem Park –, ihm einen Revolver ans Ohr zu setzen und abzudrücken, ist kein Jagen. Es zählt nicht einmal als mindere, unweidmännische Form des Jagens, wie das Schießen auf sitzende Enten, weil das getötete Tier nicht wild in dem Sinne ist, auf den es dem Jäger ankommt. Ein solches Tier ist ein Teil des menschlichen Lebensraumes, und es zu töten ist reine Schlächterei, wie wenn man eine Kuh im Stall erschießt.

Das gejagte Tier muß zudem *frei* sein – das heißt in der Lage, vor seinem menschlichen Angreifer zu fliehen (und sich gegen ihn zu wehren). Tiger im Zoo zu schießen, zählt nicht als Jagen.[5]

Die Methoden und Motive des Jägers sind für die Definition des Jagens ebenfalls wichtig. Bei der Jagd muß *Gewalt* im Spiel sein.[6] (Man darf Elefanten mit vergifteten Pfeilen schießen, aber wenn man vergiftetes Heu für sie auslegt, ist das kein Jagen.) Die tödliche Gewalt muß *direkt* ausgeübt werden, nicht vermittelt über eine Falle. Der Angriff des Jägers auf die Beute muß *mit Vorbedacht* geschehen, was gewöhnlich eine Zeit des Hetzens, Pirschens oder Ansitzens verlangt. (Wilde Tiere auf der Straße zu überfahren, zählt nicht als Jagen, selbst wenn man es vorsätzlich macht.) Schließlich muß die Tötung auf Initiative des Jägers erfolgen. (Wölfe zu schießen, die einen verfolgen, ist kein Jagen.) Ein Töten von Tieren, das nicht alle diese Kriterien erfüllt, ist kein Jagen, sondern etwas anderes: Fischen, Fallenstellen, Schlachten, Vandalismus, religiöses Opfer, Selbstverteidigung, Schädlingsbekämpfung oder Überfahren mit oder ohne Mordabsicht.

Wir definieren das Jagen somit als das bewußte, direkte, gewaltsame Töten ungehinderter wilder Tiere; und wir definieren wilde Tiere in diesem Zusammenhang als solche, die den Menschen scheuen oder angreifen. Die Jagd ist somit per definitionem eine bewaffnete Konfrontation zwischen Menschsein und Wildsein, zwischen Kultur und Natur. Weil sie ein konfrontatives, vorbedachtes und gewaltsames Töten verlangt, stellt sie so etwas dar wie einen Krieg der Menschheit gegen das Wilde.

Eine organisierte Jagd gleicht mit ihren Waffen und Strategien und ihrem Aufmarsch von Jägern einem Feldzug, und es überrascht nicht, daß von vielen Parallelen zwischen der Jagd und dem Krieg gezogen wurden. Die ganze Geschichte hindurch ist das Jagen häufig als eine Art Kriegsspiel aufgefaßt worden, als erster Schritt in der Kampfausbildung eines jungen Mannes. «Die bewiesene Fähigkeit, Tiere im offenen Gelände zur Strecke zu bringen», schreibt Steven Lonsdale, «ist in vielen Kulturen eine Vorbedingung zur Aufnahme in die Reihen der Krieger auf dem Schlachtfeld. Zu Jagd und Krieg braucht man ähnliche Waffen, Fähigkeiten und innere Qualitäten. Ein Jagdspieß ist das genaue Abbild einer Kriegslanze; die Fähigkeit des Jägers, die Strategie der Jagd

vorauszuplanen, seine Hunde auszubilden und auf die Beute anzuset-
zen, Ziel zu nehmen und das Wild zu töten, entspricht im Krieg der Bestimmung der militärischen Taktik, der Ausbildung und Aufstellung der
Truppen auf dem Schlachtfeld und der erfolgreichen Gefangennahme
oder Zerstreuung der feindlichen Kräfte.»[7]

　　Diese Analogsetzung von Jagd und Krieg, die bei dem Modell
der Menschwerdung durch die Jagd eine zentrale Rolle spielt, war durchaus keine Erfindung von Raymond Dart und Sherwood Washburn. Angefangen bei den alten Griechen, zieht sich die Analogie durch die ganze
Geschichte der abendländischen Literatur. Die Krieger in der *Ilias* werden wiederholt mit Jagdhunden, Jägern, Raub- und Beutetieren verglichen.[8] Umfassender wird die Analogie zwischen Jagen und Kämpfen in
der *Odyssee* ausgeführt, wo die blutige Rache, die Odysseus am Schluß
an den Freiern seiner Frau nimmt, der Höhepunkt einer metaphorischen
Hirschjagd ist, die den Rahmen der ganzen Geschichte bildet.[9] In seinem *Kynegetikos*, dem ältesten bekannten Buch über die Jagd, vergleicht
der griechische Soldat und Historiker Xenophon die Jäger mit Kriegern
im Kampf gegen die wilden Tiere, welche die Feinde des Menschen sind.
Xenophon hielt die Jagd für «eine Vorschule für den Dienst im Kriege»,
weil sie die Mannestugenden fördere und militärische Fähigkeiten wie
Taktik und Angriff schule.[10] Auch Aristoteles pries die Jagd als Prototyp des gerechten Krieges.[11] Ähnliche Lobpreisungen der Jagd als Vorbild und Vorschule des Krieges sind in späteren Schriften über das Weidwerk von den Tagen des kaiserlichen Rom bis in unsere Zeit gang und
gäbe.[12] «Hätte Hitler jemals einen Herbst in New England verbracht,
hätte er gesehen, wie die Böcke abtransportiert werden», schrieb E. B.
White im Jahre 1941, «er hätte nie das Rheinland besetzt.»[13]

　　Doch wenn die Jagd ein Krieg ist, dann ein recht sonderbarer, in
dem die einzige Seite, die gewinnen kann, dies sorgfältig zu vermeiden
sucht. Das Jagen ist für den Jäger ein Selbstzweck, und er will, daß für
die Tiere, die er tötet, endlos neue nachkommen, damit sein sportlicher
Kampf mit der Wildnis unbegrenzt weitergehen kann. Selbst Xenophon,
all seinen militärischen Reden zum Trotz, hieß die Jäger die allzu jungen Hasen verschonen, damit der Bestand erhalten bleibe.[14] Die gesamte europäische Geschichte hindurch haben die Jäger sich selber gemeinhin als Feinde des individuellen Tieres, aber als Freunde der *Tier-*

arten gesehen – und, weitergedacht, als Freunde des wilden, außermenschlichen Bereichs, den die Tiere bewohnen.

Jäger sind somit nicht einfach Kämpfer auf seiten der Menschheit gegen das Wilde. Sie sind in ihrer Zuneigung gespalten. Weil die Jagd sich an der Grenze zwischen der menschlichen Sphäre und der Wildnis abspielt, steht der Jäger mit einem Fuß auf jeder Seite der Grenze und schwört keiner Seite ewige Treue. Er ist eine zwiespältige Gestalt, ein Grenzgänger, der sich sowohl als Kämpfer gegen das Wilde wie auch als sein halbtierischer Genosse ansehen läßt. Beide Bilder des Jägers gehen auf das klassische Altertum zurück. In der griechischen Literatur verbinden sie sich einerseits mit Apollon, dem Gott der Vernunft und des Lichts, und andererseits mit Dionysos, dem Bringer des heiligen Wahnsinns.

Die Griechen hatten viele Wörter für die nach gesellschaftlicher Stellung und symbolischer Bedeutung verschiedenen Arten des Jagens. Der allgemeinste Ausdruck *thera* (von *ther*, wildes Tier) umfaßte nicht nur, was wir als Jagd bezeichnen, sondern auch Fischen, Fallenstellerei und Vogelfang. Die eigentliche Jagd, die Hetzjagd, wurde mit Hunden geführt und hieß dementsprechend *kynegia* (Hundetreiben). Die kynegia war höher angesehen als andere Arten der thera. Platon beschreibt Fischen und Fallenstellen als müßiges Treiben, «eine Sache von faulen Menschen», bei der die Netze und Schlingen dem Jäger die Arbeit abnehmen; und «die hinterhältige Lust, den Vögeln nachzustellen», steht laut Platon «einem freien Manne gar nicht gut an». In Platons idealem Stadtstaat sollten die jungen Männer der Oberschicht allein die kynegia ausüben, ein Kampfspiel, in dem «die wilde Kraft der Tiere überwältigt» wird «durch den Sieg einer Seele, die freudig alle Mühen auf sich nimmt»:

> Da bleibt also für alle als einzige und beste Jagd nur die auf die Vierfüßer übrig, mit Hilfe von Pferden und Hunden und mit dem Einsatz der eigenen Körperkräfte, wobei die Jäger, denen es um die göttliche Tapferkeit zu tun ist, alle diese Tiere mit eigener Hand durch Lauf, Schlag und Wurf überwinden.

«Diese wahrhaft geheiligten Jäger», so bestimmt Platon abschließend für sein Utopia, «soll niemand hindern zu jagen (*kynegetein*), wo und wie sie wollen».[15]

Diese «wahrhaft geheiligte» kynegia, die Jagd auf große Säugetiere mit Hunden, Pfeil und Bogen und Speer, ist die Form des Jagens, um die es auch in der griechischen Mythologie geht. Im alten Griechenland stand, genau wie in unserer Gesellschaft, die mythische Bedeutung der Jagd in keinem Verhältnis zu ihrer nebensächlichen wirtschaftlichen Rolle.[16] Mehrere griechische Götter wurden im Mythos ebenso wie im Kult mit der Jagd in Verbindung gebracht. Drei davon – Apollon, Artemis und Dionysos – waren Hauptgottheiten, zu deren Ehren es in der gesamten hellenischen Welt unzählige Tempel, Altäre, Statuen und Opfer gab.

Die Griechen stellten sich Apollon und Artemis als göttliche Geschwister vor, die offiziell gemeinsam für die Jagd zuständig waren. So sagt Xenophon: «Erfindung von Göttern, von Apollon und Artemis, sind Jagd und Hunde», und deshalb gelobt der rechte Jäger «dem Apollon und der Artemis Agrotera [Jägerin] Anteil an der Jagdbeute».[17] Zu der Zeit, als die Griechen ihre Mythologie niederzuschreiben begannen, hatten sich Apollons Verbindungen zu Wild und Hunden weitgehend verflüchtigt.[18] Alle Beziehungen zur Jagd, die er in der vorgeschichtlichen griechischen Religion besessen haben mag, wurden frühzeitig auf seine Schwester Artemis übertragen, die bei den Römern Diana hieß.

Artemis war keine griechischstämmige Göttin; die Griechen scheinen sie von den Kretern im Süden übernommen zu haben. Sie machten sie zur Schwester Apollons und legten ihr eine Reihe von dessen Attributen bei.[19] Die selber ewig Jungfräuliche wurde als Schutzgöttin der Geburt verehrt, und im religiösen Ritual war das vielleicht ihre wichtigste Rolle. Doch in Lied und Sage war ihr vornehmster Aspekt der einer göttlichen Jägerin. Homer nennt sie *potnia theron*, Herrin der wilden Tiere.[20] Und die 27. Homerische Hymne beginnt:

Artemis, dich, die lärmende Göttin mit goldener Spindel,
züchtige Jungfrau, Meistrin der Hirschjagd, fröhliche Schützin
sing ich, leibliche Schwester Apollons, des golden Bewehrten,
die in schattigen Bergen, auf windigen, zackigen Höhen

ihren Bogen spannt, der ganz aus Gold ist, und Pfeile
jauchzend vor Jagdlust schießt, die Seufzer erregen. Es beben
Gipfel hoher Gebirge, es krachen düstere Wälder
schrecklich beim Tosen der Jagden.[21]

Die Griechen waren derart von Artemis eingenommen, daß sie sie in
immer neuer Gestalt in ihre Religion und Literatur einbrachten. In der
griechischen Mythologie wimmelt es nur so von schönen flinkfüßigen
Jungfrauen, die keusch in den wilden Gebirgswäldern leben und mit un-
fehlbaren Pfeilen wilde Tiere erlegen. Die meisten dieser mythischen Jägerinnen – Opis, Daphne, Arethusa, Syrinx, Kallisto, Kyrene, Taygete,
Atalante – waren ursprünglich bloß verschiedene lokale Namen und Titel der Artemis selbst.[22]

Als Göttin der Jagd verkörpert Artemis sämtliche Ambivalen-
zen, die der Gestalt des Jägers anhaften. Obwohl sie die wilden Tiere
mit ihren Pfeilen, «die Seufzer erregen», verfolgt, ist sie auch ihre Freundin und Schirmerin. Sie tötet den großen Jäger Orion (oder betreibt seinen Tod), weil er sich vor ihr vermißt, alle wilden Tiere auf der Welt zu
töten. Die wilden Gegenden der Erde sind ihr heilig, vor allem die Ge-
birgswälder. In Catulls prachtvoll alliterierenden Versen heißt sie «Ge-
bieterin / Grüner Wälder und Bergeshöhn, / Ferner, einsamer Täler
Schlucht / und der rauschenden Ströme».

montium domina [...]
silvarumque virentium
saltuumque reconditorum
amniumque sonantum.[23]

Die Aura heiliger Jungfräulichkeit, die Artemis umgibt, erstreckt sich
auch auf die wilden Gefilde, die sie liebt, und Männern, die allzu kühn
in ihr Reich eindringen oder sich an ihrer keuschen Unnahbarkeit ver-
sündigen, droht Vernichtung. Die am häufigsten von ihr erzählte Geschichte war der Mythos vom Jäger Aktaion, der sie überraschte, als sie
nackt in einer Quelle des Waldes badete. Die erzürnte Göttin besprengte
ihn mit Wasser und verwandelte ihn so in einen Hirsch:

Als er aber Gesicht und Geweih in den Wellen erblickte,
wollte er: «Weh mir!» rufen – es folgt keine Stimme, ein Stöhnen
nur! (Dies ist seine Stimme fortan.) Das Antlitz – nicht seines
mehr – überströmen die Tränen; ihm blieb sein früher Gemüt
nur.[24]

Als Aktaions Jagdhunde ihn in Hirschgestalt erspähten, hetzten sie hinter ihm her, brachten ihn zur Strecke und rissen ihn in Stücke. Andere Figuren der griechischen Mythologie finden für ähnliche Vergehen an der Keuschheit der Artemis oder ihrer Begleiterinnen ein ähnliches Ende.[25]

Wie Artemis streift auch Dionysos in Begleitung einer Schar von Jägerinnen durchs Gebirge. Doch die Bakchen oder Mänaden, die mit heiligem Wahnsinn geschlagenen Frauen, die Dionysos über die Berge folgen, gleichen in nichts den jungfräulichen Schützinnen, die der Artemis die wilden Tiere hüten helfen. Die Bakchen sind selber wilde Tiere. Wenn sie jagen (was sie häufig zu tun pflegen), durchbohren sie ihre Beute nicht nach Menschenart mit Speeren oder Pfeilen; sie töten wie Raubtiere mit dem eigenen Körper als Waffe. In den *Bakchen* des Euripides entkommt der Späher des König Pentheus ihrem rasenden Angriff nur knapp:

Nur Flucht ersparte uns das Schicksal, von den Bakchen
zerfleischt zu werden. Dafür stürzten sie sich auf
das Weidevieh mit ihren waffenlosen Händen! [...]
Da sah man Rippen, sah gespaltne Hufe wirbeln
nach hier, nach dort. Und an den Tannen blieb es hängen
und ließ, blutüberströmt, die Tropfen niederrinnen.
Die Stiere, sonst so übermütig und geneigt
zum Stoße mit den Hörnern, taumelten zu Boden,
von tausend starken Frauenarmen fortgeschleift.
Und schneller ward das Fleisch in Fetzen fortgetragen,
als deines königlichen Auges Wimper zuckt.[26]

Im Dionysosdienst wurde dieses Zerreißen (*sparagmos* oder *diasparagmos*) eines lebenden Tieres als feierlicher Ritus begangen; eine Ziege oder

ein anderes Opfertier wurde zeremoniell erjagt, Glied für Glied zerrissen und von den Feiernden roh verschlungen.[27] Das erlegte Tier galt als
Symbol oder Inkarnation des Gottes, der im Mythos gleichfalls zer-
stückelt und verschlungen worden war – und hinterher wiederaufer-
stand.[28] Die «rohverschlingenden Mähler»[29], die sich an diese rituellen
Jagden anschlossen, trugen Dionysos den Beinamen *Omestes* ein, «der
rohes Fleisch Essende».

  Etliche Mythen nennen Dionysos in Verbindung mit der Jagd.
Der bedeutendste, die Sage von Pentheus, erzählt, wie ein langhaariger,
weibisch wirkender Fremdling nach Theben kommt und die Frauen der
Stadt zu wilden Tänzen und Jagden ins Gebirge entführt. Pentheus, der
König der Stadt, gibt Befehl, die Schwärmerinnen ins Gefängnis zu werfen und ihren Anführer hinzurichten. Doch dieser Anführer ist Dionysos selbst, der sich und seine eingesperrten Anhängerinnen auf wunderbare Weise befreit – und dann Pentheus dazu verlockt, sich die
bakchantischen Orgien doch einmal mit eigenen Augen anzuschauen.
Als die Bakchen Pentheus entdecken, läßt der Gott sie statt des Königs
einen Löwen sehen, und in einem wahnsinnigen diasparagmos reißen
sie ihn in Stücke.[30]

  Euripides macht aus dieser Sage eine groß angelegte Jagdmeta-
pher. Pentheus verspricht, er werde die Rasenden zur Strecke bringen
und in Netzen fangen. Der Chor mahnt ihn an das Schicksal Aktaions.
Als die königlichen Häscher den gefangenen Gott vor den König bringen, verkünden sie, sie kämen «mit der Beute, deren Fang du uns be-
fahlst», und: «Dies Wild ist zahm.» Dann werden die Rollen von Räuber und Beute vertauscht; die Bakchen werden zur «flinken Meute», und
Pentheus wird das Wild. Am Ende des Stückes trägt Pentheus' eigene
Mutter, vom göttlichen Wahnsinn ergriffen, das abgerissene Haupt ihres Sohnes auf einem Stab. «Kommt her, damit ihr meine Beute sehen
könnt!» ruft sie, und der Chor: «Ja, unser Herr, er versteht es zu jagen!»[31]

  Obwohl Dionysos mit der Jagd in Verbindung steht, ist er in jeder anderen Hinsicht das symbolische Gegenteil von Artemis.[32] Artemis ist keusch; Dionysos ist ausschweifend. Sie steht für Zucht; er steht
für Überschwang. Sie ist eine maskuline Frau (griechische Frauen gingen in Wirklichkeit nicht auf die Jagd); er ist ein femininer Mann. Arte-

mis verfolgt mit ihrem Trupp jungfräulicher Schützinnen ein ordentliches Wildhegeprogramm; Dionysos tanzt an der Spitze eines Zuges berauschter Irrer, die mit bloßen Händen Tiere und Menschen zerreißen. Die Scharen der Artemis disziplinieren die Wildnis, aber die Scharen des Dionysos gehen darin auf. Euripides beschreibt die Bakchen als ekstatische Halbtiere. Sie schürzen sich mit Hirschkalbfellen und umgürten sich mit lebenden Schlangen, bekränzen sich mit Efeu, Eichenlaub und blütenreichen Winden und säugen wilde Tiere. Dafür gibt ihnen die Erde Milch und Wein, wenn sie mit dem heiligen Stab, dem Thyrsos, darauf schlagen. Die Bakchen des Euripides sind aus der menschlichen Sphäre in einen Zustand der Einheit mit der Natur übergetreten. Ihre Chöre sind eine Ausnahme in der antiken Literatur, insofern sie die natürliche Welt als ein dem Menschenleben entrücktes Reich schildern, ein besonderes Land mit seiner eigenen wilden Schönheit und Freiheit:

> So werde ich denn, die Nächte hindurch,
> im Reigen schwingen den weißen Fuß
> zu Ehren des Bakchos,
> den Nacken schleudern in tauige Luft,
> wie ein Reh, das auf grünender Stätte der Lust,
> seiner Weide, umhertollt,
> sobald es entronnen der schrecklichen Hetzjagd,
> heraus aus der Kette der Treiber,
> hinweg über tückisch geflochtene Netze,
> während der Jäger mit gellendem Schrei
> zu schnellerem Lauf seine Meute spornt;
> und mit aller Kraft, so schnell wie der Wind,
> gewinnt es im Fluge
> das Blachfeld zu seiten des Flusses,
> erfreut sich der Freiheit, die kein Mensch stört,
> und der zarten Schößlinge unter
> dem schattenspendenden Laubdach des Waldes.[33]

Im spiegelbildlichen Gegensatz von Artemis und Dionysos in den griechischen Jagdmythen steht menschliche Zucht gegen tierische Wildheit. Die Verbindung beider Götter mit der Jagd ist symbolisch sinnvoll, denn die Jagd ist per definitionem etwas, das sich an der Grenze abspielt, wo das Menschliche auf das Wilde stößt. Artemis und Dionysos stehen sich an dieser Grenze gegenüber. Einer der Gründe, weshalb die Jagd in der griechischen Mythologie – und in späteren abendländischen Betrachtungen über den Ursprung des Menschen – eine große Rolle spielt, ist vielleicht, daß sie sich auf dieser Grenze vollzieht und so den äußersten Rand der Menschenwelt markiert.

Bei anderen heidnischen Völkerschaften Europas gab es zwar keine bedeutenden Götter der Jagd,[34] aber Parallelen zur griechischen Faszination für die Jagd finden sich in den älteren Kulturen des Ostens. Die Ägypter und die verschiedenen semitischen Völker verehrten der Artemis ähnliche jungfräuliche Göttinnen, die in Verbindung mit der Jagd und dem Bogen genannt werden.[35] Das heilige Schrifttum des Hinduismus ist ebenfalls voll von mythischen Jagden und Jägern und weist einige interessante Entsprechungen zur griechischen Jagdmythologie auf.[36] Die Bedeutung, die der Jagd in der griechischen religiösen Vorstellungswelt zukommt, scheint eine ältere vorderasiatische Überlieferung widerzuspiegeln, die sich von den östlichen Gestaden des Mittelmeeres bis nach Indien verfolgen läßt.

Andere Aspekte dieser Überlieferung sind durch das Alte Testament auch in unseren Kulturkreis eingedrungen. Auf den ersten Blick lassen die hebräischen heiligen Schriften keine offensichtlichen Verwandtschaftsbeziehungen zu der alten nahöstlichen Jagdmythologie erkennen. Keine biblische Gestalt erinnert an die semitische Göttin der Jagd (vielleicht weil sie in Palästina die Gemahlin des Baal war). Die Jagd wird von den jüdischen Ernährungsvorschriften im großen und ganzen verboten und nimmt in alttestamentarischen Geschichten keinen breiten Raum ein. Dennoch haben zwei biblische Motive mit weitverbreiteten nahöstlichen Parallelen die nachfolgenden Anschauungen zur Jagd, Tierwelt und Natur beeinflußt.

Das erste ist die Verwendung von Reh, Gazelle oder Hirsch als erotischem Symbol. «Freue dich des Weibes deiner Jugend», raten die Sprüche Salomos (5,18f.). «Sie ist lieblich wie eine Gazelle und holdselig wie ein Reh. Laß dich von ihrer Anmut allezeit sättigen und ergötze dich allewege an ihrer Liebe.» Das ist ein eigenartiges Bild, das fast

immer albern wirken würde, wenn man die liebliche Gazelle und das
holdselige Reh durch ein anderes Säugetier ersetzte. Wir lassen es gelten, weil die symbolischen Konventionen für uns gelten, die Rehe und
Rehverwandte mit Gegenständen des Begehrens gleichsetzen. Der gleiche Ton zieht sich durch das Hohelied Salomos: «Deine beiden Brüste
sind wie junge Zwillinge von Gazellen, die unter den Lilien weiden»
(4,5). «Mein Freund gleicht einer Gazelle oder einem jungen Hirsch [...],
der unter den Lilien weidet. Bis der Tag kühl wird und die Schatten
schwinden, wende dich her gleich einer Gazelle, mein Freund, oder
gleich einem jungen Hirsch auf den Balsambergen» (2,9.16f.). Ein derartiges Gleichnis wäre den heidnischen Autoren Griechenlands und
Roms nicht in den Sinn gekommen, für die der Hirsch ein Symbol der
Feigheit war;[37] aber in der indischen und semitischen Dichtung sind
amouröse Gleichnisse mit Hirsch und Reh etwas ganz Normales. Europäische Schriftsteller schöpften diese Vorstellungsweise wahrscheinlich aus östlichen Quellen, insbesondere aus dem Alten Testament. Sie
hat einen nachhaltigen Einfluß auf die abendländische Auffassung der
Jagd ausgeübt, und zwar seit dem späten Mittelalter, als der Hirsch in
der Kunst und Literatur der Oberschicht zum Jagdtier schlechthin und
die Hirschjagd zu einer beliebten Metapher für die geschlechtliche Liebe wurde.

Das andere jagdverwandte Motiv, das hauptsächlich über die Bibel in die europäische Geisteswelt eintrat, ist die Vision eines vegetarischen Gartens Eden, in dem Tiere und Menschen einst in Frieden und
Eintracht zusammenlebten. Nach dem ersten Kapitel des 1. Buches Mose hatte Gott ursprünglich vorgesehen, daß «alles Getier, das da lebt und
webt», sich von Pflanzen ernähren solle:

> Und Gott sprach: Sehet da, ich habe euch gegeben alle Pflanzen,
> die Samen bringen, auf der ganzen Erde, und alle Bäume mit
> Früchten, die Samen bringen, zu eurer Speise. Aber allen Tieren
> auf Erden und allen Vögeln unter dem Himmel und allem Ge-
> würm, das auf Erden lebt, habe ich alles grüne Kraut zur Nah-
> rung gegeben. Und es geschah so. (1. Mose 1,29f.)

Auch nachdem durch Adams Ungehorsam der Tod in die Welt gekommen war und Adam und Eva aus Eden vertrieben worden waren, erwartete Gott von den Kindern Adams, daß sie vegetarisch lebten und sich mit dem «Kraut auf dem Felde» begnügten.[38] Noah und seine Nachkommen erhielten die ausdrückliche Erlaubnis, Tierfleisch zu essen, aber Gottes auserwähltes Volk durfte das nur unter der Bedingung, daß sie Gott das «Leben» – das heißt das Blut – des geschlachteten Tieres zurückerstatteten:

> Denn des Leibes Leben ist im Blut, und ich habe es euch für den Altar gegeben, daß ihr damit entsühnt werdet. [...] Und wer vom Haus Israel oder von den Fremdlingen unter euch auf der Jagd ein Tier oder einen Vogel fängt, die man essen darf, soll ihr Blut ausfließen lassen und mit Erde zuscharren. Denn des Leibes Leben ist in seinem Blut, und ich habe den Kindern Israel gesagt: Ihr sollt keines Leibes Blut essen; denn des Leibes Leben ist in seinem Blut. Wer es ißt, der wird ausgerottet werden. (3. Mose 17,11.13f.)

Indem er Gott das Blut des geschlachteten Tieres zurückerstattet, wird der Schlächter von der Blutschuld gereinigt. Umgekehrt soll es einem Mann, wenn er ein Stück Vieh schlachtet, ohne dem Herrn ein Dankopfer darzubringen, «als Blutschuld angerechnet werden: Blut hat er vergossen, und ein solcher Mensch soll ausgerottet werden aus seinem Volk». (3. Mose 17,4)

Jesaja verheißt, daß die vegetarische Eintracht von Eden in dem kommenden goldenen Zeitalter wieder Urständ feiern wird: «Wolf und Schaf sollen beieinander weiden; der Löwe wird Stroh fressen wie das Rind, aber die Schlange muß Erde fressen. Sie werden weder Bosheit noch Schaden tun auf meinem ganzen heiligen Berge, spricht der Herr.» (65,25) Die christliche Vision des Friedensreiches geht auf solche alttestamentarischen Prophezeiungen zurück.

Dieses vegetarische Paradies war keine rein jüdische Vorstellung; ähnliche Phantasien waren unter den heidnischen Griechen und Römern weit verbreitet. Ovid beschreibt das lang vergangene goldene Zeitalter so:

Unverletzt durch den Karst, von keiner Pflugschar verwundet,
nicht im Frondienst gab von sich aus alles die Erde;
und mit der Nahrung begnügt, die keinem Zwange erwachsen,
las man Hagäpfel da und Bergerdbeeren, des Waldes
Kirschen und, was als Frucht an dem derben Dornengerank hing,
las die von Juppiters lichtem Baum gefallenen Eicheln.
Ewiger Frühling war, mit lauen Lüften umspielte
sanfter West die Blumen, die keinem Samen entblühten.
Ungepflügt trug bald auch des Bodens Früchte die Erde,
ohne Brachen gilbte das Feld von hangenden Ähren.
Bald von Milch und bald von Nectar gingen die Flüsse,
gelber Honig tropfte aus grünender Eiche hernieder.[39]

Diese goldene Vorzeit, schrieb Empedokles, wurde regiert von der Liebesgöttin: «Da waren alle Geschöpfe zahm und dem Menschen zutunlich, die wilden Tiere wie die Vögel, und die Flamme der freundlichen Gesinnung glühte. [...] Doch mit lauterem Stierblut ward kein Altar benetzt, sondern dies war unter den Menschen größte Befleckung, Leben zu entreißen und edle Glieder hineinzuschlingen.»[40]

Viele teilten die Empfindung, daß das Töten von Tieren und das Verschlingen ihrer edlen Glieder irgendwie eine Befleckung darstelle, aber dennoch fuhren die meisten Leute damit fort. In mehreren bedeutenden religiösen Kulten – der Orphik, dem Pythagoreismus, dem Isis-Osiris-Dienst, dem Manichäismus – erwartete man von höheren Eingeweihten, daß sie dem Genuß von Tierfleisch entsagten.[41] Einige griechische Tempel rühmten sich, reine (*katharos*) Altäre zu haben, die nicht von Tieropfern besudelt waren.[42] Doch in keinem der um das Mittelmeer gelegenen Länder wurde die vegetarische Ernährung jemals allgemein üblich, und im Zentrum der meisten offiziellen Religionen standen weiterhin Tieropfer und die dazu gehörenden Spießbraten. Das Vegetariertum der Antike wurzelte nahezu völlig in exzentrischen Minderheitenlehren von ritueller Verunreinigung oder Reinkarnation und nicht in einem Glauben an den Wert tierischen Lebens.

Dem Leben der Tiere wurde im alten Griechenland und Rom kein Eigenwert zugestanden. Die antiken Philosophen waren einhellig der Meinung, daß die Fähigkeit zum vernünftigen Denken die einzige wirklich wertvolle menschliche Eigenschaft sei und daß den Tieren (die keine Vernunft haben) von Natur kein höherer Wert oder sittlicher Rang zukomme als Stöcken und Steinen. «Die vernunftlosen Lebewesen und überhaupt die Dinge und Gegenstände gebrauche großzügig und ungezwungen», riet Marc Aurel. «[...] Mit den Menschen geh freundlich um, da sie doch Vernunft besitzen.»[43] Aristoteles bezeichnete nicht nur vernunftlose Tiere, sondern auch dumme Menschen als «beseelte Werkzeuge», welche die Natur den Klugen zum beliebigen Gebrauch zur Verfügung stelle. Geistesschwache Menschen, meinte er,

> die so weit [von den anderen] verschieden sind wie die Seele vom Körper und der Mensch vom Tier [...], sind Sklaven von Natur. [...] Ihre Verwendung ist nur wenig verschieden: denn beide helfen dazu, mit ihrer körperlichen Arbeit das Notwendige zu beschaffen, die Sklaven wie die zahmen Tiere. [...] Der Sklave ist ein Teil des Herrn, gewissermaßen ein beseelter, aber getrennter Teil des Leibes.[44]

In einer Welt, in der Philosophen ernsthaft vertreten konnten, menschliche Sklaven wären nur abgekoppelte Teile des Leibes ihrer Herren, und in der Menschen zur Unterhaltung der Zirkusbesucher regelmäßig auf abartig gräßliche Weise in den Tod getrieben wurden, besorgten sich nur wenige um das Leben der Tiere. Außerhalb von Ländern wie Ägypten, wo bestimmte Tiere abergläubische Verehrung genossen, wurden sie in aller Selbstverständlichkeit mit einer Mischung aus brutaler Gleichgültigkeit und Sadismus behandelt. Soweit ich weiß, sind aus dem Altertum nur zwei Fälle überliefert, bei denen man von politischem Aufbegehren gegen die Mißhandlung von Tieren sprechen könnte: Die Athener vertrieben einmal einen Mann, weil er einen Widder bei lebendigem Leibe abgehäutet hatte,[45] und im Jahre 55 v. Chr. erhob sich die römische Plebs im Zirkus, um gegen die Abschlachtung einer Schar von Elefanten in einer Schaujagd zu protestieren.

Dieser letzte Vorfall ist der erste bekannte Protest gegen die Jagd überhaupt und verdient daher eine genauere Untersuchung. Gegen Ende der römischen Republik erwartete man von den Inhabern bestimmter politischer Ämter, daß sie Unsummen ihres Privatvermögens ausga-

ben, um die Massen mit Gladiatorenspielen zu unterhalten. Zu diesen
Spektakeln gehörten gewöhnlich auch Schaujagden, die sogenannten *ve-
nationes* (daher auch das englische Wort *venison*, «Wildbret»). Alles
mögliche Großwild, von Löwen bis Hirschen, wurde oftmals zu Tausenden ins Amphitheater getrieben, um zur Belustigung der Menge zu
kämpfen, zu fliehen und zu sterben. In dem erwähnten Fall, einer von
Gnaeus Pompeius veranstalteten venatio, wurden achtzehn afrikanische
Elefanten losgelassen und sollten von schwerbewaffneten Männern niedergemetzelt werden. Doch einige von ihnen fanden

> gegen Pompeius' Wunsch, nachdem sie verwundet und kampf-
> unfähig geworden waren, Begnadigung durchs Volk. Ihre Rüs-
> sel zum Himmel erhoben, liefen sie herum und klagten so bit-
> terlich, daß sogar ein Gerücht entstand, sie täten dies nicht rein
> zufällig, sondern riefen die Eide an, auf die sie vertrauend sich
> von Afrika hätten übersetzen lassen, und erflehten Rache für sich
> vom Himmel. Sie hätten nämlich, wie es heißt, nicht eher die
> Schiffe betreten, als bis sie von ihren Treibern die eidliche Zusa-
> ge erhielten, daß ihnen nichts Böses widerfahre.[46]

Cicero, der die Elefantenschau an jenem Tage mit ansah, schrieb einem
Freund darüber:

> Bleiben noch die Tierhetzen (venationes) [...]; großartig, zuge-
> geben! Aber wie kann ein kultivierter Mann Vergnügen daran
> finden, wenn ein schwacher Mensch von einer gewaltigen Bestie
> zerrissen oder ein herrliches Tier vom Jagdspieß durchbohrt
> wird? [...] Der letzte Tag gehörte den Elefanten. Da staunte die
> Masse und der Pöbel, aber recht warm wurden sie nicht; viel-
> mehr regte sich so etwas wie Mitleid und das Gefühl: dieser Ko-
> loß hat irgendwie etwas Menschenähnliches.[47]

Cicero war nicht der einzige Römer, den die Vergnügungen der Tier-
hetzen kalt ließen. Das Jagen war in Rom kein gebräuchlicher Zeitvertreib. Für die Römer der frühen Republik war die Jagd Bauernsache gewesen, so wie Schweine schlachten oder Ratten töten. Sie besaß für sie

nichts von der mythischen und zeremoniellen Bedeutung, die sie für die Griechen hatte, und sie betrieben sie nicht zum Vergnügen. Die sportliche Jagd war in Rom eine reine Allüre der Reichen; Römer, die auf griechisch machen wollten, pflegten sie etwa so wie einige amerikanische Anglophile die Fuchsjagd. Wie vieles Griechische sickerte sie nach Roms Sieg über Makedonien im Jahre 168 v. Chr. ins römische Leben ein.[48] Nach diesem Sieg, bemerkte Plutarch, waren «nicht nur griechische Grammatiker, Philosophen und Redelehrer, sondern auch Bildhauer, Maler, Stallmeister, Hundemeister und Lehrer der Jagdkunst [...] immer um die [römischen] Jünglinge».[49]

Griechische Autoren wie Xenophon und Plutarch hatten die Jagd als edles Manneswerk gepriesen, das den Charakter bildet und den Mut stählt, aber frühe römische Schriftsteller sahen darin einen leicht anrüchigen griechischen Brauch. Sallust tat das Jagen als *servile officium* ab, als «knechtische Betätigung»[50], und hielt sich zugute, daß er im Ruhestand nicht damit angefangen hatte. Der römische Satiriker Varro verspottete den sportlichen Jäger als aufgeblasenen Gimpel:

> Da gehst du hin und jagst mit deinem Speer Keiler im Gebirge oder Hirsche (die dir nie etwas zuleide getan haben) mit deinem Wurfspieß. Eine prächtige Kunst! [...] Wozu soll es gut sein, so herumzurennen und sich um Nachtruhe und Abendessen zu bringen? Jagst du um eines Gewinns oder um des Vergnügens willen? Wenn um Gewinn, verkauf dein Wild; wenn zum Vergnügen, schau dir die Spiele im Zirkus an und schone deine Beine, statt sie völlig zu zerkratzen, wenn du durch den Wald zockelst.[51]

Eine Aura des Unernsten und Spielerischen umgibt Darstellungen der Jagd in der römischen Kunst und Literatur. Die wenigen Schriftsteller im römischen Reich, die in Jagddingen einen kundigen und ernsthaften Eindruck machen, sind entweder Griechen – Arrian, Oppian, Julius Pollux – oder Angehörige halbbarbarischer Provinzvölker wie der Spanier Martial oder der Nordafrikaner Nemesianus. Der Unterschied zwischen Griechenland und Rom in dieser Hinsicht zeigt sich deutlich in ihrer epischen Dichtung. In der *Ilias* und der *Odyssee* legt Homer durchweg ein unbeschwertes, derbes Vergnügen am Töten von Tieren, ob Wild oder Vieh, an den Tag. Wenn der mächtige Jäger Odysseus einen Hirsch erlegt, ist Homers Beschreibung geradeheraus und anatomisch:

> Aber ich traf ihn, während er lief, in die Mitte des Rückgrats.
> Durch und durch fuhr die eherne Lanze dem Tiere und klagend
> Fiel in den Staub der Erde es hin, und das Leben entflog ihm.
> Ich aber trat auf den Hirsch und zog die eherne Lanze
> Aus der Wunde heraus und legte sie nieder zur Erde.
> Und ich riß mir Buschwerk ab und Ruten und machte
> Klafterbreit ein Geflecht und drehte es fest an den Seiten,
> Band die Füße des mächtigen Tieres dann alle zusammen,
> Hängte es über den Nacken und ging zum schwärzlichen
>   Schiffe [...]
> Und so saßen den ganzen Tag bis zum Sinken der Sonne
> Schmausend wir da von der Fülle des Fleischs und dem lieblichen Weine.[52]

Doch in Vergils lateinischem Epos, der *Aeneis*, wird die Jagd eine poetische und sentimentale Angelegenheit voller Selbstzweifel und gemischter Gefühle. Als Aeneas mit der Königin Dido auf Hirschjagd geht, wird kein Blutvergießen berichtet, und alle Aufmerksamkeit gilt der prachtvollen Aufmachung und dem herrlichen Gefolge. In einer späteren Szene, in der es einem aus Aeneas' Schar schließlich gelingt, einen Hirsch zu schießen, stellt dieser sich als ein zahmes Tier heraus, das nach Hause läuft und *klagt*: «Wund aber flüchtete gleich der Hirsch zur vertrauten Behausung, / wankte stöhnend zum Stall, ließ, blutüberronnen, die Klage, / wie ein Flehender, laut im ganzen Hause ertönen.»[53] Diese rührende Figur des vom Pfeil eines Jägers durchbohrten unschuldigen Wildes kehrt in Vergils Beschreibung der liebeswunden Dido wieder:

> Dido steht unselig in Brand; wild schwärmt in der ganzen
> Stadt sie umher, gleichwie die pfeilgetroffene Hinde:
> arglos weidete die in Kretas Hainen; da traf von
> fern sie ein jagender Hirt und ließ das geflügelte Eisen
> ahnungslos zurück; das Tier aber flüchtet durch Kretas

Wälder und Schluchten, ihm hängt der tödliche Pfeil von der Flanke.[54]

Obwohl mehrere römische Schriftsteller eine Abneigung gegen die Jagd oder Mitgefühl mit den Leiden des gejagten Wildes bezeigen, war wahrscheinlich der einzige bedeutende antike Autor, der die Jagd wirklich als moralisch verwerflich anprangerte, Plutarch, ein romanisierter Grieche der Kaiserzeit. Plutarchs Angriff auf die Jagd findet sich in einem seiner moralischen Dialoge, wo er ihn seinem Vater Autobulos in den Mund legt. Als der Jäger Soklarus die Jagd als harmlosen Ersatz für Gladiatorenkämpfe preist, entgegnet Autobulos, daß Grausamkeit gegen Tiere kein Ersatz für Grausamkeit gegen Menschen, sondern deren geschichtliche Quelle sei:

> Und doch sagt man, mein lieber Soklarus, eben daher sei die Gefühllosigkeit und die wilde Mordlust unter die Menschen gekommen, daß sie auf der Jagd sich gewöhnt haben bei dem Blut und den Wunden der Thiere gleichgültig zu bleiben und am Abwürgen und Tödten derselben Vergnügen zu finden. […] Das verstärkte die in der Natur liegende Wildheit und Mordlust, machte sie unbiegsam gegen das Gefühl des Mitleids und stumpfte die Sanftheit ganz ab.[55]

Diese Vorstellung, das Jagen sei die Wurzel der Unmenschlichkeit des Menschen, ist ein herausragender Bestandteil der modernen Jagdhypothese; desgleichen das Bild von Homo sapiens als dem kranken Tier, ein Bild, das in anderen Dialogen von Plutarch vorkommt. In einem davon führen Odysseus und Gryllos, ein Grieche, der von der Zauberin Kirke in einen Eber verwandelt worden ist, ein Streitgespräch darüber, ob die Menschen besser sind als die Tiere. Gryllos behauptet, daß er ein Schwein wurde, habe ihn sehr geläutert. Schweine und andere Tiere, sagt er, seien von Natur tugendhaft, während Menschen voller Laster und wahnhafter Begierden steckten.[56]

Andere antike Schriftsteller stellen ebenfalls die menschliche Lasterhaftigkeit der tierischen Vernunft und Unschuld gegenüber. «Beim Menschengeschlecht», klagt Plinius d. Ä., «haben die Männer Abwege

im Geschlechtsverkehr, alle zur Versündigung der Natur, erdacht, die
Frauen aber die Abtreibung. Um wieviel sind wir doch hier schädlicher
als die wilden Tiere!»[57]

Kenneth Bock stellt diesen weitverbreiteten «animalitären» Zug
im klassischen Denken als einen antiken Aberglauben dar, der der Misanthropie von Dart, Ardrey und Lorenz zugrunde liege.[58] Zweifellos
können manche antike Autoren für einige Aspekte der Jagdhypothese
und der mit ihr einhergehenden galligen Sicht der Menschheit als Vorläufer gelten. Aber es wäre ein Fehler, moderne Ansichten von menschlicher Schlechtigkeit ins heidnische Altertum zurückzuprojizieren.
Darts Jagdhypothese zeichnet ein *von Natur* bösartiges Tier, die antiken Animalitarier dagegen hielten die menschliche Schlechtigkeit für *erworben*. Was sie beklagten, war nicht die menschliche Natur, sondern
die menschliche Entartung; was sie priesen, waren nicht die Tiere als
solche, sondern die Natur.

Ihre Auffassung der Natur war anders als unsere. Wir denken bei
dem Wort zumeist an etwas Landschaftliches, die Summe aller ur-
wüchsigen Stellen auf der Erde, die vor menschlicher Nutzung und Besiedlung noch verschont geblieben sind. Andeutungen dieser Sichtweise finden sich hier und da im klassischen Schrifttum, aber sie war durchaus nicht weitverbreitet und hatte auch keinen eigenen Namen. Das
Wort «Natur» hatte damals in der Regel die Bedeutung, die es noch in
dem Ausdruck «die menschliche Natur» hat – nämlich die einer cha-
rakteristischen inneren Anlage, etwas zu sein, etwas zu tun oder etwas
anderes zu werden. Fische schwimmen, Vögel fliegen, Steine fallen,
Flammen steigen auf, Samen keimen, weil das ihre Natur ist. Wenn die
alten Römer von *natura* sprachen, dann meinten sie keine wilden Landschaften oder unverdorbenen ländlichen Idyllen, sondern eher das, was
wir als Naturgesetz bezeichnen.[59]

Die antike natura ist jedoch nicht dasselbe wie der moderne
Begriff des Naturgesetzes. Ein wichtiger Unterschied ist, daß wir
Naturgesetzen gehorchen müssen, während natura uns nur zu bestimmten Handlungsweisen anhält. Naturgesetze im modernen Sinne
können wir nicht übertreten (wenn doch, gelten sie nicht mehr als Gesetze), aber über die Eingebungen der natura im antiken Sinne können
wir uns hinwegsetzen. Es steht uns Menschen – anders als Steinen und

Flammen und Tieren – frei, uns für das zu entscheiden, was uns unnatürlich ist.

Daraus folgt, daß nur Menschen entarten können. Die meisten
antiken Philosophen gingen davon aus, daß, was natürlich ist, immer
auch gut sei.[60] Da Tiere stets tun, was ihnen natürlich ist, Menschen aber
nicht, sind Tiere in dieser Hinsicht besser als manche Menschen. Aber
das bedeutet nicht, daß alle Menschen notwendig schlecht sind oder daß
die tierische Natur besser ist als die menschliche. Der Gedanke, die anderen Tiere seien von Natur schon besser und vernünftiger als der
Mensch, ist im wesentlichen neuzeitlichen Ursprungs. Er vermischt den
klassischen Animalitarismus mit einem dezidiert christlichen Glau-
benssatz – der Lehre, daß im Menschen die Natur selber verdorben sei.

Das Christentum entstand als ein religiöses und philosophisches System
des heidnischen Altertums, und die Kirchenväter stimmten mit ihren
heidnischen Zeitgenossen in vielen Dingen überein. Von Anfang an
machten sich christliche Schriftsteller den vorherrschenden Rationalismus des antiken Denkens zu eigen, verachteten alles Fleischliche und
Intuitive und verherrlichten alles, was des Geistes, des Denkens und des
Wortes war. («Im Anfang», heißt es im Johannesevangelium, «war das
Wort, und das Wort war bei Gott, und Gott war das Wort.») Die Gott-
gleichheit des Menschen, kraft deren er über alle anderen Geschöpfe
herrscht, liegt in seinem Denkvermögen begründet. Wie viele heidnische Denker neigen auch frühchristliche Autoren dazu, kosmische Ordnung mit gesellschaftlicher Schichtung gleichzusetzen. Wie der Herr
zum Knecht oder die Eltern zum Kind, so verhält sich der Mann zur
Frau, der Geist zum Körper, Gott zum Menschen – und der Mensch
zum Tier.[61]

Das tierische Leben bedeutete den Christen so wenig wie den
Heiden. Im jüdischen Ritualwesen und Glauben war es ein unheiliger
Akt, einem Tier das Leben zu nehmen, und war das Verzehren des Fleisches von Tabus umstellt. Aber die neue Offenbarung befreite die Christen von koscheren Fleischverboten:

Und [Petrus] sah den Himmel aufgetan und herniederfahren ein
Gefäß wie ein großes leinenes Tuch an vier Zipfeln niedergelas-

sen auf die Erde. Darin waren allerlei vierfüßige und kriechende
Tiere der Erde und Vögel des Himmels. Und es geschah eine
Stimme zu ihm: Stehe auf, Petrus, schlachte und iß! (Apostelge-
schichte 10,11–13)

Für traditionelle Christen sind die Tiere lediglich ein Teil von Gottes
Theatermaschinerie für das moralische Drama des menschlichen Lebens. Sie besitzen in Gottes Augen keinen Eigenwert, und wir sind ihnen gegenüber weder zur Gerechtigkeit noch zur Milde verpflichtet.[62]
Das alttestamentarische Gebot, dem Ochsen, der das Getreide drischt,
keinen Maulkorb anzulegen, kommentiert Paulus mit der rhetorischen
Frage: «Sorgt sich Gott etwa um die Ochsen?» und beschließt, daß er
es nicht tue (1. Korinther 9,9f.). Sowohl Christen als auch Heiden erachteten menschliche Laster und Fehler für Spuren des Tieres, Rück-
fälle von einem höheren auf einen niederen Rang in der Hierarchie der
erschaffenen Dinge. «Denn von solchem Vorrang ist der Mensch im Vergleich mit dem Vieh, daß der Fehler des Menschen die Natur des Viehs
ist», schrieb Augustinus.[63]

   Als einziger Gegenstand der Sorge eines liebenden Schöpfers er-
freut sich die Menschheit nach christlicher Auffassung in mancher Hinsicht eines höheren Ranges als nach heidnischer. Spätere christliche Denker stellten den Menschen häufig als den vereinigenden Faden dar, der
die Hierarchie der Geschöpfe zusammenhält, die gewaltige Leiter der
Natur (scala naturae), die sich von der toten Materie am Fuß über das
Pflanzen- und das Tierreich bis zum Engelreich reiner Geister an der
Spitze erhebt. Die Menschen sind in dieser Hierarchie insofern einzigartig, als sie im Laufe ihres individuellen Lebensweges über alle Stufen
der Schöpfung emporsteigen. Mit den Worten von Thomas Browne:

   Denn am Anfang sind wir nichts als rohe Materie und stehen im
   Rang derjenigen Schöpfungsteile, die mit bloßer Existenz begabt
   sind, einer dumpfen Art von Dasein, noch ohne den Vorzug des
   Lebendigen oder die Vergünstigung von Sinnesempfindung und
   Verstand; danach leben wir das Leben der Pflanzen, dann der
   Tiere, dann der Menschen, endlich der Geister, und durchlaufen
   so in einer einzigen geheimnisvollen Natur alle fünf Seinsweisen,

die nicht nur die Existenzformen dieser Welt, sondern des Weltalls überhaupt umfassen. Also ist der Mensch das große und eigentliche Amphibium, das seiner Natur nach nicht allein dazu bestimmt ist, in verschiedenen Elementen zu leben, sondern in unterschiedlichen und unvereinbaren Welten.[64]

Aus diesem Grund ist der Mensch ein Mikrokosmos in sich, ein verkleinertes Abbild der gesamten erschaffenen Welt. Weil der Mensch für den Zusammenhalt des Universums eine so tragende Rolle spielt, ist eine Welt ohne Menschen beinahe so undenkbar wie eine Welt ohne Gott. Es ist so, schrieb Francis Bacon, «daß der Mensch, wenn wir auf die Zweckursachen blicken, als der Mittelpunkt der Welt betrachtet werden kann, und zwar derart, daß, wenn der Mensch aus der Welt genommen würde, der Rest völlig verstreut erscheinen würde, ohne Ziel und Zweck und zu nichts führen würde. Denn das gesamte Universum dient dem Menschen, und es gibt nichts, woraus er nicht seinen Nutzen und seine Früchte zieht [...], so daß alle Dinge sich um den Menschen und nicht um sich selbst zu drehen scheinen.»[65]

Die meisten griechischen und römischen Philosophen hätten diesen Worten Bacons zugestimmt. Antike Schriftsteller, die ansonsten in ihren Ansichten so weit auseinandergehen wie Xenophon, Aristoteles und Augustinus, teilen diese glückliche Zuversicht, daß alle Dinge zum Nutzen des Menschen geschaffen seien. Auf die Frage, für wen die Welt geschaffen sein soll, antwortet Cicero: «Doch wohl für lebende Wesen, die Denkvermögen besitzen; das aber sind die Götter und die Menschen, zweifellos die vollkommensten Wesen, die es gibt, denn es ist ja gerade die Fähigkeit, denken zu können, die über allem steht.»[66]

Die Kirchenväter und die von ihnen verdrängten heidnischen Philosophen betrachteten übereinstimmend den Menschen als den Mittelpunkt der materiellen Welt. Anders als ihre heidnischen Vorläufer allerdings hielten die christlichen Philosophen den Menschen für verderbt von Natur aus.[67] In christlichen Augen war die materielle Welt eine Frucht, die im Kern verfault war.

Heute messen nur noch wenige Christen der Lehre von der angeborenen Verderbtheit des Menschen große Bedeutung bei. Doch diese Lehre ergibt sich logisch aus der fundamentalen christlichen Überzeugung, daß alle Menschen verloren sind und nur durch den Glauben an Jesus Christus gerettet werden können. Denn wenn wir uns aus eigenem freien Willen dafür entscheiden könnten, gut zu sein, dann könnten wir ohne Christus gerettet werden; aber das können wir nicht, und daher muß der menschliche Wille seinem Wesen nach böse und die menschliche Natur sündhaft sein. Augustinus drehte es anders herum: «Wenn durch die Natur die Gerechtigkeit kommt, ‹so ist Christus umsonst gestorben›!»[68]

Christliche Denker von Paulus an haben Adams Sündenfall, wie er im Schöpfungsbericht beschrieben steht, die Schuld an unserer angeborenen Verderbtheit gegeben. Die biblische Geschichte erzählt, wie Gott unsere Ureltern in einen Garten voll freundlicher Tiere und köstlicher Früchte setzte, wo sie immerdar glücklich hätten leben können, ohne zu arbeiten. Doch als sie die Frucht eines verbotenen Baumes aßen, verjagte Gott sie zornig aus dem Garten, nahm ihnen die Unsterblichkeit und zwang sie, die Erde zu bestellen, um sich zu ernähren. Von christlicher Seite ist diese Geschichte so aufgefaßt worden, daß alle Nachkommen Adams mit einem angeborenen Makel behaftet sind – unserer sogenannten Erbsünde –, der uns zu ewiger Strafe verdammt, wenn wir nicht durch den Glauben an Christus erlöst werden.

Mit der Lehre von der Erbsünde wurden auch die Unvollkommenheiten der Natur erklärt. Wir sehen, daß die Welt voll Krankheit, Leiden und Tod ist, und diese Übel sind schwer als vorsätzliche Schöpfungen eines liebenden und allmächtigen Gottes zu erklären. Nach traditioneller christlicher Auffassung fiel mit Adams Fall bis zu einem gewissen Grade die gesamte Natur. Alle Lebewesen werden daher von Krankheiten, Raubtieren, Not und anderen natürlichen Übeln heimgesucht – die es vor dem Sündenfall alle nicht gab. Wir sollten lernen, schrieb Calvin, «daß die ganze Naturordnung durch die Schuld der Menschen verkehrt worden ist».[69] «Die Welt tat in der Wiege einen Fall», klagte John Donne,

> Hart auf den Kopf, der ganze Weltbau kam
> Zu Schaden, den so jedes Glied gleich nahm.
> Der Mensch, das erste, fühlt' es erst; dann traf
> Tiere und Pflanzen mit des Menschen Straf.[70]

«Wollte irgendein Ding ersten Ranges, wie die Sonne, der Mond, irgendeines der Gestirne oder Elemente, nur ein einziges Mal innehalten oder nachlassen oder auslenken», meinte der elisabethanische Theologe Richard Hooker, «[...] die Folge daraus wäre Verderben. [...] Und kann es sein, wo doch der Mensch nicht allein das edelste Geschöpf der Welt, sondern sogar selber eine Welt in sich ist, daß sein Frevel wider das Gesetz seiner Natur keinerlei Schaden nach sich ziehe? [...] Unter dem Menschen ist kein Geschöpf der Welt imstande, zu Glück und Wonne gelangen.»[71] Ein Zeitgenosse von Donne und Hooker erklärte den Menschen zum Jona im Schiff der Natur:

> In diesem großen Aufruhr und Tosen der Natur, da Himmel und Erde mit endgültiger Vernichtung zu drohen scheinen, da laßt mich denn mit den Seeleuten von Jonas Schiff das Los werfen und die Grundursache dieses Übels erfinden. O weh, o weh, das Los fällt auf den Menschen: denn da von allen Geschöpfen allein der Mensch, in Ansehung der Freiheit seines Willens und der Wahlmöglichkeit in seinen Handlungen, des Frevels fähig ist, scheiden die übrigen Geschöpfe als Missetäter gänzlich aus; die Strafe (ich gestehe es) erscheint auch an ihnen, aber hauptsächlich und am deutlichsten am Menschen.[72]

Uns heute erscheint es ungerecht, daß die übrigen Geschöpfe ohne eigenes Verschulden leiden müssen, und einige moderne Theologen halten die Tatsache des tierischen Leidens für ein wichtiges theologisches Problem.[73] Doch vor dem 18. Jahrhundert wurde es nicht als solches begriffen. Den älteren christlichen Denkern erschien das Leiden der Tiere in dieser Welt läppisch im Vergleich zu den ewigen Qualen, zu denen Adams Sünde das Menschengeschlecht verdammt hatte. Manche fanden, daß die Tiere noch ziemlich billig davonkamen.[74] «Ach, alle Tiere», jammert Dr. Faustus in Christopher Marlowes Stück, während er seiner Verdammnis entgegenwartet, «sind glücklich, denn sobald eins stirbt, zerfließt / gleich seine Seele in die Elemente, / doch meine bleibt für Höllenplagen leben.»[75]

Vor dem Hintergrund ewiger Seligkeit oder Qual erscheinen die Schmerzen und Freuden der sichtbaren Welt vergänglich, wesenlos und

unbedeutend. Augustinus spricht davon, «wie verachtungswert alle
Dinge dieser Welt seien».[76] Tausend alte Kirchenlieder bringen die christliche Verachtung für die gefallene natürliche Welt zum Ausdruck:

> Es ist allhier ein Jammertal,
> Angst, Not und Trübsal überall;
> des Bleibens ist ein kleine Zeit
> voll Müh und Leid,
> und wers bedenkt, ist stets im Streit.[77]

Natürliche Dinge waren den alten Christen hauptsächlich als Typen –
das heißt als natürliche Symbole – einer ewigen Wirklichkeit betrach-
tenswert. In der frühchristlichen Tradition nimmt die Naturkunde die
Form des Bestiariums an, durch das wir lernen, wie die Eigentümlich-
keiten jeder Kreatur eine bestimmte religiöse Lehre oder erbauliche Moral veranschaulichen. So erzählt uns beispielsweise der alexandrinische
Physiologus aus dem 2. Jahrhundert, daß der Fischotter Krokodile tötet, indem er ihnen ins Maul springt und ihnen den Schlund zerkratzt
und ihre Eingeweide frißt; genauso fuhr Christus hinab zur Hölle, um
die Bande des Todes zu lösen. Die Löwin bringt ihr Junges tot zur Welt,
doch am dritten Tag bläst ihm sein Vater ins Antlitz und erweckt es so;
genauso «hat auch der All-Gott und Vater den Erstgeborenen vor allen
Kreaturen, unseren Herrn Jesus Christus, seinen Sohn, von den Toten
aufgeweckt». Wenn der Löwe sich mit der Ameise begattet (!), zeugen
sie den Ameisenlöwen, der das Antlitz des Löwen und das Hinterteil
der Ameise hat und alsbald verhungert, weil er kein Futter findet, das
beiden Hälften verträglich wäre; genauso ist auch der scheinheilige Sünder, «der zwei Seelen hat, unstät auf allen seinen Wegen».[78] Und so weiter. Ob dies alles buchstäblich stimmte, war für den frühchristlichen Leser unerheblich; wenn wirkliche Tiere die Lehre nicht veranschaulich-
ten, um so schlimmer für die wirklichen Tiere. Ausschlaggebend war,
welchen *Sinn* man einem Ding entnehmen konnte, nicht, ob es tatsächlich so beschaffen war.

Von dieser Warte aus stellte sich angesichts des tierischen Leidens nicht die Frage, ob es ungerecht sei, sondern was es zu bedeuten
habe. Augustinus war der Ansicht, das ungeheure Maß an tierischen

Schmerzen sei als eine Widerlegung der Polytheisten gedacht. «Es würde nicht an den Tag kommen, wie stark das Streben nach Einheit auch bei den niederen Lebewesen ist», schrieb er, «gäbe es nicht den Schmerz der Tiere. Und käme dies nicht an den Tag, würden wir weniger als erforderlich daran erinnert, daß alles von der höchsten, erhabenen und unbeschreiblichen Einheit des Schöpfers herstammt.»[79]

Eine geläufigere Interpretation war, daß das blutige Treiben der Natur den gefallenen Zustand des Menschen widerspiegele. Nach traditioneller christlicher Auffassung ist der Mensch der untergeordnete Gott dieser Welt, dem vom Schöpfer in 1. Mose 1,28 befohlen wird: «Seid fruchtbar und mehret euch und füllet die Erde und machet sie euch untertan und herrschet über die Fische im Meer und über die Vögel unter dem Himmel und über das Vieh und über alles Getier, das auf Erden kriecht.» Der Mensch, schrieb Donne,

> führt hier an Gottes Statt Regime;
> Gaben und Gnaden wohnen all in ihm
> Und sind, sieht man an andern Wesen sie,
> Nur seine Diener und Legaten, die
> Kulturwerk wirken wider ihren Trutz
> Und zahm sie machen und dem Menschen nutz.[80]

Die Tiere im Garten Eden waren Adam ergeben und gehorsam, wie von Gott vorgesehen; doch nach dem Sündenfall wurden sie wild, räuberisch und ungebärdig. In der ganzen Geschichte des Christentums ist daher die Wildnis als Inbegriff der von Gott entfremdeten Schöpfung hingestellt worden, und die ungehorsamen wilden Tiere, die dort leben, wurden als symbolische Dämonen und Sünder betrachtet. Die christliche Überlieferung verurteilt die Wildheit der wilden Tiere als einen von Satan angezettelten Aufruhr gegen die gottgegebene Gewalt des Menschen über die Natur. Um C. S. Lewis zu zitieren:

> Die Zähmung eines Tieres durch den Menschen ist für [die Atheisten] nichts weiter als ein willkürlicher Eingriff einer Spezies in den Bereich einer anderen Spezies. Das «wirkliche» oder «natürliche» Tier ist für sie das wilde; das zahme Tier ist etwas Künst-

liches oder Unnatürliches. Ein Christ jedoch kann nicht so denken. Der Mensch war von Gott dazu bestellt, über die Tiere zu herrschen [...] Daher ist im tiefsten Sinne das zahme Tier das einzige «natürliche» Tier – das einzige, das *den* Platz ausfüllt, für den es gemacht worden ist.[81]

Wegen dieser Lehre sind wilde Tiere und ihr Lebensraum im christlichen Denken oft mit scharfer Mißbilligung als natürliches Symbol unseres gefallenen Zustand angesehen worden, als «entartete Natur auf den Begriff gebracht»[82]. Dieses traditionelle christliche Bild von der Wildnis als einer Art irdischer Hölle, einem dämonischen Zerrbild Edens, ist der geläufigen modernen Vorstellung von der Wildnis als einem Bereich der Schönheit, Reinheit und Ordnung, der vor schändenden menschlichen Übergriffen geschützt werden muß, diametral entgegengesetzt. Diese Aura der Heiligkeit begann die wilde Natur im Mittelalter zu gewinnen. Der Wandel erfolgte durch vorchristliche Vorstellungen, die in Nordeuropa dem Gefüge der christlichen Tradition eingearbeitet wurden.

KAPITEL IV

Der weiße Hirsch

> Geschwind, geschwind eilt durch die Wälder
> Der weiße Hirsch mit Silbergeweih;
> Wer den Unnahbaren will jagen,
> Kehrt manneskraftgebrochen heim.
>
> Drei Monde einst im stillen Winter
> Jagt ich ihn durch den gläsern Wald;
> Und als er Gnade flehend kniete,
> Zog ich das Messer, führt es kalt.
>
> Die Bergfrau speist ihn in den Felsen,
> Die keines Menschen Fuß betritt;
> Klarer als Wasser seine Augen,
> Das Kruzifix in ihrer Mitt.
>
> John Heath-Stubbs

Eine wichtige heidnische Vorstellung von der wilden Natur machte sich das Christentum von Anfang an zu eigen: nämlich den Gedanken, daß das Leben in der Wildnis in der Gesellschaft wilder Tiere ein Zeichen von Heiligkeit sei. Geschichten von frommen Klausnern, die allein in der Wüste leben, sind so alt wie das Christentum selber.[1] Ihre Heiligkeit gewannen die gottgefällig lebenden Einsiedler allerdings nicht aus der Wildnis, die den frühen Christen (wie ihren heidnischen und jüdischen Zeitgenossen) als feindliches Gebiet erschien, das den Stempel der

Verbannung und Entfremdung und des Zorns Gottes trug. Es war vielmehr die Fähigkeit des Einsiedlers, die Wildnis zu zähmen – die rebel-
lische Natur wieder unter menschliche Herrschaft zu bringen –, die seine
Heiligkeit bewies. Die wilden Vögel und Tiere, die in so vielen christlichen Legenden dem Heiligen in seiner Klause Speise bringen, tun dies,
weil der Heilige gut ist, nicht weil die Tiere gut wären.

Doch es dauerte nicht lange, bis auch die Wildnis und ihre Tiere
den Geruch der Heiligkeit anzunehmen begannen. Denn wenn wilde
Tiere Heiligkeit mit Speise und Anbetung lohnen, während die Menschenwelt sie mit Demütigung und Martyrium vergilt, liegt der Gedanke
nahe, daß die Tiere besser sein müssen als die meisten Menschen.[2]

In einem apokryphen «Matthäus-Evangelium», das um 800 von
einem priesterlichen Fälscher auf lateinisch verfaßt wurde, erklärt das
Jesuskind rundweg, daß die Tiere, die ihn als den neuen Adam erkennen und verehren, besser sind als die Menschen, die das nicht tun:

> Und siehe, plötzlich kamen aus der Höhle viele Drachen hervor.
> [...] Da stieg Jesus vom Schoße seiner Mutter herab und stellte
> sich vor die Drachen auf seine Füße. Darauf beteten jene Jesus
> an. [...] Das Jesuskind selbst aber ging vor den Drachen umher
> und gebot ihnen, sie sollten keinem Menschen Schaden zufügen.
> Maria und Joseph aber hatten große Angst, das Kind möchte von
> den Drachen verletzt werden. Da sagte Jesus zu ihnen: «Habt
> keine Angst und achtet nicht darauf, daß ich ein Kind bin; denn
> ich bin immer vollkommen gewesen und bin es (auch jetzt); alle
> wilden Tiere müssen vor mir zahm werden.» Gleichermaßen be-
> teten Löwen und Leoparden ihn an und begleiteten sie in der
> Wüste. Wohin auch Joseph und die selige Maria gingen, schrit-
> ten sie ihnen voran, indem sie (ihnen) den Weg zeigten und ihre
> Köpfe senkten.[3]

Mit acht Jahren ging Jesus von Jericho zum Jordan. Unterwegs
kam er an eine Höhle, wo sich eine Löwin mit ihren Jungen auf-
hielt. Er ging hinein und setzte sich, und die Jungen tollten um
ihn herum; die älteren Löwen blieben ein Stück entfernt stehen
und beteten ihn schwanzwedelnd an. [...] Seine Eltern und die

Leute sahen zu. Jesus sagte: «Wieviel besser als ihr sind die Tiere, die mich erkennen und zahm sind, während die Menschen mich nicht erkennen.»[4]

Die Güte, die sich der Heilige und seine tierischen Freunde gegenseitig erweisen, ist ein aus Volksmärchen wie auch aus der christlichen Mythologie geläufiges Motiv. In den Grimmschen Märchen helfen freundliche Tiere den Guten («Aschenputtel») und bestrafen die Bösen («Die Bremer Stadtmusikanten»). Gute Taten an Tieren werden immer reich belohnt («Die weiße Schlange», «Der goldene Vogel», «Die Bienenkönigin»), während Grausamkeit gegen Tiere bestraft wird («Der Hund und der Sperling»). In Märchen aus ganz Europa ist, genau wie in den mittelalterlichen Heiligengeschichten, Freundschaft mit wilden Tieren der Beweis eines reinen Herzens.[5] Dieses Motiv ist bis in unsere Zeit weit verbreitet, vor allem in Büchern und Filmen für Kinder.

Das Bild des von freundlichen Tieren umgebenen Heiligen ist bedeutend älter als das Christentum und in vielen anderen Religionen anzutreffen. Als der alttestamentarische Prophet Elia auf Gottes Geheiß in die Wüste flieht, heißt es (1. Könige 17,6), «die Raben brachten ihm Brot und Fleisch des Morgens und des Abends». Buddhistische Legenden erzählen, wie der erleuchtete Gautama von Tieren angebetet und beschützt wurde.[6] Im taoistischen Mythos konnten die vollkommenen Menschen der Vorzeit noch Tiger am Schwanz packen und auf Schlangen treten, ohne Schaden zu nehmen.[7] Hinweise auf noch ältere den Tieren gebietende Götter und Heilige erhalten wir durch göttliche Gestalten in Begleitung von Tieren, wie sie auf vielen Siegeln auftauchen, die an Ausgrabungsstätten der alten Kulturen Kretas und des Industals gefunden wurden. Diese vorgeschichtlichen griechischen und indischen Kultfiguren hält man für frühe Formen der Artemis und des Schiwa, die beide göttliche Jäger und Gebieter über die wilden Tiere sind.[8] Vergleichende Religionswissenschaftler fassen solche Figuren unter den Oberbegriff des Herrn der Tiere, und manche sehen ihren Ursprung in verklärenden Darstellungen steinzeitlicher Schamanen und ihres Jagdzaubers.[9]

In den vorgeschichtlichen Religionen Westeuropas erscheint der Herr der Tiere als der geweihtragende Hirschgott, den die Gallier Cernunnos nannten und dessen Bild in Skulpturen und Felszeichnungen vom 4. Jahrhundert v. Chr. an erhalten ist, die an keltischen Fundorten von Norditalien bis Skandinavien entdeckt wurden. Auf einem Weih- kessel, der aus einem Torfmoor in Dänemark geborgen und auf das er- ste vorchristliche Jahrhundert datiert wurde, sitzt Cernunnos mit über- geschlagenen Beinen da und ist flankiert von verschiedenen Tieren, dar- unter ein majestätischer Hirsch. Diese Szene erinnert sehr an die Indus- talsiegel, die einen Ur-Schiwa als gehörnte Gestalt darstellen, die mit übergeschlagenen Beinen im Kreise tierischer Begleiter sitzt.[10] Obwohl die Darstellungen des gehörnten Gottes aus dem alten Indien wenig- stens zweitausend Jahre älter sind als die aus Westeuropa, könnten beide eine gemeinsame vorgeschichtliche Quelle haben.

Das Andenken des keltischen Hirschgottes scheint sich im bri- tischen Volksglauben der christlichen Zeit erhalten zu haben – bei- spielsweise in bestimmten rätselhaften Tierhütern der walisischen und irischen Mythologie[11] oder in den Geschichten, die von Herne erzählt werden, dem gehörnten Unhold von Windsor Forest, den Shakespeare unsterblich gemacht hat:

> Man hat ein Märlein, daß der Jäger Herne
> (Vor alters Förster hier im Windsorwald)
> Im ganzen Winter jede Mitternacht
> Um eine Eiche geht mit großen Hörnern.
> Dann schädigt er den Baum, behext das Vieh,
> Verwandelt trächt'ger Kühe Milch in Blut
> Und rasselt mit der Kette wild und greulich.[12]

Das Bild vom Herrn der Tiere lebt in der christlichen Mythologie ebenso fort wie im britischen Volksglauben. Das herkömmliche Bild vom Teu- fel als Mann mit Hörnern und Hufen geht zweifellos mit auf die ge- weih- und widderhorntragenden Götter zurück, die von den keltischen Stämmen ganz Westeuropas zur Zeit ihrer Bekehrung zum Christen- tum angebetet wurden.[13] Auf der anderen Seite ist es genauso wahr- scheinlich, daß die Macht über wilde Tiere, die Jesus und verschiedenen Heiligen in mittelalterlichen Legenden zugeschrieben wird, sich zum Teil der Erinnerung an den Herrn der Tiere verdankt. Der Hirsch, der das Kulttier des Cernunnos und der griechisch-römischen Herrin der Tiere, Artemis/Diana, war, erscheint häufiger als Symbol christlicher Heiliger als jedes andere wilde Tier.[14] Die meisten Heiligen mit diesem Symbol waren Waldeinsiedler. Ihre Legenden berichten, wie wilde Hirsche, angezogen von ihrer Aura der Heiligkeit, sie in ihren Klausen im Wald aufsuchen. Hinden geben ihnen Milch oder bringen ihnen Speise (Ägidius, Goar), Hirsche mit wundersam flammendem Geweih leuchten ihnen den Weg durch den Wald (Ida), und gehetzte Hirsche wenden sich um Rettung an die Heiligen (Neot, Chad, Ägidius und Blasius). Ägidius, der Schutzpatron der Bettler, wird traditionell mit pfeildurchbohrter Hand dargestellt, die er vor eine gejagte Hirschkuh hält, um sie vor der Verfolgung durch den Gotenkönig Wamba zu beschützen. Das traditionelle irische Gebet «Fáeth Fiada» (Des Rotwilds Schrei) soll vom hl. Patrick verfaßt worden sein, als er selbst wunderbarerweise die Gestalt eines Hirschs annahm.[15]

In der nordeuropäischen Überlieferung hat der Wald selbst ein wenig eine Aura des Übernatürlichen. Die Wälder der deutschen Märchen und Sagen sind zauberische und unheimliche Orte, an denen sonderbare Wesen wohnen, und wer sie betritt, dem kann Verzauberung, Verwandlung und Glück widerfahren. Eine andere, aber durchaus verwandte Atmosphäre liegt in den keltischen Dichtungen des Mittelalters über dem Wald: eine Ahnung, daß Wälder und andere wilde Gegenden nicht gespenstisch, sondern *heilig* sind. Dieses Gefühl ist in frühen irischen Gedichten besonders ausgeprägt, vielleicht weil viele von ihnen von Einsiedlermönchen geschrieben wurden:

Du Sohn des lebendigen Gottes, alter, ewiger König,
Ich wünsche mir eine verborgene, kleine Hütte in der Wildnis,
darin zu wohnen.

Eine graue Lerche soll heiter in der Nähe singen
Über einen klaren Teich, in dem ich meine Sünden abwaschen
kann durch die Gnade des heiligen Geistes.

Ganz nah auf allen Seiten ein schöner Wald,
Ein Aufenthalt und Schutz für vielstimmige Vögel.[16]

Das ausdrucksstärkste altirische Zeugnis für die Heiligkeit wilder Gefilde ist das *Buile Suibhne Geilt* (Das Rasen des tollen Sweeney). Dieses halb in Prosa, halb in Versen verfaßte Werk aus dem 13. Jahrhundert ist eine Bearbeitung älterer Geschichten und Gedichte über Sweeney, den König von Dal Araidhe, und den Wahnsinn, in den er nach der Schlacht von Magh Rath im Jahre 637 verfiel.[17] Das *Buile Suibhne* besteht zum größten Teil aus gesungenen Gefühlsausbrüchen des verrückt gewordenen Sweeney, der sich für einen Vogel hält. (Er bezeichnet sich auch als *fer benn*, Geweihmann.[18]) Während Sweeney nackt und blutend durch die Dickichte und Wälder Irlands läuft, singt er verzweifelt sein Elend – aber auch ekstatisch preisend die reine Süße der wilden Natur, die er der Unordnung und Unreinheit der Menschenwelt entgegenstellt:

> Von der Klippe von Lough Diolar
> bis Derry Colmcille
> sah ich die großen Schwäne, hörte ihrer Rufe
> süßen Tadel von Krieg und Kampf.
>
> Von einsamen Felsspitzen röhrt
> der Hirsch, das ganze Tal bebt
> und hallt wider. Ich bin verzückt.
> Von gottvoller Süße bebt meine Brust.[19]

Aus einer Vermischung solcher germanischen und keltischen Überlieferungen mit den üblichen blumenreichen Maimorgenden, die über die Liebeslieder der Troubadours ihren Weg in die mittelalterliche Literatur fanden,[20] entstand im späten Mittelalter der Begriff des *greenwood*, des unbewohnten «grünen Waldes» als einer köstlichen Stätte natürlicher Schönheit und menschlicher Erbauung. In der ältesten englischen Dichtung ist der Wald noch erfüllt von der gespenstischen Düsternis der germanischen Sage:

> [...] / Sie bewohnen beide
> die wilde Wolfsschlucht, / windumwehte Felsen,
> gefährliches Fenngeländ, / wo unter finstern Klippen
> ein Strom vom Steilhang / stürzt hernieder,

fällt unter die Erde. / Nicht ist es fern von hier,
an Meilen gemessen, / wo das Moor beginnt.
Bereifte Bäume / beugen sich drüber,
wurzelfester Wald, / der das Wasser beschattet.
Ein Wunder kann man da / gewahren allnächtlich:
Feuer in der Flut. / So erfahren von der Menschen
Kindern ist keiner, / daß er kennt diese Tiefe.
Wenn gehetzt von Hunden / der Heiderenner,
der hornbewehrte Hirsch, / zum Gehölze strebt,
fernher verfolgt, / so findet er lieber
am Gestade den Tod, / eh er sich stürzt in die Tiefe,
zu behalten sein Leben.[21]

Aber die frühen Balladen von Robin Hood, die um 1400 etwa die Runde
machten, malen ein ganz anderes Bild des Waldes und seiner Bewohner:

Im Sommer, wenn's im Holze bunt
Und Blätter groß und lang,
Ist's lustig fein, im schönen Wald
Zu hören der Vögel Sang:

Den Hirsch zu sehn, der talwärts zieht
Und läßt die Bergeshöhn
Und Schatten sucht im grünen Laub
Der Bäume im Waldesgrün.[22]

In der ganzen altenglischen Dichtung sind «die Aspekte der Natur, die
beschrieben werden, [...] finster oder sogar unheimlich»;[23] doch in der
mittelenglischen Dichtung wird die Natur überwiegend als hold und
einladend gesehen. Der Übergang von den unheildrohenden Wäldern
der germanischen Sagen zum spätmittelalterlichen greenwood spiegelt
sich in der Geschichte zweier englischer Adjektive wider, die beide von
lateinisch *silva* (Wald) abgeleitet sind. Das ältere der beiden ist *savage*,
das über französisch *sauvage* von lateinisch *silvaticus* (waldig) ins Englische gelangte und «wild» bedeutet.[24] Das neuere Wort, das im späten
16. Jahrhundert aus dem Mittellateinischen ins Englische eindrang, lautet *sylvan* und bedeutet einfach «waldig». Der Bedeutungsunterschied

zwischen *savage* und *sylvan* ist genau der Unterschied zwischen dem
Bild des Waldes in den Sagen von Beowulf und von Robin Hood.

Der wilde Tann wurde in der Vorstellungswelt des mittelalterlichen Europa zunehmend vom idyllischen Wald verdrängt, weil der Wald ein anderer Ort mit einer neuen gesellschaftlichen Bedeutung wurde. Je weniger sie als düstere Wüsteneien voll menschenfressender Bestien und Unholde gefürchtet wurden, um so mehr verwandelten sich die schrumpfenden Wälder Nordwesteuropas während des späten Mittelalters in exklusive Tummelplätze des Adels.

Der Wandel setzte mit der Zunahme der Bevölkerung ein. Neue Ackerbaumethoden wie die Dreifelderwirtschaft und das Einspannen des Pferdes zum Pflügen hatten vom 8. Jahrhundert an zu einem jähen Anziehen des Bevölkerungswachstums in Nordeuropa geführt.[25] Je dichter bevölkert Nordeuropa wurde, um so weniger, kleiner und gezähmter wurden seine Wälder. Nach der kurzen Unterbrechung durch die große Pestepidemie von 1348 setzte diese Entwicklung Mitte des 15. Jahrhunderts wieder ein und hielt mit geringfügigen Schwankungen bis ins 20. Jahrhundert an; immer wenn Pest oder Krieg die Zahl der Menschen verringerte, holte sich der Wald Felder zurück und hatten abgelegenere Gehöfte unter wilden Tieren zu leiden.[26] Im allgemeinen jedoch nahm die Bevölkerung zu und waren die Wälder und die wilden Tiere auf dem Rückzug. Um das Jahr 1200 waren sowohl Wölfe als auch Biber aus Südengland verschwunden, und das übriggebliebene Rot- und Schwarzwild war weitgehend auf königliche Waldungen und andere Wildgehege beschränkt.[27]

Mit der Vermehrung menschlicher Siedlungen und dem Schwinden der Wildnis wurde die Jagd zunehmend zu einem reinen Privileg des Adels. Vor der Jahrtausendwende hatten kleine Landsassen in ganz Nord- und Westeuropa auf ihrem eigenen Land noch mehr oder weniger frei jagen dürfen. Aber vom 10. Jahrhundert an beanspruchte der Adel dieses Recht mehr und mehr für sich. Um David Dalby zu zitieren:

> Von der karolingischen Zeit an [...] wurden große Gebiete zu königlichen «Bannforsten» erklärt, in denen der örtlichen Bevölkerung das Jagen oder Fallenstellen untersagt war. Die volle

Auswirkung dieser neuen «Jagdreviere» wurde jedoch erst später empfunden, als das Recht, solche Gebiete einzurichten und zu verwalten, langsam vom König in die Hände der geistlichen und weltlichen Landesherren überging. Vom 11. Jahrhundert an wurden diese «Jagdreviere» überall in Deutschland angelegt, und die freien Bauern mußten ihre Jagdrechte mehr und mehr an ihre Fronherren abtreten. Diese Entwicklung bezeichnete nicht nur den Anfang einer neuen Gesellschaftsepoche, sondern auch den neuer Jagdgebräuche: Die Hirschjagd und die Falknerei, wie der Adel sie übte, wurden die wichtigsten Formen der Jagd, und mit der Aufstellung von Jagdgefolgen setzte der Aufstieg der Jägerei zu einem regelrechten Beruf ein.[28]

Die Normannen, die 1066 England eroberten, verloren keine Zeit, auch dort Jagdreviere nach kontinentalem Vorbild einzurichten. Das altenglische Wort für «Wildgehege», *deorfrith*, taucht erstmals um 1100 in einer Stelle in den angelsächsischen Annalen auf, die Wilhelm den Eroberer kritisiert:

> Er legte viele Wildgehege an
> Und erließ daraufhin Gesetze,
> daß jeder, der Hirsch oder Hinde erlege, geblendet werden solle.
> Er schützte die Hirsche, desgleichen auch die Wildschweine. Er liebte das hohe Wild so sehr, als ob er sein Vater wäre.
> Auch ordnete er an, der Hase
> Solle überall frei laufen dürfen.
> Die Reichen protestierten und die Armen murrten,
> Doch er war so starrsinnig,
> Daß er ihres Zorns nicht achtete,
> und sie mußten den Befehlen des Königs gehorchen, wenn sie ihr Leben und ihr Land behalten wollten.[29]

Die exklusiven Jagdprivilegien der herrschenden Schicht wurden tyrannisch gehandhabt und brutal durchgesetzt. Nicht allein durften Bauern, die in der Nähe von Wildrevieren lebten, weder jagen noch auch nur Bogen und Netze besitzen; es war ihnen auch verboten, auf Wild zu schießen, das ihre Äcker verwüstete. Sie waren häufig verpflichtet, Jagdhunde zum Gebrauch ihrer Lehensherren aufzuziehen und zu halten – und die Füße ihrer eigenen Hunde zu verstümmeln, so daß sie zum Jagen zu lahm waren. In vielen Teilen Europas wurden die Bauern auch gezwungen, bei Jagden unbezahlte Treiber- und Fuhrdienste zu leisten sowie beim Bau und der Wartung von Zäunen, Jagdschlössern und anderen Jagdeinrichtungen zum Gebrauch der edlen Jäger zu helfen. Bauern, die im Verdacht standen, Wild genommen zu haben, wurden mit gnadenloser Strenge bestraft: wer des Wildfrevels beschuldigt wurde, konnte geblendet, kastriert, zum Erfrieren an einen Pfahl im eiskalten Wasser gebunden oder in eine frische Hirschhaut eingenäht und von Deerhounds zur Strecke gebracht werden.[30]

Die kraß ungleiche Verteilung der Jagdrechte hatte zur Folge, daß die einzelnen Gesellschaftsklassen sehr unterschiedlich über die Jagd dachten. Für die von der Jagd ausgeschlossenen bäuerlichen Massen gewann sie die Assoziationen von Freiheit, üppigem Schmaus und Aufbegehren gegen die Obrigkeit. Die englische Bauernschaft des 14. Jahrhunderts verwob diese Motive in ihren Liedern und Geschichten um Robin Hood, jenen freien Geist in waldgrüner Tracht, der mit seiner Schar stolzer Vogelfreier im Wald lebt, die Reichen beraubt, den Armen gibt und fröhlich das Wild des Königs schießt.[31] Ähnliche, wenn auch nicht so berühmte Sagen erzählte man sich noch von anderen jagenden Empörern und Flüchtlingen im grünen Wald: Hereward the Wake, Fulk Fitzwarin, Gamelyn, Adam Bell aus Carlisle, Johnie Cock und anderen Figuren des 11. Jahrhunderts.[32]

Bei der Aristokratie nahm das Jagen eine ganz entgegengesetzte Bedeutung an. In den Adelskreisen wurde es bald zum Zeichen eines hohen Standes, und die Jagdgebräuche erstarrten in einem höfischen Zeremoniell, das die Vornehmheit der Teilnehmer der Jagd demonstrieren (oder ihre Unwürdigkeit bloßstellen) sollte. Diese Formalisierung der Jagd scheint im 13. Jahrhundert in Frankreich angefangen zu haben. Von dort drang sie über den normannisch-französischen Adel zuerst nach England und in der Folge in die anderen Länder.

Das Überhandnehmen des Rituals in der vornehmen Jagd des Mittelalters läßt sich aus den Lehrbüchern ersehen, die zur Erziehung und Ausbildung aristokratischer Jäger verfaßt wurden. Das älteste erhaltene Beispiel, des deutschen Ritters Guicennas *De arte bersandi* aus dem 13. Jahrhundert, ist schlicht eine praktische Abhandlung über die Hirschjagd mit Pfeil und Bogen.[33] Aber seine Nachfolger – vor allem die aus Frankreich und England – stellten die äußere Etikette und das Jägerzeremoniell zusehends höher als das praktische Ziel, Wild zu erlegen.[34] Der Zweck dieser Bücher ist nach Anthony Dent «nicht so sehr, dem angehenden Hirschjäger die Zeichen beizubringen, an denen er erkennt, daß eine Stelle kurz vorher noch ein Hirschversteck gewesen war, als sicherzustellen, daß er nicht den gesellschaftlichen Fauxpas begeht, die Exkremente des Hirsches beim falschen Namen zu nennen».[35]

Die Bedeutung gerade dieses Punktes ersieht man aus einer Stelle in George Turberviles Traktat *The Noble Arte of Venerie or Hunting* aus dem Jahre 1576, in der es um die korrekte Bezeichnung des Kots (der Losung) verschiedener Tiere geht:

> Wenn es sich also begibt, daß ein junger Jäger in die Gesellschaft älterer, erfahrener Weidleute kommt, und sie befragen ihn, wie er wohl den Kot eines Hirschs, eines Rentiers, einer Ziege oder eines Damwilds nenne, so gebe er zur Antwort, daß diese *fewmet* oder *fewmishings* zu nennen seien und daß für alle Tiere, die sich durch Äsung nähren, dieser Ausdruck in besagter Sache gelte. Bei Tieren aber, die vom Fraß oder Raub leben, wie dem Schwarzwild, dem Bären und dergleichen, seien sie die *lesses* benannt. Und von Hasen und Kaninchen heißen sie *croteys*. Und von anderm schädlichen und stinkenden Wild, wie Füchsen, Dachsen und dergleichen, heißen sie *feance*, vom Fischotter heißen sie *sprayntes*.[36]

Diesem Katalog vorangestellt ist der Holzschnitt eines knienden Jägers, der Königin Elisabeth I. einen Haufen Hirschkötel hinhält. Turbervile bietet in heroischen Reimpaaren eine Musterrede, die zu solchen Anlässen zu halten sei:

> Der Königin ich Anzeig tuen will,
> Drum, um des edlen Trystram willen, still!
> Aus meinem Horn hol ich die Losung jetzt,

Biet sie auf Laub nach Jägersmanns Gesetz
Und spreche: «Lehnsherrin, o habet acht,
Ein Zehnender wird, hoff ich, aufgebracht.
Werft auf die Losung gnädig Euern Blick,
Seht, wie sie lang ist, schleimig, rund und dick
Und groß, von Fehl und Körnern frei,
Die Feuchte zeigt, wes Art sein Wildbret sei.[37]

Ein riesiger Fachwortschatz war mit jedem Aspekt der aristokratischen
Jägerei verbunden. Der Hirschjäger, der als ein rechter Edelmann angesehen werden wollte, mußte lange Listen von Spezialausdrücken, nicht
nur für Kot, auswendig lernen. Es gab Ausdrücke für Hirsch und Hinde
jeder Art und Verfassung: für sämtliche typischen Geweihbildungen;
für die Fährten des Wilds und ihre Variationen; für Stellen, wo Zeichen
verrieten, daß dort ein Wild gelegen oder gestanden oder gegangen oder
galoppiert war; für alle anderen Merkmale der Landschaft, die für den
Jäger von Interesse sein konnten; für die unterschiedlichen Arten von
Jagdhunden und deren Bau, Verhalten, Putz und so weiter. Der ange-
hende Jäger mußte zudem sämtliche vorgeschriebenen Signale kennen,
alle Rufe mit der Stimme oder mit dem Horn, die er seinen Jagdgenos-
sen oder den Hunden zu verschiedenen Wendepunkten oder Phasen der
Jagd zu geben hatte, samt Hunderten von anderen Einzelheiten der Ausdrucksweise, der Etikette und des Zeremoniells.

Das «Zerwirken des Hirsches» – das zeremonielle Ausweiden
und Zerteilen des erlegten Tieres – war der komplizierteste Teil des aristokratischen Jagdrituals und wurde in der mittelalterlichen Literatur
in allen Einzelheiten beschrieben. Gottfried von Straßburgs Gedicht *Tristan und Isolde* aus dem 13. Jahrhundert, die Hauptquelle für spätere
Versionen der Tristansage, stellt Tristan als besonders sachverständig im
Zerwirken des Hirsches dar,[38] weshalb auch oben in der gereimten Rede
des Losungsbringers der «edle Trystram» angerufen wird. Der Jäger,
dem es zufiel, den Hirsch zu zerwirken, wurde von allen Teilnehmern
der Jagd kritisch beobachtet und begutachtet. Man erwartete von ihm,
daß er das Tier mit einer bestimmten Anzahl von Schnitten an bestimmten Stellen des Körpers abhäutete und es dann zerlegte und bestimmte Stücke an Personen verteilte, denen sie nach dem Brauch zu-

kamen. Das Ritual war von Jahrhundert zu Jahrhundert und von Ort zu Ort verschieden. Im England des 16. Jahrhunderts gingen die Zunge, die Hoden, der Mastdarm und andere hochgeschätzte Leckerbissen an den ranghöchsten Edelmann unter den Anwesenden; der rechte Bug an den Jäger, der den Hirsch «bestätigt» hatte; das Bruststück an den Jäger, der den Hirsch aus dem Stand getrieben hatte; der Hals an den Führer der Hundemeute; der Rücken an den Leithundsknecht; der Hinterkopf und das Hirn an die Hunde selbst; und das knorpelige Ende des Brustbeins an die wartenden Raben. In manchen Wäldern sollen die Raben an dieses Ritual dermaßen gewöhnt gewesen sein, daß sie auf das erlegte Wild niederstießen und dem Zerwirker solange zusetzten, bis er ihnen ihr Teil gab.[39]

Die meisten dieser Ausdrücke und Rituale waren je nach Art des Wildes verschieden, genau wie die Kotbezeichnungen. Die phantasievollen und amüsanten Ausdrücke, mit denen elisabethanische Jäger Gruppen verschiedener Tierarten belegten – bei Bären hießen sie *sloth* («Faulheit»), bei Lerchen *exaltation* («Hochflug»), bei Ziegen *trip* («Getrippel»), bei Mardern *richesse* («Pracht»)[40] –, kennen heute nur noch Freunde ausgefallener Worte. Auch die anderen Aspekte der aristokratischen Jagd hatten jeder für jede Art Wild seinen eigenen Wortschatz. So wurde zum Beispiel ein Damhirsch während seiner ersten sechs Lebensjahre nacheinander *fawn*, *pricket*, *sorel*, *sore*, *buck of the first head* und *buck* genannt, während die entsprechenden Bezeichnungen für einen Rothirschen *calf*, *brocket*, *spade*, *staggart*, *stag* und *hart* lauteten; und manche Autoritäten waren der Ansicht, daß das Wort *hart* einem Hirsch vorbehalten bleiben solle, den ein Fürst erlegt hatte. Einen Rothirsch aus dem Versteck zu treiben, hieß *to unharbor* – doch bei einem Damhirsch hieß es *rouse*, bei einem Rehbock *find*, bei einem Wildschwein *rear*, bei einem Hasen *start*, bei einem Kaninchen *bolt*, bei einem Fuchs *unkennel*, bei einem Dachs *dig*, bei einem Wolf *raise*, bei einem Marder *bay* und bei einem Fischotter *vent*. Sogar die Signale, die man der Hundemeute gab, sollten eigentlich je nach Beutetier verschieden sein. Man mußte «To him, to him!» («Auf ihn, auf ihn!») sagen, wenn die Hunde losgelassen wurden, um einen Rothirsch aus seinem Stand zu jagen; doch wenn das Wild ein Eber war, hatte der Jäger die Pluralform («Auf sie!») zu gebrauchen – eine grammatische Feinheit, die den Jagdhunden vermutlich sogar im elisabethanischen England entging. Der unglückliche Jäger, der den Hunden das falsche Pronomen zurief, der einen «brocket» aus Versehen «pricket» nannte oder der «raise» sagte, wenn es «rouse» heißen mußte, kam selten nur mit Spott davon. Öffentliche Schläge mit dem flachen Weidmesser waren die übliche Strafe für viele solcher Formfehler im rituellen Sprachgebrauch – beispielsweise wenn einer während einer Hirschjagd das verbotene Wort «hedgehog» (Igel) aussprach.[41]

Offensichtlich waren alle diese Tabus und Rituale und zeremoniellen Wendungen für das praktische Geschäft, Hirsche zu töten, völlig überflüssig; sie hatten den Zweck, den gesellschaftlichen Rang eines Edelmannes anzuzeigen – oder den Anspruch darauf. «Ich will Ihnen was sagen», erklärt ein Emporkömmling vom Lande in der ersten Szene von Ben Jonsons Stück *Every Man in His Humour* (1598), «wann einer heutzutage in der Falkner- und der Jägersprache sich nicht auskennt, der ist keinen roten Heller wert. Sie werden eifriger studiert als Griechisch oder Latein. Wenn einer die nicht kann, der ist kein Umgang für einen Mann von Stand.»[42]

Die Organisation der Jagd hob auch die Klassenschranken hervor, vor allem in Frankreich und England.[43] Die Bedeutung der Klassenzugehörigkeit im englischen «sport» wird deutlich in den Einleitungsversen zu Turberviles Buch, in denen der Hofdichter George Gascoigne die Jagd als «a *Noble sport*» preist, der die Gemüter der Männer auf gute und gottgefällige Weise ergötzen soll:

> *Kurzweil für Wohlgeborne, Kurzweil für edle Herrn.*
> Sich mühn und Bäume schlagen laß ich den Treibern gern
> Im Dienste edlen Spiels: *Spaß solln die Fürsten haben,*
> *Vergnügen sei der Edlen Teil, daß sie sich dran erlaben.*
> Ich (selbst ein solcher) sag es frank und frei heraus:
> *Die Jagd war von jeher bestimmt für Herrn aus hohem Haus.*
> Und diesen drum empfehl die selbige ich hier
> Als ihres werten edlen Namens allerbeste Zier.[44]

Die Jagd wurde zur obsessiv betriebenen Hauptbeschäftigung vieler Aristokraten. Von Ludwig XV. von Frankreich, der drei bis fünf Tage die Woche im Sattel auf Hirschhatz verbrachte, wird behauptet, daß er im Laufe der fünfzig Jahre, in denen er die königlichen Wildparks unsicher machte, 10'000 Stück Rotwild tötete – eine in der Menschheitsgeschichte möglicherweise einzigartige Leistung.[45] Sowohl was das Unmaß der Aufmachung als auch was den Umfang des Tötens betraf, erreichte die Jagd im vorrevolutionären Frankreich bizarre Ausmaße; Ludwig XIV. ist in diesem Zusammenhang denkwürdig wegen der Kutschen, Kurtisanen und Orchester, die Seiner Königlichen Hoheit auf den Hirschjagden in Versailles folgten.

Der zeremonielle Aufwand, den man in den französischen königlichen Wildparks trieb, wurde zum Vorbild für aristokratische Jäger in ganz Westeuropa, und die französische Parforcejagd, in der keine Schußwaffen erlaubt waren und man das Wild im wesentlichen zu Tode hetzte, wurde an Europas Fürstenhöfen die Norm. In England wurde Französisch ebensosehr die Sprache der Jagd, wie es die der Küche, der Diplomatie und der Erotik war. Die wichtigsten Jagdlehrbücher des späten Mittelalters und der Renaissance wurden auf französisch verfaßt und in andere europäische Sprachen übersetzt; Turberviles Buch zum Beispiel ist weitgehend eine freie Übertragung von *La Vénerie* des Jacques du Fouilloux von 1561.[46]

Für diese zeremoniellen Jagden gab es im Leben und Brauchtum der unteren Klassen nur spärliche Parallelen. Im ausgehenden Mittelalter hatte die breite Bauernschaft Europas wenig Gelegenheit, offen zu jagen. Die Bauern riskierten im allgemeinen Folter, Verstümmelung oder Tod, wenn sie beim Wildern ertappt wurden. Ihre Jägerei war daher eher eine seltene, rasche und einsame Angelegenheit, kein festlich begangenes und besungenes gesellschaftliches Ereignis. In europäischen Märchen, Sagen und Balladen kommt die Jagd häufig vor, aber wie sie genau vonstatten ging, wird so gut wie nie geschildert. In Childs Sammlung traditioneller englischer und schottischer Balladen beschreibt nur eine einzige das Geschehen einer Jagd, «Johnie Cock»:

Johnie schoß, und das braune Reh sprang,
Und es sprang noch so wunderweit,
Bis sie an das trübe Wasser kamen
Und er ihm das Ende bereit.

Und er zog das Federmesser sogleich,
Eine Elle maß es knapp,
Und er schnitt dem braunen Reh sogleich
Die Leber raus und Zunge ab.

Sie aßen das Fleisch, und sie tranken das Blut,
Und das Blut, es war so süß,
Daß es Johnie und seine blutigen Hunde
In einen tiefen Schlaf fallen ließ.[47]

Hier ist die Jagd eine einsame, blutige Angelegenheit weniger Worte, einfacher Mittel und ohne Zeremonie, so verschieden von den höfischen Hetzjagden nach den Vorschriften der Herren Jacques du Fouilloux und Turbervile, wie eine Jagd überhaupt nur sein kann.

Doch trotz all dieser Unterschiede zwischen dem Brauchtum des Adels und dem des Volkes haben Jagdmärchen und -sagen aus hohen wie niederen Quellen im mittelalterlichen Europa einige wichtige Motive gemeinsam, die sich im klassischen Altertum nicht finden. Diese neuen Motive haben sich bleibend in die abendländischen Vorstellungen von der Jagd eingesenkt. Sie lassen sich an einer Reihe von Veränderungen in der symbolischen Bedeutung der Familie der Hirsche aufzeigen.

Der sich verändernde Status der Hirsche schlug sich erstmals um das Jahr 1000 in neuen Bedeutungen nieder, die verschiedene Tier- und Jagdbezeichnungen in mehreren europäischen Sprachen annahmen. Im Englischen, Deutschen, Französischen und Irischen kam es während dieser Zeit dazu, daß Worte, die vorher für «Tier» oder «wildes Tier» gestanden hatten (altenglisch *deor*, althochdeutsch *wilt* und *tior*, altirisch *fiad*, lateinisch *bestia*), sich auf die Bedeutung «Hirsch(familie)» (englisch *deer*, deutsch *Wild*, irisch *fiadh*) oder «Hinde, Damhirschkuh» verengten (in der mittelhochdeutschen Jägersprache *tier*, französisch *biche*).[48] Kurzum, für Sprecher dieser Sprachen gewann «Tier» im allgemeinen die Bedeutung von «Hirsch» im besonderen, so daß die Hirsche zu Tieren schlechthin wurden, Verkörperungen des Tierseins überhaupt. Darüber hinaus entwickelte sich der Hirsch in ganz Westeuropa zum idealen Objekt der Jagd. Dieser Wandel spiegelt sich wider in dem heute

üblichen spanischen Wort für Hirsch, *venado*, eigentlich «der Gejagte»;
in dem neuirischen Verb *fiadhachaim* (jagen, wörtlich «hirschen»);[49] und
in englisch *venison*, was ursprünglich «Wildbret, Fleisch des Jagdtieres»
bedeutete, aber was heute Hirschfleisch im besonderen bezeichnet.

Im mittelalterlichen Deutsch ist *edel wilt* ein gebräuchlicher Ausdruck für den Hirsch.[50] In ganz Westeuropa kam der Hirsch während
des Mittelalters zu symbolischen Adelsehren. Das war neu. Im klassischen Altertum war der Hirsch das Symbol der Feigheit gewesen, so wie
heute der Hase. Im Altgriechischen war «hirschhaft» (*elapheios*) gleich-
bedeutend mit «feige». Achilleus verhöhnt in der *Ilias* Agamemnons
Feigheit, indem er ihm das «Herz eines Hirschs» nachsagt.[51] Gestalten
in der klassischen Literatur, die mit Hirschen und Hinden verglichen
werden, sind entweder Feiglinge und Versager (Turnus in der *Aeneis*,
Penelopes Freier in der *Odyssee*) oder unschuldige Opfer (Vergils Dido).
Doch in der mittelalterlichen Literatur wurde dem Hirsch erstmals eine
Aura des Adels, ja sogar übernatürlicher Hoheit angedichtet.

Diese symbolische Erhebung des Hirsches in den Adelsstand
muß zum Teil die Folge des zunehmenden aristokratischen Alleinan-
spruchs auf das Privileg der Hirschjagd gewesen sein. Sie könnte zum
Teil auch auf die alte keltische Tradition der Hirschverehrung zurückzuführen sein; auf jeden Fall scheint das Bild vom Hirsch als Fürst des
Waldes in keltischen Schriften besonders alt zu sein. Das älteste Beispiel
für diese Metapher, das mir begegnet ist, findet sich im *Y Gododdin*, einem walisischen Gedicht aus dem 7. Jahrhundert, in dem ein helden-
hafter Krieger als «edler Hirsch» gepriesen wird.[52] Ähnliche Figuren des
Hirschhelden leben in der jüngeren walisischen Dichtung fort,[53] und sie
klingen im schottisch-gälischen Volkslied[54] und in der mittelalterlichen
irischen Literatur nach:

> Die ungezäumten Renner
> von Tal zu Tal!
> Niemand bezähmt
> ihr königliches Blut,
>
> jeder entrückt
> auf angestammtem Gipfel,

geweihbewehrt, wachsam.
Sieh sie im Geiste,

den Hirsch des hohen Slieve Felim,
den Hirsch der steilen Fews,
den Hirsch von Duhallow, den Hirsch von Orrery,
den hitzigen Hirsch von Killarney.[55]

Durch die Adelung des Hirsches wurde es möglich, die Jagd als Tragö-
die anzusehen. Die Hirschjagd wurde spätestens seit dem 13. Jahrhun-
dert, als der ermordete Siegfried im *Nibelungenlied* mit einem erlegten
Hirsch verglichen wurde, als literarische Metapher für den tragischen
Tod eines edlen Opfers gebraucht. Ein bekannteres Beispiel aus dem 16.
Jahrhundert ist die Klage von Shakespeares Marcus Antonius über dem
Leichnam des ermordeten Cäsar:

[...] Du edler Hirsch,
Hier wurdest du erjagt, hier fielest du:
Hier stehen deine Jäger, mit den Zeichen
Des Mordes und von deinem Blut bepurpurt.
O Welt, du warst der Wald für diesen Hirsch,
Und er, o Welt! war seines Waldes Stolz.
Wie ähnlich einem Wild, von vielen Fürsten
Geschossen, liegst du hier![56]

Andere Jagdtechniken regten andere Metaphern an.[57] Der Hirsch aber
war die ideale Beute des Jägers, und so kamen die beherrschenden Metaphern des Weidwerks aus der Hirschjagd. Je mehr das Jagen die Frei-
zeit und die Vorstellungswelt der mittelalterlichen Adeligen bestimmte,
um so mehr fanden ihre Schriftsteller in der Hirschjagd Metaphern für
jedes erdenkliche Tun und Lassen. Der Gott suchende oder den Teufel
fliehende Christ, der seine Feinde auf dem Schlachtfeld verfolgende oder
vor ihnen fliehende Soldat, der seiner Geliebten nachstellende oder den
Schlingen des Begehrens zu entkommen suchende höfische Liebende –
alle wurden in der Literatur des Mittelalters und der Renaissance zu
sinnbildlichen Hirschen, Hunden und Jägern. Die Metapher wurde auf

die heiligsten Dinge ebenso angewandt wie auf die profansten. Am heiligen Ende des Spektrums der Jagdsymbolik wird der zerwirkte Hirsch zum Abbild des gekreuzigten Christus:

> He was todrawe
> So deer y-slawe
> In chase.[58]

(«Er wurde zerteilt wie ein auf der Jagd erlegter Hirsch.») Am entgegengesetzten profanen Ende wird die Hirschjagd zum metaphorischen Koitus, der Pfeil des Jägers zum Penis und der Tod des Hirsches zum Orgasmus:

> O Liebe, Lieb in jeder Stunde!
> Dein Pfeil mit Weh
> Trifft Hirsch und Reh;
> Doch nicht entrafft
> Sie gleich der Schaft,
> Er kitzelt nur die Wunde.
>
> Verliebte schrein:
> O Todespein!
> Doch, was so tödlich erst gedroht,
> Daraus wird Jubeln und Juchhein.
> Die Sterbenden sind frisch und rot.[59]

Antike Schriftsteller von Platon an hatten gelegentlich die Jagd als Metapher für die Nachstellungen der Liebenden gebraucht.[60] Aber vom 12. bis 16. Jahrhundert wurden die Geschichten und Gedichte von der Liebesjagd zu einem regelrechten literarischen Genre. Insbesondere französische und deutsche Dichter erfanden außerordentlich ausladende und kunstvolle Allegorien der Liebesjagd und schöpften dazu alle erdenklichen Analogien zwischen der Liebe und der Jagd aus.[61] In einigen dieser erotischen Parabeln verkörpert der unglückliche Hirsch den männlichen Autor – beispielsweise wenn sich im 16. Jahrhundert der englische Dichter Michael Drayton als Hirsch beschreibt, der von den Pfeilen aus den «blitzenden Augen» seiner Dame tödlich verwundet ist:

> In seinem Blute schwimmend, doch mit letzter Kraft
> Küßt sein steinkalter Mund den segensreichen Schaft.[62]

In anderen wird die Dame das Opfer. Auch sie kann als gejagter Hirsch dargestellt werden, so in dem französischen Gedicht *Li dis dou cerf amoureus* aus dem 13. Jahrhundert, in dem die geliebte Frau, «der Liebeshirsch», von allegorischen Hirschhunden namens «Wünsche», «Sehnen», «Erinnerung», «Mitleid» und «Liebe» gehetzt und schließlich zur Strecke gebracht wird, woraufhin diese ihre Verfolgungsjagd mit einem symbolischen Festschmaus am Fleisch ihrer erlegten Beute krönen.[63] Häufiger noch wird die Dame als Hirschkuh geschildert und nimmt die Jagd einen weniger blutrünstigen Ausgang. Der walisische Dichter Dafydd ap Gwilym aus dem 14. Jahrhundert träumt, daß Jagdhunde ihm eine symbolische weiße Hinde, mit der «Farbe von Hitzewellen» (*hoen geirw tes*), in die Arme treiben:

> So zahm gemacht, floh sie
> (Drohend wie ich war) zu mir um Schutz;
> Zwei nackte Nüstern: ich erwachte
> Raubgierig, allein in meiner Hütte.[64]

Mit dem Ausklang des Spätmittelalters in die Renaissance wurden diese allegorischen Liebesjagden im allgemeinen empfindsamer und galanter, so daß man sich mehr über die ätherische Schönheit des Wildes verbreitete und weniger über blutiges Fleisch und nackte Nüstern. Der Erzähler eines deutschen Gedichtes aus dem 15. Jahrhundert verliebt sich in eine Hinde, die zu verfolgen er zu ungeschickt ist, und beschließt daher seine Jagd damit, daß er sich das Bild des geliebten Tiers tief ins Herz einprägt.[65] In einer kunstvolleren deutschen Allegorie aus dem 14. Jahrhundert erhält der Jäger-Dichter den Rat, die Liebesjagd aufzugeben und sich auf das Jagen Christi zu verlegen, des Hirsches, «dessen Huf sich blutig färbet, / da er zu einem derart teuren Preis uns kaufet».[66] Der Jäger faßt jedoch den Entschluß, sein Leben der fruchtlosen Verfolgung des Liebeshirsches zu weihen, und nimmt die unvollendete Jagd als Selbstzweck an. Die unberührbare Wildheit der Frau-Hinde ist hier eine bezaubernde Tugend geworden, so wie zweihundert Jahre später in Thomas Wyatts Sonett von der Jagd der Liebe:

> Wo, hat wer Jagdlust, eine Hinde findt,
> Ich weiß es, doch selbst mag ich nicht mehr, nein!
> Ich folge mit den letzten hinterdrein,
> Weil solche Mühn mir leid geworden sind.
> Erschöpft zwar, bin ich doch auf nichts gesinnt
> Als auf die Hinde, aber querfeldein
> Entflieht sie. Ach, ermattet laß ich's sein:
> Es ist wie Netzauswerfen nach dem Wind.
> Wer Jagdlust hat nach ihr wird jedenfalls
> Nur seine Zeit vertun, genau wie ich;
> Es steht mit scharfem Diamantenstich
> Geschrieben rings um ihren schönen Hals:
> Noli me tangere, Cäsar nennt mich sein,
> Und ein Wildfang bin ich, auch wenn zahm ich schein.[67]

Allegorien der erotischen Jagd fanden in der Malerei und Bildhauerei ebenso Ausdruck wie in Poesie und Prosa. Kunstgegenstände, die die Liebesjagd darstellen – illuminierte Handschriften, Miniaturmalereien, geschnitzte und bemalte Kommoden und Truhen, Elfenbeinarbeiten, Musikinstrumente –, sind in großer Zahl auf uns gekommen und bezeugen die Popularität, die das Thema in gehobenen Kreisen zur Zeit des Mittelalters und der Renaissance hatte.[68] Eine besonders elegante und hintersinnige plastische Fassung der Metapher ist die französische *Diane d'Anet* aus dem 16. Jahrhundert. Die Statue zeigt eine gebieterische Diana mit entspanntem Bogen, die sich liebevoll an einen majestätischen, aber verlegen wirkenden Hirsch lehnt. Die Statue wurde von einer anderen Diana in Auftrag gegeben, Diane de Poitiers, der Mätresse des Königs, und von ihr im Hof ihres Landschlößchens aufgestellt.[69] Vermutlich war diese Darstellung des unblutigen Sieges einer göttlichen Jägerin über ein edles Tier als gewagte Anspielung gedacht.

Ein weiteres Unterscheidungsmerkmal der mittelalterlichen

Jagdsymbolik von ihren antiken Vorläufern ist das Motiv des unheimlichen oder überirdischen Wildes. Im griechischen Mythos kommt es manchmal vor, daß einem Jäger unheimliche Dinge widerfahren: Aktaion wird in einen Hirsch verwandelt und von seinen Hunden zerrissen, Narkissos wird in eine Blume verwandelt, und die Jägerin Daphne wird ein Lorbeerbaum. Aber an dem Hirsch und dem Eber, die von diesen mythischen Jägern verfolgt werden, ist nichts unheimlich.[70] Ganz anders ein mittelalterlicher Mythos von Jagd und Verwandlung. Ein junger Heide namens Placidas erblickte einmal beim Jagen einen auffallend großen und schönen Hirsch. Nachdem er ihn in einen einsamen Wald verfolgt hatte, sprang der Hirsch plötzlich auf einen Felsen und rief: «Ach, Placidas, warum verfolgst du mich? Um deinetwillen bin ich doch heute gekommen, auf daß ich mich dir durch dieses Tier offenbare. Ich bin der Christus, den du anbetest, ohne es zu wissen. [...] Und ich bin gekommen, um mich durch diesen Hirsch zu offenbaren und mit den Netzen meiner Gnade dich zu jagen und fangen, statt umgekehrt.»[71] Von diesem Wunder bekehrt, wurde Placidas kirchlich auf den Namen Eustachius getauft. Obwohl er gelegentlich in den Wald zurückkehrte, um den Hirsch-Christus zu treffen und mit ihm zu sprechen, jagte er nicht mehr. Wilde Raubtiere taten ihm von da an nichts zuleide, nicht einmal, als er in der Arena den Löwen vorgeworfen wurde. Eustachius starb schließlich unter Kaiser Hadrian, der selber ein berühmter Jäger war, den Märtyrertod. Trotz der ganzen jagdfeindlichen Symbolik, die seine Legende enthält, wurde Eustachius zum Schutzpatron der Jäger erkoren.

Die Eustachiuslegende ist nur eine von vielen beliebten mittelalterlichen Geschichten von Heiligen und Helden, die unheimlichen oder übernatürlichen Hirschen begegnen oder selbst in Hirsche verwandelt werden wie Patrick oder der Hirsch-Christus.[72] Märchen um wunderbare Hirsche von göttlicher Schönheit und übernatürlichen Gaben sind auch in der indischen Mythologie reichlich vertreten, und einige Historiker meinen, dieses «Hirschmotiv» sei im 5. Jahrhundert aus Indien nach Europa gedrungen.[73] Doch selbst wenn es eine indische Quelle hatte, muß das Hirschmotiv eine dem abendländischen Geist wesenseigene Saite angeschlagen haben, denn es fand sogleich auf allen Ebenen Eingang in die europäische Kultur und ist seither in unserer Kunst, unserer Literatur und unserem Volksgut ein sich hartnäckig haltendes Bild geblieben.

In mittelalterlichen Dichtungen und in Sagen und Liedern aus ganz Nordeuropa führen überirdische Hirsche und Hinden Jäger, die ihnen nachstellen, zu Liebe und Ruhm oder in ihr tragisches Verderben. Das unheimliche Wild zeichnet sich häufig durch seine weiße Farbe aus. Ein in der irischen Mythologie immer wiederkehrendes Motiv ist der weiße Hirsch, der dem Helden zur Königskrone verhilft.[74] In den *lais*, gereimten Erzählungen, die im mittelalterlichen Frankreich und England sehr beliebt waren, geschieht es oft, daß geheimnisvolle weiße Hirsche auftauchen und Jäger auf Verfolgungsjagden locken, die in einem Liebesabenteuer gipfeln.[75] Wenn das überirdische weiße Wild eine Hinde oder ein Reh ist, kann es sich als die verwandelte Geliebte oder Schwester des Jägers herausstellen. In der grausigen dänischen Ballade «Das Mädchen im Hirschkuhfell» mißachtet ein Jäger die Warnung seiner Mutter und erlegt eine geheimnisvolle «kleine weiße Hirschkuh, / Die das Gold unter der Schulter trägt». Als er anfängt, sie abzuhäuten, stößt er auf Teile des Leichnams seiner eigenen Schwester.[76] Andere Balladen, aus Frankreich, der Bretagne und Großbritannien, erzählen ähnliche Geschichten von sich verwandelnden Hinden und Rehen, die die Geliebten oder Schwestern der Jäger sind.[77] Auch die unheimlichste aller unheimlichen Hirschkühe in der Balladendichtung, die «Damhirschkuh» aus «Die drei Raben», könnte ursprünglich eine solche verwandelte Tierfrau gewesen sein, die den Tod eines menschlichen Geliebten beklagt:

Dort drüben liegt im grünen Feld
Ein Ritter tot unter seinem Schild.

Die Hunde liegen ihm zu Füßen,
Da sie den Herrn bewachen müssen.

Die Falken sein fliegen so kühn,
Wagt sich kein Vogel an ihn hin.

Kommt eine Damhirschkuh heran,
So trächtig, wie sie nur sein kann.

Sie hob sein blutig Haupt so tot
Und küßt' die Wunden sein so rot.

Sie setzt' ihn bei, den stolzen Jungen,
War selbst tot, eh die Vesper sungen.

Gott, jedem Edelmanne gib
Solch Falken, solch Hunde, solche Lieb![78]

Geschichten von Feenhirschen wurden von europäischen Siedlern in die Neue Welt getragen, wo sie noch heute zum amerikanischen Volksgut gehören.[79] Ein weitverbreitetes amerikanisches Märchen erzählt von einem reumütigen Jäger, der endlos einer Hirschkuh folgt, die er liebt und vor anderen Jägern zu beschützen sucht, indem er ihr eine Glocke um den Hals bindet.[80] Eine Sage aus North Carolina berichtet, wie der Geist der Virginia Dare, des ersten weißen Kindes, das im englischen Nordamerika geboren wurde, noch immer in Gestalt einer gespenstischen weißen Hirschkuh durch die Wälder von Roanoke Island spukt.[81] Im Volksglauben der Ozarks und der Cumberland Mountains ist ein weißer Hirsch ein böses Omen und bringt es Unglück, ihn zu schießen.[82]

In der Literatur hat sich das unheimliche weiße Wild über die Jahrhunderte als Symbol des Übernatürlichen gehalten. In Thomas Malorys *Morte Darthur* wird Galahad von einem weißen Hirsch zu einer Einsiedelei im Wald geführt. Dort erzählt ihm ein heiliger Klausner, der Hirsch sei Jesus Christus und «oft hat sich früher Unser Herr frommen Männern und guten Rittern in der Gestalt eines Hirsches gezeigt».[83] In John Drydens langer Allegorie *The Hind and the Panther* steht «eine milchweiße Hinde» für die katholische Kirche und symbolisieren die gejagten Söhne der Hinde gefallene Märtyrer. Spätere Schriftsteller, von den englischen und deutschen Romantikern bis zu Yeats, Pound und Eliot, haben das weiße Wild weiter als archaisches Symbol benutzt, das Empfindungen des Überirdischen, Transzendenten und Romantischen evozieren soll.[84]

Zu Beginn der mittelalterlichen Zeit war die Jagdsymbolik in der abendländischen Kunst und Literatur rudimentär und unbedeutend. Gegen Ende des Mittelalters war sie vielschichtig und subtil und durchdrang viele Aspekte der niederen wie der hohen Kulturtraditionen

Europas. Vom 13. Jahrhundert an gewann die Jagd die antithetischen Konnotationen von Freiheit und aristokratischer Förmlichkeit. Der tiefe Tann verwandelte sich in den heiteren und zauberischen grünen Wald mittelalterlicher Lieder und Sagen, und die feigen Hirsche der Griechen und Römer wurden mit der Zeit zu edlen und numinosen Figuren, mit erotischer und übernatürlicher Bedeutung aufgeladenen vorbildlichen Tieren. Damit die Jagd als Symbol der Ungerechtigkeit und blutigen Tyrannei gesehen werden konnte, waren jetzt nur noch ganz leise prinzipielle Zweifel am göttlichen Ursprung der Herrschaft nötig, die die Menschen im allgemeinen und die Adeligen im besonderen über die Welt ausübten.

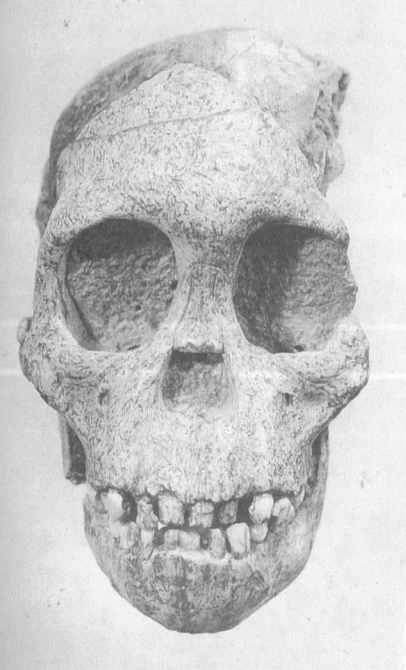

Der keltische Hirschgott Cernunnos sitzt
erhaben im Kreis der Tiere; Darstellung
auf einem dänischen Weihkessel aus dem
1. Jahrhundert v. Chr. (Nationalmuseet,
Kopenhagen)

Der fossile Schädel des Australopithecuskindes
aus Taung. (Mit freundlicher Genehmigung von
Professor Phillip Tobias)

Adam und Eva im Garten Eden, wie Albrecht Dürer sie 1504 sah. Die Katze und die
Maus, die gemeinsam zu Adams Füßen liegen, symbolisieren sowohl die vegetarische
Eintracht im Garten Eden als auch die Herrschaft des Menschen über die Tiere. Stier,
Hase, Katze und Hirsch versinnbildlichen die vier Körpersäfte (Schleim, Blut, gelbe
und schwarze Galle) und stehen hier für die Anschauung, daß der Mensch das einzige
Geschöpf ist, in dem die Elemente und Säfte sich in vollendetem Mischungsverhältnis
befinden. (British Museum)

Eine gejagte Hirschkuh flieht in die Arme des hl. Ägidius, dessen rechte Hand den ihr zugedachten Pfeil abfängt. (Anonym, um 1500; National Gallery, London)

The report of a Huntesman vpon the sight of an Hart, in pride of greace.   Chap.36.

Ein Jäger präsentiert Königin Elisabeth I. die Losung eines Hirschs, auf den Jagd gemacht werden soll. (Turbervile, 1576; Bodleian Library, Oxford)

FIRST STAGE OF CRUELTY.

While various Scenes of sportive Woe
The Infant Race employ,
And torturd Victims bleeding shew
The Tyrant in the Boy.
Designd by W Hogarth.

Behold a Youth of gentler Heart,
To spare the Creatures pain,
O take, he cries—take all my Tart,
But Tears and Tart are vain.
Published according to Act of Parliament Feb.1. 1751.

Learn from this fair Example—You
Whom savage Sports delight,
How Cruelty disgusts the view
While Pity charms the sight.
Price 1.⁸

Der Fortschritt der Grausamkeit, 1. Stufe, von William Hogarth (1751). Das Gedicht unter dem Bild lautet sinngemäß: «Während verschiedene Szenen kurzweiligen Leids die Kinderschaft beschäftigen und gefolterte Opfer blutend den Tyrannen im Jungen zum Vorschein bringen, seht! da kommt ein Jüngling von zarterem Gemüt daher. Um den Tieren Schmerzen zu ersparen, ruft er: Nehmt meinen Kuchen! Aber Tränen und Kuchen sind vergebens. Aus diesem anschaulichen Beispiel lernt – ihr, die ihr euch an rohen Spielen ergötzt, was Grausamkeit für einen abscheulichen und was Mitleid dagegen für einen erfreulichen Anblick bietet.»

The generous Steed in hoary Age
Subdu'd by Labour lies,
And mourns a cruel Masters rage,
While Nature Strength denies.

The tender Lamb o'er drove and faint,
Amidst expiring Throws;
Bleats forth its innocent complaint
And dies beneath the Blows.

Inhuman Wretch! say whence proceeds
This coward Cruelty?
What Interest springs from barbrous deeds?
What Joy from Misery?

Designed by W. Hogarth. *Published according to Act of Parliament Feb 1 1751.* *Price 1.ˢ*

Hogarths *Fortschritt der Grausamkeit*, 2. Stufe. Im Hintergrund ein überladener Esel und ein gehetzter Stier. Die Verse unter dem Bild setzen der tierischen Unschuld die menschliche Schlechtigkeit entgegen: «Das hochbetagte gute Roß ist unter der Anstrengung zusammengebrochen und beklagt den Zorn eines grausamen Herrn, indes die Natur ihm die Kraft versagt. Geschunden und entkräftet blökt das zarte Lamm im Todeserbrechen seine Unschuldsklage heraus und stirbt unter den Schlägen. Unmenschliches Scheusal! sag, woher kommt diese feige Grausamkeit? Welcher Gewinn erwächst aus barbarischen Taten? welche Freude aus dem Elend?»

Die *Diane d'Anet*. (Louvre, Paris)

Oben: *Kopf eines Hirsches* von Albrecht Dürer (1504; Bibliothèque National, Paris)
Unten: Eugène Delacroix: *Tiger greift ein wildes Pferd an.* (Etwa 1825; Louvre, Paris)

Das romantische Ich gegenüber der Natur in Caspar David Friedrichs Gemälde
Der Wanderer über dem Nebelmeer. (1818; Kunsthalle, Hamburg)

Oben: Gustave Courbet: *Halali einer Hirschhatz*. (1867; Musée des Beaux-Arts et d'Archéologie, Besançon)
Unten: Sir Edwin Landseer: *A Random Shot*. (Etwa 1848; Bury Museum, Bury)

"Instinct!"

*The President and Mr. Burroughs observing carefully the antics of tom-
tits and snipe. Theodore and John together: "Instinct, sheer instinct!"*

Eine Karikatur der «wissenschaftlichen» Seite in der Kontroverse um die «Natur-
verfälscher»: Teddy Roosevelt und John Burroughs haben Heiligenscheine mit der
Aufschrift «homozentrisch» über dem Kopf und rufen einstimmig: «Instinkt, nichts
als Instinkt!» (*Collier's Weekly*, 5. September 1908)
Rechte Seite oben: In Hugh Harmans Zeichentrickfilm *Peace on Earth* von 1939 feiern
die glücklichen Tiere des Waldes das Ende der Menschheit. (Turner Entertainment Co.)
Rechte Seite unten: Bambis Mutter lernt Präsident Bush kennen; Karikatur von Mike
Lane aus dem Jahre 1989. (*Baltimore Evening Sun*)

Bambi
AND THE AK47

MOTHER?!

I'LL KINDLY AND GENTLY EXPLAIN GOOD CLEAN HUNTING FUN....

APOLOGIES TO DISNEY!

KAPITEL V

Das schluchzende Geschöpf

ERSTER EDELMANN:
Auf diese Art durchbohrt er schmähungsvoll
Den Kern vom Lande, Stadt und Hof, ja selbst
Von diesem unsern Leben; schwört, daß wir
Nichts als Tyrannen, Räuber, Schlimmres noch,
Weil wir die Tiere schrecken, ja sie töten
In ihrem eignen, heimatlichen Sitz.

HERZOG:
Und ließet ihr in der Betrachtung ihn?

ZWEITER EDELMANN:
Ja, gnäd'ger Herr, beweinend und besprechend
Das schluchzende Geschöpf.

Shakespeare: Wie es euch gefällt

Zweifel an der Rechtmäßigkeit der Herrschaft des Menschen wurden erstmals im 16. Jahrhundert laut, und mit ihnen kamen die ersten Verurteilungen der Jagd, die in Europa nach vierzehn Jahrhunderten zu hören waren.[1] Die Angriffe auf die Jagd wurden gleich zu Anfang der nördlichen Renaissance laut, in den Schriften von Erasmus und Thomas Morus.

In seinem *Lob der Torheit* (1511) machte sich Erasmus von Rotterdam über die umständlichen Rituale des mittelalterlichen Weidwerks lustig und kritisierte das Jagen als reine Schlächterei und die Jäger als hohlköpfige, eingebildete Aristokraten, denen das Höchste die Jagd ist, und die behaupten, es tue ihnen unglaublich wohl, wenn jenes abscheuliche Tuten der Hörner und das Geheul der Meute losgeht – ich glaube auch, der Kot der Hunde duftet ihren Nasen wie Zimt. Und welcher Genuß, das Wild auszuweiden! Ochsen und Hämmel darf die Plebs ausnehmen, aber Wild zerlegen nur der Edelmann. Mit entblößtem Haupt, gebeugtem Knie, in der Hand das diesem Dienste geweihte Messer – um Gotteswillen kein anderes! – beginnt er, mit bestimmten Gesten bestimmte Teile in bestimmter Folge feierlich zu zerlegen. [...] Wem erst noch vergönnt war, das Wildpret verspeisen zu helfen, bildet sich gar ein, er habe an Adel beträchtlich zugenommen. Es frommt ihnen freilich wenig, ihr Leben lang Tiere zu hetzen und zu verzehren: sie vertieren nur selber schier; aber was tut's? Sie glauben doch, wie Könige zu leben.[2]

Erasmus hielt das Jagen einfach für eine törichte Zeitverschwendung, aber sein tierliebender Freund Thomas Morus sah darin ein Zeichen für die Schlechtigkeit des Menschen.[3] In einem von Morus' lateinischen Epigrammen schreit ein im Netz gefangenes Kaninchen, das zur Belustigung der Jäger lebendigen Leibes der Hundemeute vorgeworfen werden soll, ein Verdammungsurteil über die Menschen: «O gefühllose Rasse, wilder als alle Tiere, der bittere Tod bereitet euch eine grausame Freude.»[4] In seinem Buch *Utopia* aus dem Jahre 1516 griff Morus das Jagen um des Vergnügens willen in aller Deutlichkeit an. Seine Utopier erachten die Jagd für eine Abart der Schlächterei und ungeeignet als aristokratischer Zeitvertreib. Und genau wie sie eine Verachtung des Prunkes beweisen, indem sie die Ketten ihrer Sklaven aus Gold anfertigen, beweisen sie eine Verachtung des Tötens und der Grausamkeit, indem sie die Jagd zur Sklavenpflicht bestimmen:

Die Utopier haben deshalb dieses ganze Geschäft des Jagens als eine Sache, die freier Menschen unwürdig ist, an die Metzger verwiesen, deren Handwerk sie – wie bereits erwähnt – durch Sklaven abmachen lassen. Sie erklären nämlich die Jagd für die niederste Verrichtung dieses Handwerks, dessen andere Tätigkeiten

sie für nützlicher und anständiger halten, weil dabei die Tiere
weit mehr geschont und nur der Notwendigkeit halber umgebracht werden, während der Jäger nur sein Vergnügen in dem
Morden und Zerfleischen des armen Tieres sucht. Diese Lust am
Schauspiel des Mordes, meinen sie, entspringe [...] aus grausamen Gefühlsregungen oder arte doch schließlich, bei ständiger
Wiederholung so roher Vergnügungen, zur Grausamkeit aus.[5]

Morus bezeichnet die Jagd nicht als ausgesprochen unmoralisch, nur als
niedrig (*infimus*) und unwürdig (*indignus*). Aber sein Abscheu und seine Entrüstung sind offensichtlich. So nennt er etwa die Beute der Jäger
«das arme Häslein» und ihre Tötung «Mord», und er hält seinen jagenden Lesern eine kurze, böse Predigt:

> Wieso macht es größeres Vergnügen, wenn der Hund hinter dem
> Hasen, als wenn der eine Hund hinter dem anderen herjagt? Han-
> delt es sich doch in beiden Fällen um denselben Vorgang: es wird
> gerannt – falls das Vergnügen im Rennen bestehen sollte. Oder
> ist es etwa die Hoffnung auf den Mord, die dich fesselt, erwar-
> test du die Zerfleischung, die sich unter deinen Augen vollzie-
> hen soll? Lieber sollte dich das Mitleid packen, wenn du zusiehst,
> wie das arme Häslein von dem Hunde zerrissen wird: der Schwa-
> che von dem Stärkeren, der Scheue und Furchtsame von dem
> Wilden, der Harmlose von dem Grausamen![6]

Montaigne tat in seinem Essai «Über die Grausamkeit» aus dem Jahre
1580 eine ähnliche Abneigung gegen die Jagd kund:

> Ich hasse unter andern Lastern die Grausamkeit ganz grausam
> von Natur und aus Ueberlegung, als das größte unter allen La-
> stern. Aber ich bin so weichherzig, daß ich kein iunges Huhn oh-
> ne Misvergnügen würgen sehe, und mit Verdruß einen Hasen un-
> ter den Zähnen meiner Hunde quäken höre, ungeachtet die Jagd
> eine gewaltsame Lust ist. [...] Ich, meines Theils habe nicht ein-
> mal ohne Misvergnügen ein unschuldiges Thier, das sich nicht
> wehren kann, und das uns nicht beleidiget hat, verfolgen und um-

bringen sehen können. Für mich ist es allezeit ein widriger Anblick, wenn der Hirsch, wie gemeiniglich geschiehet, nachdem
er aus dem Athem und matt ist, und sich nicht anders zu retten
weiß, zurück kehret, seinen Verfolgern selbst in die Hände läuft,
und mit Thränen um Gnade bittet.

Wie Morus hatte auch Montaigne den Eindruck, daß in unserer Freude
an der Jagd ein angeborener Fehl des menschlichen Geistes zum Vorschein komme:

> Blutgierige Gemüther zeigen in Ansehung der Thiere eine natür-
> liche Neigung zur Grausamkeit. [...] Die Natur selbst hat dem
> Menschen, wie ich besorge, einen gewissen Trieb zur Un-
> menschlichkeit eingepflanzet. Keiner hat eine Freude daran,
> wenn er die Thiere mit einander spielen und einander liebkosen
> siehet: aber ieder belustiget sich daran, wenn er sie einander zer-
> reissen und zerstücken siehet.[7]

In den Werken von Montaignes Zeitgenossen Shakespeare wird die Jagd
zum Symbol blutiger Unterdrückung. Marcus Antonius preist den ermordeten Cäsar «edler Hirsch», niedergestreckt von «Schlächtern». Unschuldige Opfer wie Macduffs Kinder werden mit «gemordetem Wild»
verglichen, und gejagte Hirsche werden als gequälte Unschuldige geschildert, etwa das «arm verschüchtert Wild, / Das von des Jägers Pfeil
beschädigt war», in *Wie es euch gefällt*:

> Das arme Tier stieß solche Seufzer aus,
> Daß jedesmal sein ledern Kleid sich dehnte
> Zum Bersten fast, und dicke runde Tränen
> Längs der unschuld'gen Nase liefen kläglich
> Einander nach.[8]

Bei Shakespeare-Figuren ist ein Abscheu vor der Jagd ein Zeichen
schlichten Anstands. «Kommt, solln wir gehen und uns Wildbret töten?» ruft der Herzog in *Wie es euch gefällt* – und dann kommen die Bedenken:

> Doch reuts mich, daß wir den gefleckten Narrn,
> Die Bürger sind in dieser öden Stadt,
> Auf eignem Grund mit hak'gen Spitzen blutig
> Die runden Hüften reißen.[9]

Die Prinzessin in *Liebes Leid und Lust* äußert sich über ihre eigene Hirschjagd härter:

> Jetzt, lieber Förster, zeigt uns das Gehölz;
> Wo stellt Ihr uns, daß wir den Mörder spielen? [...]
> Doch jetzt zur Jagd; wenn Sanftmut töten muß,
> Schilt sie auf jeden gutgezielten Schuß. [...]
> Unleugbar ists, und die Erfahrung lehrt,
> Wie Ruhmsucht zum Verbrechen sich entehrt;
> Um Lob und Preis, um nichtige Erscheinung
> Entsagen wir des Herzens beßrer Meinung:
> Wie meine Hand um Lob zu töten denkt
> Das arme Wild, das mich doch nie gekränkt.[10]

Wenn die Jagd bei Shakespeare keine Metapher für Mord ist, dann häufig eine für Vergewaltigung – zum Beispiel in dem ganzen Gedicht *Der Raub der Lucretia* oder in *Titus Andronicus*, wo die Vergewaltigung und Verstümmelung von Titus' Tochter Lavinia als metaphorische Jagd behandelt wird. Die Metapher beginnt mit der Rede des Schurken an seine Verbündeten:

> Ihr Herrn, ein stattlich Jagen steht bevor,
> Da finden sich zu Hauf die Schönen Roms;
> Weit und entlegen dehnt der Wald sich aus
> Und beut viel unbetretne Räume dar,
> Wie auserwählt für Raub und Freveltat.
> Dahin lockt einzeln euer schmuckes Reh
> Und fällt es mit Gewalt, wenn nicht mit Gutem![11]

«Wir jagen nicht mit Roß und Hund», bestätigt ein Helfershelfer, «Wir fahn ein schmuckes Reh im finstern Grund.»[12] Sie ergreifen die Jungfrau im Jagdrevier gegen ihren Willen, vergewaltigen sie und schneiden ihr dann die Zunge heraus und hacken ihr die Hände ab, damit sie weder redend noch schreibend Klage gegen sie führen kann. Ihr Onkel Marcus führt die Verstümmelte vor ihren Vater:

> *Marcus:*
> So fand ich sie, ach! schweifend in dem Forst,
> Besorgt, sich zu verbergen wie ein Reh,
> Das eine unheilbare Wund empfing!
> *Titus:*
> Sie war mein Reh, und der die Wund ihr schlug,
> Tat weher mir, als hätt er mich durchbohrt.[13]

Die Abneigung gegen die Jagd, die Morus und Montaigne bekundeten, und Shakespeares Gleichsetzung des Jagens mit Vergewaltigung, Verstümmelung und Mord waren im 16. Jahrhundert noch keineswegs üblich. Die meisten englischen Autoren, die über die Jagd schrieben, betrachteten sie nach wie vor als ein bukolisches Getümmel, als muntere aristokratische Ausgelassenheit im grünen Wald:

> Im wilden Wald, im grünen Kleid das Holz,
> Die Zügel locker, flink das schnaufend Roß,
> Mit Hundsgebell und Hörnern froh und stolz,
> Da jagten wir den bangen Hirsch parforce.[14]

Doch obwohl die Abscheu vor der Jagd noch immer etwas Außergewöhnliches war, meldet sie sich bei wichtigen und einflußreichen Schriftstellern des 16. Jahrhunderts wie Morus und Montaigne durchaus schon zu Wort. Auch in der Bildenden Kunst treffen wir sie gelegentlich an. Albrecht Dürers Zeichnung eines sterbenden Hirsches mit dem Armbrustbolzen im Kopf, 1504 entstanden, bezeugt das Auftreten einer neuen Geisteshaltung. Diese Zeichnung hätte nicht von einem mittelalterlichen Künstler stammen können; die Technik ist zu subtil und kompliziert, und die dargestellten Gefühle desgleichen. Die Achtung, mit der Dürer seinen Gegenstand beobachtet hat, spiegelt den neuen Renaissancebrauch wider, nach dem Leben zu zeichnen statt konventionelle Vorbilder zu kopieren.[15] Daß Dürer sich von den mittelalterlichen Konventionen der Jagddarstellung freimachte, gab ihm die Freiheit, in diesem Werk unkonventionelle Emotionen auszudrücken – starke, verwickelte, ambivalente und nicht leicht in Worte zu fassende.[16]

Mit der Äußerung von negativen Gefühlen gegenüber der Jagd verschwand das Motiv der erotischen Jagd nach und nach aus der abendländischen Kunst und Literatur. Mitte des 17. Jahrhunderts war die Jagd als sinnfällige und eingängige Metapher der ehrbaren Liebe unbrauchbar geworden. Wenn spätere Schriftsteller die Liebe mit der Jägerei verglichen, dann häufig so, daß sie entweder die Jagd im Anschluß an Shakespeare als Metapher der Vergewaltigung benutzten[17] oder daß sie den Vergleich satirisch wendeten, um die Jäger und ihren Männlichkeitswahn zu verspotten[18].

Zu den überraschendsten Stellen, an denen im 16. Jahrhundert jagdkritische Gefühle sichtbar werden, gehören die Jagdlehrbücher selber. Der Standardtraktat über die Jagd war *La Vénerie* des Jacques du Fouilloux, der erstmals 1561 erschien.[19] Die nachfolgenden Ausgaben von *La Vénerie* enthalten ein Gedicht von Guillaume Bouchet, «Complainte du cerf» (Klage des Hirsches), in dem das gehetzte Wild die gefühllose Grausamkeit der Menschen im allgemeinen und von Jacques im besondern bitterlich tadelt. Die «Complainte» beginnt mit dem gleichen «traurigen Schauspiel» des gestellten Hirsches, das Montaigne so bedrückend fand:

> Da ich dem Menschen mich in tiefster Furcht ergeb
> Und zwischen seine grad noch flinken Beine mich begeb,
> Da ich mich, wenn die Hund mich wunden, an ihn wend,
> Wie um zu sagen: «*Rett mich, Mensch, sonst ists mit mir zu End*»,
> Warum, *o Mensch, o Jäger,* hetzt du mich dann so
> Mit Hundsgebell, mit Hörnerklang, mit Schrei'n und mit Hallo?
> [...] Ist es, weil dir dadurch irgendein Vorteil lacht?
> Ists, weil der Tod dich derart freut? Schmerz dich so glücklich
> macht?[20]

Nach weiteren vier Seiten in diesem Ton schließt der Hirsch mit der Bitte an die Götter, das Menschengeschlecht zum Ausgleich für die Jagd in ewigen Krieg zu stürzen und den Tieren Frieden zu schenken:

Die mächt'gen Götter fleh ich an, die gut sind und gerecht,
Daß *Mars* die Welt regier; daß grausam Krieg und Streit
Dem menschlich Morddrang Arbeit schaff und reichlich blutig
Leid;
Daß Todestrommelschlag die Hörner überdröhn,
Wenn sie zu meinem Schrecken lauthals blasen mit Getön;
Daß Kugelregen dicht statt Armbrustschuß schlag ein;
Daß Harnisch statt der Stiefel kleiden mög der Jäger Bein; [...]
Daß, wenn ihr rastlos Hirn derart beschäftigt wär,
Ein Hirsch sein Ruh und Frieden hätt und fürcht sich nimmer-
mehr.

Sollten dennoch irgendwelche, statt Krieg zu führen, weiter «harmlo-
ses Wild töten» wollen, die, betet der Hirsch, möge das Geschick Aktaions ereilen:

Gesetzt jedoch, da wär ein feiger Grobian,
Den die Trompete niemals aus dem Hause locken kann,
Doch der den großen Wildschütz spielt vor aller Welt,
Geb Gott, daß so ein Spuk und so ein jämmerlicher Held
Diana nackt erblickt, und sie (voll heilgem Zorn)
Verwandelt drauf sein arges Haupt in mein argloses Horn:
Dann reißen seine Hund entzwei sein arges Herz,
Das so uns Hirsche quält und schaffet unsern Herzen Schmerz.[21]

Turbervile, nach dessen Nachdichtung von Bouchets «Complainte»
(1576 in seinem Jagdbuch) diese Stellen hier übersetzt wurden, fügte
noch ähnliche gereimte Proteste von anderen gejagten Tieren hinzu. Die
Verurteilung der Jagd und der Menschheit durch den Hasen ist besonders vernichtend:

Sind so gefühllos Menschenherzen jetzt,
Daß sie sich freuen, wenn ein Tier verschweißt?
Ein armes Ding, das keine Wehr besitzt?
Harmlos, ein Wurm, der weder sticht noch beißt?
Wenn das so ist, dank meinem Schöpfer ich,
Daß er als Tier und nicht als Mensch schuf mich.

[...] So zeigt dein Prahlen sich als Hirngespinst,
Du hättst den andern Tieren Geist voraus,
Wo du an mir doch weder was gewinnst
Noch Speise hast für deinen Schlemmerschmaus;
Kurzweil vielleicht: doch *Bitter das Plaisir,*
Das blutig endet, dieses lern von mir![22]

So etwas mutet in einem Handbuch für Jäger wahrhaft sonderbar an.
Doch vielleicht sollte es gar nicht allzu ernst genommen werden. Möglicherweise reicherte Turbervile sein Buch mit all dem poetischen Weinen
und Klagen der wilden Tiere an, weil er und seine Leser es *unterhaltsam*
fanden. Ähnliche Behauptungen sind über andere literarische Figuren
aus dieser Zeit aufgestellt worden. Nietzsche und George Orwell meinten, daß Cervantes' Don Quijote und Shakespeares Falstaff, die wir im
allgemeinen als komplexe, halb tragische Charaktere ansehen, eigentlich als simple Witzbolde gedacht waren und daß ihr Leiden einem Publikum, das sich an öffentlichen Hinrichtungen und Bärenhetzen ergötzte, bloß amüsant erschien.[23] Genauso könnte es sein, daß das
«schluchzende Geschöpf» im 16. Jahrhundert um des Lacheffekts willen eingefügt wurde. Wenn das stimmt, dann könnte das, was wie eine
Aufwallung jagdfeindlicher Gefühle in der damaligen Zeit aussieht, nur
eine Ausgeburt unserer heutigen Phantasie sein.

Diese Interpretation kann allerdings nicht für Morus und Montaigne gelten. Ihr Abscheu vor der Jagd wirkt aufrichtig. Und auch wenn
Bouchets «Complainte du cerf» als humoristische Einlage gedacht war,
gibt es an der Rede des Hasen, die Turbervile hinzusetzte, nicht viel zu
belächeln. Shakespeares Beschreibung des «arm verschüchtert Wild» in
Wie es euch gefällt hat in der Tat eine gewisse komische Note; aber wenn
sein Publikum das Leiden und Sterben gejagter Tiere bloß amüsant gefunden hätte, wäre Shakespeare nicht auf Jagdmetaphern verfallen, um
in *Julius Cäsar*, *Macbeth* und *Titus Andronicus* tragische Wirkungen zu
erzielen.

Ein weiteres Zeichen dafür, daß die Sittlichkeit des Jagens im 16.
Jahrhundert wirklich in Frage gestellt wurde, ist, daß Turbervile sich gezwungen sah zu erklären, daß er sie *nicht* in Frage stelle. In seinem Abschnitt über die Hirschjagd übersetzt er getreulich Jacques du Fouilloux'

abschreckende Geschichte von einem byzantinischen Kaiser, der von einem gestellten Hirsch getötet wird. Doch Turbervile zieht zusätzlich daraus eine Moral, die Jacques nicht hat, und die Moral gerät ihm um ein Haar aus der Hand:

> Betrachte also, geneigter Leser, die Unbeständigkeit des wechselhaften Schicksals. Ein Fürst, der so viele großmächtige Taten unter den Menschen begangen hatte, [...] ward zuletzt, gerade als er sich in vollen Zügen ergötzte, [...] von einem vernunftlosen Tier bezwungen, getötet und mit dem Geweih durchbohrt: zudem (ärger noch) von einem furchtsamen Tier, [...] das vor ihm floh, und einem Tier, das er dazu zwang, (zu seiner eigenen Verteidigung) diesen abscheulichen Mord zu begehen. Dieses Beispiel möge allen Fürsten und Machthabern als Spiegel dienen, ja, fürwahr und den hohen Ständen überhaupt, daß sie ihren Sinn bezähmen und nicht unverdiente Leiden bereiten, und nicht den biederen schuldlosen Mann zwingen, zu seiner Verteidigung aufzustehen oder (wie der Wurm) sich gegenzuwenden, wenn einer auf ihn tritt.

Nachdem er diese Orwellsche Analogie zwischen mißhandelten Tieren und unterdrückten Bauern gezogen hat, beeilt sich Turbervile, sie wieder zurückzunehmen:

> Ich möchte aber meine Worte nicht verdreht wissen, des Verstands, es wäre unrechtmäßig, Hirsche oder solche Tiere der hohen Jagd zu töten: denn damit würde ich zum einen gegen die Sache sprechen, die ich mir vorgenommen habe, und zum andern würde ich mir den Anschein geben, gegen Gottes Fügung zu reden, wo es doch erscheint, daß solche Tiere für den Gebrauch des Menschen und für seine Kurzweil erschaffen wurden: doch wie sich allen Fabeln eine gute Moral entnehmen läßt, so lassen sich an allen Historien und Exempeln gute Allegorien und Vergleichungen anstellen.[24]

Turberviles Beteuerungen hier zeigen, daß er sich über die Möglichkeit moralischer Einwände gegen die Jagd durchaus im klaren ist. Wenn er dieselben «guten Allegorien und Vergleichungen» etwa in einer Geschichte von einem Holzfäller gesucht hätte, der von einer fallenden Eiche getötet wird, so hätte er es wahrscheinlich nicht für nötig befunden, innezuhalten und zu betonen, daß es völlig Rechtens sei, Bäume zu fällen.

Die Antipathie des 16. Jahrhunderts gegen die Jagd scheint somit ein reales Phänomen zu sein, nicht bloß eine literarische Konvention. Diese Antipathie war etwas Neues; in der Kunst und Literatur des Mittelalters gibt es wenig Vergleichbares. Ein mittelalterlicher Jägermeister hätte bloß gestaunt, wenn jemand ihn beschuldigt hätte, ein Mörder zu sein. In den fünf Jahrhunderten, die vergangen sind, seit Thomas Morus solche Reden zu führen begann, sind sie zu einer Art Gemeinplatz geworden, mit dem die Jäger von heute zu rechnen gelernt haben.

Warum aber begann das kurzweilige Jagen, nachdem es das ganze Mittelalter hindurch in Europa bewundert und geachtet worden war, im 16. Jahrhundert in der Gunst zu sinken? Gegen Ende des Jahrhunderts war das Gefüge der mittelalterlichen Weltordnung überall in Auflösung begriffen, und es ist unrealistisch, eine einzelne Veränderung herauszugreifen und sie als ausschließliche Folge irgendeiner anderen hinzustellen; wir können aber auf einige Veränderungen hinweisen, die wahrscheinlich zu Angriffen auf die Jägerei ermutigten. Eine war der Macht- und Prestigeschwund des alten Landadels. Vom späten 15. Jahrhundert an gerieten die Feudalbarone Westeuropas zusehends in die Klemme zwischen der wachsenden Macht des zentralisierten Staates und der Unruhe in den unteren Schichten. In England wurde es damit im Jahre 1485 ernst, als Heinrich VII. am Ende des Rosenkrieges den Thron bestieg und anfing, die Privatarmeen und Sondergerichtsbarkeiten der Barone abzuschaffen. Seine Nachfolger aus dem Hause Tudor setzten die Entwicklung fort, die auch anderswo in Europa voranschritt – in Spanien unter Ferdinand II., in Schweden unter Gustav I., in Frankreich unter Karl VIII. und Ludwig XII. Die alte Ordnung wurde auch durch die Ausbreitung des Protestantismus untergraben. Indem er das Heil zu einer Angelegenheit zwischen jedem Einzelnen und Gott machte, schmälerte der protestantische Glaube nicht nur die Macht der Priester und Prälaten, sondern förderte auch subversive Gedanken über die Souveränität des Einzelnen in anderen Gesellschaftsbereichen.

Als alleiniges Recht der Oberschicht und aristokratisches Statussymbol wurde die Jagd während des 16. Jahrhunderts zu einem Hauptauslöser von Klassenkonflikten. Ein regelrechter Klassenkrieg entbrannte im Bauernkrieg von 1524 über die aristokratische Jägerei. Ermutigt von Luthers Lehren und von radikalen protestantischen Führern aufgestachelt, erhoben sich die deutschen Bauern gegen ihre Feudalherren, brannten Burgen und Klöster nieder und forderten die Beendigung der vielfältigen Unterdrückung – vor allem der Jagdfron, die sie den Herrschenden zu leisten hatten.[25]

Die rebellierenden deutschen Bauern verlangten nur einen gerechten Anteil am Wildbret, gegen das Jagen als solches hatten sie nichts. Der Widerstand gegen die Jagd war ein Mittelschichtsphänomen, in dem die bürgerliche Ablehnung aristokratischer Werte zum Ausdruck kam. Natürlich lehnte nicht die ganze Mittelschicht diese Werte ab; und einige, die sich den Adeligen anbiedern wollten, kauften sich Jagdbücher und büffelten eifrig die Wissenschaft der Hornsignale, Schaufler und Losungen. Aber andere, denen die Privilegien und Anmaßungen des Adels zuwider waren, standen nicht an, die Jagd als grausam oder töricht anzuprangern. Erasmus (der uneheliche Sohn eines Priesters) verrät diese ablehnende Haltung in der oben zitierten Passage aus dem *Lob der Torheit*. Ein ähnlicher bürgerlicher Spott über die jagenden Adeligen erklingt in Richard Paces humanistischem Manifest von 1517, *Über die Früchte der Gelehrsamkeit*:

> Einer von denen, die wir Edelmänner nennen, die immer ein Horn auf dem Rücken tragen, als wollten sie noch während des Essens zum Jagen aufbrechen, hörte, daß wir uns über Literatur unterhielten, und platzte plötzlich zornig heraus: «So ein Quatsch! Der Teufel hole euer ganzes dummes Bücherwissen! [...] Ich schwöre beim Leibe Gottes, lieber wollte ich meinen Sohn hängen als Literatur treiben sehen. Den Söhnen von Edelleuten geziemt es sich, die Hornsignale richtig zu blasen, geschickt zu jagen, einen Falken gut abzurichten und ihn elegant

zu tragen. Aber das Studium der Literatur sollte man den Bauernsöhnen überlassen.»[26]

Diese Mittelschichtskarikatur des edlen Jägers wird im zweiten Buch
des *Don Quijote* umgekehrt, wo Cervantes jagdfeindliche Gefühle als
niedere Regungen eines Bauern verspottet. Als Sancho Pansa auf einen
Baum klettert, um sich vor einem gejagten Keiler in Sicherheit zu
bringen, und schmählich heruntergeholt wird, erklärt er, daß das Vergnügen der Jagd seiner Meinung nach «keines sein sollte, da es darin besteht, ein Tier umzubringen, das gar nichts Böses getan hat». Sein Gastgeber, der Herzog, erwidert, dies sei eine Frage des gesellschaftlichen
Standes:

> «denn die hohe Jagd ist eine körperliche Übung, die für Könige
> und Fürsten notwendiger ist als irgendeine. Die Jagd ist ein Ab
> bild des Kriegs, bei ihr haben wir gar manche Kriegslist, man
> chen schlauen Anschlag und Hinterhalt, um den Feind ohne Ge
> fahr zu besiegen; [...] kurz, es ist eine Leibesübung, die vielen
> Vergnügen macht und keinem schadet; und das beste daran ist,
> daß sie nicht für jedermann ist, wie es die übrigen Arten der Jagd
> sind, ausgenommen die Falkenjagd, die auch nur für Könige und
> große Herren ist. Also, werter Sancho, ändert Eure Ansicht, und
> wenn Ihr einmal Statthalter seid, beschäftigt Euch mit der Jagd,
> und Ihr werdet sehen, für einen ausgelegten Groschen trägt sie
> Euch hundert ein.»
> «Das nicht», entgegnete Sancho. «Was ein guter Statthalter ist,
> bleibt daheim, mag nicht hinaus, bricht lieber das Bein und bleibt
> zu Haus. Das wär nicht übel, wenn die Geschäftsleute zu ihm
> kämen, ganz müde vom Weg, und er wäre im Wald, sich zu er
> lusten. [...] Meiner Treu, Jagd und sonstiger Zeitvertreib sind ge
> wiß eher für Tagediebe da als für Statthalter. Womit ich mich aber
> zu unterhalten gedenke, das ist das Trumpfspiel an den vier ho
> hen Festtagen und Kegelschieben an Sonn- und kleinen Feierta
> gen, denn all das Jagen widersteht meinem Sinn und geht mir wi
> der das Gewissen.»[27]

Doch nicht alle Spannungen, mit denen die Jägerei in Werken des 16. Jahrhunderts behaftet ist, können auf Klassenkonflikte zurückgeführt werden. Shakespeare und Morus zeichnen sich nicht gerade durch Feindseligkeit gegen die Aristokratie aus. Montaigne war selber adelig. Jagdbücher wie das Turberviles wurden für eine Leserschaft von echten und Möchtegern-Edelleuten geschrieben. Das Unbehagen dieser Schriftsteller gegenüber der Jagd muß sich noch aus anderen Quellen gespeist haben als aus dem Ressentiment der Niedriggeborenen gegen die Blaublütigen.

Eine wahrscheinliche Quelle war die Literatur des heidnischen Altertums. Die Schriftsteller des 16. Jahrhunderts, die das Jagen miß-billigten, waren völlig vom Humanismus der Renaissance und dem da-mit einhergehenden Wiederaufleben der klassischen Bildung durch-drungen, und einige ihrer Anschauungen sind wahrscheinlich griechi-schen und römischen Vorbildern nachempfunden. Morus' Utopier hören sich an wie Sallust, wenn sie die Jagd als Sklavenpflicht abtun. Sanchos Ansichten im *Don Quijote* erinnern an Varro. In seinen Tira-den gegen die Jägerei und an Tieren verübte Grausamkeiten war Mon-taigne deutlich von Ovid und Plutarch beeinflußt.

Dennoch erklärt dies alles nicht, weshalb gerade diese antiken Anschauungen im 16. Jahrhundert plötzlich Beachtung fanden. Selbst in der Renaissance wurden alte Ideen nicht einfach deswegen über-nommen, weil sie alt waren. Klassenkonflikte und klassische Bildung hatten zweifellos ihren Anteil an der Entstehung von jagdfeindlichen Gefühlen im 16. Jahrhundert, aber sie sind keine erschöpfende Er-klärung. Die Gegnerschaft zur Jagd beinhaltete noch etwas anderes, et-was, das sich beschreiben läßt als eine neue Skepsis, was den Platz der Menschen in der Welt betrifft.

Deutlich zu erkennen ist diese Skepsis im Werk Montaignes, des-sen Zweifel an der Jagd in Zweifeln an der Sonderstellung des Menschen wurzelten. Montaigne weigerte sich, irgendwelche bedeutsamen Un-terschiede zwischen Menschen und anderen Tieren anzuerkennen. Sämtliche der angeblich einzigartigen geistigen Eigenschaften des Men-schen, erklärte er, lassen sich auch im Verhalten der übrigen Tiere be-obachten. Vögel beweisen sicheres Urteil und Kunstfertigkeit beim Bau ihrer Nester. Hunde bedienen sich beim Aufspüren der Beute der Logik, und sie beweisen Selbstlosigkeit und Überlegung bei der Führung blinder Herren. Pferde und Maultiere gebrauchen List und Tücke, um sich vor der Arbeit zu drücken. Vorbedacht und Vorstellungsvermögen sind in vielen tierischen Handlungen offenkundig. Selbst für die Religion gibt es bei den wilden Tieren etwas Entsprechendes: Ameisen bringen ehrfurchtsvoll die Leiber ihrer Toten heim, und Elefanten begrüßen die aufgehende Sonne.[28] Das Eingeständnis, daß kein Tier jemals eine menschliche Sprache erlernt habe, entkräftete Montaigne mit dem Einwand, daß die Laute und Gesten, mit denen die Tiere sich verständigen, von den Menschen auch nicht verstanden werden. «Warum liegt der Fehler, welcher den Umgang zwischen uns und ihnen hindert, nicht eben so wohl an uns, als an ihnen?» fragte er. «Wir verstehen mittelmäßig, was die Thiere haben wollen; und fast eben so gut verstehen auch uns die Thiere. Sie schmeicheln, sie drohen, sie ersuchen uns: und dieses thun wir auch gegen sie.»[29]

Montaigne hielt unsere vermeintlichen körperlichen Auszeichnungen für ebenso eingebildet wie unsere geistigen. Seit Sokrates hatten diverse heidnische und christliche Autoren die Ansicht vertreten, die Menschen hätten den aufrechten Gang auf zwei Beinen verliehen bekommen, damit sie zu Gott aufschauen konnten, statt zur Erde niederzublicken wie seelenlose Vierbeiner.[30] Montaigne erkannte das als Unfug:

> Den Vorzug, welchen die Poeten darinnen finden, daß wir aufrechts gehen, und im Himmel, unsern Ursprung, schauen, («Die andern Thier sehen unter sich auf die Erde. ...» [Ovid]), ist ein wahrhaftig poetischer Vorzug. Es giebet verschiedene kleine Thiere, die vollkommen gen Himmel sehen: und die Kameele und Strause scheinen mir noch einen höhern und geradern Hals, als wir, zu haben. Bey wie vielen Thieren steht nicht das Gesicht in die Höhe, und nicht vorwärts, so daß sie nicht, wie wir, gerade vor sich hinsehen? Wie viele sehen nicht in ihrer rechten Stellung eben so viel von dem Himmel und der Erde, als wir? Welche Eigenschaften unserer vom Plato und Cicero beschriebenen Leibesgestalt können nicht auch bey tausenderley Thieren statt finden? Die allerhäßlichsten und verachtesten sind uns am ähnlichsten. In der äußerlichen Gestalt und der Gesichtsbildung se-

hen uns die Affen ähnlich. [...] In Ansehung der innerlichen und
zum Leben gehörigen Theile, sind wir den Schweinen ähnlich.

Selbst die menschlichen Schwächen, die wir so charakteristisch finden
– unsere Nacktheit, unsere bescheidene Körperkraft, unser Fehlen
natürlicher Waffen –, sind nichts Besonderes. Viele Geschöpfer sind
noch schwächer, weniger robust und wehrloser als wir. Weder unsere
Vorzüge noch unsere Nachteile unterscheiden uns von unseren Tier-
genossen. «Hieraus erhellet», schließt Montaigne, «daß wir uns den
übrigen Thieren nicht aus vernünftigen Gründen, sondern bloß aus einem thörichten Stolze und Eigensinne vorziehen, und uns ihrem Stande und ihrer Gesellschaft entziehen.» [31]

Montaignes Skepsis spiegelt die wachsende geistige Unsicherheit
seiner Zeit wider. Obwohl die meisten Schriftsteller des 16. Jahr-
derts die Welt weiterhin als wunderbare Bühne für das Drama der
menschlichen Erlösung betrachteten, war diese Sicht gegen Ende des
Jahrhunderts in nahezu jeder Einzelheit vom Zweifel angefressen. Das
mittelalterliche Weltbild hatte sich um menschliche Belange und Schicksale gedreht, und der gefallene Mensch stand buchstäblich im Mittelpunkt der Schöpfung; doch in der zweiten Hälfte des 16. Jahrhunderts
war es keineswegs mehr ausgemacht, daß die Welt überhaupt einen Mittelpunkt hatte. Die Dezentrierung der Welt durch die Renaissance war
1440 bereits in vollem Gange, als Nikolaus von Kues erklärte, der Welt-
bau (machina mundi) verhielte sich so, «als hätte er überall seinen Mittelpunkt und nirgends seinen Umkreis» [32]. Sie erreichte einen vorläufi-
gen Höhepunkt in den heftig umstrittenen Ideen von Kopernikus, für
den die Erde nur noch ein Planet von vielen war, die um die Sonne kreis-
ten, und von Bruno, für den die Sonne nur noch ein Stern von vielen in
einer Unendlichkeit von Welten war. [33]

Auch die Entdeckungen, die auf europäischen Forschungs- und
Eroberungsreisen gemacht wurden, widersprachen dem traditionellen
Weltbild in hundert verblüffenden und verstörenden Punkten. Wie Tho-
mas Browne es ausdrückte:

Wieder ein anderes Geheimnis, nicht in der Bibel selbst enthalten, aber noch schwerer zu begreifen, [... ist], auf welche Weise

denn die abgesonderten Teile der Welt und ihre vereinzelten Inseln ursprünglich nicht nur von Menschen besetzt, sondern auch von Tigern, Panthern und Bären bewohnt worden sind; wieso Amerika von allerlei Raubvieh und schädlichem Getier wimmelte und dabei nicht einmal jene notwendigste aller Kreaturen, das Pferd, enthielt; auf welchem Wege nicht allein die Vögel, sondern auch die gefährlichen und unliebsamen Tiere dorthin gelangt sein mögen; warum sich dort Geschöpfe finden, wie sie unser dreigeteilter Kontinent nicht aufzuweisen hat – all dies muß uns, die wir an eine einzige Arche glauben, und daß alle Kreatur vom Berge Ararat ihren Ausgang nahm, notwendig unverständlich scheinen.[34]

Zweifel an allem und jedem waren kein Vorrecht der Intelligenz. Grundlegende religiöse Lehren und gesellschaftliche Regeln wurden in allen Schichten der Gesellschaft von der wachsenden Zahl protestantischer Sekten und Glaubensrichtungen in Nordeuropa in Frage gestellt. Vor dem Hintergrund all dieser Unsicherheiten macht der Renaissance-Humanismus, der den menschlichen Geist als «Knoten und Band des Weltalls»[35] feierte, weniger einen ruhig überzeugten als trotzig streitenden Eindruck.

Sogar im florentinischen innersten Heiligtum des Renaissance-Humanismus sehen wir gelegentlich Unsicherheiten hinsichtlich der Stellung des Menschen durch die Fassade lugen. In dem Dialog *Circe*, verfaßt 1549 von dem Mitglied der Florentiner Akademie Giovanni Battista Gelli, bittet Ulysses die Zauberin Circe, den Griechen, die sie in Tiere verwandelt hat, die menschliche Gestalt zurückzugeben. Sie erklärt sich dazu bereit, wenn Ulysses das Einverständnis der Tiere erhalten kann. Aber wie sehr Ulysses auch die Tiere beschwört und beredet, alle lehnen ab und erklären, sie seien als Tiere vernünftiger, freier und glücklicher, als sie es im Menschenleben waren. Zuletzt nimmt ein ehemaliger Philosoph, den Circe in einen Elefanten verwandelt hatte, das Angebot des Ulysses an. Wieder Mensch geworden, jubelt er freudig: «Wie herrlich ist es doch, ein Mensch zu sein!» und singt Gott eine Lobeshymne dafür, daß er allein dem Menschen die Fähigkeit verliehen habe, den Schöpfer der Welt zu erkennen und zu lieben.

Obwohl also der Humanismus in *Circe* zum Schluß den Sieg davonträgt, stehen für Ulysses im Endergebnis doch zehn Mißerfolge gegen einen einzigen Erfolg. Und nach jedem Mißerfolg tröstet sich Ulysses mit der Überlegung, daß diejenigen, welche sein Angebot abgelehnt haben, Menschen derart niederen Schlages waren – ein Fischer, ein Bauer, eine Frau und so weiter –, daß das Leben eines Tieres ihnen dagegen verständlicherweise gut erscheinen mußte. Er zieht nicht den naheliegenden Schluß, daß die meisten Menschen es als Tiere besser hätten, aber der Leser kann diesen Hintersinn nur schwer übersehen. Schlimmer noch, einige der Tiere in *Circe* bringen Argumente vor, die überzeugender wirken als Ulysses' ganze humanistische Spitzfindigkeiten. Dies gilt besonders für die Hirschkuh, die für die florentinischen Frauen des 16. Jahrhunderts spricht. Jedes Wort, das Ulysses ihr sagt, ist eine grobe, chauvinistische Beleidigung, der sie jedesmal mit Gemütsruhe und logischen Einwänden begegnet. Sie wolle nicht wieder Mensch werden, beteuert sie, denn:

> Ihr Männer macht aus uns nur Sklavinnen und Dienerinnen, wo wir euch ursprünglich doch zu Helferinnen und Gefährtinnen bestimmt waren, und genau das sollten wir sein; und derart ruchlos ist die Art, wie ihr uns erniedrigt, und so sehr wider die Ordnung der Natur, daß kein Tier außer dem Menschen sich jemals dazu versteigt. Bei den Tieren, nenne welches Tier du willst, hat das Weibchen gleichen Anteil an den Freuden und Zerstreuungen wie das Männchen, an der Fürsorge und Arbeit desgleichen; der Mann aber maßt sich tyrannische Macht und Hoheit an und wirft sich zum Herrn und Gebieter der ganzen Gattung auf. [...] Wenigstens als Hirschkuh habe ich genausoviel Rechte und Machtbefugnisse wie jedes Männchen in der Herde.[36]

Selbst im Jahre 1549 hätte die verächtliche Entgegnung des Ulysses – die Frauen müßten von ihren Männern regiert werden, weil die Menschenweibchen allesamt törichte, dickköpfige Spatzenhirne und Plappermäuler seien – schwerlich als schlagende Widerlegung von Gellis Hirschkuh und ihrer kühlen Dialektik gelten können. *Circe* hinterläßt bei dem modernen Leser den Eindruck, daß Ulysses seine Sache mit rhetorischen Tricks gewonnen hat und daß die menschliche Überlegenheit über die anderen Tiere ein Schwindel ist. Das ist nicht bloß die Sichtweise des 20. Jahrhunderts; Gellis siebter Dialog, zwischen Ulysses und einem Pferd, soll die bittere Misanthropie des vierten Buches von *Gullivers Reisen* mit angeregt haben.[37] Man wird vermuten dürfen, daß die Zweideutigkeiten in diesen Dialogen Gellis eigene ambivalente Gefühle über die menschliche Gesellschaft und die Stellung des Menschen in der Welt widerspiegeln.

Die schluchzenden Geschöpfe in der Kunst und Literatur des 16. Jahrhunderts sind subversive Gestalten, deren Klagen die Rechtmäßigkeit der überkommenen Hierarchien in Zweifel ziehen sollen. Einige davon, etwa Gellis Hirschkuh oder Turberviles königsmörderischer Hirsch, werfen in einer mehr oder weniger symbolischen Weise Fragen nach der sozialen Gerechtigkeit auf. Aber andere, etwa die weinenden Hirsche Dürers und Shakespeares, formulieren direktere Fragen nach dem Verhältnis von Menschen und Tieren. In Montaignes einflußreichen *Essais* spiegeln solche Fragen eine tiefe Skepsis hinsichtlich der Überlegenheit des Menschen über die anderen Tiere wider. Ein solcher fundamentaler Skeptizismus war nicht angenehm, und er wurde nicht lange geduldet. Die großen systematischen Denker des nachfolgenden Jahrhunderts machten es sich zur Aufgabe, diesen Skeptizismus in Wissenschaft umzumünzen und ihn für die Herrschaft des Menschen über die Natur vor den Karren zu spannen.

KAPITEL VI

Das Kreischen kaputtgehender Maschinen

Lamm, wie kommts, daß du läufst?
Läufst du mit Aufziehn, mit Batterie,
Mit Schwungrad, Stecker oder was?
Bist du aus echt Echt Fell?
Bist du hin, wenn du runterfällst?
Läufst du ein? Wirst du bä-bä?
Hast du'n Latz, wo du lammst?

Bestimmt bist du was Beßres.
Bestimmt läufst du mit was anderm.
Bestimmt machst du gar nix.
Bestimmt bist du was zu essen.

George Starbuck

Ein Jahrhundert oder mehr, nachdem seine *Essais* erschienen waren, wurde Montaigne allgemein als Feind der Moral und der Religion verdammt. Seine Kritiker fürchteten, daß Menschen, die von ihm lernten, sich als Tiere zu sehen, keine Hemmungen mehr hätten, sich auch tierisch zu benehmen.[1] Montaigne zu lesen, befand Pascal, «ist durch und durch verderblich für Leute, die einen Hang zum Unglauben oder zum Laster haben».[2] Andere aber lehnten Montaigne aus genau dem entgegengesetzten Grund ab – nicht weil er Libertins zuviel tierische Frei-

heit zugestand, sondern weil er den Tieren zuviel menschliche Auto-
nomie einräumte. Montaignes großzügiges Urteil über die geistigen
Fähigkeiten der Tiere stand im Widerspruch zur neuen Sicht der Dinge.
In den mechanistischen Philosophien, die im 17. Jahrhundert unter europäischen Intellektuellen in Mode kamen, wurde die natürliche Welt
als eine ungeheure Maschine begriffen, in der die Menschen die einzigen bewußten Teile und die Tiere nichts weiter als Roboter aus Fleisch
waren.

   Diese Ideen waren nicht völlig neu. Europäische Theologen hatten schon lange über die Vorstellung debattiert, Gott könnte so etwas
wie ein himmlischer Uhrmacher sein, der das Universum völlig selbst-
laufend gebaut hatte, so daß er es später nicht mehr nachstellen oder re-
parieren mußte.[3] Und Philosophen seit der Zeit der alten Griechen hatten sich darüber verbreitet, daß die anderen Tiere keinen freien Willen
hätten. Tiere, sagte Aristoteles, handeln nicht freiwillig, denn sie können ihre Handlungen nicht vorbedenken.[4] Die Natur und die äußeren
Umstände – oder wie wir heute sagen, Vererbung und Umwelt – dik-
tierten nach allgemeinem Dafürhalten alles, was die niederen Geschöpfe
taten. Manche sagten, die Verrichtungen der Tiere würden von den Ster-
nen gelenkt.[5] Von allen Tieren, verkündete der hl. Bernhard von Clairvaux, ist allein der Mensch frei.[6]

   Das Neuartige an dieser Philosophie des 17. Jahrhunderts war
nicht, daß sie die Dinge als vorherbestimmt, sondern daß sie sie als *vor-
hersagbar* ansah. Die neue Wissenschaft wollte aus der ganzen natürlichen Welt einen Mechanismus machen, geregelt von feststehenden Glei-
chungen, die sich durch menschliches Forschen entdecken ließen. Lei-
stungsfähige neue mathematische Techniken – symbolische Algebra,
Logarithmen, analytische Geometrie, Infinitesimalrechnung – gestatte-
ten es Europas Naturphilosophen, zum erstenmal logisch zwingend
solche heiklen Themen wie Vektoren und Beschleunigung zu behandeln
und mathematische Vorhersagen über grundlegende physikalische Phänomene zu wagen.

   Ihre Bemühungen brachten rasche und überwältigende Erfolge.
Die Revolution in der Mechanik fing 1637 mit Galileis Beweis an, daß
die Flugbahn eines geworfenen Körpers eine Parabel beschreibt;[7] sie gipfelte nur fünfzig Jahre später in Newtons epochemachender Aufstellung

des allgemeinen Gravitationsgesetzes. Ähnliche revolutionäre Veränderungen fanden in der zweiten Hälfte des 17. Jahrhunderts in der Hydrostatik, der Pneumatik, der Optik und anderen Bereichen der Physik statt. In wenigen Jahrzehnten waren grundsätzlich mittelalterliche Theorien von den elementaren Zusammenhängen der Welt hinweggefegt und durch grundsätzlich moderne ersetzt worden, mit denen man im Prinzip die Bewegung der gesamten unbelebten Materie im Universum erklären und vorhersagen konnte.

Da diese Theorien bei der unbelebten Materie am besten griffen, kam in dem neuen Weltbild mehr unbelebte Materie und weniger Geist vor als in dem alten. Die einzigen Erklärungen natürlicher Phänomene, mit denen sich die neuen Philosophen wirklich zufrieden gaben, waren mechanische. «Alle Schwierigkeit der Philosophie», schrieb Newton im Vorwort zu seinen *Principia*, «besteht wohl darin, daß wir aus den Bewegungserscheinungen die Kräfte der Natur erschließen und alsdann von diesen Kräften ausgehend die übrigen Erscheinungen genau bestimmen. [...] Wenn es doch möglich wäre, die übrigen Naturerscheinungen mit der gleichen Methode auf mechanische Grundlagen zurückzuführen.»[8]

Ein ähnliches Programm wurde in sämtlichen Zweigen der Naturphilosophie von vielen übernommen. Die planetarischen Intelligenzen – Geister oder Engel, von denen man angenommen hatte, daß sie die Himmelskörper bewegen, wie der Leib von der Seele bewegt wird – wurden von den Astronomen des 17. Jahrhunderts über Bord geworfen und durch ein himmlisches Uhrwerk ersetzt.[9] Andere Wissenschaftler jener Zeit untersuchten Tierkörper auf mechanische Zusammenhänge hin. Eifrige Vivisektoren schnitten die Körper sich windender Hunde und Katzen auf, um festzustellen, welche Wirkung es hatte, wenn dieser Nerv abgetrennt oder jenes Blutgefäß abgebunden wurde. Harvey verkündete 1628, daß das Herz lediglich eine Blutpumpe sei und daß Venen und Arterien nur seine Zufluß- und Abflußschläuche seien. Andere Wissenschaftler in ganz Europa – Bartholin in Dänemark, Rudbeck in Schweden, Willis in England, Borelli in Italien, Swammerdam und Boerhaave in Holland – führten ähnliche Experimente durch und trugen ähnlich mechanische oder hydraulische Interpretationen für das Funktionieren von Muskeln, Lymphgefäßen und Nerven vor.[10] Thomas

Hobbes zog 1651 zu Eingang seines *Leviathan* den naheliegenden Schluß:

> Denn da das Leben nur eine Bewegung der Glieder ist, [...] warum sollten wir dann nicht sagen, alle *Automaten* (Maschinen, die sich selbst durch Federn und Räder bewegen, wie eine Uhr) hätten ein künstliches Leben? Denn was ist das *Herz*, wenn nicht eine *Feder*, was sind die *Nerven*, wenn nicht viele *Stränge*, und was die *Gelenke*, wenn nicht viele *Räder*, die den ganzen Körper so in Bewegung setzen, wie es vom Künstler beabsichtigt wurde?[11]

Der schroffe und irreligiöse Hobbes sah auch im menschlichen Geist nichts weiter als eine gasförmige Komponente des Körpermechanismus. In der subtileren, gottesfürchtigeren Philosophie, die René Descartes predigte, wurde die unsterbliche Seele des Menschen sorgfältig aus den Abläufen der Weltmaschine herausgehalten.

Descartes' Festhalten an der Sonderstellung der Seele ergab sich aus seinen grundlegenden Zweifeln an allem anderen. Meine Gedanken, argumentierte Decartes, sind das einzige, wovon ich eine zuverlässige unmittelbare Erkenntnis besitze. Alles, was ich in der Welt wahrnehme, einschließlich meines eigenen Körpers, könnte eine Sinnestäuschung sein; aber ich kann nicht fehlgehen, wenn ich denke, daß ich denke. Das einzige am Universum, was unumstößlich feststeht, ist meine Erkenntnis meiner eigenen Denktätigkeit. Ausgehend von dieser einen Feststellung dachte Descartes Gott und das Universum ins Dasein. Da ich denke (erklärte er), muß ich sein; daher bin ich eine denkende Substanz, deren Wesen das Denken ist; daher bin ich unteilbar und nicht zu vernichten. Daraus folgt, daß ich unsterblich sein muß.[12] Doch ich weiß, daß ich nicht vollkommen bin; daher muß ich den Gedanken der Vollkommenheit von einem Wesen haben, das vollkommen ist. Es muß also ein vollkommenes Wesen geben – das wir Gott nennen. Da ein solches Wesen nicht zulassen würde, daß meine Sinne mich täuschen, muß die materielle Welt letztlich doch existieren.[13]

Für Descartes waren das Geistige und das Körperliche gleichermaßen wirkliche, aber völlig verschiedene Substanzen. Die Menschen begriff er als eigentümlich zusammengesetzte Wesen, teils Geist und teils

Materie; alle anderen Dinge aber bestanden in seinen Augen entweder aus reiner Materie (etwa ein Stein) oder aus reinem Geist (etwa ein Engel). Die Tiere, behauptete er, bestehen ausschließlich aus körperlicher Substanz – und haben daher keine Gefühle und Empfindungen. Wenn die Tiere eine Seele hätten, wären sie unsterblich wie wir, was absurd ist.[14] Außerdem wissen wir, daß Tiere keine Gedanken haben, weil sie nicht sprechen können:

> denn es ist ganz auffällig, daß es keinen so stumpfsinnigen und dummen Menschen gibt, nicht einmal einen Verrückten ausgenommen, der nicht fähig wäre, verschiedene Worte zusammenzuordnen und daraus eine Rede aufzubauen, mit der er seine Gedanken verständlich macht; und daß es im Gegenteil kein anderes Tier gibt, so vollkommen und glücklich veranlagt es sein mag, das ähnliches leistet. Dies liegt nicht daran, daß den Tieren Organe dazu fehlten; denn man kann beobachten, daß Spechte und Papageien ebenso wie wir Worte hervorbringen können [...] Von Geburt taubstumme Menschen dagegen müssen die Organe, die andere zum Reden gebrauchen, ebenso oder mehr noch entbehren als die Tiere und erfinden doch für gewöhnlich selbst Zeichen, mit denen sie sich Leuten [...] verständlich machen. Dies zeigt nicht bloß, daß Tiere weniger Verstand haben als Menschen, sondern vielmehr, daß sie gar keinen haben.

«So ist es kaum glaublich», schloß Descartes, «daß ein Affe oder ein Papagei, der in seiner Art der vollkommenste sein mag, nicht wenigstens darin einem der dümmsten Kinder oder mindestens einem Kinde, das nicht ganz bei Sinnen ist, gleichen würde, wenn seine Seele nicht von ganz anderer Grundbeschaffenheit wäre als die unsere.»[15]
Ausgestattet mit Argumenten wie diesen nahmen Descartes-Schüler ohne Mitleid oder Gewissensbisse physiologische Experimente an Tieren vor. «Gnadenlos traten sie auf ihre Hunde ein und sezierten ihre Katzen, verlachten jedes Mitgefühl mit ihnen und nannten ihre Schreie das Kreischen kaputtgehender Maschinen.»[16] «Es hieß, daß [Tiere] Uhrwerke seien; daß die Schreie, die sie ausstießen, wenn man sie schlug, nichts als das Geräusch einer kleinen Feder seien, die man

betätigt hatte; aber daß dies alles ohne Empfinden oder Gefühl geschehe.»[17]

Dies ist eine bösartige Lehre, und das ganze cartesianische Weltbild – eine Welt unsterblicher, introspektiver Geisttäter, die in sterbenden Körpermaschinen eingeschlossen durch eine mechanische Landschaft ziehen – bietet einen häßlichen und deprimierenden Anblick. Die heutige wissenschaftliche Weltanschauung, die sich Descartes' Verachtung für die Fleischmaschinen bewahrt, aber ihre geisterhaften Bewohner abgeschafft hat, gibt ein noch trostloseres Bild ab. Warum nur haben diese grausigen Visionen einer mechanischen Welt in den letzten drei Jahrhunderten die Vorstellungen so vieler großer Denker beherrscht?

Die Antwort liegt zum Teil in der Verheißung von Macht, die der Gedanke eines Weltmechanismus birgt. Wenn wir aus dem, was vergangen ist, vorhersagen können, was kommt, dann können wir die Zukunft zuverlässig steuern, indem wir die Gegenwart verändern. Das ganze Anliegen der Descartesschen Naturphilosophie war es, an die Stelle «jener spekulativen Philosophie, die in den Schulen gelehrt wird», eine praktischere Wissenschaft zu setzen, durch die wir uns «zu Herren und Eigentümern der Natur machen könnten».[18] Ganz ähnlich verurteilte Descartes' Zeitgenosse Francis Bacon die alten Philosophien der Scholastik als «sophistisch und unfruchtbar» und entwickelte das Programm einer neuen Art experimentellen Forschens mit dem Ziel, «die Macht und die Herrschaft des Menschengeschlechtes [...] über die Gesamtheit der Natur zu erneuern und zu erweitern» und dem «Menschengeschlecht [...] wieder sein Recht über die Natur (zu) sichern».[19] Die Sache der neuen Philosophie, meinte er, wäre nicht das fruchtlose logische Zerkleinern, worin sich die mittelalterlichen Schulmänner ergangen hatten, sondern das Bestreben, «die Grenzen der menschlichen Macht [...] auszudehnen, um alle möglichen Dinge zu bewirken».[20]

Mit dem Wachstum der Naturwissenschaft in der Folgezeit hat sich Bacons Verheißung im wesentlichen erfüllt. Was man nicht vorhersah, war, daß die Wissenschaft jene Unterscheidung zwischen Materie und Geist fallenlassen würde, die dem Menschengeschlecht in den Philosophien von Bacon und Descartes seine Sonderstellung verliehen hatte: Herrscher über die Natur, nicht mehr bloß ein Teil von ihr. Doch der Verlust der menschlichen Besonderheit war im wissenschaftlichen Programm von Anfang an angelegt. Weil die Wissenschaft in ihren Erklärungen Allgemeinheit anstrebt, versucht sie, ein einziges Erklärungssystem zu finden, das alles abdeckt. Und weil die Wissenschaft auf dem Experiment gründet, rechtfertigt sie ihre Forschungen mit praktischen Argumenten, indem sie auf die daraus erwachsende Ausdehnung der Macht und der Herrschaft der Menschheit hinweist. Die Wissenschaft neigt daher zwangsläufig dazu, das Universum als zusammengesetzt aus Brocken einheitlicher, neutraler Materie zu beschreiben, deren Wert in ihrer Brauchbarkeit als Mittel zu menschlichen Zwecken liegt. Der Handel, den die Wissenschaft uns anbietet, ist faustisch: Um Kontrolle über diese Brocken zu erlangen, müssen wir uns bereit finden, selber Brocken aus eben diesem Einheitsstoff zu werden.

Seit dem Ende des 17. Jahrhunderts hat eine abendländische Denkrichtung nach der andern, soweit sie sich mit der natürlichen Ordnung beschäftigte, nach Schlupflöchern in der kompakten Masse gesucht, die wir mit der Wissenschaft angerichtet haben. Die meisten haben zu diesem Zweck versucht, in die Abläufe der Weltmaschine wieder Geist einzuschmuggeln – angefangen bei den Körpern der Tiere.

Die cartesianische Philosophie stand vor einer hartnäckigen Schwierigkeit: Es war schwer zu verstehen, wie etwas so Ätherisches wie die menschliche Seele etwas so Grobes wie den menschlichen Leib bewegen sollte. Descartes meinte, ein eigenartiger kleiner Zapfen im Gehirn, die sogenannte Zirbeldrüse, sei der Sitz der Seele, und durch Ziehen und Drücken dieser Drüse bewirke die Seele, daß die Finger wackeln oder die Beine tanzen.[21] Dies ist nicht allzu überzeugend, da es keinen Grund gibt, anzunehmen, daß die Seele es irgendwie leichter fände, eine Zirbeldrüse zu drücken als einen Finger oder ein Bein. Außerdem besitzen Tiere ebenfalls Zirbeldrüsen.

In den siebziger Jahren des 17. Jahrhunderts verzichtete Descartes' Schüler Malebranche auf die Zirbeldrüse und dachte sich eine ebenso verrückte wie findige Theorie aus, die Gott als unmittelbare Ursache aller Ereignisse, ob fleischlicher oder geistiger Art, annahm. Malebranche zufolge wackeln meine Finger auf mein Wollen hin nur, weil Gott das Wollen und das Wackeln gleichzeitig geschehen läßt. Das Wollen *be-*

wirkt das Wackeln nicht, weil der Geist keine Wirkung auf die Materie ausüben kann. Umgekehrt kann auch die Materie den Geist nicht beeinflussen. Wenn ich also den Eindruck habe, ein Pferd zu sehen, dann nur weil Gott genau in dem Moment, wo er geruht, ein Pferd herbeitraben zu lassen, auch geruht, mir ein pferdeförmiges Bild in den Kopf zu setzen.[22] Diese Theorie, die für jedes Fingerzucken und jeden beliebigen Anblick einen Akt Gottes verlangt, reduziert den eleganten Mechanismus des cartesianischen Universums auf ein launiges Marionettentheater. Sie war gar zu schwer verdaulich, auch wenn man mit ihr die menschliche Seele aus der Maschinerie herausbekam.

Ein Ausweg aus dieser Sackgasse war es, die Realität der Geistsubstanz zu leugnen und das Denken als etwas zu akzeptieren, das der Körper verrichtet. Manche Christen wiesen diese Möglichkeit als gottlose Absurdität zurück, aber andere wandten ein, ein allmächtiger Gott könne auch ein Stück Fleisch denken lassen, wenn er nur wolle. Gott, schrieb John Locke 1690, «kann, wenn es ihm gefällt, jedem der nach seinem Gutdünken geordneten Teile der Materie die Fähigkeit des Sinnesempfindens und Denkens verleihen».[23]

Lockes Vorstellungen gewannen während des 18. Jahrhunderts gegenüber denen von Descartes allmählich an Boden. Mit dem Schwinden der Schranke zwischen Geist und Materie fiel auch die Schranke zwischen Menschen und Tieren. Selbst diejenigen, welche der Überzeugung waren, daß man zum Denken eine Seele brauche, neigten mehr und mehr dazu, die cartesianische Sicht der Tiere als seelenloser Maschinen abzulehnen. Vernunftlose Tiere, meinte John Wesley, «verrichten tausenderlei Handlungen, die niemals durch bloße Mechanik zu erklären sind, [...] so daß wir gezwungen sind einzuräumen, daß ihnen ebenfalls ein höheres Prinzip einwohnt», ein geistiges Prinzip ähnlich der menschlichen Seele.[24] Andere Tiere, behauptete Wesley, gleichen dem Menschen darin, daß sie Verstand, Willen, Leidenschaften, Vernunft und Freiheit besitzen. Der einzige wirkliche Unterschied zwischen uns und ihnen ist, daß wir Gott erkennen können und sie nicht.[25]

Ein erstaunliches Spektrum von Denkern des 18. Jahrhunderts, vom frommen Wesley am einen Ende bis zu dem atheistischen Arzt Julien de La Mettrie am anderen, sah übereinstimmend das menschliche Denken als hochgezüchtete Version von Fähigkeiten an, die auch viele

Tiere besaßen.[26] Alexander Pope hielt zwar an der traditionellen Auffassung vom Wesensunterschied zwischen den beiden fest, stellte aber
in erster Linie die Dünnheit der Trennungslinie heraus:

> So weit die Kette der Natur gewoben,
> Steigt auch der Seelenkräfte Reih' nach oben.
> Sieh, wie sie, bis zum Menschen auf, sich hebt,
> Vom grünen Schwarme, der das Gras belebt.
> [...]
> Wie anders der Instinkt im Schweine hier,
> Vergleicht man, kluger Elephant, es dir!
> Welch' kleiner Raum trennt von Vernunft ihn da?
> Stets abgegrenzt und dennoch immer da?
> Gedächtniß – Urtheil, wie verwandt sind die!
> Gefühl und Denken , wie so nah sind sie![27]

Bei dem Versuch, die Kluft zwischen Mensch und Tier zu überbrücken,
beriefen sich Pope und andere Schriftsteller des 18. Jahrhunderts auf die
antike Vorstellung von der großen Kette der Wesen. Diese Vorstellung
geht auf Platon zurück, der sich gefragt hatte, weshalb ein vollkommener Schöpfer sich damit abgeben mochte, unvollkommene Geschöpfe
in die Welt zu setzen. Platon befand, daß das Weltall als ganzes nicht
vollkommen wäre, wenn nicht auch *vollständig*, und daß es nicht vollständig wäre, wenn es nicht ein Spektrum aller nur möglichen Wesen
umfaßte: eine Kette oder Leiter, die von den unsterblichen Göttern in
der Höhe über Menschen, Tiere und Pflanzen bis zum bloßen Gestein
und Staub am Fuße hinabreichte.[28] Spätere Philosophen und Theologen
griffen in vielen Zusammenhängen auf das Bild von dieser großen Kette
der Wesen zurück – vor allem um zu erklären, weshalb Gott so viele
unnütze oder schädliche Kreaturen geschaffen hatte oder weshalb eine
Gesellschaftsschicht der anderen untergeordnet sein müßte.

Mittelalterliche Scholastiker und Renaissance-Humanisten hatten übereinstimmend die Ansicht vertreten, daß der Mensch in der Kette
der Wesen einen Platz von einzigartiger Bedeutung als das «große und
eigentliche Amphibium» innehabe, das die Welt der Materie mit der des
Geistes vereinigt. Aber im 18. Jahrhundert benutzten viele Schriftstel-

ler das Bild der großen Kette im gegenteiligen Sinne, nämlich um menschliche Ansprüche auf eine Sonderstellung in der Welt zu desavouieren. Die Gedichte von Haller und Pope machten sich über unsere halb tierische, halb geistige Natur lustig und nannten den Menschen einen traurigen Mischmasch, ein «unselig Mittelding von Engeln und von Vieh».[29] Homo sapiens wurde gemeinhin als ein bloßes Glied in der Kette beschrieben, eher unten als oben angesiedelt und an sich nicht bedeutender als die Tiere unter uns oder die Engel über uns auf der Leiter der Natur; «das Leben eines Menschen», schrieb Hume mit charakteristischer Unverblümtheit, «hat für das Universum keine größere Bedeutung als das einer Auster»[30]. Pope drückte sich eleganter aus:

> Nichts fremd! Dem Ganzen ist der Theil verwandt;
> Ein Geist, der alles heget und umspannt,
> Verknüpft dem Kleinsten Größtes, und schuf hier
> Für Menschen Thiere, Menschen für das Thier;
> Eins dient dem Andern, Keines steht allein,
> Endlos muß sich die große Kette reihn.[31]

Obwohl nur wenige bestritten, daß die Menschen über den anderen Tieren stehen, zweifelten viele zunehmend daran, daß diese ausschließlich zu unserer Annehmlichkeit auf Erden waren. Wenn die Tiere zum Nutzen des Menschen geschaffen sind, erklärte Pope, dann ist der Mensch ebenso zum Nutzen der Tiere geschaffen.

> Thor, wähnst Du, Gott sei nur für Dich bedacht,
> Für Deine Nahrung, Kleidung, Freud' und Pracht?
> [...]
> Spricht nun der Mensch: «Sieh, mir nützt alles hier!»
> Ruft die genährte Gans: «Der Mensch nützt mir.»
> Die Kurzsicht wähnt nur, es sei zugefallen
> Hier alles Einem, und nicht Eines Allen.[32]

Fast sämtliche älteren abendländischen Überlegungen zur Ethik hatten die Tiere ausgeklammert. Die wenigen Moralpilosophen, die die Erwähnung der Tiere überhaupt für nötig erachteten, erklärten, die Menschen hätten keinerlei Verpflichtung gegenüber irgendwelchen anderen Tieren, ja nicht einmal die Pflicht, sie human zu behandeln.[33] Aber die im 18. Jahrhundert um sich greifende Anerkennung unserer psychischen Ähnlichkeit mit anderen Tieren hatte zur Folge, daß einige versuchten, in ihren Theorien über sittliche Rechte und Pflichten auch die Tiere irgendwie unterzubringen. Daß die Aufklärung davon abrückte, dem Menschen eine Sonderstellung im Universum einzuräumen, gab mit Veranlassung dazu, den moralischen Status der Tiere zu überdenken; gleiches gilt für den wachsenden Egalitarismus, der in der amerikanischen und französischen Revolution kulminierte. Maupertuis und Rousseau fingen in den fünfziger Jahren des 18. Jahrhunderts an, von Rechten der Tiere zu sprechen.[34] 1780 forderte Jeremy Bentham beinahe in ein und demselben Atemzug, und aus denselben theoretischen Erwägungen, Rechte für Tiere und menschliche Sklaven:

> Es *könnte* geschehen, daß die übrige tierische Schöpfung sich eines Tages jene Rechte erwirbt, die ihnen allein die Hand der Tyrannei hat vorenthalten können. Die Franzosen haben bereits entdeckt, daß die Schwärze der Haut kein Grund ist, deswegen man einen Menschen ohne Rechtsbeistand der Willkür eines Folterers preisgeben dürfte. Eines Tages könnte die Einsicht entstehen, daß die Zahl der Beine, die Behaartheit der Haut oder der Abschluß des Kreuzbeins genauso unzulängliche Gründe dafür sind, ein empfindendes Wesen dem gleichen Schicksal preiszugeben. Worin sonst also könnte die unüberwindliche Grenze bestehen? Etwa in der Fähigkeit der Vernunft, oder vielleicht in der Fähigkeit der Mitteilung? Aber ein Pferd oder Hund ist, ausgewachsen, ein unvergleichlich vernünftigeres wie auch mitteilsameres Tier als ein Säugling von einem Tag oder einer Woche, oder auch einem Monat. Aber angenommen, es wäre anders herum, was würde es helfen? Die Frage ist nicht: Können sie *denken*? oder können sie *sprechen*? sondern: Können sie *leiden*?[35]

Diese Frage war in vorausgegangenen europäischen Gedanken zur Ethik nicht sonderlich berücksichtigt worden. Vor dem 18. Jahrhundert war das Leiden der Tiere allgemein nicht als ein Thema von sittlicher Bedeutung aufgefaßt worden. In dem neuen geistigen Klima wurde tierisches Leiden erstmals als ein schwerwiegendes Übel angesehen. Diese Sichtweise warf ein paar unwillkommene Fragen hinsichtlich der angenommenen Güte Gottes auf.

Seit der wissenschaftlichen Revolution des 17. Jahrhunderts ließ sich die Hand Gottes im täglichen Leben immer schwerer ausmachen. Christliche Denker des Mittelalters und der Renaissance nahmen Gottes unmittelbare Gegenwart in allen möglichen Ereignissen wahr, vom Wetter bis zu Seuchen und Erdbeben. Heute werden diese Phänomene nur noch von Fundamentalisten und Versicherungsgesellschaften auf höhere Gewalt zurückgeführt. Für Seuchen machen wir Keime, für Erdbeben die Plattentektonik und für Dürren den Treibhauseffekt verantwortlich. Wenn Wissenschaftler Gott bei diesen Dingen eine Rolle zugestehen, dann meistens nur die des fernen himmlischen Planers hinter dem Urknall, der am Anfang die Materie schuf und die Regeln aufstellte.

Diese Haltung geht auf die Naturphilosophen der Newtonschen Zeit zurück. Der bahnbrechende Chemiker Robert Boyle faßte sie 1665 so zusammen: «Nachdem das Universum einst von Gott gebildet ward und die Bewegungsgesetze gegeben und alle fortbestehen durch sein unermüdliches Zutun und seine allumfassende Vorsehung, werden die Erscheinungen der Welt physikalisch durch das mechanische Wirken der Materieteile hervorgebracht, und [...] sie wirken nach mechanischen Gesetzen aufeinander.»[36] Diese Sicht Gottes als des verantwortlichen, aber fernen Ingenieurs der Weltmaschine – eine Sicht, die in der einen oder anderen Form von den meisten Protagonisten der Aufklärung geteilt wurde – läßt sich als eine Art von kosmischer Projektion der Theorien über Staatsform und politische Ökonomie ansehen, die nach der Cromwellschen Revolution in Großbritannien aufkamen. Die Tatsache, daß der britische König die Zügel der Macht aus der Hand genommen bekam, spiegelt sich darin wider, daß Gott die alltägliche Führung der Weltgeschäfte aus der Hand genommen wurde; das gedeihliche Gleichgewicht des idealen, von staatlichen Einmischungen unbehelligten Marktes spiegelt sich in dem ewig ausgeglichenen Ablauf der Weltmaschine ohne jeden wunderbaren Eingriff wider.[37] In diesem Modell wird das

Universum (wie der Staat) von unpersönlichen, allgemeinen Gesetzen regiert, nicht von den persönlichen Launen des Herrschers. Gott hat an den Auswirkungen dieser Gesetze niemals etwas auszusetzen und hat es daher auch nicht nötig, in die Geschichte einzugreifen:

> Wie ist der Weltbau wohlgetan!
> Wie klug von Gott gemacht!
> Sein Rat verändert nie den Plan,
> Den anfangs er erdacht.[38]

Wenn Gott ein gütiger und vollkommener Ingenieuer ist, der die Weltmaschine so konstruiert hat, daß sie von selbst läuft, dann muß die Maschine vollkommen gebaut sein und müssen die Ergebnisse, die sie bringt, die bestmöglichen sein. Wie Leibniz 1710 ausführte, folgt daraus, daß dies die beste aller möglichen Welten sein muß. Was an ihrer Anlage Übel zu sein scheinen, sind in Wahrheit Segnungen, sonst hätte Gott uns nicht damit bedacht. Mit Popes oft zitierten Worten:

> Natur ist eine Kunst, Dir nicht vertraut;
> Zufall ist Schickung, die Dein Blick nicht schaut;
> Mißlaut ist unverstand'ne Harmonie;
> Die einzeln Uebel, – Gut des All sind sie; –
> Trotz Hochmut, trotz vernünftelndem Geschlecht,
> Bleibt eine Wahrheit: *Das, was ist, ist recht.*[39]

Der kosmische Optimismus dieser Sorte ist durch den Spott anrüchig geworden, den Voltaire in *Candide* darüber ausgegossen hat, wo er den verblendeten Dr. Pangloss von einer Katastrophe in die nächste taumeln und dennoch unbelehrbar daran festhalten läßt, alles geschehe nur zum Besten in dieser besten aller möglichen Welten. Doch christliche Optimisten können ihren Glauben ziemlich problemlos mit Voltaires Katalog des menschlichen Elends vereinbaren. Schließlich ist menschliches Leiden nicht stets einfach nur von Übel. Wir lernen aus Schmerzen, und sie helfen uns, beim nächstenmal vorsichtiger zu sein. Schmerzliche Erfahrungen machen uns manchmal stärker, tapferer oder feinfühliger. Eine Strafe, die wir heute für ein Vergehen erhalten, kann uns morgen

vor gefährlichem Schaden bewahren, wie ein Kind, das den Hintern ver-
sohlt bekommt, weil es mit Streichhölzern gespielt hat. Christliche
Theologen haben immer solche Beispiele angeführt, wenn sie erklären
wollten, warum Gott uns leiden läßt. Sie können es wohlbegründet als
zumindest *möglich* hinstellen, daß alle unsere Leiden zu etwas Höherem gut sind, sei ihr Grund eine Strafe, die wir für unsere Schlechtigkeit
erhalten haben, oder Stiche und Schläge, die uns vor den Gefahren der
Natur warnen und uns auf den schmalen Pfad zum Himmel lenken wollen. Die Strafen beweisen Gottes Gerechtigkeit; die Stiche und Schläge
zeigen seine Gnade.

Das Leiden der Tiere jedoch läßt sich schwerer mit der Güte
Gottes vereinbaren. Der überlieferten christlichen Lehre zufolge können Tiere nicht sündigen und haben keine unsterblichen Seelen. Ihr Leiden bezeugt daher weder eine ausgleichende Gerechtigkeit noch eine
erlösende Gnade. Zweifellos fühlen Tiere (wie Menschen) notwendig
Schmerzen, wenn sie sich verletzen, so daß sie daraus lernen können, es
nicht wieder zu tun. Doch die meisten Schmerzen, die Tiere leiden, kommen nicht, weil sie sich irgendwo stoßen, sondern durch Hunger, Krankheit und Verfolgung. Wenn dieses tierische Leiden das nackte unver-
goltene Übel ist, als das es erscheint, dann ist es ungerecht; und wenn
so ein großer Aspekt des Weltgeschehens ungerecht ist, dann läßt sich
schwer einsehen, wie Gott allmächtig und gut sein soll.

Descartes umging dieses Problem, indem er einfach bestritt, daß
Tiere leiden. Sein Schüler Louis Racine stellte das Problem im 18. Jahrhundert auf den Kopf und behauptete, wir könnten die Unempfind-
lichkeit der Tiere aus unserem Wissen von Gottes Güte folgern. Wenn
die armen Kreaturen Schmerz empfinden könnten, argumentierte Racine, dann wäre Gott ungerecht. Da wir aber wissen, daß Gott gerecht
ist, können wir getrost annehmen, daß die Tiere nichts spüren – ergo
können wir sie reinen Gewissens schlachten, jagen und vivisezieren.[40]
Die Denker der Aufklärung, für die das bewußte Empfinden der Tiere
eine Tatsache und Gottes Güte die Frage war, konnten diesen Kurz-
schluß nicht akzeptieren. Frühere Philosophen hatten sich nicht groß
um tierisches Leiden gekümmert, aber von den Theologen des 18. Jahrhunderts wurde es als ein wesentliches Problem erkannt. Das tierische
Leiden, klagte John Wesley, bietet «einen einleuchtenden Einwand ge-

gen die Gerechtigkeit Gottes, indem er zuläßt, daß zahllose Geschöpfe, die niemals gesündigt haben, so schwer bestraft werden».[41] Der französische Prälat Jean Meslier verlor durch solche Überlegungen seinen Glauben und wurde Atheist.[42] Wesley dagegen kam zu dem Schluß, daß ein gerechter Gott die Tiere im nächsten Leben für ihr Leiden in diesem entschädigen werde; und er hoffte, die Tiere möchten mit menschlicher Intelligenz wieder zum Leben erweckt werden, damit sie nach der Wiederkunft Christi an den Freuden des neuen Jerusalem teilhaben könnten.[43] Andere christliche Denker, denen die Vorstellung weniger behagte, das auferweckte Vieh und Geflügel könnte auf die Posaune des Jüngsten Gerichts hin zu Milliarden aus der Erde hervorgeströmt kommen, erklärten, die Schmerzen der Tiere würden (im großen und ganzen und auf lange Sicht) von ihrer Lust in diesem Leben aufgewogen und ihr Leiden stelle «nichts anderes dar als das Staubkörnchen auf der Waage im Vergleich zu dem gegebenen Glück»[44].

Wie sehr sie Gott auch von dem Vorwurf der Grausamkeit gegen vernunftlose Tiere freisprachen, so stimmten die Denker des 18. Jahrhunderts, die sich über das Problem tierischer Schmerzen den Kopf zerbrachen, doch darin überein, daß das Leiden der Tiere zum Großteil dem Menschen, nicht Gott, angelastet werden könne und daß wir verpflichtet seien, den Tieren an Leiden zu ersparen, was wir nur können – zumal sie doch keine Hoffnung auf ein Leben nach dem Tode hätten. «Je vollständiger die niedere Schöpfung in unsere Macht gegeben ist», schrieb Pope, «um so haftbarer sollten wir wohl für unsere Mißwirtschaft damit sein; und dies um so mehr, als die Einrichtung der Natur selber diesen Geschöpfen die Möglichkeit nimmt, in einem anderen Leben eine Vergeltung für ihre schlechte Behandlung in diesem zu erhalten.»[45]

Es gab reichlich Mißwirtschaft, für die zu haften war. Die brutale und sadistische Mißhandlung von Tieren, in vielen Fällen bloß zum Vergnügen, war im Europa des 18. Jahrhunderts überall gang und gäbe.[46] An den großen Fürstenhöfen ergötzten sich die adeligen Damen und Herren an Lustjagden, bei denen man die verschiedensten großen Tiere – Löwen, Bären, Pferde, Wölfe, Wisente – nach dem Vorbild römischer Arenen dazu trieb, sich Gefechte zu liefern und sich gegenseitig umzubringen. An den Sitzen kleiner Fürsten, die zu arm waren, um Löwen und Wisente zur allgemeinen Belustigung hinzumetzeln, versammelten sich «Cavalliere» im Schloßhof und schleuderten kleine Tiere so lange mit Prelltüchern in die Luft, bis sie an den ganzen Brüchen, Erschütterungen und ihrer Angst starben. Bei einem Fest im Jahre 1747 wurden am Dresdener Hof 414 Füchse, 281 Hasen, 32 Dachse und sechs Wildkatzen zum Plaisir der adeligen Versammlung zu Tode geprellt.[47] Einfache Bürger unterhielten sich mit Stier- und Bärenhetzen, Stier-, Hunde- und Hahnenkämpfen sowie anderen Spielen, etwa Stöcke auf angebundene Hähne werfen, um sie zu verstümmeln und zu töten, oder von einem galoppierenden Pferd aus einer eingefetteten Gans, die an einem Baum hing, den Kopf abreißen. Schlachttiere wurden mit verschiedenen Mitteln zu Tode gequält, um ihr Fleisch zarter und schmackhafter zu machen.[48] Katzen wurden ganz selbstverständlich angezündet, in Säcken aufgehängt und totgeprügelt oder auf Dutzende von anderen ausgesucht schmerzhaften Weisen aus Spaß getötet. Das schneller werdende Tempo des Lebens und die zunehmende Bedeutung von Uhren und Fahrplänen veranlaßte Fuhrleute, Postreiter und Kutscher, die unbedingt pünktlich sein wollten, die Zugtiere in ständig wachsenden Zahlen zu Tode zu treiben.[49]

Angriffe auf alle diese Unsitten setzten Ende des 17. Jahrhunderts ein und wurden im Laufe des 18. Jahrhunderts zusehends lauter und häufiger.[50] In ein paar deutschen Staaten, deren Alleinherrscher Gesetze einfach erlassen konnten und sich nicht mit stierhatzbegeisterten Landtagsabgeordneten herumschlagen mußten, wurden Grausamkeiten gegen Tiere vom späten 18. Jahrhundert an von der Obrigkeit bestraft.[51] In England waren die Reformer hauptsächlich auf ihre Überredungskunst angewiesen. Briten aller Gesellschaftsschichten wurden nicht nur in der gehobenen Literatur, sondern auch durch volkstümlichere Medien wie billige Stiche, Predigten und Kinderlieder ermahnt, gut zu Tieren zu sein.[52] Kinderbücher, die Mitte des 18. Jahrhunderts zu einem kommerziellen Genre wurden, entsprachen von Anfang an Lockes Maxime: «Kindern sollte von Anfang an ein Abscheu vor dem Töten oder dem Quälen irgendeines lebenden Wesens anerzogen werden.»[53] Das ganze restliche 18. Jahrhundert hindurch hielt eine ständig anschwellende Flut von Büchern für Kinder ihre Leser dazu an, alle Geschöpfe zu lieben, von Pferden bis zu Fliegen, sie gut zu behandeln und aus den Klauen böser, tierquälerischer Kinder zu retten.[54] Diese Bücher verurteilten auch die Mißhandlung von Tieren durch Erwachsene und zählten dazu auch inhumane Schlachtungen, die Vivisektion und – die Jagd.[55]

In diesem geistigen Klima geriet das Jagen als eine dem Fuchsprellen oder der Bärenhatz verwandte grausame Belustigung mehr und mehr unter Beschuß.[56] Der Abbé Fleury nannte die Jagd «ein Relikt uralter Barbarei» und eine «unmännliche und verderbliche Betätigung, [...] eine Schande für die Menschheit nicht minder als für das gesunde Empfinden».[57] «Es ist höchst sonderbar und tieftraurig», meinte Samuel Johnson, «daß wir uns von der Spärlichkeit menschlicher Vergnügungen dazu bewegen lassen, das Jagen darunter zu zählen.»[58]

Die Parforcejagd des Adels erregte weiterhin ganz besonderen Abscheu. In einer anonymen deutschen Flugschrift, die um das Jahr 1780 verbreitet wurde, «Schreiben eines parforcegejagten Hirsches an den Fürsten, der ihn parforce gejagt hatte», wendet sich das arme Tier mit der folgenden mitleiderregenden Petition an seinen fürstlichen Quälgeist:

> Ich habe heute die Gnade gehabt, von Eurer wohlgeborenen Hochfürstlichen Durchlaucht parforce gejagt zu werden; bitte aber unterthänigst, daß Sie gnädigst geruhen, mich künftig damit zu verschonen. Euer wohlgeborene hochfürstliche Durchlaucht sollte nur einmal parforce gejagt sein, so würden Sie meine Bitte nicht unbillig finden. Ich liege hier und mag meinen Kopf nicht aufheben, und das Blut läuft mir aus Maul und Nüstern. Wie können Ihre Durchlaucht es doch übers Herz bringen, ein armes unschuldiges Tier, das sich von Gras und Kräutern ernährt, zu Tode zu jagen? Lassen Sie mich lieber totschießen, so bin ich kurz und gut davon.[59]

Obwohl Alexander Pope von Jugend an im Windsor Forest auf die Jagd gegangen war, prangerte er dennoch die Parforcejagd als ein sinnloses Morden zu Pferde an, und einen anderen Brauch der königlichen Hirschjagd attackierte er als

derart barbarisch, daß er von den Goten stammen könnte, oder
sogar von den Skythen; ich meine die grausame Höflichkeitsge-
ste unserer Jäger gegenüber Damen von Stand, die beim Tode eines Hirsches zugegen sind, daß sie ihnen das Messer in die Hand
legen, damit sie einem hilflosen, zitternden und weinenden Geschöpf die Kehle durchschneiden,

– questuque cruentus
atque inploranti similis.[60]

Ein gewisses Unbehagen, was das Schlachten von Vögeln und Vieh für
den Verzehr anbelangt, gab es schon lange vor dem 18. Jahrhundert.
Worte wie *Metzger*, *Schlachthaus* und *Fleischbank* hatten wenigstens seit
der Renaissance einen schlechten Ruf, und Metzger wurden von jeher
stereotyp als blutige und gnadenlose Männer dargestellt.[61] In England
sollten Metzger bei der Verhandlung von Kapitalverbrechen nicht als
Geschworene zugelassen werden, weil der Eindruck bestand, daß ihr
Gewerbe sie gegen das Töten von Unschuldigen abstumpfte.[62]

Doch die sittliche Unbedenklichkeit, die Metzgerware zu verzehren, wurde von den Europäern vor der Aufklärung selten in Frage
gestellt. Das ethische Vegetariertum – eine fleischlose Ernährung aus der
Überlegung heraus, daß es unrecht sei, Tiere zu töten, um sie aufzuessen –
war lange nur die exzentrische Angewohnheit einiger weniger Son-
derlinge wie Leonardo da Vinci, bis im späten 17. Jahrhundert langsam
in breiteren Kreisen darüber diskutiert wurde und Bücher zu seiner Verbreitung erschienen.[63] Ein einflußreiches Buch zu dem Thema, Thomas
Tryons *The Way to Health, Long Life and Happiness, or A Discourse of
Temperance*, überzeugte den jungen Benjamin Franklin davon, mit dem
Fleischessen aufzuhören, als er es 1772 las. Nach einem Jahr strikt vegetarischer Ernährung befand Franklin sich einmal an Bord eines Schif-
fes, und die Matrosen brieten sich zur Mahlzeit frisch gefangenen Kabel-
jau:

Bei diesem Anlaß betrachtete ich, den Grundsätzen meines Meisters Tryon gemäß, den Fang jedes Fisches als eine Art Mord ohne
alle Veranlassung, indem diese Tiere niemandem auch nur das ge-
ringste Unrecht, das ein solches Verfahren hätte rechtfertigen

können, getan hätten oder überhaupt tun könnten. [...] Indessen hatte ich früher außerordentlich gern Fische gegessen, und sooft ein Stockfisch aus der Pfanne genommen wurde, roch er mir köstlich in die Nase. Eine Weile schwankte ich zwischen Grundsatz und Lust, bis mir endlich einfiel, daß man beim Öffnen der Fische andere, kleinere in deren Bauche gefunden habe, worauf ich dachte: wenn ihr einander verzehrt, so sehe ich keinen Grund, euch nicht auch zu verspeisen. Demzufolge aß ich mit nicht geringem Wohlbehagen von dem Fische und tat es überhaupt seitdem wie andere Menschen, indem ich nur ab und an zu meiner Pflanzenkost zurückkehrte. Wie angenehm ist es doch, ein *vernünftiges Geschöpf* zu sein, das einen annehmbaren Vorwand für alle seine Gelüste zu finden oder erfinden weiß![64]

Andere kluge Männer der Aufklärung erwiesen sich als ebenso gewandt darin, Vernunftgründe für den Backfisch und den Spießbraten zu erfinden. Voltaire und Rousseau kritisierten das Fleischessen, aber gaben es selber nicht auf, und Pope und Bentham fanden, das Schlachten von Tieren sei gerechtfertigt, wenn es schmerzlos geschehe. Aber alle diese Moralisten und viele andere aus dieser Zeit sahen im Fleischverzehr eine bedenkliche Sitte, die einer gewissen sittlichen Rechtfertigung bedurfte.[65]

Diese Zweifel und Bedenken am karnivoren Verhalten der Menschen warfen weitere Fragen hinsichtlich der menschlichen Natur auf. Europäische Schriftsteller des 18. Jahrhunderts stellten häufig die Indianer Nordamerikas als Musterbeispiel des natürlichen Menschen hin. Da das Jagen allgemein als Hauptbeschäftigung der Indianer und wesentliche Grundlage ihrer Existenz beschrieben wurde,[66] war es im 18. Jahrhundert ein Gemeinplatz, daß «auf der primitivsten Stufe der Menschheit [...] die Jagd die Haupttätigkeit und die einzige Art des Nahrungserwerbs darstellt»[67]. Wenn die Jagd beides ist, Urbetätigung des Menschen und moralisch anstößig, dann muß die Jagdhypothese in der einen oder anderen Form richtig sein. In diesen Ansichten über die Jagd, verbunden mit dem brennenden Interesse an Wilden – edlen und überhaupt –, kündigte sich im 18. Jahrhundert erstmals der Mörderaffe in der abendländischen Literatur an.

Alexander Pope gab der Einführung des Fleischessens mehr oder weniger explizit die Schuld am Sündenfall des Menschen. In seinem *Essay on Man* schrieb er:

Stolz gab es nicht, noch Künste, die ihn heben;
Es theilten Mensch und Thier das Wälderleben,
Denselben Tisch, dasselbe Lager immer;
Mord lieh ihm Kleidung oder Nahrung nimmer.
In *einem* Dom, dem Walde, hallten wieder,
Der stimmbegabten Wesen Dankeslieder:
Am Altar, der nicht Blut noch Gold bedeckt,
Stand da der Priester, schuldlos, unbefleckt;
Der Schutz für alle mußt' im Himmel wohnen,
Des Menschen Recht war herrschen, aber schonen.
Wie anders ward er dann! der sich erlesen
Zum Schlächter und zum Grab der meisten Wesen;
Er, der der Schöpfung Stöhnen hören kann,
Vertilgt das Thier, verräth sich selbst sodann.
Auf Prassen folgen stets der Krankheit Schwächen,
Ein jeder Tod weiß selber sich zu rächen;
Aus diesem Blut entsprang die Leidenschaft,
Worin der Mensch den Tod dem Menschen schafft.[68]

Diese poetische Auslegung von Adams Sündenfall weicht erheblich vom biblischen Mythos ab. In Popes Version kommt der Fall nicht vom Ungehorsam gegen Gottes Anordnungen, sondern vom Vergehen gegen den Naturzustand tierischer Unschuld, und erscheinen Krieg und Mord als Sühnegeld für den Fleischverzehr.

In seiner Version der Jagdhypothese von 1774 behauptete Lord Monboddo, der Mensch in seinem natürlichen Stande sei «ein wildes Tier, ohne Sprache oder Kunstfertigkeiten irgendwelcher Art». Die wenigen anatomischen Beschreibungen und Reiseberichte, die Monboddo zur Verfügung standen, überzeugten ihn davon, daß die großen Menschenaffen Afrikas und Indonesiens primitiv gebliebene Menschen seien – gesellige und kooperative Tiere «wie die Biber, die in Hütten und Unterschlupfen zusammenleben und einvernehmlich ein gemeinsames

Werk verfolgen», aber sich nur mit unartikulierten Schreien und Körpersprache verständigen, wie die anderen Tiere. Vor Tausenden von Jahren, mutmaßte Monboddo, vermehrten sich unsere affenähnlichen Vorfahren dermaßen, «daß die natürlichen Früchte der Erde ihnen nicht mehr ausreichten» und sie daher gezwungen waren, mit der Jagd auf andere Tiere zu beginnen. Da ihnen die natürlichen Waffen und Jagdinstinkte fehlten, sahen sich die hungrigen Protomenschen genötigt, zur Durchführung der Jagd Waffen und die Sprache zu erfinden. In dem Maße, als sich der Mensch immer mehr auf den Fleischverzehr verlegte, wurde er «wild und kühn, und ergötzte sich an Blut und Blutvergießen», so daß er bald «das gefährlichste und heilloseste unter allen Geschöpfen, die Gott gemacht hat», war – abgesehen von wenigen primitiven Horden von «Orang Outangs» und «Chimpenzas», die in den tropischen Urwäldern noch friedlich von Früchten zehrten.[69]

Ihren Gipfel erreichten diese misanthropischen Spekulationen über die tierische Natur des Menschen mit dem letzten Buch von *Gullivers Reisen*, in dem Gulliver an der Küste eines Landes ausgesetzt wird, in dem die Pferde vernunftbegabt sind und die Menschen nicht. Hier entdeckt er, daß die Pferde (Houyhnhmns) gottgleiche Muster an Verständigkeit, natürlicher Schönheit und Tugend sind, während die Menschen (Yahoos) die ekelhaftesten und abscheulichsten Bestien sind, die man sich vorstellen kann:

Kopf und Brust waren dick mit lang herabhängenden oder auch krausen Haaren bewachsen; sie hatten Bärte wie Ziegen, und sowohl auf dem Rücken wie vorn an den Beinen entlang zogen sich lange, schweifartige Haarbüschel hin. Sonst waren sie nackt; ihre Haut war ledrigbraun und verwittert. Sie hatten keine Schwänze und überhaupt um den Steiß herum kein Haar. Nur ihr Gesäß war buschig bewachsen. Das hatte die Natur wohl so eingerichtet, um ihnen beim Sitzen eine Unterlage zu geben. Denn sie befanden sich meist in kauernder oder hockender Stellung, zuweilen legten sie sich hin, oder sie standen aufrecht auf ihren Hinterbeinen. Schnell wie die Eichhörnchen erkletterten sie die höchsten Bäume. [...] Oft hüpften und sprangen sie mit unglaublicher Wendigkeit kreuz und quer durch die Landschaft.

> [...] Nie habe ich während meiner Reisen so widerwärtige Tiere
> gesehen, vor denen ich auf Anhieb einen derart unüberwind-
> lichen Ekel empfand. [...] Ich schauderte, als ich nun bemerkte,
> daß dieses Tier tatsächlich die Gestalt eines Menschen besaß.[70]

Von Orrery bis Orwell haben Swifts Kritiker den letzten Teil des *Gulliver* als irrsinnige Misanthropie verurteilt.[71] Thackeray riet den Lesern,
mit der Lektüre von Swifts Buch am Ende des dritten Teils aufzuhören,
um nicht hinabgezogen zu werden in die «gräßlichen, schändlichen, un-
männlichen, blasphemischen» Schlußkapitel, die er für «schmutzig gesagt, schmutzig gedacht, rasend, toll, obszön» hielt.[72] In der Schilderung
der Yahoos, meinte Orrery naserümpfend, werde Swift selber einer.[73]
Und dennoch ist Swifts Beschreibung der Yahoos, wie Sheridan schon
vor langem bemerkte,[74] die logische Konsequenz aus drei völlig ortho-
doxen Anschauungen: daß die Menschen sich von den anderen Tieren
durch Vernunft unterscheiden, daß die Vernunft eine gottgleiche Fähigkeit ist, die unsere Tiernatur veredelt, und daß die Menschen dennoch
böser sind als die Tiere. Wenn dies alles stimmt, dann muß unsere rein
tierische Natur einzigartig minderwertig sein – sonst hätte uns das Hin-
zukommen der Vernunft besser, nicht schlechter gemacht als die anderen Tiere. Und wenn unsere tierische Natur einzigartig minderwertig
ist, dann ist Swifts entwürdigendes Porträt der Yahoos die zwingende
Konsequenz. Der Yahoo ist das, was vom Menschen übrigbleibt, wenn
man die Vernunft abzieht. Es ist kein Zufall, daß Swifts Bild unserer
Tiernatur auffallend an Darts Vorstellung von Australopithecus erinnert. Es ist ebenfalls kein Zufall, daß die Yahoos hauptsächlich das
Fleisch von Eseln, Hunden und Kühen fressen, während die
Houyhnhmns sich brav von Heu, Hafer und Milch ernähren.[75]

KAPITEL VII

Die Leiden des Eohippus

> «Was bedeutet das alles, Watson?» sagte Holmes ernst, als er die
> Papiere auf den Tisch legte. «Wem ist mit diesem Teufelskreis
> aus Elend, Gewalt und Angst gedient? Irgendeinen Sinn muß es
> darin doch geben, oder unsere Welt wird vom Zufall gelenkt,
> und das ist unvorstellbar.»
>
> Arthur Conan Doyle

In der zweiten Hälfte des 18. Jahrhunderts bekamen viele europäische
Intellektuelle es leid, ständig hören zu müssen, sie seien nur Tiere, und
zudem keine sehr freundlichen. «Es ist», zürnte Johann Gottfried von
Herder 1774, «als ob die berühmtesten Genies des Jahrhunderts, Hel-
vetius, Rousseau, Voltaire, Büffon, Maupertuis, nur jeder auf Seine Weise
dazu beizutragen hätten, das Menschliche Geschlecht, Metaphysisch,
Moralisch und Physisch zu erniedern.»[1] Von der Mitte des Jahrhunderts
an begannen junge französische und deutsche Intellektuelle zunehmend,
gegen den Materialismus und Empirismus der Aufklärung aufzubegeh-
ren. Ihre Proteste waren der Anfang der romantischen Bewegung.

Die romantische Rebellion nahm in den einzelnen Ländern unterschiedliche Formen an, und sie war jederzeit eher ein bestimmter Stil
als eine echte Philosophie; aber es gab ein paar typische Ideen, die viele
Romantiker teilten. Insgesamt stellten sie gewissermaßen eine Umkeh-
rung der Aufklärung dar. Die Aufklärung wollte vor allem Klarheit; die
Romantiker suchten das Geheimnisvolle und Nebel und Schatten. Die

Aufklärung rühmte die Vernunft; die Romantiker priesen die Gefühle, und je stärker, um so besser. («Die Tiger des Zorns sind weiser als die Pferde der Lehre», verkündete William Blake. «Die Geilheit des Bockes ist Gottes Huld. Der Zorn des Löwen ist Gottes Weisheit.»[2]) Die Romantiker waren auch zumeist philosophische Idealisten, die die Welt als in irgendeiner Weise geistgeschaffen ansahen. Die führenden Leuchten der Aufklärung waren Materialisten gewesen, für die das Geistige ein Produkt des Körpers war; die Romantiker hielten, im Anschluß an Kant, die Materie selbst für ein weitgehend geistiges Phänomen. «Die Welt ist vergegenständlichter Geist», behauptete Ralph Waldo Emerson. Demnach nimmt der Romantiker «seinen Ausgang von seinem Bewußtsein und hält die Welt für eine Erscheinung. [...] Sein Denken – das ist das Universum.»[3]

Was viele Romantiker außerdem gemeinsam hatten, war eine Verehrung der Natur. Diese war nichts Neues oder eigens Romantisches. Die *philosophes* der französischen Aufklärung hatten die Natur – wie sie sie verstanden – ebenfalls mit Ehrfurcht betrachtet, und sie hatten auf den Anbruch eines neuen hellen Tages gehofft, an dem Naturwissenschaft und natürliche Religion den dumpfen klerikalen Aberglauben ersetzen und die Herrschaft der Vernunft und des Glücks einleiten würden. «Der Mensch», erklärte Baron d'Holbach 1770, «ist nur darum unglücklich, weil er die Natur verkennt.»[4] Doch während Holbach und andere Denker der Aufklärung Natur und Vernunft für nahezu synonym hielten, erblickten viele Romantiker in der Vernunft genau den Faktor, der uns der Natur entfremdet:

> Schön ist, was die Natur uns lehrt:
> Durch dreist Analysieren
> Wird jede schöne Form entehrt;
> – Wir morden fürs Sezieren.[5]

Frühe Vorzeichen der romantischen Vorliebe für die unsezierte Natur lassen sich schon im späten 17. Jahrhundert entdecken, als in den europäischen Gartenanlagen ein neuer, «natürlicher» Stil aufzutauchen begann. Davor hatten die Europäer in einer Landschaft im allgemeinen geometrische Regelmäßigkeit, Kultur und Künstlichkeit bewundert[6]

und waren die architektonischen Gärten der Oberschicht mit euklidi-
scher Präzision angelegt worden. Aber gegen Ende des Jahrhunderts,
als Händler und Reisende, die aus dem Osten zurückkehrten, von der
effektvollen Wildheit chinesischer und japanischer Gärten berichteten,
veränderte sich allmählich der Geschmack in der Landschaftsgestaltung
und bemühten sich auch Europäer darum, ihren Gärten ein natürliche-
res Aussehen zu geben. In einem Vergleich, den Addison 1712 zog,
schnitten Europas Ziergärten gegen die des Orients schlecht ab:

> In der Natur tritt uns allgemein etwas Größeres und Erhabene-
> res gegenüber als in den Kuriositäten der Kunst. Wenn wir da-
> her dieses in irgendeinem Maße nachgeahmt sehen, so macht uns
> das ein edleres und höheres Vergnügen, als was wir aus den hüb-
> scheren und exakteren Kunsterzeugnissen ziehen. [...] Schrift-
> steller, die uns eine Schilderung Chinas gegeben haben, berich-
> ten, daß die Bewohner jenes Landes die Pflanzungen von unse-
> ren Europäern auslachen, die mit Lineal und Maßband angelegt
> sind, denn, sagen sie, Bäume in gleiche Reihen und einheitliche
> Figuren bringen kann jeder. [...] Was mich betrifft, so würde ich
> einen Baum lieber in der ganzen Üppigkeit und Weitverzweigt-
> heit seines Wachstums sehen, als wenn er derart in eine mathe-
> matische Figur geschnitten und gestutzt worden ist.[7]

Die europäischen Ziergärten des 17. Jahrhunderts waren in der Regel
von Mauern und Hecken eingefaßte Grundstücke gewesen, in denen die
widerspenstige Natur in Form gestutzt, bezwungen, vernunftgerecht
gemacht und in die Fügsamkeit Edens zurückgeführt wurde.[8] Pope
machte sich in seinen *Moral Essays* von 1731 über diesen älteren Stil
lustig:

> Verwunderung verdient sein Garten dann,
> Wo man ringsum die Mauern schauen kann!
> Anmuthige Verwicklung fehlt, zur Zier
> Dient Wildniß, künstlich angelegt, nicht hier;
> Der Busch entspringt dem Busch, der Baum dem Baum,
> Das Rechts ist wie das Links im ganzen Raum.[9]

Im frühen 18. Jahrhundert griff Popes und Addisons Vorliebe für künstliche Wildheit in der britischen Aristokratie um sich. Auf einem Landsitz nach dem anderen fielen die Gartenmauern und bezog der erweiterte Garten die natürliche Landschaft mit ein. Wer in England Geschmack beweisen wollte, scheute weder Mühen noch Kosten, um seine Ländereien nach den Lehren des Landschaftsarchitekten William Kent zu gestalten, der die ganze Natur als einen Garten ansah und erklärte, die Aufgabe des Gärtners sei lediglich, «der Natur das Gewand zu bürsten».[10]

Diese neuen Theorien wurden von Jean-Jacques Rousseau in seinem Roman *La Nouvelle Héloïse* von 1761 unterstützt, einem ungemein populären Buch, das mithalf, auf dem Kontinent «englische» Gärten in Mode zu bringen.[11] Rousseau, im 18. Jahrhundert *der* große Sprecher für natürliche Güte, urwüchsige Tugend und den edlen Wilden, ist oft als der erste Romantiker bezeichnet worden. In seiner Liebe zur wilden und schroffen Natur war er durch und durch romantisch: «Man weiß ja, was ich unter einen schöner Landschaft verstehe. Niemals erschien mir ebenes Land so, mochte es an sich noch so schön sein. Ich brauche Gießbäche, Felsen, Tannen, dunkle Wälder, Berge, bergauf und bergab holpernde Wege, Abgründe neben mir, daß ich Angst bekomme.»[12]

Vor dem 18. Jahrhundert hatten europäische Dichter und Maler die Berge im allgemeinen unheimlich gefunden und es vorgezogen, ländliche Idyllen zu verklären: saftige Wiesen, sanft hügelige Waldlandschaften mit Schafen hier und da und bernsteingelbe Getreidewogen. Aber im späteren 18. Jahrhundert lernten die Europäer es langsam genießen, sich vor den Gewalten der ungezähmten Natur ängstlich und unbedeutend zu fühlen, und entdeckten sie die Schönheit in ihnen. «Die Leidenschaft, die von dem Großen und Erhabenen [*sublime*] in der *Natur* verursacht wird», schrieb Edmund Burke 1756, «[...] heißt Erschauern. Erschauern aber ist derjenige Zustand der Seele, in dem alle ihre Bewegungen gehemmt sind und ein gewisser Grad von Schrecken besteht [...], der gemeinschaftlichen Quelle von allem, was erhaben ist.»[13] Von der Zeit Burkes und Rousseaus an galten hochragende Gipfel, Wasserfälle und schwindelerregende Schluchten als erhaben; und Maler und Dichter richteten ihre Aufmerksamkeit zunehmend auf solche pittoresken Szenen.

Einsamkeit und Erhabenheit verlieh wilden Landschaften ihren Reiz. Die Natur, meinte man, werde durch die Gegenwart des Menschen verdorben. Es scheint, schrieb Rousseau, «als wolle die Natur den Augen der Menschen ihre wahren Reize vorenthalten, für die sie zu wenig empfänglich sind und die sie, wenn sie sie erreichen können, nur verunstalten. Sie flieht die dichtbewohnten Gegenden. Auf den Gipfeln der Berge, in der Tiefe der Wälder, auf menschenleeren Inseln breitet sie ihre eindrucksvollsten Reize aus.»[14]

Wilde und einsame Landschaften erschienen den Romantikern anziehend, weil sie in ihnen eine Erweiterung ihrer selbst sehen konnten. Die romantische Empfindsamkeit war auf die subjektive, innere Erfahrung gestimmt, und die Romantik war in einem Ausmaß systematisch egoistisch, das ältere Philosophien nicht gekannt hatten. Die romantische Liebe zur Natur war in diesem Egoismus begründet. Sie erwuchs aus dem, was Keats «the egotistical sublime» und Freud das «ozeanische Gefühl» nannte[15] – das Gefühl, daß die Grenze zwischen Ich und Natur verschwunden ist und daß die Emotionen des Romantikers eins sind mit dem ganzen Weltall. Shelleys «Ode an den Westwind» ist typisch romantisch in ihrem leidenschaftlichen Streben, die Schranke zwischen den Gefühlen des Dichters und den Naturkräften einzureißen:

Mach mich zu deiner Leier wie den Wald.
Was tut's, wenn mein Laub wie das seine fällt!
Entlockt doch deiner Harmonien Gewalt

Uns jenen dunklen Herbstton, der enthält
In Trauer Süße. Sei, o Geist so kühn,
Mein Geist! Sei ich, du ungestümer Held!

Treib totes Denken durch die Weiten hin
Wie welkes Laub, daß neues Leben werde![16]

Emersons Beschreibung des ozeanischen Gefühls ist berühmt: «Ich stehe auf der nackten Erde, mein Haupt umweht von linden Lüften und erhoben in die Unendlichkeit des Raums, und alle niedrige Selbstsucht fällt von mir ab. Ich werde zu einem alldurchlässigen Augapfel; ich selbst

bin nichts und sehe doch alles; Ströme des allumfassenden Seins durch-
fluten mich; ich bin Teil oder Bestandteil Gottes.»[17] Dieses Gefühl zu
wecken, bedarf es einer mehr oder weniger «natürlichen» Umgebung.
Auf einem U-Bahnsteig kann man kein alldurchlässiger Augapfel werden. In einer Stadt kommt Menschengetriebe zu Menschengemächt und
macht dem Romantiker unliebsam bewußt, daß die Welt noch andere
Iche enthält und daß die Ströme des allumfassenden Seins nicht allein
in ihm zusammenfließen. Die «Natur» ist für den Romantiker auch deshalb wichtig, weil sie ihm eine Zuflucht vor jener unliebsamen Erkenntnis des Daseins anderer Menschen bietet.

In der romantischen Phantasie hörte die Natur dementsprechend
auf, ein normatives System aus Gesetzen und Neigungen zu sein, und
wurde eine *Ortschaft*: ein Bereich, in den man sich begeben konnte, um
den Menschen zu entfliehen, eine der Zivilisation und ihren Werken ent-
rückte (und symbolisch entgegengesetzte) außermenschliche Sphäre.
Lord Byrons Dichtung legt Zeugnis ab für die Bedeutung der Natur als
Freistatt für das romantische Ich:

> Ich lebe nicht in mir allein, ich fühle
> Mich einen Teil von dem, was mich umringt;
> Mich freuen Bergeshöhn, doch das Gewühle
> Der Menschen ist's, was mich zu klagen zwingt:
> Nichts Schlimmres gibt's, was die Natur uns bringt,
> Als sich ein Glied der tierischen Kette schmiegen,
> Indes der Geist sich stolz und frei entschwingt,
> Und mit den Lüften schwebend sich dann wiegen,
> Und über Fels und Meer bis zu den Sternen fliegen.[18]

Die Romantiker ergötzten sich nicht nur an der Wildnis, sondern auch
am *Wilden*, am Außermenschlichen und Gewaltsamen und Unbefestig-
ten, an dem, was Shelley «die ungestüme Herrlichkeit des Schreckens»[19]
nannte. Diese romantischen Schwärmereien signalisierten einen dauerhaften Wandel im abendländischen Landschaftsgeschmack und führten
ihn mit herbei. Vor dem späten 18. Jahrhundert machten europäische
Reisende selten einen Umweg, um sich Gießbäche, Felsen und Abgründe anzuschauen; dies kam erst gegen Ende des Jahrhunderts bei

Europäern und Amerikanern aller Gesellschaftsschichten auf, bis schließlich besonders erhabene oder schaurige Landstriche als Naturschutzgebiete und Parks abgeteilt wurden. Der Genuß, mit dem wir die wilde Natur betrachten, ist wahrscheinlich das langlebigste Erbe der Romantik.

Die großen reißenden Tiere, die in den Werken romantischer Künstler wie Eugène Delacroix dargestellt werden, drücken das gleiche Ergötzen am Wilden aus. Doch die romantische Einstellung zu Tieren war ambivalent. Da die meisten Romantiker Idealisten waren, die glaubten, die Natur sei eine Hervorbringung des menschlichen Geistes, hielten sie sich selbst für geisterfüllte, den Tieren überlegene Wesen. «Selig ist der Mensch, der versichert sein kann, daß das Tier in ihm mit jedem Tag immer mehr abstirbt und daß sich dafür das Göttliche in ihm festsetzt», verkündete Thoreau.[20] Vielen Romantikern mißbehagte es genauso wie Byron, sich als Glied in der Kette der Lebewesen sehen zu müssen. Andererseits wollten sie im trauten Umgang mit der Natur an Transzendentes rühren. So mußten die Tiere – jedenfalls die wilden – in manchen Zusammenhängen als rohe Bestien erscheinen und als Wegweiser zu Gott in anderen.

Dieser Schwierigkeit wurde man Herr, indem man sich alle Geschöpfe als Teile eines einzigen großen Aufwärtsstrebens zu einem nebelhaften pantheistischen Geistwesen dachte – Goethes Weltgeist, Hölderlins Vater Äther, Emersons Oversoul. Dieser Weltgeist erschafft die große Kette der Wesen, erklärte Shelley, er

Fegt durch die träge Welt, zwingt mit Gewalt
Sämtliches neues Werden in Gestalt;
Preßt die widrige Schlacke, die ihn hemmt,
Daß sie sein Bild zeigt, sei es nah, sei's fremd;
Und, voller Kraft und voller Schönheit, bricht
Aus Baum und Tier und Mensch vor in des Himmels Licht.[21]

Im trauten Umgang mit der Natur erkennt und erstrebt der romantische Dichter die geistige Wirklichkeit hinter den vergänglichen Naturformen.

Die Wasserstürze aus der klaren Bläue;
Das Murmeln in den schroffen Felsenklippen
Nah unserm Ohr; schwarztropfendes Gestein [...]
Tumult und Friede, Finsternis und Licht –
's war alles wie das Wirken eines Geistes,
Die Züge eines einzigen Gesichts
Die Blüten, die ein einziger Baum hervorbringt,
Chiffren der einen großen Offenbarung,
Symbole – Bilder des Unendlichen,
Des, was da war von Anbeginn und letztlich
Noch immer sein wird, was da Mitte ist,
Und doch sein Dasein haben wird ohn' Ende.[22]

Im typischen romantischen Denken wird das Weltall ein ungeheurer
Organismus, beseelt von einer Art Menschengeist. («So ist am Ende»,
schrieb Schelling, «[...] ein allgemeiner Organismus selbst die Bedingung [...] des Mechanismus.»[23]) Wir sind höhere und bessere Wesen als
die übrigen Tiere, weil wir diese allem zugrunde liegende geistige Wirklichkeit erkennen und sie nicht. Andererseits haben die Tiere, weil sie
ihrer selbst weniger bewußt sind als wir, mit einer Unmittelbarkeit am
Weltgeist teil, der wir nur hin und wieder in den flüchtigen Erleuch-
tungsmomenten alldurchlässiger Augapfelhaftigkeit nahekommen.
«Dunkel ist dir die Welt», meinte Tennyson, «Warum, das frage nur dich:
/ Denn ist Er nicht alles, als was Kraft hat zu meinen ‹Ich bin ich›?»[24]
Shelleys Lerche ist erfüllt von einer tiefen, unbewußten Freude, die ihrer selbst bewußte Wesen wie wir niemals empfinden können:

Wachend und im Traum
Weißt vom Tode du
Dinge, die wir kaum
Sehn im letzten Nu.
Wie strömte sonst dein Lied in so kristallner Ruh'? [...]

Halb nur die Beglückung
Gib, die glüht in dir,
Trunkene Verzückung

Strömte dann aus mir,
Die Menschen lauschten so, wie ich jetzt lausche hier.[25]

Zu der romantischen Ambivalenz im Verhältnis zu den Tieren gehörten gemischte Gefühle gegenüber der Jagd. Einige Romantiker, besonders in Deutschland, feierten den Jäger als edlen Halbwilden, als eine Art romantischen Dichter mit Gewehr, der naturinnig und von bittersüßer Sehnsucht überfließend durch den Wald streift.[26] Auch Untertöne der erotischen Jagd klingen in deutschen Gedichten der Romantik fort:

Kein' beßre Lust in dieser Zeit,
Als durch den Wald zu dringen,
Wo Drossel singt und Habicht schreit,
Wo Hirsch' und Rehe springen.

O säß mein Lieb im Wipfel grün,
Tät wie 'ne Drossel schlagen!
O spräng es wie ein Reh dahin,
Daß ich es könnte jagen![27]

Die amerikanische Version des romantischen Jägers ist Natty Bumppo, der Held von James Fenimore Coopers Lederstrumpfromanen. In seiner Liebe zur Wildnis und seiner geistigen Naturverbundenheit ist Natty ein Wordsworth oder Thoreau des Hinterwalds:

ein Mann von starkem, natürlichem und poetischem Gefühl [...] Er liebte die Wälder um ihrer Frische, ihrer erhabenen Einsamkeit, ihrer Riesenhaftigkeit und des Stempels willen, den sie überall an sich trugen von der göttlichen Hand ihres Schöpfers. Er durchwanderte sie selten, ohne stillstehend zu verweilen bei irgendeiner eigentümlichen Schönheit, die ihm Freude machte, [...] und nie verging ein Tag, ohne daß er im Geist verkehrte – und das dazu ohne die Hilfe von Formen und Sprache – mit dem unendlichen Urquell von Allem, was er sah, fühlte und anschaute.[28]

Natty fürchtet und verabscheut das schonungslose Vordringen der englischen Zivilisation in Gottes Wildnis. «Wenn ich König von England wäre», erklärt er, «der Mann, der einen von diesen Bäumen fällte, ohne eine gute Gelegenheit zur Benützung des Holzes, müßte mir in ein ödes und unwirtbares Land verbannt werden, das nie ein vierfüßiges Tier betrat.»[29] Offensichtlich dünkt es ihm Strafe genug, der Gesellschaft der Vierbeiner beraubt zu sein. Obwohl er ein Wildtöter in Lederkluft ist, tötet er nur widerwillig und aus Not, nie zum Vergnügen. Obwohl er ein Weißer ist, steht er mit den Eingeborenen auf vertrautem und freundschaftlichem Fuße und bewundert viele ihrer Sitten. Sein Haupteinwand gegen die Religion der Indianer ist ihre Vorstellung der ewigen Jagdgründe im Himmel – die er für unvernünftig und unmoralisch hält:

> Geister können nicht essen, haben auch keine Kleider nötig; und Wild kann man von Rechts wegen nur jagen, um es zu töten, und nur töten des Wildprets oder der Häute wegen. Nun finde ich es schwierig, anzunehmen, daß selige Geister Wild jagen sollten, ohne einen rechten Zweck, und die einfältigen Tiere quälen, nur um ihrer eignen Lustbarkeit und Ergötzung willen. Ich habe noch nie auf einen Hirsch oder ein Tier abgedrückt, Judith, als wenn ich Nahrung oder Kleidung bedurfte.[30]

Coopers Held ging als Archetypus des Hinterwaldjägers in die amerikanische Folklore ein: der Mann in Wildleder, der allein in der Wildnis lebt, menschlichen Verstrickungen aus dem Weg geht, die moderne Zivilisation verschmäht und die Tiere liebt, die er jagt. Dieses Bild des Jägers als einer Art männlicher Mänade taucht in allen späteren Sagen um die naturverbundenen Hinterwäldler Amerikas, von Daniel Boone bis Grizzly Adams, regelmäßig wieder auf.

Aber nicht alle Romantiker betrachteten den Jäger als einen gleichgesinnten Naturfreund. Manche sahen in ihm einen bösartigen Toren, dem es Spaß macht, seine Mitgeschöpfe umzubringen, weil er nicht mit ihnen empfinden oder ihren geistigen Sinn erfassen kann. «Reget sich was», klagten Goethe und Schiller, «gleich schießt der Jäger, ihm scheinet die Schöpfung, / Wie lebendig sie ist, nur für den Schnappsack gemacht.»[31] «Der Aufschrei des gehetzten Hasen», stöhnte Blake, «Entreißt dem Hirn stets eine Faser.»[32] Die romantische Entrüstung über die Jagd gipfelte in Coleridges *Rime of the Ancient Mariner*. In diesem bekannten Gedicht, wahrscheinlich der meistgelesene Angriff auf das kurzweilige Jagen, der je geschrieben wurde, schießt der alte Seefahrer zum Spaß einen Albatros, und zur Strafe wird ihm das Leben zur Hölle gemacht – aus der er erst freikommt, als er der Jagd abschwört und lernt, «Mensch und Vogel und Tier gleichermaßen» zu lieben.

Die amerikanischen Romantiker, die sich selbst Transzendentalisten nannten, waren ebenfalls gegen das Jagen. «Hast du die Vögel alle ohne ein Gewehr benannt», fragt Emerson in einem seiner Gedichte, «Die Waldrose geliebt und auf dem Stiel belassen?»[33] Für Thoreau war die Jagd ein Fall von Entwicklungshemmung, ein Rückfall in die primitiven Triebe von Kindern oder Wilden:

> In der Entwicklung des Einzelnen wie in der der Menschheit gibt es eine Zeit, wo die Jäger als «die Besten» gelten, wie sie von den Algonquin-Indianern genannt wurden. [... Sogar in zivilisierten Gemeinwesen durchläuft der Embryo Mensch die Entwicklungsstufe des Jägers ...] Im übrigen entwächst der Junge dann bald dem Alter, wo er gedankenlos auf Wesen schießt, die dieselbe Daseinsberechtigung haben wie er. Der Hase schreit in der Todesnot wie ein Kind. Ich sage das, obwohl ich weiß, daß Mütter es vielleicht nicht gerne hören.[34]

«Ist es nicht eine Schmach, daß der Mensch ein fleischfressendes Tier ist?» fuhr Thoreau fort. «[...] ich zweifle nicht daran, daß es dem Menschen bestimmt ist, allmählich auf den Fleischgenuß zu verzichten, genau wie die Naturvölker darauf verzichtet haben, einander aufzufressen, nachdem sie einmal mit höher entwickelten Völkern in Berührung gekommen sind.»[35]

Andere Romantiker hielten auch das Fleischessen für abstoßend und barbarisch. «Nur indem wir totes Fleisch durch Küchenzubereitung erweichen und umgestalten», schrieb Shelley, «wird dasselbe kaubar und verdaulich gemacht, und ruft der Anblick seines blutigen Saftes und seiner rohen Widerlichkeit keinen unerträglichen Ekel und Abscheu mehr hervor.»[36] Louisa May Alcotts vegetarischer Vater Bronson Alcott, ein Freund von Emerson, berichtet von ähnlichen Gefühlen bei einer seiner letzten Einkaufsfahrten zum Metzger:

Was habe ich mit Metzgern zu schaffen? [...] Wenn ich in diesem Haus der Totenschädel herumgehe, gähnt der Tod mich an. An den Verkaufsständen stehen Mord und Blut geschrieben. Aus dem Gesicht des Metzgers starrt die Grausamkeit mich an. Ich schreite zwischen Kadavern einher. Ich bin in der Gegenwart der Geschlachteten. Die todesstarren Augen der Tiere blicken mich an und klagen mich an, dem Geschlecht der Mörder anzugehören. Zerhackte, ausgenommene, an Haken aufgehängte Geschöpfe flehen mich an. [...] Ich bin ein Füller von Friedhöfen.[37]

Die romantischen Schriftsteller, die die Ausbeutung der Tiere durch den Menschen verurteilten, hatten über das tierische Leiden, das im Gang der Natur selber angelegt war, weniger zu sagen. Sie wollten die Natur als einen Schleier über dem Antlitz des Weltgeistes sehen, aber waren verstört und entsetzt von den ganzen Räubern und Parasiten, von denen es auf diesem Schleier offenbar wimmelte. Blake war ehrlicher als die meisten, denn er sah den Tatsachen von Gottes «mörderischer Vorsehung»[38] immerhin ins Gesicht, aber selbst er versuchte, sich vor diesem garstigen Schauspiel in eine platonische Phantasie zu retten und sich einzureden, der Tod und die Leiden, die wir in der Natur sehen, seien nur verzerrte Schatten einer besseren Welt auf einer höheren Seinsstufe:

Wie sind die Tiere, Vögel, Fische, die Pflanzen & Mineralien
Hier doch verfestigt zu Verfall & Tod unterworfener Masse!
Die Ansichten menschlichen Lebens dort & Weisheits- & Wissensschatten
Sind hier erstarrt zu festgestellten todbringenden Schrecken,
Und Krieg & Jagd, des Lebensflusses beide Quellen, sind
Zu Quellen bittren Todes hier & ätzender Hölle geworden.[39]

«Wer an die Natur glaubt», bemerkte Blake zu seinem Bekannten Crabb Robinson, «glaubt nicht an Gott. Denn die Natur ist das Werk des Teufels.»[40] Blakes bekanntestes Gedicht, «Der Tiger», bringt diese Ablehnung der Natur in Worten von derart ambibalenter Gewaltigkeit zum Ausdruck, daß sie gemeinhin fälschlich für Bewunderung gehalten werden:

Als die Sterne Tränen fließen
Und die Speere fallen ließen,
Freute da des Werks er sich?
Der das Lamm schuf, schuf er dich?

Tiger, Tiger, hell entfacht
In den Wäldern finstrer Nacht!
Wes unsterblich Aug und Hand
Schafft dich als grausen Gegenstand?[41]

Spätere, typischere Romantiker waren nicht bereit, die Natur als böse abzuurteilen, und konnten daher auf Blakes Fragen keine wirklichen Antworten geben. Shelley deutete an, daß, wenn die Feenkönigin das neue Zeitalter der Freiheit einläutet, das räuberische Verhalten der Tiere irgendwie enden werde, aber die genauen Einzelheiten blieben der Phantasie des Lesers überlassen.[42] Wer sich nicht mit mystischem Unfug trösten mochte, konnte nur mit Tennyson lamentieren: «Raub ist die ganze Natur, das legt kein Prediger bei».[43] Die britischen Theologen zu Tennysons Zeit, für die es praktisch ein Glaubensartikel war, daß Gottes Güte sich in der Natur offenbare,[44] zerbrachen sich ungefähr genauso ergebnislos den Kopf über diese Fragen. Die alte Argumentation, daß der Sündenfall des Menschen das Blutvergießen in ein vegetarisches Paradies gebracht habe, ließ sich immer schwerer aufrechterhalten. Der angenommene Zusammenhang zwischen Evas Ungehorsam und der Ernährung des Löwen hatte ohnehin nie recht eingeleuchtet; und je mehr Erkenntnisse man über Physiologie und vergleichende Anatomie gewann, um so schwieriger wurde es zu glauben, ein Tier, das wie ein Löwe gebaut war, könnte jemals Stroh gefressen haben wie der Ochse. Wer aus der natürlichen Ordnung Gottes Güte herauslesen wollte, hatte alle Mühe zu verstehen, weshalb so viele seiner Geschöpfe Räuber und Parasiten und aufs zweckmäßigste dafür ausgerüstet waren, unschuldigen Opfern Elend, Schrecken und Tod zu bringen.

Die Gelehrten warteten mit unterschiedlichen Entschuldigungen auf. Einige teilten Wesleys Glauben, daß die Tiere in der künftigen Welt für ihre «geheimnisvolle Qual» entschädigt würden.[45] In einer Abhandlung von 1835 über das Sichtbarwerden der göttlichen Vorsehung in den Instinkten und der Anatomie der Tiere vertrat William Kirby die Auffassung, die Raubtiere seien als natürliche Symbole der Dämonen erschaffen worden. Gott, sagte er, hat sie uns als warnendes Beispiel dafür gegeben, daß genau wie in der Natur, wo wir friedliche Hirsche neben reißenden Wölfen haben, es «in der unsichtbaren Welt zwei Klassen von Geistern gibt – eine wohlwollend und wohltätig, die andere übelwollend und schädlich».[46] Doch die einflußreichste und meistgelesene christliche Rechtfertigung der Grausamkeiten in der Natur gab wahrscheinlich der anglikanische Erzbischof William Paley 1802 in seiner klassischen *Natürlichen Theologie*. Paley brachte zwei Entschuldigungen für das Raubtierdasein vor. Die erste war das seltsame und schon fast viktorianische Argument, daß es ohne Raub und Krankheit in der Welt keinen Platz für die Fortpflanzung gäbe – und damit, «so wie die Sachen einmal stehen, kein tierisches Glück». Sein zweites Argument war, die Existenz von Raubtieren sei eine notwendige Vorsehung Gottes, um das *Übermaß der Fruchtbarkeit* (*superfecundity*), wie er es nannte, zu gewährleisten – die Fähigkeit einer Art, sich reichlicher fortzupflanzen, als ihre Umwelt fähig war, sie zu ernähren. Dieses Übermaß der Fruchtbarkeit, schrieb Paley, sei eine gute und nützliche Sache und rechtfertige das zu ihrem Bestehen nötige Dasein von Raubtieren:

> Diese Einrichtung bietet zwei Vorteile dar: erstens strebt sie dahin, die Welt immer bevölkert zu halten; zweitens wurde es durch dieselbe möglich, das Zahlverhältnis zwischen den einzelnen Tierarten verschiedentlich zu bestimmen, je nachdem besondere Zwecke dies erforderten, oder je nachdem in verschiedenen Landstrichen Raum und Nahrung für dieselben vorhanden waren. [...] So großen Nutzen aber auch dieses Übermaß von Fruchtbarkeit in mancher Beziehung hat, so wäre doch die Natur nicht im Stande, die dadurch hervorgerufene erstaunliche Menge von Geschöpfen zu ernähren. Jedem Übermaße tritt entweder eine von außen kommende Reaktion entgegen, oder es zerstört sich selbst. [...] Es war daher notwendig, daß den Wirkungen der so außerordentlichen tierischen Fruchtbarkeit Schranken gesetzt wurden.[47]

Zweifellos hatte Paley recht mit der Annahme, daß die Segnungen übermäßiger Fruchtbarkeit sich nicht ohne Raubtiere und das durch sie verursachte Leiden aufrechterhalten ließen. Aber es fällt schwer, ihm die feste Überzeugung abzunehmen, daß beide Seiten einander die Waage halten und daß der Nutzen übermäßiger Fruchtbarkeit die ganzen Schmerzen aufwiegt, die der Welt durch Haie und Tiger, Spinnen und Giftschlangen, Hakenwürmer und Leberegel entstehen. Das schien ein hoher Preis für das Recht auf unbegrenzte Begattung zu sein.

Das Leiden und Sterben einzelner Tiere war noch nicht das Schlimmste. Zu Beginn des 19. Jahrhunderts wurde es mit den zunehmenden Fossilienfunden schmerzhaft klar, daß auch Arten sterblich waren und daß die meisten Tierformen, die es einmal gegeben hatte, inzwischen ausgestorben waren. Im Lichte all dieser unerfreulichen Tatsachen fingen viele an, sich über die offensichtlich vernachlässigte Sorgepflicht Gottes für seine Geschöpfe, einschließlich unserer eigenen Art, zu beunruhigen. Tennysons berühmte Verse über «Nature, red in tooth and claw», drücken diese Beunruhigung aus:

> Trennt Gott denn und Natur ein feindlich Streben,
> Da die Natur so böse Träume gibt?
> Es scheint, daß sorgsam sie die Gattung liebt
> Und sorglos preisgibt manches Einzelleben. [...]
>
> «Und um die Menschheit so besorgt?» Doch nein!
> Es ruft Natur von steilen Felsenwänden:
> «Schon tausend Lebensformen sah ich enden!
> Mir gleich, was lebt, das soll vergänglich sein.»
>
> [...] – wird auch der Mensch vergehen,
> Ihr letztes Werk, der scheinbar so vollendet [...]
>
> Der Gott vertrauend, ihn nur Liebe wähnte,
> Und dem der Schöpfung Endzweck wieder Liebe,
> Obgleich Natur mit dem Vernichtungstriebe
> Sich blutig gegen seinen Glauben lehnte,

Wird er, der Dulder zahllos bitt'rer Schmerzen,
Für Wahrheit kämpfend und Gerechtigkeit,
Wird er als Wüstenstaub dahingestreut,
Wird er vergraben in Gestein und Erzen?[48]

Es bedurfte einer besseren Rechtfertigung der Natur und ihrer Grausamkeiten, um diesem ganzen Kämpfen, Sterben und Vergehen einen
edleren Zweck zu setzen. Darwins Werk sollte dieses Bedürfnis befriedigen, indem es Leiden und übermäßige Fruchtbarkeit als die beiden
Motoren des allgemeinen historischen Fortschritts bestimmte.

Der Glaube an den Fortschritt ist relativ neu. Bis zum 17. Jahrhundert
gingen abendländische Denker, die das geschichtliche Gesamtbild ins
Auge faßten, zumeist davon aus, daß das goldene Zeitalter der Vergangenheit angehörte und daß es seither mit den Menschen, den Sitten und
den Einrichtungen stetig bergab gegangen sei. Die meisten antiken
Schriftsteller teilten diese Ansicht, und ihre biblische Fassung – die Sage
von Eden und dem Sündenfall im Schöpfungsbericht – war ein Eckstein
der jüdischen heiligen Geschichte und der christlichen Lehre.

Doch im Gefolge der wissenschaftlichen Revolution wich der
alte christliche Glaube an die Minderwertigkeit des natürlichen Menschen nach und nach einer weitverbreiteten Zuversicht, wonach sich mit
der Zeit alles von selbst zum Besseren entwickelt. Die klugen Männer
der Aufklärung waren sich sicher, daß die Freiheit und das Glück des
Menschen in dem Maße zunehmen mußten, als immer mehr Leuten das
Licht aufging und sie die Ketten altverwurzelten Tyrannentums, Aber-
glaubens und Unwissens abwarfen.[49] Dieser Glaube, der in dem Wort
«Aufklärung» (englisch «Enlightenment») schon enthalten ist, schürte
die großen Revolutionen mit, die in der zweiten Hälfte des 18. Jahrhunderts über Amerika und Frankreich hinweggingen.

Der Glaube des 18. Jahrhunderts an den Fortschritt wirkte sich
auch auf die Anschauungen über die Ordnung der Natur im ganzen und
unseren Ort darin aus. Wie die gesellschaftliche Ordnung, so wurde auch
die natürliche Ordnung nicht mehr als eine statische Hierarchie gesehen, sondern als ein historischer Prozeß, der sich unaufhörlich zum Besseren hinbewegt. So kam es, als die Biologen und Visionäre im Europa

des 18. Jahrhunderts darüber nachzudenken begannen, wie eine ganze Spezies im Laufe der Zeit zu etwas Höherem und Edlerem werden konnte, daß die alte unverrückbare Stufenleiter der Wesen – wie Loren Eiseley es ausdrückte[50] – nach und nach in einen Aufzug umgewandelt wurde. 1750 prophezeite der deutsche Dichter Christoph Martin Wieland, daß es in ferner Zukunft allen Geschöpfen bestimmt sei, vernünftige Tiere wie die Menschen zu werden, während der Mensch sich über sie hinaus zu unvorstellbaren Geisteshöhen erheben werde. Alle Tiere, sagte er, sind empfindende Wesen wie wir, und wir alle steigen dieselbe Leiter der Wesen zu Gott empor. Die Menschen haben natürlich ein paar Sprossen Vorsprung vor den anderen:

> Jetzt sind sie nicht was wir; und wird nach fernen Tagen
> Sie einst ihr künftig Glück auf unsre Staffel tragen,
> So wird ein gleicher Weg, den alle Geister gehn,
> In beßre Nachbarschaft uns über sie erhöhn. [...]
> Dieß All ist Gottes Werk, nach seines Wesens Flüssen,
> Nachbildend ausgeschmückt, gemacht ihn zu genießen.
> Dieß ist der hohe Zweck, nach welchem alles strebt;
> Und, was nur fühlen kann, fühlt Gott und sich, und lebt
> Die Ewigkeiten durch, auf gipfellosen Leitern,
> Sein immersteigend Glück, gottnahend, zu erweitern.[51]

In ferner Zukunft, spekulierte der visionäre französische Biologe Charles Bonnet, wird der Mensch sich in höhere Daseinssphären aufschwingen und auf dieser Erde von aufgestiegenen Tieren ersetzt werden:

> Der Mensch wird dann an einen anderen, seinen überlegenen Fähigkeiten eher angemessenen Ort versetzt sein und den Affen oder den Elefanten die Vorzugsstellung überlassen, die er unter den Tieren unseres Planeten innehatte. In dieser umfassenden Neuordnung der Tiere werden sich unter den Affen und Elefanten Newtone und Leibnize und bei den Bibern Perraults, Vaubans etc. finden.[52]

Diese mystischen Vorstellungen waren im Grunde nur eine andere Ausdrucksweise für Wesleys Vision, daß die Tiere bei der Auferstehung mit menschlichen Fähigkeiten wieder zum Leben erwachen. Aber solche Phantasien wurden zum Saatbeet für den Gedanken der biologischen Evolution. Erasmus Darwin, Lamarck und andere spekulative Biologen des späten 18. und frühen 19. Jahrhunderts griffen die von Wieland, Bonnet und anderen ausgesprochenen Vorstellungen von der allgemeinen Höherentwicklung auf und übersetzten sie in ahnungsvolle, halbwissenschaftliche Reden vom «Fortschritt zur Vervollkommnung der Organisation» und der «sich verbessernden Güte [...] kraft des Wirkens innerer Prinzipien» in der Entwicklung heutiger Pflanzen und Tiere aus niedrigeren Vorstufen.[53]

Diese entwicklungsgeschichtlichen Spekulationen fanden Bestätigung in der Geologie. Die immer mehr werdenden Fossilienfunde zeigten, daß die eigenartigen, primitiven Pflanzen und Tiere aus der fernen Vergangenheit der Erde im Laufe der Zeit von Organismen ersetzt worden waren, die zunehmend wie die heutigen aussahen. Orthodoxe Geologen waren der Meinung, diese Stufenfolge sei der Niederschlag von mehreren göttlichen Schöpfungen hintereinander; aber die «Entwicklungshypothese», der Gedanke, daß die älteren Arten sich irgendwie in die neueren umgebildet hatten, wurde im frühen 19. Jahrhundert an den Rändern der Wissenschaft immer populärer. In Disraelis Roman *Tancred* von 1847 faßt eine übersprudelnde Lady ihre Lektüre dieser vordarwinschen Evolutionsliteratur zusammen:

> Am interessantesten ist die Art, wie der Mensch sich entwickelt hat. Alles ist Entwicklung. Erst, da war gar nichts, dann war etwas, dann – also das weiß ich nicht mehr genau – aber es war etwas wie Muscheln, dann Fische; dann kamen wir – halt mal – kamen wir als nächste? Aber das ist nicht so wichtig, jedenfalls kamen wir zum Schluß. Und die Entwicklung geht weiter. Sie wird etwas bringen, was uns weit überlegen ist, etwas mit Flügeln. Ja, das wird's sein: Wir waren Fische und werden Vögel.[54]

Disraelis Karikatur spiegelt den verschwommenen Begriff wider, den sich die führenden Persönlichkeiten der britischen Wissenschaft und

Gesellschaft von dem ganzen Evolutionsgerede machten. Evolutionäre Auffassungen wurden mit Radikalismus und Materialismus zusammengebracht, und konservative Intellektuelle sahen in ihnen zumeist eine Gefahr für die religiöse Orthodoxie, die soziale Stabilität und die Privilegien der herrschenden Klasse.[55] Wenn die Evolution ein Faktum ist, fauchte der englische Geologe Adam Sedgwick, dann «sind die Mühen nüchterner Induktion müßig, ist die Religion eine Lüge, sind die menschlichen Gesetze nichts als Torheit und grobe Ungerechtigkeit, ist die Moral leeres Geschwätz, waren unsere Bemühungen für die Schwarzen in Afrika die Taten von Verrückten und sind Männer und Frauen nur bessere Tiere!»[56]

Aber viele Wissenschaftler sträubten sich aus Gründen gegen den Evolutionsgedanken, die wissenschaftlicherer Art waren. Materialisten, denen es nicht schwerfiel, seine religiösen oder politischen Implikationen zu schlucken, wurden durch den ganzen Schwanz nebulöser romantischer Annahmen abgestoßen, den die Entwicklungshypothese hinter sich herzog. Thomas Henry Huxley und anderen war diese Hypothese aus demselben Grund wissenschaftlich dubios, aus dem es heute Spekulationen über Telepathie sind: niemand hatte einen direkten Beweis dafür oder kannte einen Mechanismus, mit dem sie funktionieren konnte.[57] Eine Heerschar glühender wissenschaftlicher Verfechter zog die Theorie der Evolution erst nach 1858 an, als Charles Darwin und Alfred Russell Wallace die erfreulich mechanische Hypothese einer Evolution durch natürliche Auslese vorlegten.

Diese Hypothese war höchst einfach. Nicht alle Mitglieder einer Art überleben solange, daß sie sich fortpflanzen können, und Überleben ist keine reine Glückssache. Einige Individuen sind gegenüber den anderen im Vorteil, weil sie überlegene Eigenschaften geerbt haben: längere Beine, tiefere Wurzeln, größere Gehirne oder was sonst für das Dasein einer bestimmten Art überlebensdienlich ist. Im großen und ganzen und auf lange Sicht hinterlassen diese überlegenen Individuen mehr Nachkommen als andere. Deshalb haben erbliche Vorteile die Tendenz, sich in der ganzen Population auszubreiten. Mit der Zeit haben dann alle Mitglieder dieser Art längere Beine (oder tiefere Wurzeln oder größere Gehirne). Die Art wird sich dann gegenüber ihrem früheren Zustand verändert haben. Solange neue und nützliche Variationen auf-

treten, kann die Art sich endlos weiter verändern und sich immer vollkommener an die Wandlungsformen ihrer Umwelt anpassen. Über
Hunderte von Jahrmillionen, schloß Darwin, hätten durch diesen Prozeß der natürlichen Auslese alle Organismen der Welt aus wenigen Ur-
formen entstehen können, ohne daß es eines göttlichen Plans oder Ein-
griffs bedurft hätte.

Darwins Ideen wurden von denen attackiert, die es unerträglich
fanden, die Zweckbestimmung in der Natur durch blinde Mechanik ersetzt zu sehen. Viele davon waren religiöse Reaktionäre, aber es waren
auch große Wissenschaftler wie William Herschel darunter, der die
natürliche Auslese als das «Gesetz des Drunter und Drüber»[58] abtat, und
radikale Humanisten wie George Bernard Shaw, für den in der ganzen
Theorie «ein unheimlicher Fatalismus» lag:

> alle Schönheit und Intelligenz, alle Kraft und alle Zweckhaftig-
> keit, alle Ehre und alles Streben wird auf grauenvolle und teuf-
> lische Weise zu etwas Zufälligem herabgewürdigt und den zu-
> weilen malerischen Veränderungen gleichgestellt, die eine La-
> wine in einer Berglandschaft oder ein Eisenbahnunfall in einer
> menschlichen Gestalt hervorrufen kann. [...] Wenn es keine Blas-
> phemie ist, sondern eine wissenschaftliche Wahrheit, dann kön-
> nen wir nicht länger sagen, daß die Sterne des Himmels, daß Tau
> und Regen, Winter und Sommer, Feuer und Hitze, Berge und
> Hügel mit uns Gott den Herrn zu loben berufen sein mögen:
> dann haben sie nur die Aufgabe, alle Dinge zu verändern, indem
> sie blindlings alles verhungern und aussterben lassen, was nicht
> das Glück hat, in dem allgemeinen Kampfe um das Futter zu
> überleben.[59]

Aber andere Viktorianer fanden an dem mechanischen Charakter der
Darwinschen Theorie Gefallen. Skeptische Wissenschaftler, und sogar
einige liberale Theologen,[60] freuten sich, daß die vielfältigen Anpassungen der Lebewesen schlichten natürlichen Ursachen zugeschrieben wurden statt einer ungeheuren Schwemme prähistorischer Wunder. Andere
zog der Darwinismus an, weil er den vorherrschenden Fortschritts-
glauben auf eine sichere wissenschaftliche Grundlage zu stellen schien.

Das große geistige Aufwärtsstreben, das die Romantiker in der ganzen Natur wahrgenommen hatten, wurde in Darwins Werk zu einem ganz praktischen, gänzlich materiellen Kampf ums Dasein umgedeutet – der dennoch «unausbleiblich bei der Mehrheit aller Lebewesen zu einem stufenweisen Fortschritt der Organisation» führt[61]. Und «da die natürliche Zuchtwahl nur durch und für den Vorteil der Geschöpfe wirkt», versicherte Darwin seinen Lesern, «so werden alle körperlichen Fähigkeiten und geistigen Gaben immer mehr nach Vervollkommnung streben».[62] Der allgemeine Fortschritt, den die Romantiker verkündet, und das allgemeine Leiden, das sie beklagt hatten, erwiesen sich so als zwei Aspekte ein und desselben gedeihlichen Mechanismus.

Analogien zwischen dem Darwinismus und viktorianischen Laissez-faire-Theorien der politischen Ökonomie lagen auf der Hand, und die beiden beeinflußten einander von Anfang an. Zunächst hatte die Gesellschaftstheorie einen größeren Einfluß auf Darwin als Darwin auf die Gesellschaftstheorie. Sowohl er als auch Wallace waren auf den Gedanken der natürlichen Auslese gekommen, nachdem sie Malthus' Schrift über das Bevölkerungsgesetz gelesen hatten, die ausführlich darlegte, weshalb die Gesellschaft untergehen müsse, wenn man die Kinder der Armen nicht verhungern ließ. Zehn Jahre, bevor Darwin und Wallace ihre Theorien in Druck gaben, predigte der Philosoph Herbert Spencer bereits das Evangelium des sozialen Fortschritts durch das «Überleben der Tüchtigsten», wie er es nannte. Spencer verglich das Elend, das der Laissez-faire-Kapitalismus über die Armen und Unwissenden brachte, mit der «strengen Zucht der Natur», mit der sie die schwachen und kranken Glieder einer Art ausmerzte. «Es ist unmöglich, diese Zucht in irgendeiner Weise aufzuheben», schrieb er 1850, «ohne den Fortschritt aufzuheben.»[63]

Darwin baute diese Gedanken in sein eigenes Werk ein. Der Mensch, behauptete er, ist

ohne Zweifel auf seinen gegenwärtigen hohen Zustand durch einen Kampf um die Existenz in Folge seiner rapiden Vervielfältigung gelangt, und wenn er noch höher fortschreiten soll, so muß er einem heftigen Kampfe ausgesetzt bleiben. Im andern Falle würde er in Indolenz versinken und die höher begabten Menschen würden im Kampfe um das Leben nicht erfolgreicher sein als die weniger begabten. Es darf daher unser natürliches Zunahmeverhältnis, obschon es zu vielen und offenbaren Übeln führt, nicht durch irgendwelche Mittel bedeutend verringert werden. Es muß für alle Menschen offene Konkurrenz bestehen, und es dürfen die Fähigsten nicht durch Gesetze oder Gebräuche daran verhindert werden, den größten Erfolg zu haben und die größte Zahl von Nachkommen aufzuziehen.[64]

Wie einige von Darwins Kritiker bemerkten, «war an die Stelle, die Paleys theologische und metaphysische Erklärung freigemacht hatte, einfach die Erklärung durch die bestehende Rauhheit der industriellen Konkurrenz getreten, auf die Darwin und Wallace durch Malthus gekommen waren».[65]

Doch als Darwins Ruhm und Ansehen stieg, begann der Einfluß anders herum zu wirken und wurde das Darwinsche Bild des Daseinskampfes zunehmend als Modell der menschlichen Gesellschaft in Anspruch genommen. Apologeten des Kapitalismus im späten 19. Jahrhundert benutzten häufig darwinistische Analogien als Argumente für den ungehemmten Wettbewerb zwischen menschlichen Staaten, Klassen und Individuen. Wie Darwin selbst behaupteten viele, daß ein solcher Wettbewerb etwas Gutes sei, weil er den Fortschritt durch das Überleben der Tüchtigsten fördere, die unter den Bedingungen des freien Marktes am besten gediehen.[66] William Graham Sumner versicherte seinen Lesern, die millionenschweren Industriekapitäne seien «ein Produkt natürlicher Auslese. [... Sie] halten die Welt des Handels, der Industrie, der Finanzen, des Transports, des Rechts und der Politik in ihren Händen; und dies nicht deshalb, weil sie sie geerbt hätten oder weil sie irgendeiner privilegierten Klasse angehören würden, sondern weil sie diese Herrschaft durch natürliche Auslese gewonnen haben.»[67] Sumner hatte keinen rechten Begriff davon, was «natürliche Auslese» bedeutete, aber er war sich sicher, daß sie die Macht der Millionäre begründen müsse, weil beide Dinge zur Ordnung der Natur gehörten. Der von Leuten wie Spencer und Sumner gepredigte Sozialdarwinismus wurde von den Ideologen und Propagandisten des Kapitalismus bereitwilligst übernommen, und solche Anschauungen sind nach wie vor wichtige Topoi konservativer politischer Philosophie und unternehmerischer Mythenbildung.

Ein weiterer Pluspunkt des Darwinismus lag, wie Shaw bemerkte,[68] darin, daß er das philosophische Problem des tierischen Leidens aus der Welt schaffte. Wenn die Natur keinem Plan Gottes gehorchte, dann war es auch nicht nötig, in ihren Grausamkeiten nach irgendeinem göttlichen Sinn zu suchen. Statt diese Grausamkeiten angestrengt als vorsätzliches Tun eines allmächtigen Gottes rechtfertigen zu müssen, konnten die Darwinisten die Härte der Natur als unbeabsichtigt entschuldigen – und sie sogar als die Triebkraft hinter dem entwicklungsgeschichtlichen Fortschritt beklatschen.[69] Die majestätischen Schlußsätze der *Entstehung der Arten* bringen die darwinistische Rechtfertigung natürlicher Übel und tierischer Not auf den Begriff:

> Aus dem Kampf der Natur, aus Hunger und Tod geht also unmittelbar das Höchste hervor, das wir uns vorstellen können: die Erzeugung immer höherer und vollkommenerer Wesen. Es ist wahrlich etwas Erhabenes um die Auffassung, daß der Schöpfer den Keim alles Lebens, das uns umgibt, nur wenigen oder gar nur einer einzigen Form eingehaucht hat und daß, während sich unsere Erde nach den Gesetzen der Schwerkraft im Kreise bewegt, aus einem so schlichten Anfang eine unendliche Zahl der schönsten und wunderbarsten Formen entstand und noch weiter entsteht.[70]

Dennoch hielten einige Viktorianer das Leiden der Versatzstücke in der Fortschrittsmaschinerie weiterhin für einen Einwand gegen die vermeintliche Vortrefflichkeit der herrschenden Ordnung der Dinge, sei es der natürlichen oder der gesellschaftlichen. In seinem ätzenden postum erschienenen Essay *Natur* schrieb John Stuart Mill,

> daß die Ordnung der Natur, insoweit sie der Mensch nicht modifiziert hat, von einer Beschaffenheit ist, wie sie kein Wesen, zu dessen Eigenschaften Gerechtigkeit und Wohlwollen gehören, mit der Absicht geschaffen haben würde, daß sie seinen vernünftigen Geschöpfen als Vorbild dient. Wäre sie ganz von einem

solchen Wesen und nicht zum Teil auch von Wesen mit völlig anderen Eigenschaften geschaffen, könnte das nur in der Absicht geschehen sein, ein unvollkommenes Werk zu schaffen, das der Mensch in seiner beschränkten Sphäre im Sinne von Gerechtigkeit und Wohlwollen zu vervollkommnen habe. [...] Um es ohne Umschweife zu sagen: Fast alles, wofür die Menschen, wenn sie es sich gegenseitig antun, gehängt oder ins Gefängnis geworfen werden, tut die Natur so gut wie alle Tage.[71]

Ein grimmiger Pessimismus, was die Grausamkeit der Natur betraf, war in der Tat ein wichtiger Teil der darwinistischen Weltanschauung, da die «mörderische Schöpfung», über die Blake geklagt hatte, in der Darwinschen Deutung sinnvoller erschien als im Kontext des Schöpfungsglaubens. Wie Darwin es ausdrückte: «Ich kann mich nicht davon überzeugen, daß ein gütiger und allmächtiger Gott die Schlupfwespen mit dem erklärten Vorsatz geschaffen hätte, sie sollten in lebendigen Larvenkörpern zehren, oder daß eine Katze mit einer Maus spielen sollte. Da ich dies nicht glaube, sehe ich auch keine Notwendigkeit zu glauben, daß das Auge vorsätzlich geschaffen wurde.»[72] Aber einige Darwinisten (darunter Darwin selbst) gingen manchmal über dieses skeptische Urteil hinaus und taten so, als ob das gegenwärtige Leiden durch die Verheißung künftigen Fortschritts irgendwie *gerechtfertigt* wäre. Dieses Manöver war kein großer Fortschritt gegenüber der natürlichen Theodizee Paleys oder dem von Wesley und Wilberforce postulierten Tierhimmel. Huxleys Essay «Der Daseinskampf in der menschlichen Gesellschaft» von 1888 wandte sich mit der gleichen unparteiischen Verachtung gegen christlichen wie darwinistischen Verbesserungsglauben:

> Von theologischer Seite erfahren wir, das Erdenleben sei ein Zustand der Prüfung, und die anscheinenden Ungerechtigkeiten und Unsittlichkeiten der Natur würden dereinst ausgeglichen werden. Wie sich aber dieser Ausgleich bei der großen Mehrzahl der empfindenden Wesen durchführen lassen soll, ist nicht klar. Wohl niemand wird sich im Ernste zu der Behauptung versteigen, den Geistern all der Zehntausende von Geschlechtern pflanzenfressender Tiere, die während der Millionen von Jahren der

Erddauer vor dem Erscheinen des Menschen gelebt haben, und
die all die Zeit über von den fleischfressenden Tieren gepeinigt
und gefressen worden sind, würde dafür ein ewiges Dasein im
Klee beschert, die Geister der Fleischfresser hingegen müßten in
jene Höhle, da es weder einen Trog Wasser noch einen Knochen
mit Fleisch dran gibt. [...]

Vonseiten der Entwicklungslehre ermahnt man uns andrerseits,
Trost in der Erwägung zu finden, daß der schreckliche Daseins-
kampf doch endlich auf etwas gutes hinauslaufe, und daß der
Vorfahr mit seinem Leiden nur für die größere Vollkommenheit
des Nachkommen zahle. [... Aber es] bleibt unklar, welchen Er-
satz für seine Leiden der Eohippus damit bekommt, daß ein paar
Millionen Jahre später eins seiner Nachkommen den Preis im
Derbyrennen davonträgt.[73]

KAPITEL VIII

Das kranke Tier

Denn der Mensch ist kränker, unsicherer, wechselnder, unfest-
gestellter als irgend ein Thier sonst, daran ist kein Zweifel, –
er ist das kranke Thier [...] wie sollte ein solches muthiges und
reiches Thier nicht auch das am meisten gefährdete, das am
Längsten und Tiefsten kranke unter allen kranken Thieren sein?

Friedrich Nietzsche

Obwohl der Darwinismus so manches romantische Element enthielt, standen die darwinistischen Vorstellungen von der Natur und den Tieren in grundsätzlichem Widerspruch zu denen der Romantiker. Die Romantiker schauten auf die Natur und sahen überall eine tiefere geistige Einheit; die Darwinisten schauten auf die Natur und sahen Konkurrenz und Hierarchie.

Die darwinistische Sicht fand besonderen Anklang bei den Reichen und Mächtigen. Solche Menschen haben häufig einen hierarchischen Naturbegriff, der ihnen bestätigt, daß ihre hohe Stellung der natürlichen Ordnung der Dinge entspricht. Im späten 19. Jahrhundert versicherten die Schriften des Sozialdarwinismus denen, die oben standen, daß die natürliche Auslese unter rivalisierenden Individuen ihnen die rechtmäßige Gewalt über die Armen verliehen habe. Die Gewalt, die die Europäer über die übrige Menschheit ausübten, wurde ebenfalls darwinistisch mit der Analogie der Herrschaft des Menschen über die niedriger stehenden Tiere gerechtfertigt.

Am Ende des 19. Jahrhunderts waren volle zwei Drittel der bewohnbaren Fläche des Planeten entweder unter europäischer Oberhoheit oder von europäischen Siedlern besetzt, die die eingeborenen Völker von ihrem Land vertrieben hatten. Die meisten Völker und Kulturen der Welt, die nicht aus Europa stammten oder direkter europäischer Leitung unterstanden, gingen unter dem politischen und militärischen Druck Europas und dem Gewicht seiner Technik, seiner Religion, seiner politischen Ideen, seiner Rauschmittel und seines Geldes in die Knie. Im Kontext der europäischen Weltherrschaft hatte der Untertitel der *Entstehung der Arten*, «Der Fortbestand der begünstigten Rassen im Kampf ums Dasein», nicht zu überhörende politische Untertöne. Für viele Europäer schien es klar zu sein, daß die weiße Rasse, da sie die niederen Menschenrassen unter ihre Gewalt gebracht, sich als ihnen überlegen erwiesen hatte, genau wie die Gattung Mensch im ganzen sich als den Tieren überlegen erwiesen hatte, da sie diese beherrschte und bezähmte. Darwin selbst sagte eine künftige Zeit voraus, in der «die zivilisierten Rassen der Menschheit beinahe mit Bestimmtheit auf der ganzen Erde die wilden Rassen ausgerottet und ersetzt haben» werden. Die großen Menschenaffen, fügte er hinzu, werden ebenfalls in nicht allzu ferner Zeit ausgestorben sein, und wenn die Weißen schließlich sämtliche Neger und Gorillas und Schimpansen ausgerottet haben, wird der Abstand zwischen Menschen und Tieren noch größer sein, als er heute schon ist:

> denn er tritt dann zwischen dem Menschen in einem noch zivilisierteren Zustande als dem kaukasischen, wie wir hoffen können, und irgendeinem so tief in der Reihe stehenden Affen wie einem Pavian auf, statt daß er sich gegenwärtig zwischen dem Neger oder Australier und dem Gorilla findet.[1]

Die Analogie zwischen der Herrschaft des Menschen über die Tiere und Europas Überlegenheit über die «wilden Rassen» spiegelte sich in der Symbolik der Großwildjagd in den Tropen wider. Die Jagd galt schon lange als ein Wahrzeichen der menschlichen Oberhoheit über die Tiere, und europäische Aristokraten hatten in ihr von jeher eine Art Kriegsspiel gesehen, in dem ein Edelmann durch das Verfolgen und Töten un-

freundlicher Bestien seine Wehrfähigkeit drillen konnte. Selbstverständlich pflegten die Edelmänner, die auszogen, um Europas Kolonien
zu leiten, dort die Jagd als einen vertrauten, ihrem hohen Rang gemäßen
Zeitvertreib – und genauso selbstverständlich wurde ihre Jägerei bald
zu einem Symbol der ganzen Kolonialpolitik.[2] Es gab offenkundige Parallelen zwischen der Aufstellung einer Jagdgesellschaft zum Töten wilder Tiere und der Führung einer Militärexpedition gegen feindliche Ureinwohner. Koloniale Jagdrituale zelebrierten diese Parallelen durch
Symbole europäischer Herrschaft über das Land, seine Tiere und seine
Menschen.

In Ostafrika ging der weiße Jäger, der auf der Suche nach Wild
in den Busch aufbrach, mit einem Troß von vierzig bis hundert
schwarzen Eingeborenen als Trägern und Dienern auf Safari. Die
Unterschiede zwischen den Einheimischen und ihren ausländischen
Eroberern wurden in jeder Einzelheit hervorgehoben. Wenn der weiße
Jäger in Britisch-Ostafrika auf Safari ging, so trug er besondere Kleidung und als Krönung einen Tropenhelm, um auf sein erklärtes Bedürfnis nach Schutz vor der tropischen Sonne aufmerksam zu machen.
Er schlief in einem komfortablen Zelt und war mit «Bwana», «Baas»
oder «Master» anzureden; seine Träger schliefen im Freien und wurden
«Boy» gerufen. Selbst das Essen der Träger, das hauptsächlich aus
Getreidebrei bestand, hatte einen besonderen Namen (Potio), wie Tier-
futter. Die Eingeborenen mußten Tag für Tag mit Sechzigpfundballen
auf dem Kopf marschieren; der Jäger trug nichts, nicht einmal sein
eigenes Gewehr. Seine Waffen bekam er von einem «Gunboy» getragen, der sie dem Jäger bei Bedarf reichte wie ein Caddie einem Golfer
seine Schläger.[3]

In Indien, wo es eine alteingesessene Kultur von beträchtlicher
Üppigkeit und Pracht gab, übernahmen einige Engländer die prunk-
vollen Jagdgebräuche der einheimischen Aristokratie und legten Ge-
sellschaftskleidung an, um vom Rücken eines Elefanten aus auf Wild zu
schießen. Auf einer solchen luxuriösen Jagd hoch zu Elefant reizten der
Prince of Wales und sein Gefolge 1876 einen Tiger, indem sie ihn mit
den leeren Mineralwasserflaschen bewarfen, die sich in ihrer Sänfte an-
gesammelt hatten. Wirklich ernsthafte weiße Jäger in Indien, die solche
Sitten als unbritisch empfanden, zogen es vor, sich nach afrikanischer

Art an der Spitze eines Zuges einheimischer Diener aufzumachen; dennoch waren sie peinlich darauf bedacht, die vorschriftsmäßigen Weine zu ihren Mahlzeiten mitzubringen und zum Diner allnächtlich in der vorschriftsmäßigen Abendgarderobe zu erscheinen.[4]

Diese ganzen Rituale gehörten zum imperialen Theater, sollten zum Teil die eigene Großmächtigkeit herausstreichen, die Einheimischen beeindrucken und klarstellen, wer hier der «Baas» war. «Bei dieser Jagd», so erinnerte der große Tigerjäger Ralph Stanley-Robinson seine Gefährten einmal am Anfang einer Jagd, «geht es um Ziele des Empire. Wir sind hier die Herrscher.»[5] Und nicht nur die Einheimischen waren beeindruckt. Die imperiale Jagd bekam auch in der Heimat eine gute Presse und wurde dort von einem breiten Publikum als Wahrzeichen der Herrschaft des weißen Mannes über die Urwaldkreaturen begrüßt. Mehr als ein Jahrhundert lang, vom frühen 19. Jahrhundert bis in die dreißiger Jahre des 20. Jahrhunderts, stießen die Druckerpressen Europas und Amerikas einen Schwall populärer Bücher und Artikel von Kolonialjägern aus, die Titel hatten wie *Auf großer Jagd in Indien*, *Afrikanische Wildfährten* und *Das Land des Löwen*, illustriert von Aufnahmen unerschrockener Jägersmänner, die auf angreifende Büffel, Löwen und Elefanten ballerten oder in Siegerpose dastanden, einen Fuß lässig auf die erlegte Beute gesetzt.

Aus allen diesen Büchern und Bildern schälte sich ein neues mythisches Klischee heraus: der Große Weiße Jäger. Es stand in krassem Gegensatz zu der älteren romantischen Vision vom Jäger als Freund der Natur. Das romantische Ideal des Jägers und Siedlers ist Coopers Lederstrumpf: ein weißer Mann in Wildlederkluft, der in der Wildnis ein einfaches Leben führt, mit den Eingeborenen auf vertrautem und freundschaftlichem Fuß steht, die weiße Zivilisation nicht ausstehen kann und nur jagt, um seine Grundbedürfnisse nach Nahrung und Kleidung zu befriedigen. Der Große Weiße Jäger ist genau das Gegenteil: ein weißer Mann aus der Oberschicht mit einer auffallend «zivilisierten» Tracht, der ein Heer von eingeborenen Knechten zu einem Beutezug in den Busch führt und tötet, weil er auf Nervenkitzel, Ruhm und Trophäen aus ist. Für den romantischem Jäger, den Mann in der Wildlederkluft, gehört die Jagd zu seinem trauten Umgang mit der Natur. Für den imperialen und darwinistischen Jäger, den Mann mit dem Tropenhelm, ist sie eine Erklärung seiner Überlegenheit über die Eingeborenen und die übrige lokale Fauna im Kampf ums Dasein.

Beide Vorstellungen von der Beziehung des europäischen Mannes zur Natur fanden in der populären Kultur des späten 19. und frühen 20. Jahrhunderts viele Ausdrucksformen. In den englischsprachigen Ländern wurde die rauhe darwinistische Sicht einer Welt, in der das Gesetz des Dschungels herrscht und der weiße Mann Herr und Gebieter ist, in den Gemälden von Winslow Homer gefeiert und in den vielgekauften Büchern von Rudyard Kipling und Jack London propagiert. Große Weiße Jäger wie Jim Corbett und Teddy Roosevelt waren die Idole der Jungen, die ihre Geschichten von Abenteuern in der Wildnis gierig verschlangen.[6] Aber auch die empfindsame romantische Sicht der Tiere und der Natur fand Anklang bei der Öffentlichkeit und hatte wahrscheinlich einen noch größeren Einfluß auf die Phantasie der Massen. Sie bestimmt im 19. Jahrhundert derart viele Werke der Kunst und Literatur, daß kaltschnäuzige Kritiker sich immer wieder über «die Sentimentalität und den Anthropomorphismus der viktorianischen Tierfreunde» beklagt haben.[7] Der Anthropomorphismus als solcher war durchaus nichts Neues. Ausstaffierte sprechende Tiere waren seit Jahrtausenden dazu benutzt worden, Menschen zu karikieren oder Institutionen lächerlich zu machen, und Kinderbuchautoren des 18. Jahrhunderts hatten Geschichten von sprechenden Tieren geschrieben, um von Grausamkeiten gegen Tiere abzuschrecken. Aber vor dem 19. Jahrhundert hatten ernsthafte künstlerische und literarische Werke nur selten vom Standpunkt realistisch dargestellter Tiere aus gesprochen.

Diese Tendenz machte sich im frühen 19. Jahrhundert in den Kunstgalerien langsam bemerkbar. Die Tiermalerei des 17. und 18. Jahrhunderts hatte Tiere im allgemeinen als Besitztümer gesehen und die teuren Viehbestände oder die Jagdabenteuer des Landadels verewigt, der die Werke der Künstler kaufte.[8] Doch im 19. Jahrhundert fing die Tiermalerei an, die Tiere selber als Motive mit psychologischer wie künstlerischer Eigenheit herauszustellen, und berühmte Tiermaler wie Courbet, Bonheur und Landseer wetteiferten miteinander darum, die Seelen der Tiere in ihren Gemälden einzufangen.

Das allgemeine Urteil lautete, daß Sir Edwin Landseer, Königin Viktorias Lieblingsmaler, Tiere ausdrucksvoller darstellte als irgendein

anderer. «Er dringt in das Geheimnis dieser dunklen Gehirne ein, er
weiß, was diese unbewußten kleinen Herzen schlagen läßt, und liest in
diesen träumerischen Augen das leise Erstaunen, das der Anblick der
Dinge dort erzeugt», rief Théophile Gautier aus. «Er ist mit den Tieren
innig vertraut: der Hund reicht ihm die Pfote wie ein Kamerad und erzählt ihm, was es in der Meute Neues gibt, [und] der Hirsch, zu Tränen
fähig wie eine Frau, kommt, um sich an seiner Brust über die Grausamkeit des Menschen auszuweinen.»[9] Der Kritiker John Canaday re-
sümierte Landseers Œuvre nicht ganz so freundlich, als er ihn «die Sa-
rah Bernhardt der Taxidermie» nannte.[10] Landseers Tod im Jahre 1873
riß den *Punch* zu folgendem hymnischen Erguß hin:

> Mourn, all dumb things, for whom his skill found voice,
> Knitting 'twixt them and us undreamed-of ties,
> Till men could in their voiceless joy rejoice,
> And read the sorrow in their silent eyes.[11]

(«Klagt, all ihr stummen Wesen, denen seine Kunst Stimme lieh / Und
so zwischen ihnen und uns nie geträumte Bande knüpfte, / Bis die Menschen sich an ihrer stimmlosen Freude erfreuen / Und das Leid in ihren
stillen Augen lesen konnten.») Wie viele andere Salonmaler des 19. Jahrhunderts hatte Landseer bei seinen Bildern immer ein Massenpublikum
im Auge. Neue Drucktechniken erlaubten es der viktorianischen Mittelschicht, sich Chromolithographien und Stahlstiche von berühmten
Gemälden als Hausheiligtümer ins Wohnzimmer zu hängen; und einige
Künstler, darunter Landseer, bezogen den größten Teil ihres Einkom-
mens aus Urheberrechtsgebühren für diese Reproduktionen. Seine Bilder hatten einen breiten Einfluß auf die Vorstellungen, die sich die Menschen von den Tieren machten. Clarence Days Erinnerungen an seine
New Yorker Kindheit in den siebziger Jahren des 19. Jahrhunderts sind
ein Zeugnis für die Wirkung von Landseers Motiven:

> An einer Wand hing ein Stich von Rosa Bonheurs sich aufbäu-
> menden Pferden. [...] An der Wand gegenüber hing ein Stich von
> Landseers «Der gestellte Hirsch». Wir standen davor und starr-
> ten ihn ehrfürchtig an. Unsere anderen Helden, Crusoe und

Christian und mehr noch natürlich Gulliver, waren trotz aller
Abenteuer, die sie erlebten, im Grunde irgendwie ziemlich öde.
Der Hirsch da war anders. Er war tragisch und männlich und
prachtvoll.[12]

Ältere Jagddarstellungen hatten den Künstlern vor allem einen Vorwand
dafür geliefert, das Stilleben eines toten Wilds oder Porträts reicher Gön-
ner zu Pferde zu malen. Aber in den Jagdszenen Landseers und anderer Tiermaler des 19. Jahrhunderts verlagerte sich der Schwerpunkt auf
das Leiden der Beutetiere: aufgespießte Fischotter, die sich vor Schmerzen wanden, erschöpfte Füchse, die vor der heranreitenden Jägerei entsetzt schrien, und Rothirsche tonnenweise, tragisch und männlich und
prachtvoll, deren lange Gesichter im Angesicht des Todes zu Masken
edler Pein erstarrt waren.[13] Obwohl Courbet, Bonheur und Landseer
selber begeisterte Jäger waren, waren zumindest einige dieser Bilder eindeutig dazu gedacht, Gefühle des Mitleids und der Empörung über das
Treiben der Jäger zu wecken. In einem Brief an Lord Ellesmere von 1837
brachte Landseer seine eigenen gemischten Gefühle über die Rotwild-
jagd in Schottland zum Ausdruck:

> Die Mühe und Plage, das stürmische Wetter und die wilde Land-
> schaft, das hat etwas, was aus uns allen Metzger macht. Wer
> frohlockt nicht über den Tod eines prächtigen Hirsches? an Ort
> und Stelle – wo er sich doch in Wahrheit des Mordes schämen
> sollte. [...] Dennoch, bei all meiner Achtung vor dem friedferti-
> gen Wesen des Tieres – meine Liebe zu ihm *als Motiv für meinen
> Zeichenstift* siegt über solche zarten Empfindungen.[14]

Die Betroffenheit vom tierischen Leiden, die Landseer und andere Mei-
ster des Tiergenres in ihre Gemälde und Stiche verströmten, spiegelte
sich in vielen Aspekten der viktorianischen Kultur wider. Ihr vielge-
kaufter literarischer Ausdruck war Anna Sewells Roman *Black Beauty*
von 1877, der von Tierschutzvereinen lastwagenweise gekauft und an
Droschkenkutscher und Stallknechte verschenkt wurde, um sie dazu
anzuhalten, gut zu Pferden zu sein. Ihr politischer Flügel war die SPCA-

Bewegung, von der auch Landseer und Bonheur überzeugte Mitglieder waren.

Die organisierte politische Agitation für die humane Behandlung von Tieren fing in Großbritannien in den ersten beiden Jahrzehnten des 19. Jahrhunderts an, als Gesetzesvorlagen mit dem Ziel, die Mißhandlung von Tieren unter Strafe zu stellen, im Parlament eingebracht wurden. Das erste tatsächlich verabschiedete Gesetz, der Cruelty to Animals Act von 1822, erklärte es für strafbar, Pferde, Esel und Rinder zu mißhandeln, aber sah keine Mittel zu seiner Durchsetzung vor.[15] Dieses Versäumnis führte 1824 zur Gründung der Society for the Prevention of Cruelty to Animals (Gesellschaft zur Verhinderung von Grausamkeiten gegen Tiere). Die SPCA fing als kleine Schar allseits belachter Eiferer an, die mutig Pferdeschinder vor Gericht schleppten und dafür sorgten, daß gegen sie Anklage erhoben wurde. Sie entwickelte sich bald zu einer Art Privatpolizei, die Hand in Hand mit der offiziellen Polizei arbeitete. Die junge Prinzessin Viktoria trat der Gesellschaft 1835 bei und beförderte sie damit in die höchsten Sphären englischer Respektabilität. Als sie Königin wurde, ordnete Viktoria die Umbenennung ihrer liebsten Wohlfahrtseinrichtung in Royal SPCA an. Schon bald drückten die RSPCA und ihre einflußreichen Freunde schärfere Tierschutzgesetze im Parlament durch. In der zweiten Hälfte des 19. Jahrhunderts schossen überall in Europa und Nordamerika ähnliche Gesellschaften zum Schutz der Tiere aus dem Boden, die für ähnliche gesetzliche Schritte eintraten und sie manchmal auch durchsetzten.[16]

Diesen Tierschutzvereinen gehörten überproportional viele Reiche an, und ihr Einsatz richtete sich zum größten Teil gegen typische Tierquälereien der Unterschicht wie Hundekämpfe, Stierhetzen und das Zutodetreiben von Pferden. Einige Historiker haben dementsprechend die Tierschutzbewegung als eine weitgehend symbolische Äußerung der Angst- und Schuldgefühle dargestellt, die die Höhergestellten in der viktorianischen Gesellschaft gegenüber denen empfanden, die unten standen.[17] Dieses Bild enthält viel Wahres, läßt aber einige wichtige Tatsachen außer acht. Einerlei, was wir von den symbolischen Dimensionen der Tierschutzbewegung halten mögen, müssen wir zugeben, daß ihre Mitglieder wirklich etwas gegen die grausame Behandlung von Tieren unternahmen, die ein echtes Problem war und moralisches Engagement durchaus verdiente. Und einige von ihnen blieben nicht bei Stierhetzen und Hundekämpfen stehen, sondern wandten sich auch gegen Formen von Tierquälerei, die eindeutig auf das Konto der Oberschicht gingen: die Vivisektion und die Jagd.

Lebende Tiere aufzuschneiden, um herauszubekommen, wie ihre Körper funktionieren, ein Brauch, der wenigstens bis auf Galen zurückgeht, wurde während der wissenschaftlichen Revolution des 17. Jahrhunderts ein alltäglicher Laborvorgang. Es war eine verteufelte, nach Folterkammer riechende Angelegenheit, bei der das Tier unter furchtbaren Qualen lebendigen Leibes seziert wurde und das einzige verwandte Narkotikum die cartesianische Philosophie war, die das Empfinden des Experimentators betäubte. Proteste gegen die Vivisektion wurden erstmals im frühen 18. Jahrhundert laut und wuchsen sich im Laufe des 19. Jahrhunderts zu einer ansehnlichen politischen Bewegung aus, die mehrere der frühen SPCA-Größen für sich gewinnen konnte, darunter Königin Viktoria höchstpersönlich.[18] Eines der ersten Heime für herrenlose Tiere in Frankreich wurde von der Frau und den Töchtern des französischen Physiologen und fanatischen Vivisektors Claude Bernard, dem sie sich zutiefst entfremdet hatten, als Akt der Sühne für das Leiden und Sterben der vielen streunenden Hunde gegründet, die Bernard im Laufe der Jahre mit nach Hause gebracht und im Keller viviseziert hatte.[19] Eine Kampagne gegen die Vivisektion, die die britische RSPCA 1857 ins Leben rief, gipfelte in der Verabschiedung des Cruelty to Animals Act von 1876 – des ersten Gesetzes der Welt, das den Gebrauch von Tieren in der wissenschaftlichen Forschung einschränkte.

Die Einführung der Ätherbetäubung im Jahre 1849 machte die Vivisektion zum größten Teil zu einer relativ schmerzlosen Angelegenheit, aber der Wandel änderte wenig an der antivivisektionistischen Agitation. Der Skandal von wissenschaftlichen Experimenten an Tieren bestand für viele Gegner der Vivisektion weniger im Leiden des Tieres als in der Gefühllosigkeit und Überheblichkeit des Vivisektors. Viktorianische Antivivisektionisten «sahen in wissenschaftlichen Experimenten an Tieren [...] ein Symbol dafür, wo es in einer Welt im argen lag, in der die Menschen für sich, ihr Denkvermögen und die Befriedigung ihrer

Wünsche den höchsten Rang beanspruchten».[20] Viele Briten aus der Arbeiterklasse betrachteten die Vivisektion bald politisch noch entschiedener als ein Symbol der Macht, die Ärzte und andere Männer von Geld und Einfluß über die Armen ausübten. Dieser Aspekt der antivivisektionistischen Bewegung wurde 1907 in den Brown-Dog-Unruhen offenkundig, in denen Gewerkschafter in den Straßen von Battersea gegen Medizinstudenten kämpften, um ein zu Ehren eines vivisezierten Terriers aufgestelltes Standbild zu verteidigen.[21]

Die Jagd besaß ähnliche Symbolbedeutungen, und sie löste ähnliche Emotionen und politische Reaktionen aus. In England, wo das Jagen immer noch ein Statussymbol der Oberschicht war, konnte es Adeligen, die gerade einen Fuchs oder einen Hirsch hetzten, passieren, daß ein feindseliger Mob ihre Beute vor ihnen in Schutz nahm.[22] Und genau wie die Herrschaft des Jägers über das Wild ein Vorbild für die Herrschaft der Europäer über die übrige Menschheit abgab, so enthielten Angriffe auf die Jagd mitunter Zweifel an der Rechtmäßigkeit des Empire. Die jagdfeindlichen Gefühle, die Coleridge, Thoreau und andere Schriftsteller aus der ersten Hälfte des 19. Jahrhunderts zum Ausdruck gebracht hatten, wurzelten in einer romantischen Liebe zu den Tieren und der unverdorbenen Natur; doch in der späteren viktorianischen Literatur mischten sich solche Empfindungen häufig mit zersetzenden Zweifeln am Wert des Fortschritts, der Überlegenheit der europäischen Kultur und der Güte des Menschen.

Einer der ersten Schriftsteller, der aus diesen verschiedenen Zweifeln ein Bündel schnürte, war der amerikanische Essayist und Romancier Charles Dudley Warner. In seiner Kurzgeschichte «A Hunting of the Deer», die 1878 im *Atlantic Monthly* erschien, unternahm es Warner, «die vergnügliche Aufregung einer Hirschjagd [...] vom Standpunkt des Wildes aus» darzustellen. Warners Geschichte, die mit Ironie und beißendem Sarkasmus auf die Tränendrüsen drückt, handelt von einer gejagten Hirschkuh, der im vorletzten Absatz die Kehle durchgeschnitten wird. Warner beschwört das Leiden des Muttertieres und seines verhungernden Kälbchens, um die Menschheit im allgemeinen, die sogenannte christliche Zivilisation im besonderen und die Jägerei in allen ihren Formen zu geißeln, wobei er explizite Parallelen zwischen der Jagd und dem westlichen Imperialismus zieht:

Im Winter finden die Jäger [das Wild] an Weideplätzen zusammengedrängt vor, wo es umstellt und so mühelos geschossen werden kann, wie unsere Truppen die Frauen und Kinder der Komantschen in ihren Winterdörfern erschießen.

[...] In Panik geraten, suchen verängstigte Tiere stets beim Menschen Zuflucht vor der Gefahr noch grimmigerer Feinde. Damit begehen sie immer einen Fehler. Vielleicht ist das Verhalten das Relikt einer Zeit des Friedens auf Erden; vielleicht ist es die Prophezeiung eines goldenen Zeitalters der Zukunft. Das Geschäft dieser Zeit ist das Morden – das Abschlachten von Tieren, das Abschlachten von Mitmenschen en gros.[23]

Diese Gedanken fanden ein Echo bei Warners Freund und Mitarbeiter Mark Twain, dessen Ansichten zu seiner Kultur und seiner Spezies mit zunehmendem Alter immer düsterer wurden. In seinen frühen Reisebüchern äußerte Twain sich geringschätzig über rückständige Fremde und Wilde, denen er begegnete, und war stets bereit, ihnen einen amüsant niedrigen Rang auf der Stufenleiter des Daseins zuzuweisen. In *The Innocents Abroad* beschreibt er europäische Bauern als halbtierische Typen, «kaum besser [...] als die Esel, mit denen sie essen und schlafen»;[24] und in *Roughing It* läßt er den «niedrigsten Menschenschlag» der südafrikanischen Buschmänner und der Eingeborenen des Großen Beckens «offensichtlich von eben demselben Gorilla oder Känguruh oder Wanderratz oder sonstigem Adam-Tier ab[stammen], auf das die Darwinisten sie zurückführen.»[25]

Aber selbst in diesen frühen Büchern riß Twain oft satirische Witze über die vermeintliche Überlegenheit der Weißen und ihrer Kultur; und als sein Leben zu Ende ging und das 19. Jahrhundert mit, griff er die hierarchische darwinistische Sicht der Natur und den herrschenden Wahn eines weißen Besserseins immer ungehemmter an. Nach der Rückkehr von einer Vortragsreise, die ihn 1895 durch weite Teile des britischen Kolonialreichs geführt hatte, erklärte Twain sich zum «Antiimperialisten»[26]. In seinen Erinnerungen an diese Reise geißelte er die Halbsklaverei, in die die Polynesier von weißen Anwerbern gestürzt wurden, pries die Steinzeitkultur und die Fähigkeiten der australischen Ureinwohner und belobigte einen weißen australischen Farmer sardo-

nisch für den Massenmord an einer Gruppe von Ureinwohnern, denen
er mit Arsen vergifteten Plumpudding vorgesetzt hatte. Dieser Farmer,
so Twain, habe nach dem altbewährten Brauch christlicher Kultur ge-
handelt:

> Die Einstellung dieses Weißen [...] war diejenige, die der zivili-
> sierte Weiße dem Wilden gegenüber schon immer offenbart hat,
> aber die Verwendung von Gift war eine Abweichung von der
> Sitte [...] und daher meiner Meinung nach ein Fehler. Die Me-
> thode war besser, gnädiger, rascher wirksam und sehr viel hu-
> maner als eine Anzahl derer, die der Brauch geheiligt hat, aber
> [...] durch ihren ungewöhnlichen Charakter hebt sie sich heraus
> und erregt ein Maß an Aufmerksamkeit, das ihr nicht gebührt.
> [...] In vielen Ländern haben wir den Wilden in Ketten gelegt und
> verhungern lassen; und das macht uns nichts aus, denn die Ge-
> wohnheit hat uns dagegen verhärtet; ein rascher Gifttod ist da-
> mit verglichen ein Liebesdienst. In vielen Ländern haben wir den
> Wilden auf dem Scheiterhaufen verbrannt; und das macht uns
> nichts aus, denn die Gewohnheit hat uns dagegen verhärtet; ein
> rascher Gifttod ist damit verglichen ein Liebesdienst. In mehr als
> einem Land haben wir als Nachmittagssport den Wilden, seine
> kleinen Kinder und deren Mutter mit Hunden und Gewehren
> durch Wälder und Sümpfe gehetzt und angesichts ihrer unbe-
> holfenen und stolpernden Fluchtversuche und ihres wilden Gna-
> denflehens die ganze Landschaft von herzhaftem Gelächter er-
> schallen lassen; aber diese Methode stört uns nicht, denn die Ge-
> wohnheit hat uns dagegen verhärtet; ein rascher Gifttod ist da-
> mit verglichen ein Liebesdienst. [...]
> Es gibt viele komische Dinge auf der Welt; eines darunter ist die
> Einbildung des Weißen, er sei weniger wild als die anderen
> Wilden.[27]

Twain sah kaum einen Unterschied zwischen der Jagd auf Menschen
und der Jagd auf Tiere. Die Gruselgeschichten, die er in Indien über das
Thag-Unwesen gehört hatte, den Ritualmord, den Verehrer der Göttin
Kali an ahnungslosen Reisenden begingen, gab Twain mit der Bemer-

kung wieder, daß der moralische Unterschied zwischen dem Thag und dem Jäger nur «mikroskopisch» sei:

> Die Lust zu töten, die Lust, zuzusehen, wie jemand getötet wird
> – das sind Wesenszüge des Menschengeschlechts im allgemeinen.
> Wir Weißen sind nur gemäßigte Thags [...], die vor langer Zeit
> das Blutbad der römischen Arena genossen und [...] die sich heut-
> zutage mit den Thags aus Spanien und Nîmes zusammenrotten,
> um das Blut und Elend der Stierkampfarena zu genießen [...]; in
> der Jagdzeit sind wir gemilderte Thags und finden Gefallen daran,
> ein zahmes Kaninchen zu jagen und zu töten. [...]
> Es existieren viele Hinweise dafür, daß der Thag Menschen oft
> nur um des Sportes willen jagte; daß die Angst und der Schmerz
> des verfolgten Wildes ihm nicht mehr bedeuteten, als uns die
> Angst und der Schmerz des Hasen oder des Hirsches; und daß
> er sich nicht mehr schämte, sein Wild durch Täuschung hinters
> Licht zu führen und sein Vertrauen zu mißbrauchen, als wir,
> wenn wir den Ruf eines wilden Tieres nachahmen und es er-
> schießen, wenn es uns mit seinem Vertrauen beehrt und nachse-
> hen kommt, was wir wohl wollen.[28]

Obwohl Twain nie eine Geschichte schrieb wie Warner, in der die Jagd aus der Perspektive des Beutetiers geschildert wird, veröffentliche er ähnliche Geschichten gegen den Stierkampf und die Vivisektion, und mit Warner verurteilte er die Jagd als ein barbarisches Vergnügen, das die angestammte Schlechtigkeit des Menschen beweise.[29] Seine letzten Werke sind durchdrungen von der zutiefst misanthropischen Überzeugung, daß Homo sapiens «das niedrigste Tier» sei, unübertroffen an Geistesgaben, aber in jeder anderen Hinsicht ein Fehlschlag, das sich von höheren Geschöpfen hauptsächlich durch seine Grausamkeit, seine Habsucht, seine Gehässigkeit und seine krankhafte Freude daran, Böses zu tun, unterscheide.[30] «Wenn man einen halbverhungerten Hund aufhebt und füttert, daß er wieder zu Kräften kommt», schrieb Twain, «wird er einen nicht beißen. Das ist der Hauptunterschied zwischen einem Hund und einem Menschen.»[31] Dieser Aphorismus wird oft für ein

Witz gehalten, aber Twains späteres Werk macht deutlich, daß er ihn ohne Abstriche für wahr hielt.

Andere viktorianische Intellektuelle hegten gegen Ende des 19. Jahrhunderts ähnlich finstere Gedanken. Besonders deutliche Parallelen zu Twains Verlust des Glaubens an die menschliche und europäische Überlegenheit enthalten die Gedichte von Alfred, Lord Tennyson. Sein Gedicht «Locksley Hall» von 1842 ist ein eleganter poetischer Ausdruck des frühviktorianischen Vertrauens auf die Spitzenposition des weißen Mannes in der Hierarchie der Natur. «Nur des Manns geringres Abbild ist das Weib», versichert Tennyson seinen Lesern, und daß die europäische die beste aller Zivilisationen sei: «Besser fünfzig Jahr' Europas, als chinesische Äonen». Und wie der Mensch den niederen Tieren überlegen ist, so die zivilisierten Weißen den dunkelhäutigen Wilden mit «niedren Stirnen, unserer hehren Siege bar! / [...] ein Tier, das nur zu niedrer Lust und Pein die Welt gebar!»[32] In diesem frühen Gedicht sah Tennyson nur unaufhörlichen Fortschritt zum Aufgang des Weltfriedens voraus. Doch als er sich 1885 hinsetzte, um die Fortsetzung «Locksley Hall nach sechzig Jahren» zu schreiben, hatten sich all diese frohen Erwartungen in Luft aufgelöst. Fortschritt, europäische Überlegenheit und menschliche Verfügungsgewalt über die Tiere, alles erschien illusorisch. Die Zukunft, die er der Menschheit jetzt prophezeite, war Vernichtung durch Überbevölkerung und endloses Kriegführen, bis «die Erde ausgestorben, / leblos, wie der bleiche Mond». Der Hauptunterschied des zivilisierten Menschen vom «schuldlos Vieh» und den «Ahnen in [ihrer] Wildheit», wie er sie begriff, lag in einer Verfeinerung der Grausamkeit:

> Zwingt die Wut uns mehr als unsre
>   Ahnen in der Wildheit Bann?
> «Tod dem Feind! Du haßt ihn!» – Schrie'n sie;
>   Doch der Feind – er war ein Mann.
>
> Sind wir tiefer noch gesunken? –
>   Schuldlos Vieh wird nun bekriegt
> Von der feigen Mondscheinbande,
>   die im Busch auf Lauer liegt.

Sind es Tiere, die euch drängen?
  Welch ein Nachtkrieg, welch ein Kampf!
Morgens liegt beim Schmerzenswurfe
  armes Vieh im Todeskampf,

Bei der stummen Mutterleiche
  hilflos Kalb [...] o Teufelei'n!
Daß ein heil'ger Franz Assisi
  unter uns möcht' kehren ein!

Alles hieß er Schwester, Bruder,
  was gleich Menschen leiden muß.
Selbst den Blumen bot er liebend
  einen brüderlichen Gruß.[33]

Der große Exponent dieser empfindsamen Verzweiflung im 19. Jahrhundert war der deutsche Philosoph Arthur Schopenhauer. Schopenhauer wird heute nicht mehr viel gelesen, aber vor hundert Jahren wurde er von unzufriedenen jungen Intellektuellen vergöttert. Tief beeinflußt von der buddhistischen Philosophie, war Schopenhauer ein melancholischer Pessimist, der die Natur als reine Hölle und das menschliche Leben als einen grundlosen Schmerzenskelch ansah. Wie Darwin und Huxley meinte er, daß die Hypothese eines Schöpfungsplans durch die Gebrechen der Welt widerlegt werde:

Ueberhaupt aber schreiet gegen eine solche Ansicht der Welt, als des gelungenen Werkes eines allweisen, allgütigen und dabei allmächtigen Wesens, zu laut einerseits das Elend, dessen sie voll ist, und andererseits die augenfällige Unvollkommenheit und selbst burleske Verzerrung der vollendetesten ihrer Erscheinungen, der menschlichen.[34]

«Hat man jene Gewohnheit angenommen», fährt Schopenhauer fort (nämlich «diese Welt zu betrachten als einen Ort der Buße»); «so wird man [...] die Widerwärtigkeiten, Leiden, Plagen und Noth [...] ganz in der Ordnung finden, wohl wissend, daß hier Jeder für sein Daseyn ge-

straft wird, und zwar Jeder auf seine Weise. [...] In der That ist die Ueber-
zeugung, daß die Welt, also auch der Mensch, etwas ist, das eigentlich
nicht seyn sollte, geeignet, uns mit Nachsicht gegen einander zu erfüllen.»[35] Für Schopenhauer war das große Geheimnis die Frage, weshalb
die *niederen* Geschöpfe leiden mußten:

> Können wir nun, [...] von einem sehr hohen Standpunkt aus, eine
> Rechtfertigung der Leiden der Menschheit absehn; so erstreckt
> jedoch diese sich nicht auf die Thiere, deren Leiden, zwar
> großentheils durch den Menschen herbeigeführt, oft aber auch
> ohne dessen Zuthun, bedeutend sind. [...] Da drängt sich also die
> Frage auf: wozu dieser gequälte, geängstigte Wille in so tau-
> sendfachen Gestalten, ohne die durch Besonnenheit bedingte
> Freiheit zur Erlösung?[36]

Selbst ein irreligiöser Pessimist wie Schopenhauer wollte immer noch
glauben, daß es irgendwie, irgendwo eine *Rechtfertigung* für das tierische Leiden geben müsse. Aber der einzige Sonnenstrahl, den Schopenhauer in dem finsteren Abgrund tierischen Elends entdecken konnte,
war seine Überzeugung, daß es den Tieren jedenfalls noch besser geht
als den Menschen – hauptsächlich, weil sie zu dumm sind, um zu erkennen, wie schlecht es ihnen geht. («In gleichem Maaße also, wie die
Erkenntniß zur Deutlichkeit gelangt, das Bewußtseyn sich steigert,
wächst auch die Quaal, welche folglich ihren höchsten Grad im Menschen erreicht, und [...] der, in welchem der Genius lebt, leidet am meisten.»[37]) Der Wille zum Leben steht demnach in umgekehrtem Verhältnis zur Intelligenz. Weil die niederen Tiere augenblicksverhaftete Wesen ohne Vorstellungsvermögen sind, bleiben ihnen die ganzen Qualen
erspart, die uns aus unseren verbitterten Erinnerungen an die Vergangenheit und unseren Sorgen um die Zukunft erwachsen.[38] Die Tiere
könnten in ihrem Aufgehen in der ewigen Gegenwart relativ glücklich
sein, wenn nicht die menschliche Grausamkeit wäre:

> Aber die angeführte Eigenschaft der Thiere, mehr, als wir, durch
> das bloße Daseyn befriedigt zu seyn, wird vom egoistischen und
> herzlosen Menschen mißbraucht und oft dermaßen ausgebeu-

tet, daß er ihnen, außer dem bloßen kahlen Daseyn, nichts, gar nichts gönnt: den Vogel, der organisirt ist, die halbe Welt zu durchstreifen, sperrt er in einem Kubikfuß Raum ein, wo er sich langsam zu Tode sehnt und schreiet [...], und seinen treuesten Freund, den so intelligenten Hund, legt er an die Kette! Nie sehe ich einen solchen ohne inniges Mitleid mit ihm und tiefe Indignation gegen seinen Herrn.[39]

Auch Schopenhauers einflußreiche Schriften nährten die um sich greifenden Zweifel an den Hierarchien, die den herrschenden Vorstellungen vom Fortschritt zugrunde lagen. Diese Zweifel spiegelten eine wachsende Unsicherheit wider, was die Rechtmäßigkeit der menschlichen und der abendländischen Oberhoheit über die restliche Welt betraf. Die Vortrefflichkeit des Menschseins und der abendländischen Zivilisation waren für europäische und amerikanische Intellektuelle am Ende des 19. Jahrhunderts nicht mehr so fraglos wie noch zu dessen Anfang. Die Ungerechtigkeit und Unterdrückung, die im europäischen Imperialismus lagen, kamen vielen nachdenklichen Menschen schmerzhaft zu Bewußtsein – vor allem nach dem Burenkrieg, in dem die von den britischen Armeen niedergeschlagenen einheimischen Afrikaner besonderes Mitgefühl erregten, weil sie weiße Haut hatten und Holländisch sprachen.

Auch die Herrschaft des Menschen über die niedrigeren Daseinsstufen der Natur wurde zunehmend in Zweifel gezogen (zum Teil wegen ihrer metaphorischen Zusammenhänge mit dem europäischen Kolonialismus), und viele Viktorianer versuchten, diese Herrschaft mit politischen Mitteln zu begrenzen. Zwei wichtige politische Bewegungen des 19. Jahrhunderts verfolgten beide dieses Ziel. Die Tierschutzbewegung, die von England ausging, war bestrebt, unsere Verfügungsgewalt über die Tiere durch das Verbot bestimmter menschlicher Praktiken zu begrenzen. Die Naturschutzbewegung, die in den Vereinigten Staaten nach dem Bürgerkrieg aufblühte, wollte die Ausbeutung der Natur durch den Menschen auf andere Weise begrenzen, nämlich indem man dem Menschen große Stücke von ihr ein für allemal aus der Hand nahm.

Erste Ansätze zu einer Naturschutzbewegung gab es 1833 in den Vereinigten Staaten, zu einer Zeit also, als es in Nordamerika noch mehr
Wildnis als sonst etwas gab. In dem Jahr machte George Catlin, der
Künstler des Westens, den Vorschlag, einige der riesigen Wälder, die
noch an den Ufern des Missouri wuchsen, «sollten zukünftig (durch
eine umfassende Schutzpolitik der Regierung) in ihrer ursprünglichen
Schönheit und Wildheit in einem gewaltigen Park erhalten werden, in
dem spätere Zeitalter den eingeborenen Indianer sehen können, wie er
in seiner klassischen Tracht auf seinem wilden Pferd [...] zwischen da-
hineilenden Wapiti- und Büffelherden einhergaloppiert».[40] Das Projekt
eines Nationalparks wurde auch von Emerson, Thoreau und dem Maler Thomas Cole betrieben, die alle Catlins romantische Ehrfurcht vor
den Erhabenheiten der unverdorbenen Natur teilten. Wie Catlin wollte
auch Thoreau, daß die Indianer neben der übrigen Fauna als ein Teil der
natürlichen amerikanischen Landschaft geschützt würden: «Warum
sollten wir nicht [...] unsere nationalen Reservate haben, [...] in denen
der Bär und der Panther, und selbst Angehörige der Jägerrasse, weiter-
existieren können und nicht ‹vom Angesicht der Erde wegzivilisiert›
werden – unsere Wälder, nicht allein, um des Königs Wild zu enthalten,
sondern um auch den König selbst zu enthalten und erhalten, den Herrn
der Schöpfung - nicht zum müßigen Zeitvertreib oder zum Verzehr, sondern zur Inspiration und zu unserer eigenen wahren Re-kreation».[41]

In den fünfziger Jahren des 19. Jahrhunderts, als die Eisenbahn
nach Westen vordrang und der Goldrausch Kalifornien die erste fie-
berhafte Besiedlungswelle bescherte, entstand im Osten ein neues Genre
von Zeitungsberichten, Panoramagemälden, Fotografien und Büchern
über die Herrlichkeit und Majestät der westlichen Wildnis. Diese
großangelegte Werbekampagne für die West-Territorien wurde von Un-
ternehmern und Spekulanten angekurbelt, die die Leute aus dem Osten
mit den landschaftlichen Schönheiten des Westens zum Umsiedeln bewegen wollten. Im Jahre 1852 schälten zwei kalifornische Geschäfte-
macher von einem Mammutbaum 7000 Quadratfuß Rinde ab und machten damit eine Werbetour an die Ostküste und nach London, wo den
Bewunderern eine Broschüre verkauft wurde mit der Aufforderung, Kalifornien zu besuchen und sich die Riesenbäume selber anzuschauen.[42]
Diese Reklamemasche löste empörte Reaktionen von James Russell Lo-

well, Oliver Wendell Holmes und anderen prominenten Schriftstellern aus, die gegen die Vermarktung der Redwood-Wälder protestierten und forderten, sie vor skrupellosen Geldhaien zu schützen.

Diese Forderung wurde 1864 erstmals in die Tat umgesetzt, als Präsident Lincoln ein Gesetz unterzeichnete, das die Mammutbäume im Yosemite Valley und in Mariposa County dem Staate Kalifornien unter der Bedingung übereignete, daß sie für alle Zeit in öffentlicher Verantwortung blieben. Der erste Nationalpark wurde 1872 gegründet, um Yellowstone in seinem Naturzustand zu bewahren, und in den nächsten sechsunddreißig Jahren wurden laufend neue Parks und Monumente eingerichtet und unter Bundeshoheit gestellt, im Durchschnitt jedes Jahr einer.[43] In den folgenden Jahren dieses Jahrhunderts ging die Entwicklung weiter, so daß heute ein Drittel des Gebietes der Vereinigten Staaten in der einen oder anderen Form unter öffentlicher Kontrolle steht und vorübergehend oder auf Dauer menschlicher Besiedlung und Bewirtschaftung entzogen ist. Das amerikanische Vorgehen hat ähnlichen Naturschutzbestrebungen in der ganzen übrigen Welt als Vorbild gedient.

Von den ersten Anfängen an hat die amerikanische Naturschutzbewegung zwei ganz verschiedene Arten von Naturfreunden umfaßt: empfindsame Romantiker, die die Natur bewahren wollen, weil sie heilig ist, und robuste darwinistische Typen, die sie bewahren wollen, weil sie gesund ist. Für die Romantiker ist die Natur eine Freiluftkapelle, in der man sich dem Unendlichen nahe fühlen und sich mit den Geschöpfen des Waldes anfreunden kann; für die Darwinisten ist die Natur ein riesiger Ertüchtigungsraum, in dem man körperliche Schlappheit und seelische Angeknackstheit loswerden, einen Mordsappetit kriegen und darauf ein oder zwei von diesen Geschöpfen des Waldes zum Abendessen verputzen kann. Diese Anschauungen schließen einander nicht aus, und die meisten Naturfreunde vertreten beide in unterschiedlichem Maß; aber es besteht eine Spannung zwischen den beiden Einstellungen, die sich manchmal in heftigen Auseinandersetzungen über Fragen wie die Jagd entlädt.

Die bekannteste dieser Auseinandersetzungen war die berühmte Kontroverse über die sogenannte «Naturverfälschung» («nature fakery»), die um die Jahrhundertwende in den Vereinigten Staaten ausbrach. Die vielleicht bekanntesten und beliebtesten amerikanischen Naturfreunde zu dieser Zeit waren zwei würdevolle, weißbärtige Mittsechziger: John Muir, dessen Sicht der Natur im wesentlichen romantisch war, und John Burroughs, ein entschiedener Darwinist. Die beiden sagten einander nichts Böses nach, aber sie waren von Grund auf unterschiedliche Temperamente und mochten sich nicht besonders.

Burroughs, den Henry James einmal als «eine Art gestutzter Thoreau» beschrieb,[44] war ein ruhiger, belesener, korrekter Mann, der dreißig Jahre lang ansprechende, populäre naturkundliche Bücher schrieb. Obwohl er ein Schüler Emersons und ein Freund Walt Whitmans war, hatte Burroughs wenig für mystische Vorstellungen über Tiere und die Natur übrig. Die Beschäftigung mit der Natur sollte die Menschen seiner Ansicht nach von derlei Dingen heilen, nicht sie darin bestärken. «Naturnähe», schrieb er, «erzeugt im allgemeinen eine Geisteshaltung, die von der Mythen bildenden, Visionen sehenden, Stimmen hörenden Art und Veranlagung denkbar weit entfernt ist. In allen Dingen, die mit der sichtbaren, konkreten Welt zu tun haben, schafft sie Helle, wo Zwielicht war, ersetzt sie Furcht durch Neugier; … sie läßt alle Leichtgläubigkeit im Frost der Skepsis erfrieren.» Burroughs sah die Natur in einem harten, kalten, darwinistischen Licht:

> Die Natur ist nicht gütig; die Natur [...] macht keine Ausnahmen, schwächt ihre Erlasse niemals durch Gnadengesten ab, drückt bei keiner Gesetzesübertretung ein Auge zu. Und ist es nicht letztlich so am besten? Ließe sich das Weltall als Wohlfahrt oder karitative Einrichtung betreiben, oder als Armenhaus selbst nach bewährtestem Muster? [...] Es ist ein hartes Evangelium; aber Steine sind auch hart, doch sie bilden die Grundfesten der Berge.[45]

Muir, der den Sierra Club gründete, war ein energischer, fuchtelnder, unentwegt predigender Mystiker, der die westliche Wildnis als heiliges Land ansah, «wo alles wild und schön und rührig und von Gott durchtränkt ist».[46] Er weihte sein Leben dem Schutz der Wildnis und ihrer Tiere vor den Verwüstungen und der dreisten Anmaßung des «Herrgotts Mensch». Wie Twain und Warner verband sich für Muir die Jagd

mit dem westlichen Imperialismus, und er verurteilte beide im selben
Atemzug:

> Wenn ein christlicher Jäger in die Wälder des Herrn geht und
> seine wohlgehegten wilden Tiere oder wilden Indianer schießt,
> so ist das gut und schön; aber wehe, ein wagemutiges Exemplar
> dieser vorbestimmten Opfer sucht einmal Häuser und Felder
> heim und tötet die wertloseste Person der lotrechten gottglei-
> chen Schlächter – oh! das ist grauenhaft widerrechtlich und, von
> seiten der Indianer verübt, abscheulicher Mord! Ich für mein Teil
> habe außerordentlich wenig für das selbstsüchtige Rechtsemp-
> finden des zivilisierten Menschen übrig, und wenn ein Krieg der
> Arten zwischen den wilden Tieren und dem Herrgott Mensch
> ausbrechen sollte, wäre ich versucht, zu den Bären zu halten.[47]

Um die Jahrhundertwende fühlte Burroughs sich von dieser Einstellung
allmählich bedroht – nicht nur ideologisch, sondern auch wirtschaftlich. In den achtziger Jahren des 19. Jahrhunderts hatten amerikanische
Pädagogen «Nature Study», wie sie es nannten, in den Lehrplan der
staatlichen Schulen aufgenommen, in dem Glauben, die Beschäftigung
mit Vögeln, Käfern und dem Waldleben würde amerikanischen Schul-
kindern nicht nur naturwissenschaftliche Kenntnisse vermitteln, sondern in ihnen auch den Sinn für die Schönheiten der Natur, die Achtung
vor ihren Geschöpfen und die Ehrfurcht vor ihrem Schöpfer wecken.
Da die rohe Natur diese sittlichen Wirkungen ohne etwas Nachhilfe oft
nicht hervorbringen wollte, waren Schulbücher nötig, die den Kindern
beibrachten, was sie in der Natur zu sehen und was sie dabei zu empfinden hatten. Naturkundebücher waren ein großes Geschäft; die erfolgreichen erreichten Auflagen von mehreren hunderttausend Exem-
plaren. Und unter den Autoren solcher Bücher war keiner erfolgreicher
oder höher geschätzt als John Burroughs, dessen Verkaufsziffern durch
das Netz von John-Burroughs-Gesellschaften, die seine Verleger an den
Schulen im ganzen Land anregten, erheblich in die Höhe getrieben
wurden.[48]

   Doch um 1900 bekam Burroughs die Konkurrenz einer jüngeren Generation von Naturschriftstellern tüchtig zu spüren, deren

Bücher flotter geschrieben und hübscher illustriert und deren Tierfiguren gewitzter waren. Die beiden populärsten Schriftsteller dieser jüngeren Generation waren die Kanadier Ernest Thompson Seton und William J. Long, deren Einstellung zur Natur wesentlich sentimentaler und romantischer war als die von Burroughs. Seton, ein begabter Künstler, der als erstes Buch einen aufwendigen Atlas der Tieranatomie veröffentlicht hatte, war zudem ein ehemaliger Jäger, der einst von Regierungsprämien für den Abschuß von Wölfen gelebt hatte. Die Erfahrung hatte ihn zum Jagdgegner gemacht. Seine ersten beiden Naturbücher, *Wild Animals I Have Known* und *Lives of the Hunted*, sind wirkungsvolle Propagandaschriften gegen die Jägerei, die das Leben und den tragischen Tod der gejagten Tiere anrührend gefühlvoll und mit einem Sinn für realistisch wirkende Einzelheiten darstellen, der an eine Prosaversion von Landseers Gemälden denken läßt. Longs Bücher waren heiterere, aber im großen und ganzen ähnliche Sammlungen von Tiergeschichten, voll von ebenso gefälligen Illustrationen und gespickt mit ähnlichen moralischen Appellen gegen die Jagd.

Burroughs las die Werke von Seton und Long und dachte gründlich nach, und dann schleuderte er einen Donnerkeil auf die Köpfe seiner aufstrebenden Rivalen. Im Februarheft der Zeitschrift *Atlantic* von 1903 prangerte er sie als windige Märchenerzähler an, die sich bereitwillig jede erdenkliche Geschichte aus den Fingern sogen, «nur um sich die Gunst des Publikums und finanziellen Gewinn zu erschleichen». Setons Bestseller *Wilde Tiere, die mir begegnet sind*, knurrte Burroughs, sollte umbenannt werden in «Wilde Tiere, die mir *allein* begegnet sind». Und Long sei noch schlimmer. Seine kleinen «Naturlesebücher» für Schulkinder seien nichts weiter als Sammlungen von Phantastereien – über ein Stachelschwein, das sich zu einem Ball zusammenrollt und zum Spaß den Berg hinunterkullert; über Fischadler, die ihren Jungen das Fischefangen beibringen, indem sie Elritzen verstümmeln, an denen die Kleinen üben können; über einen Fuchs in der Falle, der sich absichtlich tot stellt, um dem Trapper zu entkommen; über einen anderen Fuchs, der auf sicherer Stange sitzende Hühner zum Abendessen fängt, indem er immer im Kreis herumläuft, bis das Federvieh schwindlig herabfällt; und so weiter und so fort, von einer grotesken Übertreibung zur nächsten. Burroughs deutete an, Long habe sich diese ganzen intimen

Kenntnisse des Waldlebens daheim im Lehnstuhl erworben, durch die
Lektüre des Jägerlateins in einschlägigen Zeitschriften.

Was Burroughs vor allem mißfiel, war weniger die Ungenauig-
keit dieser Möchtegern-Naturkenner als vielmehr ihr Anthropomorphismus. Longs Buch *School of the Woods* fand er besonders ärgerlich.
«Es gibt genauso sehr eine Schule der Wälder», zürnte er, «wie es eine
Kirche der Wälder oder ein Parlament der Wälder oder einen Wohl-
fahrtsverband der Wälder gibt, und genauso wenig. Es gibt im Verhalten von Tieren gegenüber ihren Jungen nichts, was im entferntesten an
menschlichen Unterricht erinnert. [...] Die Jungen aller wilden Geschöpfe tun instinktiv, was ihre Eltern tun und taten. Sie müssen nicht
unterrichtet werden; sie werden von Anfang an von der Natur unterrichtet.»[49] Tiere, so Burroughs, sind Maschinen aus Fleisch, «fast ebenso
sehr in der Gewalt der absoluten Natur, oder was wir Instinkt, angeborene Neigung nennen, wie die Pflanzen und Bäume».[50]

In einer Entgegnung vom Mai desselben Jahres gab Long zurück,
Tiere seien Individuen, jedes mit seinen besonderen Ticks und Eigenar-
ten. In der «Welt der Tatsachen und Gesetze, mit der sich die Wissenschaft allein befaßt», argumentierte Long, «muß das Individuum, ob
Tier oder Mensch, gegen Tatsachen und Gesetze kämpfen, um seine In-
dividualität zu entwickeln oder zu bewahren.» Nur mit Anekdoten und
Geschichten, nicht mit Gesetzen und Statistiken könne man diese Indi-
vidualität sichtbar machen. Weil Burroughs lebendige Wesen nur als ste-
reotype Vertreter ihrer Spezies begreife, sei er ein schlechter Naturfreund, der die Geschöpfe, die er angeblich erforschte, niemals voll verstehen werde.[51]

Eine stürmische Kontroverse entzündete sich prompt an den beiden Männern, in der Amerikas führende Naturkundler, Vogelbeobach-
ter und Kommentatoren für die eine oder andere Seite Partei ergriffen
– und amerikanische Karikaturisten ihre Häme über das ergötzliche
Schauspiel so vieler hochmögender Herren ausgossen, die sich darüber
stritten, ob Vögel Vernunft besitzen und Stachelschweine Berge hinun-
terkullern. Der erste Amateurnaturkundler der Nation, Präsident Theodore Roosevelt, schritt ungeduldig an der Seitenlinie auf und ab und
schrieb einen empörten Leserbrief gegen Long nach dem anderen.
Schließlich wandte sich Roosevelt Anfang 1907 an die Öffentlichkeit.

In einem Interview mit einer Chicagoer Zeitung bezeichnete er Long und andere Naturschriftsteller als Scharlatane und Schwindler. «Ich glaube keine Sekunde», ereiferte er sich, «daß einige von diesen Männern, die Naturgeschichten schreiben und in ihren Vorworten groß von ‹Wahrheit› reden, das Herz der wilden Tiere kennen.» Der Präsident nahm besonders Anstoß an einer von Long verfaßten Geschichte über einen Wolf, der einen Karibubullen tötet, indem er ihm mit einem plötzlichen Zuschnappen die Fänge ins Herz stößt. Roosevelt verglich dieses Kunststück, das er «eine mathematische Unmöglichkeit» nannte, mit dem Versuch, eine in einem Faß Mehl vergrabene Grapefruit mit einem Biß durch das Faß zu öffnen.[52]

Indem er gerade auf diesem Fehler Longs herumritt, stellte Roosevelt einen wunden Punkt seines eigenen Images in der Öffentlichkeit bloß. Er war ein überzeugter Naturschützer, aber seine Auffassung von der Beziehung des Menschen zur Natur war durch und durch hierarchisch und darwinistisch. Außer einem begeisterten Imperialisten und einem standhaften Verfechter der These von der Überlegenheit der angelsächsischen Rasse war er auch ein namhafter Großer Weißer Jäger, der viel Zeit darauf verwandte, in der ganzen Welt Großwild zu schießen und Bücher mit seinen Abenteuern zu schreiben. Er unterstützte die Erhaltung von Amerikas Wildnisgebieten, weil seines Erachtens Abenteuer in der Wildnis «Kampf- und Herrentugenden» züchteten und «jene kraftvolle Männlichkeit, deren Fehlen in einem Volk ebenso wie in einem Einzelnen durch den Besitz anderer Eigenschaften unmöglich wettgemacht werden kann». Seine Taten als Jäger ließen Schulbuben erschauern, aber viele Naturschützer und Naturfreunde eher romantischen Zuschnitts hielten ihn für eine Art Metzger. Als Roosevelt zum erstenmal in den Westen fuhr, um John Muir kennenzulernen und mit ihm Zelten zu gehen, fragte Muir prompt: «Mr. President, wann wachsen sie über die Bubenunsitte hinaus, immer etwas töten zu müssen?»[53]

Longs Gegenangriff zielte voll auf das Spannungsverhältnis zwischen Roosevelts Image als Freund der Natur und seinen Heldentaten als Großer Weißer Jäger:

Woher nimmt er das Recht, zu schreiben: «Ich glaube keine Sekunde, daß einige von diesen Naturschriftstellern das Herz der

wilden Tiere kennen»? Was das betrifft, so stelle ich nach sorgfältiger Lektüre von zwei seiner dicken Bücher fest, daß Mr. Roosevelt jedesmal, wenn er dem Herzen eines wilden Tieres zunahe
kommt, unweigerlich eine Kugel hindurchjagt. Nach seinen eigenen Angaben bin ich auf volle tausend Herzen gekommen, die
er auf diese intime Art kennengelernt hat. Allein in einem Kapitel finde ich, daß er sich binnen weniger Tage gewaltsam die
Kenntnis von elf edlen Wapitiherzen verschafft hat.[54]

Der Streit rumorte in den Zeitungen und Zeitschriften weiter vor sich
hin, bis Roosevelt ihm im September auf altbewährte amerikanische Art
und Weise ein jähes Ende bereitete, indem er einfach eine üble Nachrede
in die Welt setzte. Long und seinesgleichen, schrieb Roosevelt, seien
nichts weiter als ein Haufen «Naturverfälscher». Das saß. Am Ende des
Jahres wurden Long und Seton und ihre Freunde allgemein als die Naturverfälscher bezeichnet, und als solche sind sie auch in Erinnerung geblieben. Sie zogen sich bald aus der öffentlichen Debatte zurück und
wandten ihre Aufmerksamkeit anderen Dingen zu. Die meisten Historiker des Themas kommen zu dem Schluß, daß sie von Roosevelt und
Burroughs gedemütigt und ihre Werke und Ideen unglaubwürdig gemacht worden seien und daß die ganze Angelegenheit ein großer Sieg
der Wissenschaft über die Sentimentalität gewesen sei.

Doch in ihrem breiteren kulturellen und historischen Kontext
gesehen, kommt einem der Streit um die Naturverfälscher gar nicht so
eindeutig entschieden vor. Man hat eher den Eindruck eines zeitweili-
gen Sieges einer politischen Ideologie über eine andere. Long wollte die
Natur als gütig und das Leben der wilden Tiere als im wesentlichen
glücklich ansehen, während Roosevelt und Burroughs die Natur als
strenge Zuchtmeisterin ohne Erbarmen mit den Weichen und Schwachen betrachteten. Da die Natur in Wirklichkeit weder gütig noch streng
ist, ist es ein Fehler, eine dieser Anschauungen für realistisch und die andere für phantastisch zu halten. Im Grunde sind beide wenig mehr als
Projektionen unterschiedlicher politischer Einstellungen. Longs Mutter Natur war eine liberale Demokratin; die von Burroughs eine konservative Republikanerin und Sozialdarwinistin. Long und seine
Freunde meinten, daß Tiere (oder wenigstens Säugetiere und Vögel)

kleine Personen mit Ansätzen von Denkvermögen und Eigenbewußtsein seien, während Burroughs in ihnen instinktgetriebene Automaten sah. Auch diese Frage blieb durch Roosevelts Sieg unentschieden liegen, und sie ist heute in der Kontroverse über Tierrechte immer noch umstritten.

Kurz und gut, die von Burroughs und Roosevelt vertretene darwinistische Sicht der Weltordnung hat die von Long, Seton und Muir favorisierte romantischere Naturauffassung keineswegs verdrängt. Beide Sichtweisen haben sich im 20. Jahrhundert gehalten und politischen Bewegungen manchen Anstoß gegeben. Die empfindsame, romantische Sicht der Natur als einer durch menschliche Übergriffe bedrohten harmonischen Ordnung hat das Wachsen solcher politischen Phänomene wie der Tierrechtsbewegung, Greenpeace, Ökofeminismus und der Grünen in Westeuropa begünstigt. Die robuste, Rooseveltsche Sicht der Natur als einer hierarchischen Konkurrenzordnung hing eng mit dem europäischen Imperialismus des 19. Jahrhunderts und mit Theorien von der Überlegenheit der Weißen zusammen und leistet weiterhin einen wichtigen Beitrag zum konservativen politischen Denken. Die hierarchische Naturauffassung, wie sie in den Werken von Philosophen wie Haeckel und Friedrich Nietzsche ihren Niederschlag fand, wurde eine der wichtigsten geistigen Strömungen, aus denen sich die Ideologie Nazideutschlands speiste.[55]

Die Philosophie Nietzsches ist im Grunde die Schopenhauers auf den Kopf gestellt. Nietzsche stimmte Schopenhauer zu, daß das Leben in der Tat unaufhörliches Leiden beinhalte. Aber gesund sein, behauptete Nietzsche, heißt das Leben bejahen, und daher muß man das Leiden annehmen. Weder bemüht sich ein an Geist und Körper gesunder Mensch, Leiden zu vermeiden, noch zögert er, es anderen zuzufügen. Im Gegenteil, andere leiden zu machen ist gerade ein Zeichen von Lebenskraft. Indem er Mitleid und Mitgefühl erfunden hat, ist der Mensch zum kranken Tier geworden, und er wird seine Gesundheit nicht eher zurückgewinnen, als bis er wieder grausam, böse und prachtvoll geworden ist:

Jener Wille zur Selbstpeinigung, jene zurückgetretene Grausamkeit des innerlich gemachten, in sich selbst zurückgescheuchten

Thiermenschen, des zum Zweck der Zähmung in den «Staat»
Eingesperrten, der das schlechte Gewissen erfunden hat, um sich
wehe zu thun, nachdem der *natürlichere* Ausweg dieses Wehe-
tun-wollens verstopft war, – dieser Mensch des schlechten Gewissens hat sich der religiösen Voraussetzung bemächtigt, um
seine Selbstmarterung bis zu ihrer schauerlichsten Härte und
Schärfe zu treiben. [...] Oh über diese wahnsinnige traurige Bestie Mensch! Welche Einfälle kommen ihr, welche Widernatur,
welche Paroxysmen des Unsinns, welche *Bestialität der Idee*
bricht sofort heraus, wenn sie nur ein wenig verhindert wird, *Bestie der That* zu sein![56]

Nietzsches Beschreibung der geistig Gesunden ist berüchtigt:

Sie treten in die Unschuld des Raubthier-Gewissens *zurück*, als
frohlockende Ungeheuer, welche vielleicht von einer scheussli-
chen Abfolge von Mord, Niederbrennung, Schändung, Folte-
rung mit einem Übermuthe und seelischen Gleichgewichte da-
vongehen, wie als ob nur ein Studentenstreich vollbracht sei [...]
Auf dem Grunde aller dieser vornehmen Rassen ist das Raubthier, die prachtvolle nach Beute und Sieg lüstern schweifende
blonde Bestie nicht zu verkennen; es bedarf für diesen verborge-
nen Grund von Zeit zu Zeit der Entladung, das Thier muss wieder heraus, muss wieder in die Wildnis zurück.[57]

Es fällt schwer, diese Stelle wohlmeinend zu lesen, weil wir wissen, was
geschah, als eine der selbsternannten vornehmen Rassen es zur
nationalen Politik erhob, das Tier wieder herauszulassen. Doch Nietzsches Grundgedanke hier, daß die Zivilisation eine Krankheit ist, von
der wir uns heilen können, indem wir unseren animalischen Instinkten
hin und wieder freien Auslauf lassen und in der natürlichen Ordnung
aufgehen, ist nach wie vor eine von vielen geteilte Vorstellung. Sie liegt
allen lebensreformerischen Bewegungen zugrunde, vom Pfadfindertum
bis zur Freikörperkultur, die um die Jahrhundertwende in Europa und
Amerika aufkamen. Die These, das seelische Wohlbefinden verlange,
daß man ab und zu in die Wälder zieht und etwas tötet, wird von na-

hezu allen denkenden und lesenden Jägern gutgeheißen. Und die Vorstellung, Geisteskrankheiten entständen aus der Unterdrückung der Tiernatur des Menschen, verbinden wir nur deshalb nicht mehr mit Nietzsche, weil wir so gewohnt sind, sie für Sigmund Freuds Erfindung zu halten.[58]

Wie Nietzsche ging Freud davon aus, daß die psychische Gesundheit des Menschen in der Befriedigung der tierischen Triebe liege und daß die Kultur die Unterdrückung dieser Triebe gefördert habe.[59] Doch anders als Nietzsche ehrte Freud die Kultur und empfand für Raubzüge und Plünderungen keinerlei Sympathie. Entsprechend konnte er als Kur für die conditio humana auch nicht die Rückkehr zur tierischen Einfalt verschreiben. Dafür plagten Freud immer wieder Befürchtungen einer drohenden Vernichtung der Menschheit. Zuerst sah er diese Vernichtung kommen, weil die Menschen seiner Meinung nach mit der Zeit zu kulturgeschädigt und verzwungen wurden, um sich noch fortzupflanzen.[60] Aber nach dem ungeheuren irrsinnigen Blutbald des Ersten Weltkriegs entschied Freud, die tatsächliche Gefahr für das menschliche Überleben liege in dem, was er den Todestrieb nannte: in der angeborenen menschlichen Sucht nach Selbstvernichtung, die sich, wenn sie frustriert wird (oder in Sadismus umgelenkt), in der Aggression gegen andere Ausdruck verschafft.[61] Das schreckliche Waffenarsenal, das die Wissenschaft mittlerweile diesem «menschlichen Aggressions- und Selbstvernichtungstrieb»[62] zur Verfügung gestellt hatte, machte es nach Freud unmöglich, irgendwelche Hoffnung in die Zukunft des Menschengeschlechts zu setzen. Ausgehend von Prämissen, die an Nietzsche erinnern, sah Freud sich doch gezwungen, zu Schopenhauers Anschauung zurückzukehren, daß das intelligente Leben irgendwie einen inneren Hang zur Selbstdestruktion besitze.

Freuds ungemein einflußreiche Schriften haben seither einer Auffassung Nachdruck verliehen, wonach der Mensch ein krankes Tier ist, das durch seine frustrierten Triebe die Macht und die Neigung gewinnt, die Welt zu zerstören. «Freud in Verbindung mit Darwin geben uns eine hinreichende philosophische Orientierung», schrieb T. H. Huxleys Enkel Julian. «Der Mensch ist der einzige Organismus, bei dem das Auftreten seelischer Konflikte normal und unvermeidlich ist.»[63] In den Jahren zwischen den beiden Weltkriegen akzeptierten westliche In-

tellektuelle im allgemeinen die grimmige Freudsche Sicht der Dinge als
eine von der modernen Wissenschaft aufgedeckte bestürzende Tatsache,
nicht minder real wie die Rotverschiebung in der Astronomie oder die
Lorentz-Fitzgerald-Kontraktion in der Physik. Selbst Marxisten wie der
junge W. H. Auden folgten Freud, wenn sie der Krankheit und inneren
Zerrissenheit des Menschen die tierische Gesundheit und Ganzheit ge-
genüberstellten:

> In stumpfer Sonnenglut geht er
>   An stärkern, schönern Tieren
> Vorbei, ein lebendes Gewehr,
>   Mit Büchse, Linse, Bibel [...]
>
> Beherrscht von Toten nie gekannt,
>   Von frommem Wähnen irre,
> Hoch auf des Wahnsinns Stuhl gebannt
>   Oder Stuhl der Verödung,
> Sitzt mörderisch und kaltblütig [...][64]

Die Freudsche Sicht der conditio humana hat darwinistische und romantische Auffassungen von der Beziehung zwischen Mensch und Natur gleichermaßen beeinflußt und ist von beiden Seiten in die Debatten
unseres Jahrhunderts über die Jagd eingebracht worden. Die Jäger selbst
haben gern mit Nietzsche die Jagd als Therapie der menschlichen Krankheit hingestellt, als reinigende Teilnahme an der gesunden Gewalt der
natürlichen Ordnung. Andere, darunter die Theoretiker der Jagdhypothese, haben es vorgezogen, die Jagd in einem romantischeren Licht als
ein bedenkliches Krankheitssymptom des Menschen zu sehen, einen
Anschlag menschlichen Wahnsinns auf die natürliche Ordnung und die
tierische Unschuld. Diese negative Sicht der Jagd ist wahrscheinlich weiter verbreitet. Sogar einigen Jägern erscheint ihr Sport als Beweis
menschlicher Schlechtigkeit. «Hirsche sind die schönsten Tiere der Wälder», schreibt der Verfasser eines 1925 erschienenen Buches über die Jagd
mit Pfeil und Bogen. «Warum Menschen sie töten, ist eine akademische
Frage, aber es ist die Gewohnheit einer Bestie. Wir hängen ihr seit so
vielen Jahrhunderten an, daß man kaum eine schlagartige Umkehr von

uns erwarten kann. Zweifellos ist sie das Zeichen eines unentwickelten sittlichen Bewußtseins. Wir sind verworfene Tiere.»[65]

Ein Faktor, der uns diese unvorteilhafte Sicht des Jagens aufdrängt, ist der Komplex überlieferter Bedeutungen, die wir der Beute des Jägers beilegen. Hirsche und Hasen, traditionell die beliebtesten Objekte der Jagd,[66] symbolisieren Harmlosigkeit, Lebensfreude und unschuldige Sexualität und sind Sinnbilder der Geburts- und Auferstehungsfeste Weihnachten und Ostern.[67] Wer ein Tier töten will, das für Liebe, Schönheit, Unschuld und Weihnachten steht, kann nicht gerade mit der Gunst der Öffentlichkeit rechnen.

Die symbolischen Werte, die Hirschen und Rehen anhaften, üben seit langem einen nachhaltigen Einfluß auf die abendländische Einstellung zum Jagen und zu den Jägern aus. In Jahrhunderten abendländischer Kulturgeschichte gewachsene literarische, künstlerische und alltägliche Konventionen haben aus ihnen stereotyp vollkommene, magische Tiere gemacht: unschuldig («rehäugig»), flink, anmutig, schön, grazil weiblich als Hinden und Ricken und kraftvoll männlich als Hirsche, Inbilder des Natürlichen und Wilden, des Numinosen und Überirdischen,[68] tragische Figuren und unschuldige Opfer[69]. Der Gedanke liegt nicht fern, daß mit Leuten, die unter Sport das Totschießen solcher Geschöpfe verstehen, etwas nicht stimmen kann. In seiner Schrift über natürliche Theologie von 1835 meinte Pfarrer William Kirby, Hirsche und Rehe seien von Gott ausersehen, «zu den besonderen Lieblingen des Königs und Herrn [der Welt], des Menschen», zu zählen, und unsere Vorliebe dafür, diese «eleganten und ätherischen» Wesen zu töten, sei ein Zeichen für die angestammte Verderbtheit des gefallenen Menschen.[70] Der moderne amerikanische Dichter Kenneth Rexroth hat es in sechs Versen zusammengefaßt:

> Hirsche sind sanft und voll Anmut
> Und haben schöne Augen.
> Sie verletzen höchstens sich selbst,
> Die Männchen, und nur aus Liebe.
> Die Menschen haben etliche tausend
> Arten erdacht, sie zu töten.[71]

Ehrfürchtige Gefühle gegenüber Hirschen werden heute von den unterschiedlichsten Leuten geteilt und zum Ausdruck gebracht, unter anderem von hispanischen Biologen, indianischen Schriftstellerinnen, schwarzen Boxweltmeistern und amerikanischen Präsidenten.[72] Eine ähnliche Ehrfurcht spricht aus den Schriften vieler Hirschjäger. Sie erreicht einen einzigartigen Intensitätsgipfel im Werk von James Dickey, dessen Jagderfahrungen mit Pfeil und Bogen die Grundlage für seinen Roman *Flußfahrt* und etliche seiner Gedichte bilden. In einem davon wird der Dichter durch die Silhouette eines Hirschbocks, die sich vor dem Licht der aufgehenden Sonne abzeichnet, in derartige religiöse Verzückung versetzt, daß er sich die Kleider vom Leib reißt, um nackt mit seinem Beutetier zu tanzen:

> Ich werfe ein unerträgliches Licht
> In lebendig von Hüllen enthäuteten Hauch:
> Ich denke, mit Lorbeer beginnend,
> Wie ein Tier, das da liebt mit dem ganzen,
> Mit dem göttlichen Bein des Geweihs:
> Des Überschwangs Grün umfängt mich,
> Wie Hirsche im Winter im Tann,
> Stampfend und träumend von Menschen,
> Die mit ihnen nackt knien, um das Eis
> Mit dem Mund von den Bächen zu brechen
> Und vom Kraftquell der Tiere zu trinken.[73]

Für Dickey und viele andere leidenschaftliche Jäger verbindet sich mit der Hirschjagd offensichtlich etwas Größeres und Geheimnisvolleres als die Ernte von hochwertigem Protein. Die symbolische Bedeutung der Hirsche und das Licht, das dadurch auf das Jagen fällt, wurden noch deutlicher in einer beiläufigen Bemerkung, die der radikale Tierrechtler Cleveland Amory machte, als er 1982 im Everglades-Nationalpark gegen den offiziell angeordneten Abschuß von Weißwedelhirschen zur Kontrolle der Population protestierte. «Wenn einige dieser Fisch- und Wildbehördler in den Himmel kommen – *falls* sie dahin kommen, was ich bezweifle», erklärte Amory, «werden sie sich ganz schön wundern, wenn sie feststellen, daß Gott ein Hirsch ist.»[74]

KAPITEL IX

Das Bambi-Syndrom

*Wir wissen inzwischen, oder sollten wissen, daß das, was uns als
Vergnügen gilt, selten einfach und niemals unschuldig ist.*

Fred Pfeil

Es ist recht leicht zu beschreiben, wie verschiedene Symbole und Bilder im Zusammenhang mit der Jagd sich im Laufe der abendländischen
Geschichte verändert haben. Schwerer ist es anzugeben, wie sehr diese
Veränderungen die Mehrzahl der Menschen vergangener Zeiten wirklich betrafen. Es gibt normalerweise keinen Grund anzunehmen, daß
solche Veränderungen sich weit über den Rand der herrschenden Klasse
hinaus auswirkten. Es ist zum Beispiel nicht anzunehmen, daß sich in
den Anzeichen für eine Abneigung gegen das Jagen, die in der englischen und französischen Literatur des 16. Jahrhunderts aufzutauchen
begannen, sehr viel mehr ausdrückte als die Gefühle eines kleinen Krei-
ses gebildeter Großstädter.

Durch die Massenmedien hat sich das alles verändert. Die Macher
der Massenkultur gehören im allgemeinen der literarischen Elite an und
können vom Gedankengut der hohen Kultur abschöpfen, was ihnen
brauchbar erscheint, um daraus Artikel für den Massenkonsum zusam-
menzubasteln. Dies verschafft den entsprechenden Gedanken ein brei-
teres Publikum. Auf jeden, der Shaws *Pygmalion* gelesen hat, kommen
hundert, die *My Fair Lady* gesehen haben. Kaum jemand hat jemals von
Edmond Rostand gehört, aber Millionen kennen die Geschichte von
dem Mann mit der breiten Nase, der mit einem Massenausstoß von Ge-

dichten einem Freund behilflich ist, der Frau den Hof zu machen, die sie beide lieben – und wer sich an ihn nicht als Jose Ferrer in *Cyrano de Bergerac* erinnert, kann ihn als Gérard Depardieu sehen oder als Steve Martin in *Roxanne*. Ich und viele andere Amerikaner mittleren Alters haben die wichtigsten griechischen Götter in den vierziger Jahren durch das Schmökern der Comic-Hefte von Captain Marvel und Wonder Woman kennengelernt. Die Massenmedien haben eine riesengroße Zahl von Motiven und Ideen aus der hohen Kultur, die früher der Intelligenz vorbehalten waren, übernommen und sie als Unterhaltungsstoff für ein Massenpublikum vermarktet. Dadurch haben sie die gesellschaftliche Relevanz der Geistesgeschichte erhöht.

Was die Jagd und die Beziehung des Menschen zur Natur betrifft, können wir den Einfluß der hohen Kultur auf das Massenbewußtsein deutlich nachweisen. Obwohl nur wenige Amerikaner Thoreau oder Freud oder Schopenhauer gelesen haben, dürfen wir davon ausgehen, daß diese Schriftsteller die Einstellung breiter Schichten Amerikas zur Natur und den wilden Tieren beeinflußt haben, weil Stoffe und Ideen aus ihren Werken zur Entstehung eines unserer bekanntesten mythischen Bilder von der natürlichen Ordnung beitrugen: des Bildes von einem kleinen Zeichentrickreh, das hingerissen einen Schmetterling auf seinem aufgestellten Stummelschwänzchen anschaut.

Trotz seiner süßlichen und kindischen Drolligkeit hat Disneys *Bambi* einen tiefen Einfluß auf die heutige Einstellung zur Jagd, der Tierwelt und der Wildnis gehabt. Der Film verdankt seine mythische Kraft der Geschicktheit, mit der er eine breite Palette von Elementen aus der hohen wie der niedrigen Kultur verbindet – einschließlich der ganzen reichhaltigen Symbolik, die sich um unschuldige, rehäugige Opfer und numinose Fürsten der Wälder rankt. Jäger sehen in *Bambi* das wirkungsvollste Propagandawerk gegen die Jagd, das je produziert wurde, und sie haben wahrscheinlich recht.

Der Bambi-Mythos hat seine literarischen Wurzeln im Wien der Zeit Freuds. Bambis Schöpfer war ein brennend ehrgeiziger junger Ungar namens Siegmund Salzmann, der 1869 in Budapest in eine ungarisch sprechende jüdische Familie geboren wurde. Salzmann lernte als Junge Deutsch und kam Mitte der achtziger Jahre des 19. Jahrhunderts auf der

Suche nach literarischem Ruhm und Glück nach Wien. Er änderte seinen unvorteilhaft jüdisch klingenden Namen in Felix Salten um und schloß sich bald einer Schar von Bohèmes und Ästheten an, die im Café Griensteidl am Michaelerplatz verkehrten. Er fing an, mit großem Fleiß zu schreiben und zu veröffentlichen – Stücke, Romane, Essays, Novellen, Theaterkritiken – und schloß dauerhafte Freundschaften mit besseren Schriftstellern, als er einer war, wie Hugo von Hofmannsthal und Arthur Schnitzler. Um die Jahrhundertwende war Salten eine wichtige Erscheinung in Wiener Theater- und Literaturkreisen geworden.[1]

Saltens Leben – wie das vieler Bürger aus der Mittelschicht im kaiserlichen Wien – war voller öffentlicher und privater Widersprüche. An der Oberfläche war Salten eine Säule der gutsituierten Gesellschaft: Theaterkritiker für Wiens führendes regierungsfreundliches Blatt, Präsident des österreichischen PEN-Clubs und fahnenschwenkender Bejubler der österreichisch-ungarischen Beteiligung am Ersten Weltkrieg. Aber er war auch der geheime Verfasser der Lebensgeschichte der Josephine Mutzenbacher, eines berühmt-berüchtigten Klassikers der Wiener Pornographie, den er 1906 anonym veröffentlichte. Mit aristokratischer Verachtung kritisierte er die amerikanische Gesellschaft und Kultur und bezeichnete die «breite Mehrzahl der Amerikaner» als Babbits, selbstzufriedene Spießer;[2] aber er war auch ein Rotarier und der deutsche Übersetzer von *Abie's Irish Rose*. Er ging gern mit Habsburger Aristokraten auf die Jagd und erwarb schließlich ein eigenes privates Jagdrevier 15 Kilometer vor Wien.[3] Aber er war auch ein leidenschaftlicher Tierfreund, und seine Jagderlebnisse veranlaßten ihn, ein Meisterwerk der jagdfeindlichen Gesinnung zu verfassen.

Saltens Roman *Bambi. Eine Lebensgeschichte aus dem Walde* erschien 1924. Geschrieben in der niedergehenden Hauptstadt einer geschlagenen und zerstückelten Monarchie, in einer intellektuellen Atmosphäre, die von Freudscher Düsternis und den immer hysterischer werdenden Stimmen künstlerischer und politischer Extremisten bestimmt war, strahlt das Buch die kalte Aura eines Schopenhauerschen Pessimismus ab. «Der Tod ist das zentrale Thema in *Bambi*», schreibt der Jäger und Naturschützer George Reiger. «In beinahe jedem Kapitel fürchtet ein Wesen den Tod oder stirbt tatsächlich unter gräßlichen Qualen.»[4] Die Welt des Waldes, die Salten in teilweise hochpoetischer

Prosa beschreibt, bildet mit ihrer intensiven Farbe und Schönheit nur den Hintergrund, vor dem seine Tiercharaktere leiden und bluten und humpeln und fassungslos grausam zugrunde gehen.

Ein nicht abreißendes blutiges Sterben verleiht Saltens Buch viel von seiner besonderen Atmosphäre. Während er hinter seiner Mutter durch den Wald geht, sieht der neugeborene Rehbock Bambi, wie ein Iltis eine Maus tötet; der Anblick entsetzt ihn, aber seine Mutter will nicht darüber reden. Krähen fallen über einen kranken jungen Hasen her «und töteten ihn auf grausame Weise. Man hörte ihn lange und erbärmlich klagen.» Ein Eichhörnchen, das einem Marder entwischen kann, läuft danach im Schnee «mit einer großen Wunde an der Kehle herum, die ihm der Marder gebissen hatte. [...] Von Zeit zu Zeit hielt es inne, setzte sich, hob verzweifelt die Vorderpfoten, griff sich an den Kopf in seinem Schreck und in seinem Kummer, und dabei stürzte ihm das rote Blut über die weiße Brust.» (Nachdem es eine Stunde so herumgelaufen ist, bricht das Eichhörnchen tot zusammen und wird von ein paar Elstern gefressen.) Ein Fuchs liegt tagelang im Wundfieber und leidet schrecklich, «beißt in den Schnee und in die Erde».[5] Aber die Grausamkeiten der Natur sind nichts im Vergleich zu den Greueln, die der satanische zweibeinige Halbgott, den die Geschöpfe des Waldes Er (groß geschrieben) nennen, ihnen antut. Bambi gelingt es nur knapp, seine erste Begegnung mit dem Menschenwesen zu überleben:

> Dort, am Rande der Blöße, in einem hohen Haselbusch, steht eine Gestalt. Bambi hat noch niemals eine solche Gestalt gesehen. Gleichzeitig trägt ihm die Luft eine Witterung zu, die er noch nie vorher gespürt hat. Es ist ein fremder Geruch, schwer und scharf und aufregend, zum Tollwerden.
> Bambi starrt die Gestalt an. Sie ist merkwürdig aufrecht, seltsam schmal, und sie hat ein blasses Gesicht, das an der Nase und um die Augen herum ganz nackt ist. Entsetzlich nackt. Furchtbares Grauen geht von diesem Gesicht aus. Kalter Schrecken. Dieses Gesicht hat eine ungeheure Gewalt, von der man gelähmt wird. Es ist bis zur Unerträglichkeit peinigend, dieses Gesicht anzusehen, trotzdem steht Bambi da und starrt unverwandt darauf hin.

Die Gestalt bleibt lange ohne Regung. Dann streckt sie ein Bein
aus, eines, das ganz oben sitzt, nahe am Gesicht. Bambi hat gar
nicht bemerkt, daß es überhaupt vorhanden ist. Aber als sich dieses fürchterliche Bein geradeaus in die Luft streckt, wird Bambi
von der bloßen Gebärde weggefegt, wie eine Flaumfeder vom
Winde. Im Nu ist er wieder im Dickicht, dort, wo er herkam.
Und rennt.[6]

Die Kugel trifft diesmal ihr Ziel nicht. Ein paar Seiten später, als Bambi
gerade allen Mut zusammennimmt, um zum erstenmal einen erwachsenen Rehbock direkt anzusprechen, wird der Bock plötzlich von einem
versteckt liegenden Jäger erschossen und bricht blutig und tot im
Dickicht zusammen. Einem anderen Bock, Ronno, hat die Kugel eines
Jägers ein Bein zerschmettert, und so humpelt er durch das restliche
Buch. Bambi selbst wird angeschossen und erholt sich nur langsam und
unter Schmerzen von der Wunde an der Schulter. Seine Mutter und eine
Unmenge anderer Tiere werden in einer Herbsttreibjagd ermordet, bei
der der Mensch durch den Wald bricht und auf alles schießt, was sich
regt. Nicht nur, daß Er wahllos blutdurstig ist, der Mensch ist auch ge-
mein und tückisch, wie der erwachsene Bambi lernt, als er herausfindet,
daß ein menschlicher Jäger den Liebesruf seiner Faline nachahmt.

Aber was Saltens *Bambi* seine besondere misanthropische Wirkung verleiht, ist, daß die Nähe des Menschen darin nicht nur als gefährlich, sondern auch als verderbend geschildert wird. Vom Menschen
verstümmelt oder getötet zu werden, erweist sich als weniger gräßlich,
als von Ihm freundlich behandelt zu werden. Der bei der Treibjagd verwundete Gobo, Falines Bruder, wird von den Jägern mitgenommen und
als Haustier gehalten. Monate später wird der genesene Gobo wieder
mit einem Band um den Hals im Wald ausgesetzt und fängt an, den er-
staunten Rehen die frohe Botschaft von der menschlichen Güte und
Barmherzigkeit zu predigen. Als der Mensch wieder im Wald auftaucht,
springt Gobo freudig hin, um seinen Herrn zu begrüßen – und wird von
einem Bauchschuß niedergestreckt, stirbt schreiend mit blutig heraus-
quellenden Eingeweiden. Aber der arme Gobo ist in gewisser Hinsicht
noch besser dran als die Hunde und die anderen echten Haustiere, die
ihr Leben in einem psychopathischen inneren Aufruhr von dienender

Anbetung, Haß und Furcht des Menschen einerseits und Selbstverachtung andererseits zubringen.

Obwohl die zahmen Tiere den Menschen als einen eifernden Gott verehren und die wilden Tiere ihn als einen wahnsinnigen Dämon verabscheuen, sind sie sich in dem Punkt seiner Herrschaft über die Natur einig. «Niemand kann Ihm entkommen», sagt ein Geschöpf des Waldes nach dem anderen in Saltens Buch. «Er tötet, wen Er will. [...] Er kann alles.» «Ich bete Ihn an! Ich diene Ihm!» kläfft ein Hund einen verwundeten Fuchs an. «Ihr wollt euch auflehnen [...] Ihr Armseligen, gegen Ihn? Er ist allmächtig! Er ist über uns! Alles, was ihr habt, ist von Ihm! Alles, was da wächst und lebt, von Ihm!»[7]

Diese Verblendung löst sich für Bambi am Ende des Buches auf. Weißhaarig und halb blind vor Alter führt Bambis dem Tode naher Vater seinen Sohn zu der Leiche eines erschossenen Wilderers, damit er das große Geheimnis erfahre: Der Mensch ist auch nur ein sterbliches Tier, und die Lenkung der Welt liegt in anderen Händen:

> «Siehst du wohl, Bambi», sprach der Alte weiter, «siehst du nun, daß Er daliegt, wie einer von uns? Höre, Bambi, Er ist nicht allmächtig, wie sie sagen. Er ist es nicht, von dem alles kommt, was da wächst und lebt. Er ist nicht über uns! Neben uns ist Er und ist wie wir selber, denn Er kennt wie wir die Angst, die Not und das Leid. Er kann überwältigt werden gleich uns, und dann liegt Er hilflos am Boden, so wie wir andern, so wie du Ihn jetzt vor dir siehst.»
> Eine Stille war.
> «Verstehst du mich, Bambi?» fragte der Alte.
> Bambi erwiderte flüsternd: «Ich glaube [...]»
> Der Alte gebot: «So sprich!»
> Bambi erglühte und sprach bebend: «Ein anderer ist über uns allen [...] über uns und über Ihm.»
> «Dann kann ich gehen», sagte der Alte.[8]

Die englische Übersetzung von *Bambi* erschien 1928. Der Übersetzer war der junge Whittaker Chambers, der kurz davor der Kommunistischen Partei beigetreten war und später als Richard Nixons Hauptbelastungszeuge im Prozeß gegen Alger Hiss von sich reden machte. Der englische Schriftsteller und Nobelpreisträger John Galsworthy, ein scharfer Gegner der Jagd,[9] schrieb ein Vorwort zu Saltens Buch, in dem er es «klar, erhellend und [...] rührend [...] ein kleines Meisterwerk» nannte. «Ich empfehle es besonders Jägern», schloß er bissig. Die Rezensionen waren überschwenglich. «Der Verfasser», schrieb John Chamberlain in der New York Times, «ist, obwohl er ausschließlich von Tieren handelt, über sein Thema hinausgewachsen. Er hat uns die Lebensgeschichte eines Rehs im Walde geschenkt und Felix Saltens Verständnis des gesamten Universums obendrein. [...] Werfen Sie Ihre Spinoza-Wälzer über den Pantheismus weg, und lesen Sie Bambi.»[10]

Saltens Buch würde heute wahrscheinlich genauso wenig gelesen wie Spinoza, wäre 1928 nicht noch etwas anderes passiert. Im September des gleichen Jahres gelang es einem jungen Filmemacher namens Walt Disney in einem New Yorker Filmstudio, eine Tonaufnahme von «Turkey in the Straw» mit den Bewegungen einer Zeichentrickmaus zu synchronisieren. Infolge dieses filmtechnischen Durchbruchs sollte Bambis Name praktisch synonym mit «Reh, Hirsch» werden, wenn auch weder Disney noch Salten das zu der Zeit ahnten.

Walt Disney wurde 1901 in Chicago geboren. Sein Vater Elias war ein ewig erfolgloser, sittenstrenger, auf die Bibel pochender Sozialist, der Alkohol, Tabak, unflätige Redensarten und Kinkerlitzchen aller Art verabscheute. Disneys Biographen halten es im ganzen keineswegs für einen Zufall, daß aus Elias' jüngstem Sohn Walt ein kettenrauchender, trinkfreudiger, allzeit fluchender, arbeitswütiger Verfechter des freien Unternehmertums wurde.

Im Jahre 1906 beschloß Disneys Vater, es mit Landwirtschaft zu versuchen. Die Familie zog auf eine Farm etwa 130 Kilometer nordöstlich von Kansas City. In Disneys Erinnerung blieben seine vier Jahre auf dieser Farm in Missouri die glücklichste Zeit seiner Kindheit, und der idyllische Hof und die Tiere, mit denen er dort Freundschaft schloß, tauchen immer wieder in seinen Filmen auf. Bezeichnenderweise hatte eine der wenigen unangenehmen Erinnerungen an diesem Ort mit Jagen zu tun. Wie Disney die Geschichte im späteren Leben erzählte, wimmelte es auf der Farm von Kaninchen, als die Familie einzog, und er und sein älterer Bruder Roy schlichen im Frühling auf die Felder hinaus, um sie bei ihren Paarungsritualen zu beobachten. Bezaubert und erregt von den ganzen wilden Kaninchenpossen, brachte Walt die nächsten paar Tage damit zu, sie in seinen allerersten Zeichnungen festzuhalten: Kinderbilder von Wildkaninchen, die im Gras Verstecken spielen. Doch als Roy das nächstemal auf die Felder ging, nahm er sein Luftgewehr mit und erschoß den größten Rammler, den er sah. Walt verging fast vor Tränen, als Roy dem zappelnden Kaninchen den Hals brach, und er weigerte sich, den Kaninchenbraten anzurühren, den seine Mutter an dem Abend auftischte.[11] Der in diesem Vorfall verkörperte Gegensatz zwischen unschuldigem tierischen Vergnügen und gemeiner menschlicher Ranküne sollte in mehreren Disneyfilmen wieder auftauchen. Mit besonderem Nachdruck hielt Disney der Welt diesen Gegensatz von Liebe und Tod in *Bambi* vor.

Disney begann seine Filmkarriere 1920 mit Werbetrickfilmchen, die in Kinos liefen. Die stummen bewegten Karikaturen, die er und seine Mitarbeiter in den frühen zwanziger Jahren herstellten, erst in Kansas City und später in Hollywood, waren nichts Besonderes und fanden keine große Beachtung. Aber von 1928 an begann Disney Trickfilmhöhen zu erklimmen, die niemand im Traum für erreichbar gehalten hätte. Vor Disney war der Zeichentrickfilm nur für billige Gags gut gewesen. Sein einziger Zweck war es, Lacher zu ernten, meistens durch die Darstellung komischer Unmöglichkeiten. Was Disney vorschwebte und wozu er seinen Mitarbeiterstab antrieb, waren *künstlerische* Animationen, die reichhaltig und subtil und realistisch genug waren, um die Aufmerksamkeit eines Publikums über längere Zeit zu fesseln und seine Gefühle vielseitiger anzusprechen. Nachdem 1928 mit den grob gezeichneten, derben Verrenkungsgags der ersten Micky-Maus-Kurzfilme der Anfang gemacht war, brauchten Disney und seine Zeichner keine zehn Jahre, um zu lernen, wie man mit einem Fluß von zwölf Bildern sprechender Tiere in der Sekunde außer Lachen auch Mitleid und Schrecken auslösen konnte.

Die Welt stand in den dreißiger Jahren Kopf über Disney. Seine Produktionen waren beim breiten Publikum ebenso Renner wie in intellektuellen Kreisen. Zeichnungen aus *Schneewittchen* und *Die drei kleinen Schweinchen* wurden vom Metropolitan Museum und dem Art

Institute of Chicago ausgestellt.[12] Disney erhielt ein ganzes Regal voller Ehrungen, darunter Ehrendoktorhüte der Universitäten Harvard und Yale. «Ingesamt genommen», schrieb Gilbert Seldes, «ist das Werk von Walt Disney die bei weitem gelungenste Schöpfung des Tonfilms. [...] für eine Vielzahl von Menschen ist Disney der große Satiriker des Maschinenzeitalters.»[13] George Orwell fand es nicht unangemessen, Henry Miller mit der Bemerkung zu preisen, er sei Walt Disney ebenbürtig.[14] In dem kollektivistischen intellektuellen Klima der dreißiger Jahre hatte der Gemeinschaftscharakter der Trickfilmproduktion für viele aus der Intelligenz einen besonderen Reiz; Disneyfilme wurden allgemein als High-Tech-Märchen aus der Werkstatt eines Zeichnerkollektivs angesehen, und das Disneystudio wurde beschrieben als «die erfolgreichste Kunstgenossenschaft aller Zeiten». Disney förderte diese Haltung. «Individualisten können wir hier nicht brauchen», erklärte er Interviewern, «das gilt sogar für mich. [...] Wissen Sie, wie lange ein Mann gebraucht hätte, um [Schneewittchen] herzustellen? Ich habe nachgerechnet – genau 250 Jahre.»[15] Ein Journalist drückte es so aus: «[Disneys] Leute arbeiten alle nicht, um ihre eigene Seele auszudrücken; sie arbeiten gesammelt und objektiv, um der Volksseele Ausdruck zu verschaffen, deren Ergründung nicht das Werk der Intuition eines Einzelnen ist, sondern das Ergebnis jahrelanger organisierter, zielgerichteter kollektiver Erfahrung.»[16]

Die Arbeit an *Bambi* begann 1937. Obwohl es nach *Schneewittchen* der zweite abendfüllende Film war, den Disney produzierte, war es der fünfte, der in die Kinos kam, und zwar wegen der ganz speziellen Schwierigkeiten, die er bot. Diese Schwierigkeiten waren von zweierlei Art: Animationsprobleme und Drehbuchprobleme.

In einem Zeichentrickfilm werden alle Bestandteile der dargestellten Welt vom Animator kontrolliert. Die gottgleiche Gewalt des Animators über die Naturgesetze ist von jeher dazu benutzt worden, komische Unmöglichkeiten um des witzigen Effekts willen zu erzeugen; aber emotional ausdrucksvolle Veränderungen an den Eigenschaften der Trickwelt waren eine Disneyspezialität. In den ausgereiften Disneyproduktionen der späten dreißiger und frühen vierziger Jahre, als das Studio auf seinem künstlerischen Höhepunkt war, gehorchen die Trickwesen, wenn sie steigen und fallen, bei schneller Bewegung langgezogen und beim Aufprall zusammengequetscht werden, physikalischen Gesetzen, die zeichnerisch manipuliert werden zur Steigerung der Emotionen, die eine Bewegung ausdrücken oder auslösen soll. In der goldenen Zeit der Disneyfilme wird alles mit Empfinden ausgestattet; alle Dinge in der dargestellten Welt reagieren auf die Freude, den Kummer und die Wut der handlungstragenden Figuren.

Am Anfang waren diese Figuren typischerweise Wesen mit runden Konturen, gummiartiger Konsistenz und halbmenschlicher Gestalt. Durch ihre runden Konturen ließen sich ihre Bewegungen in drei Dimensionen leichter visualisieren und zeichnen (eine Kugel sieht aus jedem Blickwinkel gleich aus). Ihr gummiartiges Aussehen war eine Folge des ganzen übertriebenen Quetschens und Dehnens, denn dadurch konnte man ihre Bewegungen dennoch überzeugend erscheinen lassen. Die ganzen sprechenden Disneytiere – Micky Maus, Donald Duck, die drei kleinen Schweinchen – wurden als anthropomorphe Zweibeiner mit menschlichen Händen gezeichnet, damit die Animatoren sich vertrauter Gesten bedienen konnten, um die Emotionen der Figuren auszudrücken.

Doch alle diese mühsam erworbenen Fertigkeiten und Routinen mußten für die Umsetzung von *Bambi* aufgegeben werden. Disney wußte von Anfang an, daß das, was Salten über Leben, Tod, Leiden und Gott zu sagen hatte, nicht einem Tricktier in den Mund gelegt werden konnte, das aussah wie Klarabella Kuh mit Geweih. Um tragisch wirken zu können, mußte sich das animierte Reh mit Würde und Anmut bewegen – was bedeutete, daß beispiellos realistische Zeichentechniken entwickelt werden mußten. Das Bambi-Projekt zog sich hin, weil die Animatoren Monat um Monat damit zubrachten, Hirsche und Rehe zu zeichnen, Filme über Hirsche und Rehe zu studieren und mit zugehaltenen Nasen und Brechreiz zuzuschauen, wie der Künstler und Anatom Rico Lebrun den verwesenden Kadaver eines neugeborenen Hirschkalbes sezierte.[17]

Die Tiere zeichnen zu lernen war eine Sache; ihnen ausdrucksvolle Bewegungen zu geben war eine andere. Die Animatoren durften jeden menschlichen Gesichtsausdruck benutzen, der sich auf dieses starre, lange Gesicht übertragen ließ, aber menschliche Körpersprache war nicht erlaubt. Vergebens bettelten sie darum, wenigstens ein paar vertikale Posen einführen zu dürfen: Konnte Bambi nicht auf den Hinterfüßen hochsteigen und eine einzige kleine Geste machen? Konnte er nicht wenigstens seine Vorderfüße auf einen Baumstumpf stellen? Nein, antworteten Disney und die Regisseure des Films;[18] menschlich wirkende Posen und Bewegungen waren verboten. Die Animatoren knirschten mit den Zähnen und fingen an, sich in die Körper von Hirschen und Rehen hineinzuversetzen, lernten, menschliche Gefühle mit Gewichtsverlagerungen und Schrittwechseln auszudrücken, mit Kopf- und Halsstellungen, mit Ohr- und Schwanzzucken.

Die Animationstechniken des gummiartigen Quetschens und Dehnens, mit denen das Disneystudio in den dreißiger Jahren neue Wege beschritten hatte, konnten in *Bambi* ebenfalls nicht verwendet werden. Ein Hirschkörper besteht weitgehend aus starren Teilen und dünnen, unelastischen Gliedern und kann nicht von einem Bild zum nächsten stark verzerrt werden, wenn der Eindruck eines Hirschs erweckt werden soll. Ungewöhnliche Genauigkeit war daher bei der Übertragung und Verbindung der Animationszeichnungen in *Bambi* gefordert. Für diese Genauigkeit zu sorgen war die Aufgabe der niedrigeren Chargen in der Animatorenhierarchie. Disneys Meisteranimatoren zeichneten gewöhnlich nur jedes achte oder zehnte Bild eines Films, während dafür, daß ihre vereinzelten Bleistiftskizzen ergänzt, reingezeichnet und auf transparente Zelluloidfolien («Cels») gemalt wurden, ein langer Troß untergeordneter Kräfte zuständig war: Assistenzanimatoren, Zwischenphasenzeichner («In-Betweener»), Reinzeichner, Tuscherinnen und Färberinnen. Je weiter unten man auf den Sprossen dieser Hierarchie bei Disney stand, von den leitenden Animatoren bis hinunter zu den Tuscherinnen und Färberinnen, um so niedriger waren auch Gehalt, Status und Position im Abspann – und um so höher der Anteil der weiblichen Beschäftigten, von null Prozent an der Spitze bis 100 Prozent ganz unten.[19]

Zur allgemeinen Bestürzung passierte es in den ersten Kopien der Bambi-Animation, daß die Glieder der Figuren bei langsamen Bewegungen wackelten und zitterten, als ob sie das Nervenflattern hätten. Winzige Fehler beim Kopieren und Übertragen machten die Genauigkeit zunichte, die bei diesen langen, dünnen, steifen Beinen für die Illusion konstanter langsamer Bewegungen nötig war. Die einzige Möglichkeit, die Übertragungsfehler zu vermeiden, war, die Zwischenzeichner auszulassen und die Skizzen der Animatoren direkt an die Tuscherinnen und Färberinnen zu geben. Um die Sequenzen mit langsamen Bewegungen fertigzustellen, mußten die ganz unten rangierenden Tuscherinnen lernen, die besser bezahlten Tätigkeiten der In-Betweener und der Reinzeichner in einem Arbeitsgang zu verbinden, und die Zwischenphasenzeichnungen direkt auf die «Cels» tuschen.[20]

Dieses Verfahren wurde für *Bambi* gewählt. Es war in der kommerziellen Animation nie zuvor angewandt worden, und es war wahrscheinlich das erste und letzte Mal.[21] Sogar bei den in der Tusch- und Färbabteilung gezahlten Löhnen der Depressionszeit war es verheerend teuer,[22] und die damit verbundene Untergrabung der Zeichnerhierarchie im Studio muß mit zu den schweren Arbeitsunruhen geführt haben, von denen die Disneyorganistion in den frühen vierziger Jahren erschüttert wurde. Aber die präzise Kontrolle der langsamen Bewegungen, die das Verfahren gestattete, verleiht dem fertigen Film eine einzigartige Schönheit. Fließende, langsame Trickbewegungen erfordern minutiöse Arbeit, und die meisten Animatoren vermeiden sie gern, indem sie ihre Figuren explosionsartig von einer statischen Pose in die nächste sausen lassen und so einen Stakkatorhythmus der Ereignisse erzeugen, der für viele Animationsfilme charakteristisch ist (und mit dem in Chuck Jones' Roadrunner-Filmen gekonnt komische Effekte erzielt werden). Im Gegensatz dazu sind die Rhythmen in *Bambi* largo und maestoso. Eine traumhafte Gemessenheit durchzieht den Film. Die Tiere bewegen sich mit behutsamer und fühlender Anmut durch den Wald; Herbstlaub fällt bedächtig durch wechselnde Lichtmuster und schmiegt sich schwerelos an den Waldboden. Der Eindruck des Zeitlosen und Schwebenden, der sich aus diesen ganzen minutiös kontrollierten langsamen Bewegungen ergibt, sagt etwas über die natürliche Ordnung aus, das nachhaltiger wirkt als alles, was im Drehbuch des Films steht.

Die Entstehungsgeschichte dieses Drehbuchs fing 1937 mit den ersten Umsetzungen der Geschichte an. Die im Disney-Archiv erhaltenen frühen Zeichnungen folgen im allgemeinen Salten, aber sie konzentrieren sich stärker auf die Überlebenslektionen, die Bambi von den anderen Geschöpfen des Waldes erhält. Dies gibt ihnen eine rauhe darwinistische Note, die an Kiplings Dschungelbücher erinnert, als ob

Bambi eine Art vierbeiniger Mowgli wäre. Die Drehbuchautoren scheinen ihren Erfindergeist hauptsächlich auf kitschige Dialoge und opti-
sche Gags im Stil der sogenannten «Silly Symphonies» verwandt zu
haben.

Aber zwischen Ende 1937 und Anfang 1939 bemächtigte sich ein
grimmiger Ernst der Drehbuchschreiber, die an *Bambi* arbeiteten. Lange
Passagen aus Thoreau machten vervielfältigt die Runde. Was wie der
Textentwurf für ein Lied aussieht, ist in gequälten, feierlich schaurigen
heroischen Reimpaaren abgefaßt («Perplexed before the catastrophes of
earth / That stalk you from the moment of your birth, / Your span shall
know no respite from the pain / Of racking hunger, stinging sleet and
rain» – «Bestürzt von den Katastrophen des Erdenlebens, die dich vom
Augenblick der Geburt an bedrohen, wirst du zu Lebzeiten keine Ruhe
finden vor dem Schmerz quälenden Hungers, stechenden Graupel-
schlags und Regenfalls»). Die Skripten drehten sich zunehmend um die
menschliche Grausamkeit und das, was die Tiere dazu zu sagen haben.
In einer Fassung der Debatte der Tiere über die Stellung des Menschen
in der Natur wird wörtlich eine der giftigsten misanthropischen Passagen aus Don Marquis' *archy and mehitabel* zitiert. Am 1. September
1939 machte Perce Pearce, der Story-Regisseur des Films, Disney klar,
daß alle Raubtiere außer Homo sapiens aus dem Skript zu verschwinden hätten. «Niemand wird herabstoßen und einen andern fressen, ihr
einer gemeinsamer Feind ist der Mensch. Das ist der Konflikt hier – der
muß deutlich bleiben.»[23]

Wie erklärt sich dieser veränderte Ton? Der 1. September 1939
war auch der Tag, an dem deutsche Panzer über die polnische Grenze
stießen und Europa in die erste Phase des Zweiten Weltkriegs stürzten.
Man darf annehmen, daß die immer angespannter und verzweifelter
klingenden Töne, die von den Disney-Autoren in den Jahren 1938 und
1939 angeschlagen wurden, das sich zusammenbrauende Gewitter in
Europa und im Pazifik widerspiegeln. Das Team, das am Bambi-Skript
arbeitete, war sich über den Bezug seiner Story zum Krieg durchaus im
klaren. «Psychologisch hat dieser Waldbrand – diese Vernichtung – und
dann die Einsicht, das Leben geht trotzdem weiter, eine enorme Wirkung heute, bei der ganzen Unruhe in der Welt», sagte der Story-Bear-
beiter Larry Morey im März 1940 zu Disney.[24]

Weitere Gründe für die Annahme, daß der grimmige Ton der frühen Bambi-Skripte etwas mit dem Ausbruch des Zweiten Weltkriegs zu tun hat, liefert ein erstaunlich gleichartiger Zeichentrickkurzfilm, der in denselben dunklen Monaten Ende 1939 in den nahegelegenen MGM-Studios produziert wurde. Der Film *Peace on Earth* (*Friede auf Erden*) fängt damit an, daß zwei junge Eichhörnchen ihren Großvater fragen, wer oder was «Menschen» sind. Er erklärt, daß sie «uniformierte Ungeheuer» waren, die pausenlos gegeneinander Krieg führten. Nachdem er seinen Enkeln die Geschichte erzählt hat, wie die Menschen sich gegenseitig bekämpften, bis sie sich ausgerottet hatten, endet der Film damit, daß die niedlichen Tiere des Waldes ausgelassen durch eine Landschaft voll rostender Waffen und zerschossener Helme tollen und dazu Weihnachtslieder singen, die Frieden auf Erden und den Menschen ein Wohlgefallen verkünden. *Peace on Earth* erhielt viel Lob und zahlreiche Preise, darunter eine Oscar-Nominierung für 1939.[25]

Der erste einigermaßen vollständige Drehbuchentwurf für *Bambi*, der noch erhalten ist, stammt allem Anschein nach aus den ersten drei Monaten nach dem Einmarsch der Nazis in Polen.[26] Er strotzt nur so von bitterem Abscheu vor den Menschen und ihren Waffen. Auf Bambi und Faline wird geschossen (aber ohne zu treffen), als die beiden Kleinen auf einer sonnigen Wiese spielen. «Wenn der Mensch in den Wald kommt, hat alles Angst!» rufen die Waldtiere. «Er tötet ohne Erbarmen! Viele aus meiner Familie hat Er umgebracht!» Das Rudel versammelt sich zu einer Beratung über die menschliche Schlechtigkeit. «Wird Er denn nie aufhören, uns zu verfolgen?» klagt ein Bock. Der folgende Dialog entspinnt sich zwischen Bambis Mutter und dem Junghirsch Ronno:

> M: Es heißt, eines Tages wird Er unter uns treten und mit uns leben. Er wird sanft sein wie wir und mit uns spielen. Und wir werden Seine Freunde sein – und der ganze Wald wird sich mit Ihm versöhnen.
>
> R: (zornig) Er soll bleiben, wo Er ist, und uns in Ruhe lassen! Er ist schändlich und gemein, und ich hasse Ihn!
>
> M: (still) Du solltest so etwas nicht sagen, Ronno.
>
> R: (heftig) Warum denn nicht! Seit wir denken können, mordet

Er uns, uns alle, unsere Schwestern, unsere Mütter, unsere
Brüder! Seit wir auf der Welt sind, läßt Er uns keinen Frieden, tötet Er uns, wo wir uns zu zeigen [...] und dann sollen
wir uns mit Ihm versöhnen? Was für eine große Dummheit!
M: (still) Versöhnung ist keine Dummheit – sie muß kommen.[27]

Kurz nachdem Bambis Mutter ihren Glauben an die Möglichkeit der
Versöhnung mit dem Menschen verkündet hat, werden sie und Bambi
von einem Jäger verfolgt. Sie fliehen, aber da fällt ein Schuß; wir sehen
die Mutter mitten im Sprung sich aufbäumen und tot umfallen. Während
Bambi durch den Wald irrt und nach seiner verlorenen Mutter ruft, hört
er ein Stimme, die er für ihre hält, läuft freudig darauf zu – und stößt
auf einen Jäger, der den Mutterruf nachahmt und der ihn anschießt.
Bambi läuft über einen Hügel und bricht zusammen. Von dem unnach-
giebigen Drängen seines Vaters und der anderen Waldttiere wieder auf
die Füße getrieben, stolpert er blutend und vor Schmerzen keuchend
zurück in das Dickicht, wo er geboren wurde. Er fängt wieder an, nach
seiner Mutter zu rufen, und fällt um wie tot. Sein besorgter Vater betrachtet ihn, bis der ohnmächtige Kleine schließlich wieder anfängt zu
atmen.

Der Mensch kommt erneut in den Wald, als Bambi ein geweih-
tragender Junghirsch geworden ist. Jagdhunde rennen dem Menschen
voraus, preisen Seine Allmacht und reißen gestellte Tiere in Stücke. Fa-
sane und Wachteln werden abgeschossen, als sie hysterisch vor Angst
auffliegen. Freund Hase, die Vorform von Klopfer, bekommt eine Kugel ab und stirbt zu Bambis Füßen, murmelnd: «Ich verstehe es nicht.
Was habe ich Ihnen bloß getan?» Nachdem ein von den Eindringlingen
gelegtes Feuer den Wald niedergebrannt hat, wird Bambi von seinem
Vater über die schwelenden Stümpfe und Aschereste zu einem ver-
kohlten menschlichen Leichnam geführt, über dem sie Saltens Dialog
wechseln. Der Film schließt mit einer Szene des Neuanfangs, in der der
Wald neu austreibt und Bambi Faline mit zwei neugeborenen Jungen
erblickt.

In den späteren Entwürfen wurde dies alles abgemildert und das
Skript simpler und freundlicher, da die Drehbuchautoren ihre Versuche
sein ließen, mit ihrer Rahmenerzählung die conditio humana zu inter-

pretieren. Alle Werturteile, die die Tiere über die Menschen abgeben –
Gobos tragische Täuschung, der Dialog über die menschliche Schlechtigkeit, die Hymne der Hunde auf die Macht des Menschen – wurden
aus dem einen oder anderen Grund herausgeschnitten, bis kein Dialog
mehr übrig war, aus dem die abergläubische Ehrfurcht der Tiere vor dem
Menschen spricht. Die Schlüsselszene mit dem verbrannten menschlichen Kadaver war daher auch keine Auflösung mehr für irgend etwas.
Sie wurde in den letzten Phasen der Produktion widerstrebend aus dem
Film herausgenommen, und mit ihr verschwanden die letzten Spuren
von Saltens versuchter Versöhnung des Menschen mit der Natur. Die
einzige noch verbliebene Auseinandersetzung über die Gegenwart des
Menschen ist Bambis Frage: «Was ist geschehen, Mutter? Warum sind
wir alle weggelaufen?» und die bedächtige, unheilkündende Antwort
der Mutter: «Der Mensch [lange Pause] war im Wald.»[28]

Die dornigen Ungewißheiten von Saltens Geschichte werden im
Film durch die kristallklaren Versimpelungen des Mythos ersetzt. Die
Biologie des Wildlebens wird um des mythologischen Effekts willen
verfälscht, so daß der Tod stets in den Winter und die Geburt ebenso
wie die Brunftzeit in den Frühling fällt; im Frühjahr kommt Bambi zur
Welt und sät er seinen Samen aus, und im Herbst kommt er zu Fall, genau wie John Barleycorn und Osiris. Einige der mythischen Elemente
in *Bambi* sind spezifisch christlich, vor allem die Geburtsszene am Anfang. Nachdem die anbetenden Tiere zur Geburt des jungen Prinzen
Glück gewünscht und das Dickicht wieder verlassen haben, geht die Ka-
mera zurück und zeigt Mutter und Kind in einen kleinen Kreis im Dorn-
gesträuch geschmiegt, während ein ferner und gottgleicher Vater von einer himmelhohen Felsenspitze herabblickt. Diese Anleihe bei der christlichen Symbolik war nicht gänzlich unbewußt; Pearce bezeichnete die
Einstellung als «das madonnenhafte Bild»[29].

Das Madonnenbild in *Bambi* könnte sich aus der Szene mit Schuberts «Ave Maria» am Ende von *Fantasia* eingeschlichen haben, bei der
ursprünglich ein Bild der Madonna mit dem Kind im Mittelpunkt
stand.[30] Der Einfluß von *Fantasia* ist auch in der Weglassung von Ge-
räuscheffekten und Dialogen spürbar, der Disney und seine Regisseure
in *Bambi* nachzueifern versuchten.[31] Das fertige Drehbuch enthält weniger als tausend gesprochene Worte, und der gesamte Text der Haupt-

figur macht davon noch keine zweihundert aus. Fast die einzigen Geräuscheffekte in *Bambi* sind ein paar Gewehrschüsse, Hasenklopfer und Vogelgesänge. *Bambi* ist im wesentlichen ein Stummfilm: ein wortloses, rhythmisches Ballett mit Orchesterbegleitung. Die Entfremdung des Menschen von der natürlichen Ordnung findet ihren symbolischen Ausdruck darin, daß der Mensch völlig von dem allgemeinen Tanz der Wesen ausgeschlossen bleibt. Er wird nur von einer unheilschwangeren, ruckenden Musik bedeutet, die als einzige nicht auf der Leinwand choreographisch umgesetzt wird.

Daß das Motiv der Versöhnung des Menschen mit der Natur aus dem Film verschwand, ließ eine neue Handlungsstruktur entstehen. Die Abfolge der Ereignisse in *Bambi* bildet ein großes Palindrom, mit dem Tod von Bambis Mutter als Wendepunkt. Diese A-B-A-Struktur war eines von Disneys liebsten Stilmitteln. Viele seiner besten und charakteristischsten Kurzfilme – *Skeleton Dance*, *Flowers and Trees*, *The Band Concert*, *Through the Mirror*, *The Old Mill*, die Sequenzen «Der Zauberlehrling» und «Eine Nacht auf dem kahlen Berge» aus *Fantasia* – gehen von einer anfänglichen Harmonie aus und kehren durch ein dunkles Chaos zurück zur wiederhergestellten anfänglichen Harmonie. Dieses Schema ist besonders deutlich ausgestaltet in der *Alten Mühle*, die als Probe für die großen Filme gedacht war. Das Palindrom in *Bambi* wird sichtbar, wenn man sich alle Sequenzen wegdenkt, die sich um die Nebenfiguren drehen (siehe die beigegebene Übersicht). Inwieweit diese Struktur bewußt durchgeführt wurde, läßt sich schwer sagen, aber es ist sicher, daß die minutiöse Wiederholung des Geschehens in den Blöcken A und C beabsichtigt war und zu einem großen Teil von Walt Disney selber in den Film eingefügt wurde.[32]

Noch unklarer ist, inwieweit der komplexe psychologische Aufbau in *Bambi* von den Filmemachern bewußt beabsichtigt war. Die erste englische Übersetzung von C. G. Jungs *Über die Archetypen des kollektiven Unbewußten* erschien 1939. Etwa gegen Ende dieses Jahres wurde Faline in Disneys Vorstellung plötzlich aus einem schüchternen jungen Ding zu einer neckenden, verführerischen Kokette, die wiederholt als Double von Bambis Spiegelbild im Wasser auftaucht. Die neue Faline von 1939 weist eine verdächtige Ähnlichkeit mit Jungs Beschreibung des Archetypus der Anima auf.[33] Überdies erinnert die Sequenz

mit den zwei Winden, in der Bambi und Faline in leidenschaftlicher Verzückung von den Nachtwinden mitgerissen und davongewirbelt werden, auffallend an die Bilder, mit denen Jung den Archetypus des Schat-
tens beschreibt.[34] Viele dieser metaphorischen Bilder wurden von Walt
Disney hinzugefügt.[35] Obwohl man vielleicht schwer glauben mag, daß
Disney Jungs neues Buch gelesen haben könnte, ist es noch schwerer zu
glauben, daß sämtliche Jungschen Figuren in *Bambi* entweder purer Zufall oder spontane archetypische Eruptionen aus dem kollektiven Unbewußten des Studios sind. Vielleicht schlug Disney Bilder vor, die zufällig den Jungschen entsprachen, und brachte damit die Drehbuch-

---

Disneys *Bambi*: Motive und Struktur

A1.   Geburt, Bestaunen, Hirsch auf Felsenspitze. (Melodie: «Love Is a Song».)
B1.   Fällt, steht auf: Mutter paßt auf. Erschreckende Naturgewalten (Gewitter):
        Mutter schützt. [*Tanz mit der Mutter auf der Wiese. Melodie: «I Bring You a
        Song».*]* Geht durchs Wasser zu Faline.
C1.   Trinkt, sieht Falines Spiegelbild, tritt zurück und fällt, Kuß, Verfolgung.
        Kämpfende Hirsche. Krähen fliegen: der Fürst warnt vor Gefahr.
        («Menschenmelodie» im Ton.) Mutter und Bambi in Not: Flucht, Trennung
        («Mutter? Mutter!»). Eltern retten Bambi. Angeschossen: nicht tödlich.
D1.   Erklärung und Warnung: Tod («Der Mensch war im Wald»).
E1.   Jahreszeitenwechsel (Herbst).
F1.   Schnee: Hunger. (Wortloser Chor im Ton.)

Tod der Mutter: Wende

F2.   Schnee: Verlassenheit. (Derselbe wortlose Chor im Ton.)
E2.   Jahreszeitenwechsel (Frühling).
D2.   Erklärung und Warnung: Liebe
C2.   Trinkt, sieht Falines Spiegelbild, tritt zurück und fällt, Kuß, Verfolgung.
        Kämpfende Hirsche. [*Tanz mit Faline auf der Wiese. Melodie: «I Bring You
        a Song».*]* Krähen fliegen: der Fürst warnt vor Gefahr. («Menschenmelodie» im
        Ton.) Faline und Bambi in Not: Flucht, Trennung («Faline? Faline!»). Bambi
        rettet Faline. Angeschossen: nicht tödlich.
B2.   Fällt, steht auf: Vater paßt auf. Erschreckende Naturgewalten (Feuer): Vater
        schützt. Geht durchs Wasser zu Faline.
A2.   Neue Geburt, Bestaunen, Hirsch auf Felsenspitze. (Melodie: «Love Is a Song».)

* Die Tanzsequenz in kursiver Schrift ist ein wiederholtes Motiv, aber fügt sich
nicht in das sonstige A-B-A-Schema.

autoren, die nach kalifornischer Art neue Entwicklungen in der Psychotherapie verfolgten, auf weitere.

Die freudianischen Elemente in dem Film sind ebenfalls zahlreich. Wie bei einem jüdischen Intellektuellen aus dem Wien der zwanziger Jahre zu erwarten, packte Salten reichlich ödipale Spannungen in sein Buch, darunter beobachtete wie phantasierte Urszenen und einen versuchten Vatermord.[36] Diese Vorfälle sind im Film weggefallen, aber die überhöht ferne, kafkaeske Vaterfigur ist geblieben. Die Disneyversion löst den Ödipuskonflikt zum Teil auf, indem sie Bambis Gefährtin zum Abbild seiner Mutter macht. Die Gleichsetzung der beiden fängt mit der Sequenz der zwei Winde an, die denselben Schauplatz und dieselbe musikalische Begleitung hat wie Bambis früheres Wiesengespringe mit seiner Mutter. Sein Tanz mit Faline gipfelt in einem symbolischen Orgasmus – ein langgezogener wortloser Schrei von den Tenören, ein Regen von Blütenblättern ins dunkle Wasser und so weiter –, woraufhin die Szene ausblendet und die nächste Einstellung die zwei Liebenden zeigt, wie sie im Morgengrauen eines kalten Herbsttages im welken Laub zusammen schlafen. Als Faline die Augen aufschlägt, ist aus dem jungfräulichen Blau der Pupillen ein warmes Rostbraun geworden, womit sie von Bambis toter Mutter nicht mehr zu unterscheiden ist.

Ob Freud oder nicht, eine solche Einstellung vom «Morgen danach» wäre der Selbstzensur der Filmindustrie im Jahre 1942 nicht durchgegangen, wenn die Figuren Menschen gewesen wären,[37] und die Sexualsymbolik in *Bambi* löste durchaus ein paar Alarmreaktionen aus, als die Studiomitarbeiter 1940 die vorläufige Version zu sehen bekamen.[38] In Anbetracht von Disneys Ruf, nichts als makellos saubere Unterhaltung für Kinder zu produzieren, mag die Vorstellung überraschen, er hätte absichtlich etwas mit deutlich sexuellem Inhalt herausbringen wollen. Aber die frühen Disneyfilme sind keineswegs so bemüht unschuldig, wie es die späteren wurden.[39] Obwohl Disney dafür bekannt war, daß er aus Privatvorführungen von Filmen hinausging, die er anzüglich fand, und daß er einmal bei einem Academy-Award-Bankett typische Hollywoodfilme lauthals als «widerliche, pornographische Scheiße» beschimpft hatte,[40] schien er das Geschlechtsleben der Tiere ganz anders zu finden – faszinierend, unschuldig und schön. Er hatte in seinem Büro eine Spule mit zusammengeklebten Filmaufnahmen von wilden Tieren beim Geschlechtsakt, die er ausgewählten Besuchern gern zeigte.[41] Sein mit dem Oscar ausgezeichneter Dokumentarfilm von 1954 *The Vanishing Prairie* (dt. *Wunder der Prärie*) zeigt eine Büffelkuh bei der Geburt, eine Sequenz, die Disney unbedenklich fand, aber die dazu führte, daß der Film in New York als unanständig verboten wurde.

Der Gegensatz zwischen menschlicher Unreinheit und tierischer Unschuld, der in dieser Haltung Disneys stillschweigend vorausgesetzt ist, findet in *Bambi* einen klassischen und entschiedenen Ausdruck. Der Film schildert die natürliche Welt als ein Reich der Schönheit, das überquillt von unschuldiger Liebe in allen ihren Spielarten – heißer erotischer Liebe, warmer mütterlicher Liebe, starker väterlicher Liebe. Die amouröse Wärme dieses Waldidylls wird raffiniert verstärkt durch die ständig erweiterten Pupillen der Tiere, wie bei einer Renaissance-Kurtisane im Belladonnarausch.[42] Die einzige bedeutende Ursache der Zwietracht im Zauberwald ist die Gegenwart des Menschen, die sich als eine Welle wahnwitzigen Gemetzels und ökologischer Vernichtung bekundet. Der freudianische Gegensatz zwischen Lebens- und Todestrieb, zwischen Eros und Thanatos, wird den ganzen Film über nachdrücklich mit dem symbolischen Gegensatz von Mensch und Natur gleichgesetzt; und eine Auflösung des Konflikts, wie in Saltens Roman, wird weder geboten noch auch nur angedeutet.

Alle diese psychologischen und symbolischen Mechanismen, die in Disneys *Bambi* im Hintergrund wirken – die erotische und ödipale Symbolik, die archetypischen Charaktere, die Benutzung christlicher und heidnischer Mythologie, die perfekt choreographierten Tänze aller nichtmenschlichen Wesen, die stumme Predigt der ewigen Wiederkehr durch die A-B-A-Architektur, die vorzüglich ausgeführte und kontrollierte Animation, die gelegentlich atemberaubende visuelle Schönheit und das verzweifelte unterschwellige Wissen um das unerbittliche Hereinbrechen des Zweiten Weltkriegs –, verleihen dem Film für viele Zuschauer die Wucht eines Schmiedehammers, trotz seiner durchgängigen abstoßenden Süßlichkeit. «Ich bin auf Händen und Füßen aus *Bambi* herausgekrochen», erinnerte sich der Regisseur Richard Williams 1987 in einem Interview.[43] Der Film ließ die Filmkritiker sämtliche Register ziehen und entlockte ihnen fünfzig Jahre lang höchst widersprüchliche Reaktionen. Seine Neuaufführung 1982 veranlaßte Pauline Kael, ihn erst als «schnulzig», «unheimlich schaurig» und «übergeschnappt» zu verreißen, um dann zwei Wochen später eine Kehrtwendung zu machen und seine «urwüchsige Kraft» zu preisen.[44] In einer Besprechung seiner Aufführung von 1988 beschrieb Roger Ebert ihn als «eine Parabel von Sexismus, Nihilismus und Verzweiflung, die abwesende Väter und passive Mütter in einer Welt voller Tod und Gewalt darstellt», und nannte ihn für junge und leicht zu beeindruckende Kinder ungeeignet.[45] Als *Bambi* zum erstenmal gezeigt wurde, begrüßte ihn die Londoner *Times* als *das* große Meisterwerk, das der Film bis dahin hervorgebracht habe.[46] Am extremen Gegenpol attackierte Manny Farber ihn in der *New Republic* als «widerlich [...] eine Vorgaukelung von Wirklichkeit, wie ein Gemälde von Maxfield Parrish».[47] Ähnliche Verrisse von *Bambi* als reiner Fotorealismus waren von nahezu allen Kritikern zu hören, als in den fünfziger Jahren der Trend in der Animationsgrafik abrupt umschlug.[48]

Die Jäger kritisierten *Bambi* noch härter. Der erste Angriff auf den Film von dieser Seite kam im Sommer 1942 von dem Herausgeber der Zeitschrift *Outdoor Life,* Raymond J. Brown. Er rügte den Film als «die gröbste Beleidigung überhaupt, die dem amerikanischen Jagdsport bisher angetan wurde», und beschwerte sich, *Bambi* führe die Jäger bei niederträchtigen, unweidmännischen Praktiken vor – ein Muttertier töten, Hirsche im Frühjahr schießen, Hirsche mit Hunden hetzen und den Herbstwald anzünden, um das Wild aufzutreiben. Er forderte Disney auf, diese Verleumdung durch einen dem Film vorangestellten Widerruf zu berichtigen, um dem Publikum klarzumachen, daß Gemeinheiten dieser Art selbstverständlich nicht typisch waren für die 15 Millionen gesetzestreuer amerikanischer Jäger, die in selbstloser staatsbürgerlicher Pflichterfüllung mithalfen, dem Land das Erbe der Wildnis zu erhalten, und so weiter und so fort.[49]

Disneys Antwort auf diese Forderung war einfach, klug und endgültig. Die amerikanischen Jäger, erwiderte er, seien gar nicht verleumdet worden, weil Saltens Geschichte von *deutschen* Jägern handle. Im Jahre 1942, dem ersten Jahr der Beteiligung Amerikas am Krieg gegen Nazideutschland, gab es danach nicht mehr viel zu sagen. Obwohl Brown einwand, Disneys Bambi sei kein Schwarzwälder Rehbock, sondern ein Virginia- oder Weißwedelhirsch, zu dessen Freunden im Walde solche eindeutig amerikanischen Tiere gehörten wie Opossums, Stinktiere, Waschbären, Grauhörnchen, Backenhörnchen und Virginia-Wachteln,[50] betrachtete Disney die Angelegenheit als erledigt. Weder Entschuldigung noch Widerruf wurden jemals ausgesprochen.

Eine direktere Verteidigung von *Bambi* wurde 1942 im Juliheft des *Audubon Magazine* von Donald Culross Peattie unternommen, einem führenden Mitglied von Amerikas wachsender Gemeinschaft von Vogelbeobachtern und Naturschützern. Peattie bestritt leidenschaftlich, daß der Film irgend etwas falsch dargestellt habe: die amerikanischen Jäger seien genauso verkommen, wie Disney sie gezeichnet hatte. Alljährlich im Herbst, beteuerte er, fänden die Förster die Wälder voll von verkrüppelten und sterbenden Muttertieren und Jungen. «Entweder können die Jäger, die auf sie geschossen haben, Muttertiere und Junge nicht von Böcken unterscheiden», erklärte Peattie, «oder es ist ihnen schnurzegal.» Was das Anzünden von Feuer betraf, so fand Peattie es verdächtig, daß Waldbrände in den Bergen Kaliforniens seit vielen Jahren immer am ersten Tag der Hirschjagdzeit ausgebrochen waren. Peattie gab zu, «das Jagen im Frühling wird nicht häufig betrieben», aber seines Erachtens machte es für das Wild oder für Disneys Zuschauer kaum einen Unterschied, ob die Tiere «vor einem Hintergrund von Frühlingsgrün oder von herbstlicher Farbenpracht» geschossen wurden.

Die Audubon-Gesellschaft sei nicht gegen das Jagen an sich. Allerdings, merkte Peattie an, habe sie sich seit der Jahrhundertwende mit ihren freiwilligen Helfern dafür eingesetzt, «in Kindern [...] ein teilnehmendes Verständnis für die wilde Tierwelt zu fördern»; und Disneys *Bambi* bezwecke und bewirke genau dasselbe. Er fuhr fort:

> Ich persönlich würde die Vermutung wagen, daß die National Audubon Society *Bambi* unterstützen würde, sowohl ihre Funktionäre als auch, wenn man eine Umfrage machen würde, ihre Leser und Mitglieder. [...] Aber unsere Unterstützung ist gar nicht nötig. Die Botschaft von *Bambi* erfaßt das ganze Land; sie spricht vor allem die Männer und Frauen von morgen an, die heute unsere Kinder sind. Für ein Kind mit seinem schlichten Gemüt ist das Leben eines unschuldigen, harmlosen und schönen

Tieres genauso kostbar wie das eines Menschen, von denen so viele ganz und gar nicht unschuldig und harmlos und schön wirken.[51]

In dem halben Jahrhundert, das seit der Uraufführung des Films vergangen ist, sind die Angriffe der Jäger auf *Bambi* nur noch schriller und heftiger geworden; aber sie kritisieren Disneys Film nicht mehr als Verleumdung der Jägerehre. Die Kritik, die heute meistens zu hören ist, lautet, der Film sei naturverfälschend, eine frei phantasierende, irreführende Entstellung der wissenschaftlichen Tatsachen über das Verhalten wilder Tiere, und Kinder, die ihn anschauten, bekämen dadurch alberne sentimentale Vorstellungen über die Tierwelt und einen ungerechtfertigten Haß auf die Jäger eingeredet. Viele Jagdautoren scheinen der Ansicht zu sein, wenn *Bambi* und andere Disyneyprodukte irgendwie weggemacht werden könnten, so würde sich die Opposition gegen das Jagen in Luft auflösen. Die in der Jägerzunft heute vorherrschende Auffassung kam 1973 in einer Ansprache von Warren Page zum Ausdruck, dem früheren Redakteur für den Teil «Shooting» in der Zeitschrift *Field and Stream*:

> Der ernsthafte Jäger [ist] in den Vereinigten Staaten das Ziel heftiger und abgesprochener und vorsätzlicher und planmäßiger Angriffe, und die Ursachen, daß wir verhöhnt werden, sind brutal einfach. Jede einzelne davon leider Gottes emotionaler Art. Es ist sehr schwer, vernünftig darauf zu antworten. Zum einen sind wir in diesem Land eine ganze Generation lang einer Gehirnwäsche unterzogen worden. Nicht nur unsere Kinder, auch unsere Frauen, unsere Brüder, unsere Mütter, unsere Vettern, unsere Schwäger sind seit fünfundzwanzig Jahren in Film und Fernsehen unentwegt mit dem Disneymythos bearbeitet worden. In Disneys Wunderbarer Welt sind Tiere niedlicher als Menschen. Wölfe verbringen ihre Zeit mit Spielen wie kleine Kätzchen. Der Löwe und das Lamm lieben sich, und nur der Mensch ist der Unhold mit dem schwarzen Hut, [...] dessen Hauptziel es ist, Bambis Blut zu vergießen. Genau das ist das Bambi-Syndrom. Die Disneyfilme haben vielleicht nicht so angefangen, aber sobald

deutlich wurde, daß mit Rührseligkeit und völliger Vermenschlichung Geld zu machen war, verlegten sich die Filme auf diese Masche. [...] Sie stellen den Zuschauern elementare biologische Fakten bewußt falsch dar.[52]

Die Bambihatz gibt in den Verteidigungsreden der «Outdoorsmen» von heute den Ton an. «Zu viele Jagdgegner», schreibt der einschlägige Kolumnist Jim Wilson, «glauben an die Bambihaftigkeit der Tiere. [...] Die Tiere, die diesen Menschen derart am Herzen liegen, sind nicht wirklich, sondern idealisierte Versionen. Diese Tiere pflanzen sich nicht fort, haben keine Ausscheidungen und fressen sich nicht gegenseitig, sie springen und spielen nur fröhlich den lieben langen Tag. [...] diese Leute wissen nicht oder wollen nicht wissen, daß der Tod in der Wildnis so selbstverständlich ist wie Luft einatmen und wieder ausstoßen.»[53] «In anderen Ländern», beklagt sich ein anderer Jäger, «werden Jäger bewundert. Der Unterschied ist, daß die Amerikaner in einer Phantasiewelt leben, in der alle Tiere für Bambi gehalten werden.»[54] Demonstranten gegen die Fallenstellerei, schnaubt ein Vertreter der Kürschnerzunft, leben «in der Vorstellung, daß diese Tiere, wenn sie nicht gefangen werden, glücklich und zufrieden bis ans Ende ihrer Tage leben, wie Bambi oder was weiß ich.»[55]

Niemand will als Bambifreund oder Bambikiller stigmatisiert werden, und so reagieren Befürworter wie Gegner der Jagd gleichermaßen gereizt, wenn der Name Bambi ins Spiel kommt. Ein Artikel in *Field and Stream* fordert die Jäger dazu auf, endlich gegen «die Bambikillerwitze» zu protestieren, die sie über sich ergehen lassen müssen, wenn sie am Flughafen ihre Gewehre aufgeben.[56] Im Anschluß an die Hirschjagd in den Everglades von 1982, bei der Cleveland Amory meinte, Gott sei ein Hirsch, zeigte ein stolzer Jäger einem Reporter seine Jagdstrecke. «Nicht schlecht für einen miesen Bambikiller, he?» witzelte er.[57] Amory selber verbittet es sich andererseits, für einen «weichlichen Bambiverehrer» gehalten zu werden.[58] In gleicher Weise besteht der Philosoph Tom Regan darauf, daß er und die anderen Vorkämpfer für Tierrechte keine «verrückten, gefühlsduseligen und ungebildeten» Leute sind, die «alle einen Bambikomplex haben».[59]

Die amerikanischen Jäger rotten sich eher auf der Rechten des politischen Spektrums zusammen, und so überrascht es nicht, daß sie die Witterung des Marxismus und Atheismus in *Bambi* aufgenommen haben. In einer Attacke auf *Bambi* im Märzheft 1980 von *Field and Stream* äußert George Reiger die Ansicht, das ganze Bambi-Syndrom hänge irgendwie mit der linken Ideologie zusammen. «Liberale», schreibt Reiger, «argumentieren, wenn sie alle Gewehre einziehen dürften, so würde der Mensch das Jagen und Kriegen sein lassen.»[60] Konservative wüßten das besser. Felix Salten, der offenbar durch «das unsinnige Gemetzel des Ersten Weltkriegs» dem liberalen Irrglauben verfallen war, träumte, «wenn der Mensch nur dazu bewegt werden könnte, seine Einstellung zur Natur zu revidieren, dann könnte er mit der Zeit auch seine Ansicht von sich selbst revidieren». Der Roman, den er schrieb, verniedliche dementsprechend die Natur und verteufele den Menschen. Reiger stellt sich vor, daß diese Mischung einen idealistischen jungen Kommunisten wie Whittaker Chambers angesprochen haben müsse, der wie Salten unfähig gewesen sei, «sich mit den unpersönlichen Realitäten der Natur abzufinden». Reiger beschließt seinen Artikel mit der dunklen Andeutung, die Identität des Bambi-Übersetzers werde von liberalen Washingtoner Bürokraten vorsätzlich geheimgehalten – ein Vertuschungsmanöver, das durch das Verschwinden von Chambers' Name auf den Katalogkarten des Romans in der Kongreß-bibliothek bewiesen werde.

Aber nicht des Marxismus sind Disney «und sein Stab von Helferlein» in Reigers Augen schuldig, sondern der «Blasphemie» – genauer gesagt, der Verhöhnung Christi. «In Disneys Version», beschwert sich Reiger, «ist Bambi nicht bloß ein Hirsch im Wald wie alle andern, er ist der ‹junge Prinz›, eine christusgleiche Figur, zu der sich alle anderen Geschöpfe um Führung wenden. [...] Freilich, sobald Bambi einmal vom bloßen Hirschen in den Rang von Jesus Whitetail Superstar erhoben worden ist, wird die Jagd des Menschen auf Weißwedel- oder sonstige Hirsche zu einem Verbrechen, vergleichbar der Verfolgung Christi.»

Wieviel Wahrheit steckt in dem, was Reiger und andere Jagd-journalisten über das Bambi-Syndrom sagen? Gewiß ist nichts von dem, was Jäger an dem Film auszusetzen haben, erst mit Disney in die Welt gekommen. Was der Chor in den *Bakchen* des Euripides vom Reh singt, ist praktisch eine Synopse von *Bambi*. Das Bild der Wildnis als Garten

Eden und vom Menschen als einem gewalttätigen Störenfried der natürlichen Harmonie hat alte Wurzeln, die bis in antike und mittelalterliche Vorstellungen zurückreichen. Das verwundete Wild gilt seit Jahrhunderten als Symbol der verletzten Unschuld; die konkrete Identifikation des gejagten Hirschs mit Christus stammt aus dem Mittelalter. Moralische Entrüstung über die Jägerei flammte hier und da sogar im klassischen Altertum auf und ist seit der Renaissance in der abendländischen Kultur immer allgemeiner und selbstverständlicher geworden. Die Vorstellung, dies alles sei irgendwie Walt Disneys Schuld, ist ein Wunschdenken auf seiten vieler Jagdfreunde.

Aber wenn Disney die Symbolik auch nicht erfunden hat, die gehetzte Rehe und Hirsche als geschändete Jungfrauen und zu Märtyrern gemachte Friedensfürsten erscheinen läßt, so verschaffte er ihr doch ein Massenpublikum, einen unwiderstehlichen zeichnerischen Ausdruck und eine mythische Verkörperung, die sie ansonsten nicht gehabt hätte. Der mythische Nimbus der Bambifigur ist an ihrem symbolischen Gebrauch in der Alltagssprache und in der literarischen und politischen Rhetorik deutlich abzulesen.

Bambi ist ein Sinnbild für Hirsche und Rehe im allgemeinen. Dies bekommt man am besten mit, wenn man sich einmal ein oder zwei Stunden vor ein Wildgehege im Zoo stellt; irgendein Kind oder seine Mutter deutet mit Sicherheit auf ein Tier und ruft: «Schau! Bambi!» (Ich habe selbst gehört, wie dieser Name für Sika-, Axis-, Weißwedel- und Maultierhirsche benutzt wurde, ebenso für verschiedene mehr oder weniger grazile Antilopen bis hin zu den großen kuhartigen indischen Nilgaus). Der Gebrauch des Namens für «Hirsch, Reh» ist in den Medien weit verbreitet und besitzt internationale Geltung.[61] Wissenschaftler sind für diesen Sprachgebrauch genauso anfällig wie jedermann: Jane Goodall beschreibt neugeborene Thomsongazellen als «Miniatur-Bambis»[62], und ich hörte einmal, wie ein Biologe, der nicht auf das Wort «Kitz» kam, dafür «Bambi» sagte. Sogar einige Spaßvögel unter den Jägern nennen ihre Beutetiere gern «Bambis».[63] Bambi scheint im Begriff zu sein, zu einem untergeordneten Gattungsnamen zu werden, etwa wie sein Vorläufer Reineke Fuchs im Deutschen.

Als *das* Klischeebild für Hirsche und Rehe symbolisiert Bambi alles, wofür diese im allgemeinen stehen – insbesondere harmlose Unschuld mit großen, feuchten Augen. In einer Kritik an Präsident Reagans Drogenpolitik auf dem Parteitag der Demokraten von 1988 protestierte Senator John Glenn, «man kann nicht reden wie Rambo und handeln wie Bambi».[64] Die großen, irgendwie sexy wirkenden Augen des Disneyhirsches sind sprichwörtlich.[65] Wohl wegen der durch den Namen geweckten Assoziationen von Schlafzimmerblick, Naivität und Unschuld werden Mädchen mitunter «Bambi» getauft (auch «Fawn», Rehkitz, Hirschkalb), aber niemals Jungen, obwohl der Bambi in Buch und Film männlich ist.[66] Bambi ist auch ein Symbol der Wildnis und der natürlichen Ordnung. Das konnte man deutlich sehen, als James Watt US-Innenminister wurde: Karikaturen zeigten die Waldtiere, wie sie «Lauf, Bambi, lauf!» riefen, und der Kabarettist Mark Russell verkündete, Bambi wandere jetzt nach Kanada aus.[67] 1989, während des landesweiten Proteststurms gegen den Import und Verkauf von halbautomatischen Gewehren, stellte eine Karikatur in der *Baltimore Sun* Bambi dar, wie er zu einem qualmenden Haufen aus Hackfleisch, Knochen und Augen «Mutter?» flüstert, während Präsident Bush mit einer AK-47 hinter einem Baum lauert.

Kurzum, die Jäger haben wahrscheinlich recht, wenn sie meinen, daß *Bambi* auf die westliche Einstellung zur Jagd, der Tierwelt und der natürlichen Ordnung einen nachhaltigen Einfluß gehabt hat. Kinder, die sich den Film öfter anschauen, scheint der Abschuß von Bambis Mutter tief zu verstören, und Leute gestehen manchmal privat, daß sie durch den Besuch einer der periodischen Neuaufführungen von *Bambi* zu Jagdgegnern oder Vegetariern oder Naturschützern wurden. Das Widerstreben in der Öffentlichkeit, die Ausbreitung der Borreliose (Lymekrankheit) durch den Abschuß der Weißwedelhirsche einzudämmen, ist auf das Bambi-Syndrom zurückgeführt worden.[68] Einige Forsthistoriker meinen, daß es letztlich die Waldbrandsequenz in *Bambi* war, die die Forstbehörde dazu veranlaßte, zwei Jahre später jedes Feuermachen im Wald zu verbieten.[69] In einem Nobelrestaurant in Arizona sah ich einmal, wie eine Frau am Nebentisch ihre Serviette auf den Boden warf und rief: «Das ist ja, als sollte ich *Bambi* essen!», als der Ober ihr gebratene Gabelantilope als besonderes Entrée des Abends empfahl. Ein ehemaliger Jäger, den John Mitchell für sein Buch über das Jagen interviewte, sagte, seine Einstellung habe sich durch seine beiden Töchter geändert, die «auf die Idee kamen, jeder Hirsch und so hieße Bambi. Und da habe ich mich gefragt, was ist eigentlich Jagd und was nicht.» In den letzten Absätzen des Buches hat Mitchell selber seinen ersten Bock im Visier. Plötzlich hält er inne, wirft seine Patrone aus und bricht unkontrollierbar zitternd zusammen, nachdem er ihm lange in die Augen geblickt hat, «die Augen – die riesigen, schimmernden Augen, die meinen Blick unwiderstehlich von dem Fadenkreuz auf der Schulter abgelenkt hatten».[70] An anderer Stelle macht er für sein Zögern freimütig das Bambi-Syndrom verantwortlich:

> Wenn es um die Weißwedelhirsche geht, bin ich von Ambivalenzen zerrissen. Walt Disney ist mir schon früh unter die Haut gegangen. Ich habe um Bambi geweint, als die Jäger seine Mutter erschossen; doch heute zähle ich Wildschützen zu meinen engsten Freunden und verstehe, was sie dazu treibt, und bin ihnen nicht feind, ja, ich schließe mich ihnen gelegentlich sogar mit der Waffe in der Hand an. Aber ich habe noch nie einen Hirsch geschossen, oder auf einen. Vielleicht eines Tages einmal. Vielleicht auch nicht.[71]

Bambi hat auch einen bedeutenden indirekten Einfluß als Prototyp ausgeübt, von dem der moderne Naturfilm ausging. Die ersten Filme dieser Art, die ein Massenpublikum erreichten, waren in den fünfziger Jahren Disneys «True-Life Adventures» (dt. «Entdeckungsreisen im Reich der Natur»), die viel von ihrer Thematik und Aufmachung von *Bambi* hatten. Die True-Life Adventures waren so neu und erfolgreich, daß sie das Genre des Naturfilms begründeten und fürderhin seine Konventionen festlegten. Zwei zentrale Konventionen der Disneytierfilme und ihrer Nachfolger stammen aus *Bambi*: die Verbannung des Menschen aus dem Bild (und damit, weiter gedacht, aus der natürlichen Ordnung) und die ewige Wiederkehr, in der sich mit einer schließlichen Rückkehr zum Ausgangspunkt eine Runde in einem uralten und unveränderlichen Kreislauf vollendet. («Wieder einmal ist das Ende nur ein neuer Anfang. Mit dem Kommen des Frühlings schließt sich für die Wunder der Natur der Kreis. [...] In den Kreisläufen der Zeit und der Gezeiten und des ewigen Wandels wird die Natur für alle Zeit stets aufs neue schöpfen –

und nach ihrem zeitlosen Muster die Erde wieder und wieder mit ihren Geheimnissen des Lebens füllen.»[72])

Die jagdfeindliche Tendenz in Disneyfilmen, über die sich die «Outdoorsmen» beschweren, schlägt auch in Trickfilmen aus anderen Studios durch. Sie ist, zum Teil wenigstens, schon in der Technik der Animation angelegt, weshalb die besten Animationsfilme überwiegend von sprechenden Mäusen, Enten und Kaninchen handeln. Weil Trickzeichnungen extrem einfach gehalten sein müssen, können sie nicht die Komplexitäten und Feinheiten fotografierter menschlicher Mienen und Bewegungen wiedergeben. Statt dessen bedienen sich Trickzeichnungen in der Regel des Mittels der Übertreibung, um ihre Wirkungen zu erzielen. Wenn menschliche Charaktere mit zuwenig Übertreibung gezeichnet werden, wirken sie steif und hölzern (Schneewittchen). Mit reichlich Übertreibung dargestellt, können sie lebendig werden – aber nur als groteske Witzfiguren (die sieben Zwerge) oder bedrohliche Schurken (die böse Hexe). Menschen in Animationen sind daher fast immer in der einen oder anderen Hinsicht unzulänglich, während Tiere, mit menschenartiger Sprache und Intelligenz ausgestattet, besser sind als das Original. In Animationen erscheinen Menschen dementsprechend weniger interessant und anziehend als Tiere.

Die Kosten, die entstehen, wenn man einen Film Bild für Bild zeichnet, tragen ebenfalls dazu bei, die Verwendung der Animation eher auf Geschichten zu begrenzen, die sich mit fotografischen Mitteln nicht überzeugend umsetzen lassen – also meistens Geschichten mit sprechenden Tieren als Hauptfiguren. Die enorme künstlerische und meinungsbildende Wirkung der Animation hängt daher aufs engste mit animalitären Tendenzen zusammen. Die Figuren, die am meisten gefallen und sich einprägen, von Gertie der Dinosaurierin 1914 bis Roger Rabbitt 1988, sind alle vermenschlichte Tiere; und die Handlung vieler Zeichentrickfilme, von *Dumbo* und *Bambi* bis zu *The Secret of NIMH*, *Watership Down* (dt. *Unten am Fluß*) und *The Plague Dogs* (dt. *Die Hunde des schwarzen Todes*), dreht sich um die Verfolgung und Tötung tierischer Hauptfiguren durch die Menschheit im allgemeinen.

Die Beliebtheit der von Disney und anderen Zeichentrickfilmern erfundenen Tierfiguren erklärt zum Teil die Tatsache, daß heute in Büchern, Filmen und Spielzeugen für Kinder angezogene, vermenschlichte sprechende Tieren dominieren. Diese Dominanz ist zwar älter als Disney, aber sie ist relativ jung und dürfte nicht lange vor den ersten Zeichentrickfilmen eingesetzt haben.

In der englischen Sprache begann sich die Kinderliteratur gegen Ende des 17. Jahrhunderts als eigenständiges Genre herauszuschälen. Die ersten eigens für Kinder geschriebenen Bücher waren verbissen fromme puritanische Trakate, die der verdorbenen Jugend die Furcht vor Gott und den Feuern der Hölle einflößen wollten.[73] Diesen gesellte sich bald eine Spielart weltlicher, aber gleichfalls didaktischer Werke hinzu, zu denen Äsop und andere moralische Fabeln um sprechende Tiere gehörten.[74] Ein zweiter Typus von Geschichten mit sprechenden Tieren, die tierische Lebensgeschichte, erschien im späten 18. Jahrhundert. Die Helden oder Erzähler solcher Geschichten, von Dorothy Kilners *The Life and History of a Mouse* (1783) über *Black Beauty* bis hin zu *Bambi* und *Unten am Fluß*, sind realistisch gezeichnete Tiere, die nackt sind und auf allen Vieren gehen, aber wie Menschen denken. Wie andere frühe Kinderbücher wurden auch die tierischen Lebensgeschichten des 18. Jahrhunderts zu einem didaktischen Zweck geschrieben – in diesem Falle, Kinder dazu zu bringen, Tiere mit Güte und Mitgefühl zu behandeln. Die meisten späteren Geschichten aus dem Tierleben haben dieselbe moralische Absicht verfolgt. In einer dritten Art von Geschichten mit sprechenden Tieren, der Tiersatire, werden die Tiere auf die Hinterbeine gestellt und mit menschlichen Kleidern, Gerätschaften, Gesellschaftsformen und Manieren sowie mit Sprache ausgestattet. Dieses Subgenre hat Vorläufer in Märchen wie «Der gestiefelte Kater» und geht in der abendländischen Literatur wenigstens bis auf das altgriechische parodistische Kleinepos «Der Froschmäusekrieg» (*Batrachomyomachia*) zurück. Aber in der Kinderliteratur tauchte es zum erstenmal zwischen 1807 und 1809 in einer Reihe von englischen Bilderbüchern auf – *The Butterfly's Ball*, *The Peacock at Home*, *The Lion's Masquerade*, *The Lion's Parliament* und so weiter –, in denen ausstaffierte Tiere menschliche Sitten und Unarten nachahmen.[75]

In der ersten Hälfte des 19. Jahrhunderts fielen sprechende Tiere, Feen und andere derartige Phantasiefiguren in Büchern für Kinder mit der steigenden Flut frommen Eifergeistes und frühviktorianischen Sittenernstes in Ungnade, wodurch die Kinderliteratur wieder zusehends

in die moralisierende Lehrhaftigkeit des frühen 18. Jahrhunderts verfiel.
So schrieb ein amerikanischer Schulbuchautor 1823:

> Tiere, Reptilien und Insekten werden in diesem Buch nicht ver-
> nunftbegabten Wesen gleichgestellt; weil eine solche Darstellung
> wider die Natur, die Wissenschaft und das richtige sittliche Emp-
> finden ist. Die meisten der Fabeln, die so lange in den Schulen
> verwendet wurden, sind vor allem für kleine Kinder ungeeignet,
> die durch wörtlich gemeinte Beispiele belehrt werden sollten, be-
> vor sie übertragene Darstellungsformen begreifen können. [...]
> Die Mode, niedere Tiere in «Lehrer der Kinder» umzuwandeln,
> ist bis zur lächerlichen Überspanntheit getrieben worden.[76]

«Zwiegespräche zwischen Wölfen und Schafen, Katzen und Mäusen»,
meinte der amerikanische Reformer Lyman Cobb 1832 naserümpfend,
«sind der Wahrheit und Moral so abträglich, wie sie den Grundsätzen
der Natur und der Philosophie widersprechen.»[77]

Aber in den späteren viktorianischen Kinderbüchern wurden
Tierfabeln und -satiren wieder zum täglich Brot, und im 20. Jahrhundert haben sie sich allgemein gegen Moralpredigten und Märchen durchgesetzt. Heute machen Geschichten über sprechende Tiere tatsächlich
die Mehrzahl der für jüngere amerikanische Kinder bestimmten Bücher
aus.[78]

Auch Kinderspielsachen haben in diesem Jahrhundert eine Tendenz zum Tier entwickelt. Zwar wurden im 19. Jahrhundert gelegentlich Stofftiere für Kinder hergestellt, etwa der Gingham Dog und die
Calico Cat aus Eugene Fields Gedicht «The Duel»,[79] aber sie waren nicht
üblich. Als das Teddybärfieber 1906 in den Vereinigten Staaten ausbrach,
gab es ernsthafte Debatten über die Auswirkungen, die Stofftiere auf
Kinder hätten; manche befürchteten, daß kleine Mädchen, die mit
Plüschbären spielten statt mit Puppen, nicht richtig auf ihre Mutterrolle
vorbereitet würden.[80] Obwohl Teddybären keinen Einbruch der Ge-
burtenraten in den Vereinigten Staaten zur Folge hatten, bewirkten sie
doch einen dauerhaften Wandel in der Einrichtung des Kinderzimmers.
Wir betrachten heute Stofftiere als archetypische Spielsachen für Kinder beiderlei Geschlechts. Als Archetypen haben sie die dem Arbeits-

und Menschenleben nachempfundenen Spielsachen – Puppen, Trommeln, Trompeten, Kindergewehre, Schaukelpferde – zu einem großen Teil verdrängt, die das 19. Jahrhundert mit Kindheit verband (und die in herkömmlichen Darstellungen immer noch aus dem Sack des Weihnachtsmannes hervorlugen).

Es ist unklar, weshalb es zu dieser Animalisierung der Kinderkultur gekommen ist, und der Wandel ist bemerkenswert unkommentiert geblieben. Einer der wenigen, die sich ausführlich dazu geäußert haben, war J. R. R. Tolkien, der die animalitären Tendenzen von einem christlichen Standpunkt aus mißbilligte und meinte, die Erwachsenen zwängen den Kindern Geschichten von sprechenden Tieren und Stofftiere auf, weil sie solche Dinge irgendwie für modern und wissenschaftlich hielten.[81] Das klingt nicht sehr einleuchtend. Eine andere Erklärung, ausgehend von jungianischen statt von christlichen Voraussetzungen, bietet D. D. Pitts, der der Ansicht ist, daß wir die Tiere als Symbole «unserer Trieb- oder (pejorativ verstanden) Tiernatur» unterbewußt hassen, aber andererseits Schuldgefühle haben, weil wir sie hassen und weil wir diese Triebnatur in uns und unseren Kindern verdrängen.[82] Wir versuchen daher, sagt Pitts, unsere Schuld zu sühnen, indem wir unseren Kindern Geschichten von sprechenden Tieren zu hören geben. Diese Erklärung klingt genauso an den Haaren herbeigezogen wie die von Tolkien.

In jüngerer Zeit hat die Verbreitung von sprechenden Tieren in Erzeugnissen für Kinder zweifellos dadurch Auftrieb erhalten, daß vermenschlichte Tiere rassisch und ethnisch in einer Weise neutral (und daher für jedermann akzeptabel) sind, wie das bei menschlichen Gestalten nicht möglich ist.[83] Aber die Animalisierung der Kinderkultur ist nicht einfach die Folge unseres (aus den Erfahrungen der sechziger Jahre erwachsenen) Bestrebens, auf keinen Fall die ethnischen Empfindlichkeiten von irgend jemandem zu verletzen. Dieser Wandel war durchaus schon vor dem Ersten Weltkrieg im Gange, zu einer Zeit, als Schmähwitze über Minderheiten noch breiten Raum im amerikanischen Humor einnahmen. Außerdem enthalten einige klassische Kinderbücher (zum Beispiel die Dr.-Doolittle- und die Oz-Bücher) einfühlsam dargestellte sprechende Tiere unmittelbar neben beleidigenden Rassenklischees.

Wie wir es auch begründen mögen, das Übergewicht von Tierfabeln, -lebensgeschichten und -satiren in den Unterhaltungs- und Er-
ziehungsmedien, die wir für Kinder herstellen, ist ein reales Phänomen.
Es verkörpert die unausgesprochene Anschauung – und Botschaft an
die Kinder –, daß Tiere gut und unschuldig sind, Menschen dagegen eher
finstere und fragwürdige Gestalten. In der Aufklärung, die wir unseren
Kindern über die Welt geben, die sie einmal erben sollen, ziehen wir es
vor, die menschliche Gesellschaft aus dem Bild herauszulassen oder sie,
wenn schon, solange in Allegorien von sprechenden Tieren zu kleiden,
bis Kindheit und Unschuld langsam zu Ende gehen.

KAPITEL X

Eine tödliche Krankheit
der Natur

Die andern anthropoiden Affen waren ja geborgen
Im großen Regenwald des Süden und änderten sich kaum
In einer Jahrmillion: allein das Menschgeschlecht entstand
Durch Schock und Todesangst. [...] Blutriechende Ratten:
Doch gebt die Schuld nicht ihnen: eine Wunde riß ins Hirn,
Als gar zu hart das Leben wurde, und ist nie mehr verheilt.
Die lehrte sie die zitternde Frömmigkeit und das Blutopfer,
Die lehrte sie die Tiere schlachten und die Menschen metzeln
Und die Welt hassen.

Robinson Jeffers

Darwin hatte in der *Entstehung der Arten* die heikle Frage der menschlichen Evolution auf Zehenspitzen umschlichen und nur geunkt: «Licht wird auch fallen auf den Menschen und seine Geschichte.»[1] Seine Kritiker nahmen dieses Ausweichen sofort als ein schwaches Glied in der Darwinschen Theorie unter Beschuß. Die natürliche Auslese, ließen sie sich vernehmen, könne niemals die Evolution des Menschen erklären. Unsere natürlichen Waffen seien zu schwach, unsere sittlichen Triebe zu uneigennützig und unsere geistigen Fähigkeiten zu immens, als daß wir durch das bloße Überleben der Tüchtigsten den Menschenaffen und den Wilden hätten entwachsen können.[2] Diese besonderen menschlichen Merkmale bedurften daher zu ihrer Erklärung einer besonderen Ursache – oder besonderer Vorsehung.

Darwin veröffentlichte seine Geschichte vom Ursprung des Menschen 1871. Als darwinistisch wies sie nur der Name des Verfassers aus, da sie menschliche Eigenschaften nicht als Anpassungen *an* irgend etwas darstellte. Darwin war vielmehr der Ansicht, daß sich der Ursprung des Menschen durch die menschliche Beherrschung der Natur von selbst erkläre. Unsere eigentümlichen Merkmale, meinte er, seien von Vorteil, weil sie mitwirken, aus uns die Herren des Urwalds zu machen. «Der Mensch ist selbst in dem rohesten Zustand, in welchem er jetzt existiert», schrieb Darwin, «das dominierendste Tier, was je auf der Erde erschienen ist. Er hat sich weiter verbreitet als irgendeine andere hoch organisierte Form und alle andern sind vor ihm zurückgewichen. Offenbar verdankt er diese unendliche Überlegenheit seinen intellektuellen Fähigkeiten, seinen sozialen Gewohnheiten [...] und seiner körperlichen Bildung. Die äußerst hohe Bedeutung dieser Charaktere ist durch endgültige Entscheidung des Kampfes ums Dasein bewiesen worden.»[3] Wenn diese Wesensmerkmale den Menschen zum König der Tiere gemacht haben, so müssen sie ihm irgendeinen allgemeinen Vorteil verschaffen. Daher, überlegte Darwin, mußten alle rudimentären menschenähnlichen Eigenschaften, die sich bei unseren affenartigen Vorfahren irgendwie einstellten, von der natürlichen Auslese bevorzugt werden. Von der Zweifüßigkeit zum Beispiel schrieb Darwin:

> War es ein Vorteil für den Menschen, seine Hände und Arme frei zu haben und fest auf seinen Füßen zu stehen, *woran sich nach seinem so ausgezeichneten Erfolge im Kampfe ums Dasein nicht zweifeln läßt*, dann kann ich keinen Grund sehen, warum es für die Vorläufer des Menschen nicht hätte vorteilhaft sein sollen, immer mehr und mehr aufrecht und zweifüßig zu werden. [...] Die am besten gebauten Individuen hätten auf lange Sicht den meisten Erfolg gehabt und in größerer Zahl überlebt.[4]

Kurzum, es bedarf keiner besonderen Theorie zur Begründung der Merkmale, die uns die Herrschaft über die Natur verleihen.[5] Die Entwicklung solcher Merkmale bei affenartigen Primaten ist etwas, was man ganz selbstverständlich erwarten darf. Geheimnisvoll in diesem Zusammenhang ist nicht die Menschwerdung, sondern die Tatsache, daß die anderen Affen *keine* Menschen wurden. Wenn Menschenaffen von Natur die Tendenz zeigen, sich zu Menschen zu entwickeln, weshalb gibt es dann noch Menschenaffen?

Darwin hatte zu diesem Problem nichts zu sagen, aber spätere Darwinisten versuchten, es zu bewältigen. Nach dem Konsens, der sich im frühen 20. Jahrhundert herausbildete, war es mit den anderen Menschenaffen deshalb nicht aufwärts gegangen, weil sie sich darauf verlegt hatten, sich mit den Armen durch die Bäume zu schwingen. Infolgedessen hatten sie lange Arme und lange, hakenartige Finger ausgebildet – wodurch sie zu oberlastig und ungeschickt geblieben waren, um zu werkzeugfähigen Zweifüßern wie wir zu werden.[6]

Viele Wissenschaftler meinten, daß die unterbliebene Höherentwicklung der Menschenaffen einen anderen Grund hatte: ihre tropischen Umweltbedingungen waren zu freundlich. Statt in die rauhen nördlichen Klimazonen zu ziehen, die aus unseren Vorfahren Menschen gemacht hatten, seien die Vorfahren der Menschenaffen bloß Bananen mampfend im Dschungel hocken geblieben – «in einem Land des Überflusses, das ein träges Leben und die Stagnation des Weiterstrebens und -wachsens förderte».[7] Solche Erklärungen klingen heutzutage albern, aber damals, in der Triumphzeit des europäischen Kolonialismus, müssen sie sich plausibler angehört haben. Sie drücken den tiefsitzenden kolonialistischen Glauben aus, die Eingeborenen der Tropen seien arbeitsscheue, affenartige Flegel, die von den klügeren, energischeren nordischen Typen mit Prügel auf Vordermann gebracht werden müßten. «In tropischen und semitropischen Gegenden, wo die Natur Früchte in Hülle und Fülle schenkt, kommt die menschliche Anstrengung – die individuelle wie die rassische – sofort zum Erliegen», verkündete H. F. Osborn, der Vorsitzende der amerikanischen Paläontologen, im Jahre 1927. «In Waldgebieten geht die Entwicklung des Menschen außerordentlich langsam voran, ja, es kommt sogar zum Rückschritt, wie die im Wald lebenden Rassen von heute zur Genüge deutlich machen.»[8]

In den zwanziger und dreißiger Jahren wuchs sich der Gedanke, daß menschliche Eigenschaften sich von selbst verstünden, zu einer vollständigen Theorie der Menschen- und Primatenevolution aus. Den größten Anteil an der Aufstellung und Verbreitung dieser Theorie hatte der englische Anatom W. E. Le Gros Clark, dessen Ansichten über Primatenevolution in den Anthropologielehrbüchern der englischsprachigen Welt von den dreißiger Jahren bis in die sechziger Jahre maßgebend waren. Clark meinte, daß alle Primaten die natürliche Tendenz zeigten, große Gehirne, aufrechte Haltung, bewegliche Hände und andere menschenartige Züge auszubilden. Diese «vorherbestimmten Entwicklungstendenzen»[9] kulminierten im Auftreten des Menschen. Die anderen noch lebenden Primaten wurden deswegen keine Menschen, weil ihre Vorfahren sich in evolutionäre Sackgassen verirrten und spezielle Gewohnheiten annahmen wie die schwingende Fortbewegung mit den Armen. Ihre «divergente Spezialisierung [...] hat sie von der Hauptlinie der Evolution mit ihrer Kulmination in der menschlichen Spezies weggeführt».[10]

Demnach herrschte von der Zeit Darwins an die ganze erste Hälfte des 20. Jahrhunderts hindurch unter den Anthropologen allgemeine Übereinstimmung darüber, daß Menschen das sind, was die Evolution hervorbringt, wenn sie sich selbst überlassen bleibt und nicht durch «divergente Spezialisierung» abgebogen wird. Die Vorstellung, die menschlichen Eigenschaften hätten ihrerseits ursprünglich Spezialisierungen im Interesse einer bestimmten Lebens- und Ernährungsweise sein können, wurde nicht ernsthaft in Betracht gezogen.

Die Jagdhypothese war die erste echt darwinistische Erklärung des menschlichen Ursprungs, die vorgebracht wurde. Zwischen 1880 und 1920 legten drei Autoren frühe Versionen der Geschichte vom Mörderaffen vor und nahmen darin die meisten der Gedanken und Argumente vorweg, mit denen Dart in den fünfziger Jahren auftrat. Einige dieser Darstellungen waren sehr detailliert und überlegt ausformuliert. Sie erschienen als lange Artikel in wichtigen wissenschaftlichen Zeitschriften und in Büchern, die von namhaften Verlegern in mehreren Auflagen auf den Markt gebracht wurden. Trotz alledem fanden sie keine Beachtung und wurden von den führenden Experten auf dem Gebiet der menschlichen Evolution ignoriert. Die Anthropologen waren vor dem Ende des Zweiten Weltkrieges noch nicht bereit, den Mörderaffen zur Kenntnis zu nehmen.

Die erste Version der Jagdhypothese, die in die wissenschaftliche Literatur Eingang fand, wurde von dem amerikanischen Redakteur und Verfasser wissenschaftlicher Schriften Charles Morris vorgelegt. In zwei in den achtziger Jahren des 19. Jahrhunderts geschriebenen Aufsätzen äußerte Morris die Ansicht, der Vorfahre des Menschen sei ein Früchte fressender Affe gewesen, der angefangen habe zu jagen, was «die Beanspruchung seiner Fähigkeiten und infolgedessen die Denktätigkeit» steigerte.[11] In seinem Buch *Man and His Ancestor* von 1900 versuchte Morris, den Übergang vom Affen zum Menschen in größerer Ausführlichkeit zu rekonstruieren. Unsere Affenvorväter, meinte er, mußten schon aufrecht gehende Zweifüßer geworden sein, als sie noch auf Bäumen lebten. Wenn sie sich mit den langen Armen eines Schimpansen etwa durch die Bäume geschwungen hätten, dann wären sie, als sie von den Bäumen stiegen, auch auf allen Vieren gegangen wie ein Schimpanse und hätten niemals angefangen, aufrecht zu gehen.

Aber den Menschenaffen sind ihre langen Arme zum Schwingen und Hängen an Ästen vonnutzen. Warum hatten dann unsere auf Bäumen lebenden Vorfahren kurze Arme und lange Beine entwickelt? Morris meinte, sie hätten diese Körperproportionen zu räuberischen Zwecken ausgebildet. Ein Affe, der eine Beute mit seinen Händen fangen wollte, hätte mehr Erfolg, wenn er sich aufrichten und nur auf den Hinterbeinen laufen könnte. Dazu bräuchte er stärkere Beine und weniger mächtige Arme. Diese Veränderungen «wären ein prädisponierender Faktor, der das Tier dazu veranlassen könnte, vom Baum auf den Boden zu wechseln und beim Jagen Waffen zu gebrauchen». Zur Vergrößerung des Gehirns kam es später, als die Menschen anfingen, in kälteren Klimazonen zu leben und Krieg zu führen. «Es ist zweifellos der Krieg Mensch gegen Mensch und der Konflikt mit den widrigen natürlichen Bedingungen in den kälteren Regionen der Erde», schrieb Morris, «denen sich die Entwicklung des Menschen von seinem niedrigsten zu seinem höchsten geistigen Stand zu verdanken hat.»[12]

Die Jagdhypothese tauchte als nächstes in einer Serie von Artikeln auf, die der britische Chirurg Harry Campbell von 1904 bis 1921 in der medizinischen Zeitschrift *Lancet* veröffentlichte. Er war der Ansicht, der Übergang vom Affen zum Menschen habe begonnen, als unsere affenartigen Vorfahren, die «Homo-simiae», sich auf den Boden begaben, um nach Nahrung zu suchen – «vor allem tierische Nahrung, die wahrscheinlich die Hauptanziehung des Bodenlebens war». Zunächst konnten diese Homo-simiae «wenig mehr als Parasiten erwischen». Aber selbst Parasiten waren schlechter zu erwischen als Bananen, und so förderte der Beutefang die Gehirnentwicklung und die Erfindung von Geräten. «Da es ihnen gleichermaßen am Instinkt wie an den natürlichen Waffen der Fleischfresser mangelte, waren [die Homo-simiae] gezwungen, sich auf der Jagd nach Beute auf ihre höhere Intelligenz zu verlassen, [und] Intelligenz wurde im Kampf ums Dasein so wichtig wie nie zuvor. [...] Mit dem Kommen des Jagdzeitalters erhielt die geistige Evolution einen großen Anstoß.»[13]

Dieser «große Anstoß» war nach Campbells Ansicht «ganz und gar zum Vorteil des Männchens», da die Männchen das ganze Jagdgeschäft besorgten. Die weiblichen Homo-simiae, so scheint es, beschränkten sich darauf, Pflanzenkost zu sammeln – eine Tätigkeit, die «keinen hohen Intelligenzgrad erforderte».[14] Der Krieg, auch er eine ausschließlich männliche Domäne, trug ebenfalls dazu bei, daß die Männchen schlauer wurden. Dies alles, meinte Campbell, erkläre, weshalb die Männer heutzutage mehr «nervöse Regsamkeit, Freude am Abenteuer, Mut, Kampflust, Erfindungsreichtum und Verstandeskraft im allgemeinen» hätten als die Frauen.[15] Die männliche Überlegenheit über die Frauen wurde mit der Einführung der Polygamie noch ausgeprägter. «Die Sitte der Polygamie macht es für einige Mitglieder des Stammes schwieriger als für andere, Nachkommen zu haben, denn die größte Zahl bekommen im großen und ganzen die Gescheitesten», schrieb Campbell. «Die intelligentesten Männer sicherten sich die meisten Frauen und hinterließen die meisten Kinder.» Da Intelligenz für Männer einen weitaus höheren Wert besaß als für Frauen, wurde sie in der Regel als ein sekundäres Geschlechtsmerkmal des Mannes weitervererbt, so wie starke Muskeln und Bärte. «Die höheren Geistesgaben des Mannes gegenüber denen der Frau», schloß Campbell frohgemut, «sind bis zu einem gewissen Grad auf seine polygame Vergangenheit zurückzuführen.»[16]

In seinen Aufsätzen von 1904 und 1913 hört sich Campbell wie das vollkommene Mitglied des Königlichen Ärztekollegiums unter Eduard VII. an: verschreckt und verächtlich gegenüber den Armen, herablassend zu Frauen und Nichtweißen und voll törichtem Glauben an die wohltätigen evolutionären Wirkungen des Krieges. Diese frühen Artikel scheinen alles zu beweisen, was linke, pazifistische und feministische Kritiker und Kritikerinnen jemals gegen die Jagdhypothese vorgebracht haben.

Aber Campbells nächster Artikel, 1917 verfaßt, stellt die Dinge in einem anderen Licht dar. Obwohl Campbell Jagd und Krieg immer noch als die Motoren des menschlichen Fortschritts ausgibt, ist er sich des Werts dieses Fortschritts oder der Richtigkeit der englischen Gesellschaftsordnung durchaus nicht mehr sicher. Aus seiner ganzen Hypothese spricht jetzt eine völlig andere Einstellung. Im Jahre 1913 war es Campbell noch selbstverständlich erschienen, daß das englische Klassensystem «nicht allein eine soziale, sondern auch eine geistige Hierarchie [darstellt] – nämlich eine, in der die von Geburt mitbekommenen Geistesgaben von unten nach oben zunehmen» – und daß «die Angehörigen jeder Gesellschaftsklasse [...] im Durchschnitt mehr [...] Grips und Rückgrat [haben ...] als die der Klasse unmittelbar darunter».[17] Im Jahre 1917 jedoch sehen wir, wie Campbell wütend den «geldscheffelnden Narren» und den «Unternehmer, der seine Arbeiter bluten läßt», anprangert und Investitionsbankiers mit Dieben gleichsetzt. «Hat der gewiefte und geschickte Spekulant nicht etwas mit dem Einbrecher gemeinsam?» fragt dieser neue Campbell. «Beide benutzen ihr Talent dazu, sich das Eigentum anderer anzueignen, indem sie sich deren Unwissenheit zunutze machen.» Campbell beendet seinen Essay von 1917 mit der Forderung nach einem «gemäßigten, vernünftigen Sozialismus», weltweiter Demokratie und der Bildung der Vereinigten Staaten von Europa.[18]

Irgendwo zwischen 1913 und 1917 hatte Campbell aufgehört, wie Herbert Spencers Papagei zu reden, und den Ton eines Mitglieds der Fabian Society angenommen. Allerdings war im Laufe dieser vier Jahre seine Meinung von der Menschheit gewaltig gesunken und glich jetzt eher der Mark Twains oder Raymond Darts. Der Mensch, schrieb Campbell 1917,

ist der Erzschlächter – *facile princeps*. Seit der vormenschliche Affe sich aufs Jagen verlegte, haben er und seine menschlichen Nachfahren gnadenlos unter den niedriger stehenden Tieren gewütet, und in der heutigen Zeit jagt der Mensch sie nicht nur, sondern züchtet sie zu dem erklärten Zweck, sie, hauptsächlich zum Essen, teilweise zur Unterhaltung, umzubringen. [...] Das Tier, das ein anderes angreift und damit Schmerz verursacht, reagiert nur auf einen blinden, gedankenlosen Instinkt; aber der Mensch, der stolze Mensch mit seinem Vor- und Nachbedacht, kann den Schmerz erkennen und sich daran weiden, den er bewußt [...] verursachen will. Es ist offenbar absurd, sein Verhalten als «tierisch» zu bezeichnen. Wir sollten es vielmehr teuflisch nennen, wird doch dem Teufel für gewöhnlich ein ordentliches Maß an Intelligenz zugesprochen.[19]

Der letzte dieser frühen Vertreter der Jagdhypothese war Carveth Read, Psychologieprofessor am University College in London. Read veröffentlichte 1914 einen kurzen Abriß seiner Theorien und ließ dem sechs Jahre später ein Buch folgen. Wie Morris und Campbell meinte auch Read, die menschliche Zweifüßigkeit und Gehirnkapazität habe damit angefangen, daß unsere Vorfahren zum Beutefang auf den Boden stiegen und dort nun räuberische Verschlagenheit und künstliche Waffen nötig hatten. Doch Read formulierte die ganze Hypothese sehr viel umfassender aus. Ihn interessierten besonders die Auswirkungen der Jagd auf Gesellschaft und Psyche des Menschen. Die Menschen, führte er aus, sind die kooperativsten unter den Primaten, weil sie Räuber sind. Die Affen müssen nicht kooperieren, um zu bekommen, was sie haben wollen; doch als der Mensch anfing, Wild zu jagen,

vor allem Großwild (zumal er keineswegs ein altgewohnter Karnivore war, weder in seinen Instinkten noch im Körperbau), war er möglicherweise, ja wahrscheinlich unfähig, seine Beute auf sich allein gestellt zu töten; in welchem Falle es besser für ihn gewesen wäre, gemeinschaftlich und kooperativ zu jagen wie Wölfe und Hunde, eine Art Wolfsaffe zu werden. Das Rudel war ein Mittel, die Nahrungsmenge zu steigern; und die Geselligkeit nahm durch Auslese zu. Daher gleicht der Mensch charakterlich dem Hund mehr als jedem anderen Tier.[20]

In seinem Buch *The Origin of Man* von 1920 taufte Read seinen imaginären jagenden Primaten *Lycopithecus* («Wolfsaffe») und machte sich daran, über sein soziales Leben zu spekulieren. Darwin und Freud hatten die These verfochten, die menschliche Urhorde sei ein Harem unter dem Regiment eines einzelnen eifersüchtigen Patriarchen gewesen.[21] Read nannte diesen Gedanken eine jeder Grundlage entbehrende Spekulation und hielt dagegen, daß alle historisch bekannten Menschenformen stets in Gruppen mit vielen Männern und vielen Familien gelebt hätten. Die kleinsten und einfachsten solcher Gruppen seien heute «Stämme oder Horden von ungefähr fünfzig Personen». Read hielt dies für die Urform der menschlichen Gesellschaft, und er deutete sie als eine Anpassung an die Jagd – «eine vollkommen andere Gemeinschaft als die irgendwelcher Primaten, oder Rinder, am ehesten mit der von Hunden und Wölfen vergleichbar – ein Jagdrudel». Read kamen viele Dinge an der menschlichen Gesellschaft auffallend hundeartig vor, etwa die monogamen Paarungen im größeren Verband eines Rudels, die Revierverteidigung, die Hackordnung, das koordinierte Jagen und die Zusammenarbeit der beiden Geschlechter bei der Fütterung der Jungen. Der menschliche Verstand, schloß er, «ist eine Art Schimpansenverstand, angepaßt an die wölfischen Bedingungen des Jagdrudels».[22]

Die Misanthropie, die andere Versionen der Jagdhypothese färbt, zeigt sich auch in Reads Buch. «Gier, Grausamkeit, Hochmut und jede Art von Aggressivität» des Menschen schrieb er dem Raubtiererbe des Wolfsaffen zu und zitierte zustimmend den deutschen Anatomen Robert Hartmann: «Rohere und civilisirtere Völker begehen bekanntlich zuweilen die unsäglichsten Grausamkeiten gegeneinander, die man fälschlich als unmenschliche bezeichnet hat; denn diese Grausamkeiten, diese Schlächtereien und Schindereien, sind [...] leider recht *menschliche*, indem sie in der Thierwelt nichts ihnen gleiches erkennen lassen. [...] In dieser Hinsicht steht der menschenähnliche Affe entschieden höher als eine große Zahl von Menschen.»[23] Read fügt Hartmann ein ironisches Postskriptum hinzu:

Wir sollten, glaube ich, Lycopithecus keine unnötige Grausamkeit und Zerstörungswut zuschreiben, höchstens insofern, als die Neuheit seines Lebens ihn, verglichen mit dem maßvollen Le-

ben echter, adaptierter Karnivoren, zu Exzessen geführt haben
könnte. Auch er war ein Tier von beschränktem Verstand. Alle
von Hartmann aufgeführten Scheußlichkeiten (und die Liste
ließe sich zu einem ganzen Buch verlängern) ergaben sich aus der
Ausdehnung des Vorstellungsvermögens. [...] Aggressive Grausamkeit entstand zweifellos schon im Jagdrudel, aber sie erreichte
erst dann «recht menschliche» Dimensionen, als sie in den Dienst
von Ideen gestellt wurde.[24]

Hier und an anderen Stellen antizipiert Read Konrad Lorenz' Sicht des
Menschen als eines wahnsinnigen, waffenführenden Mörderaffen, dem
die angeborene Schicklichkeit echter, biologisch adaptierter Fleischfresser fehlt. «Echte Karnivoren sind im allgemeinen keine Kanniba-
len», schrieb Read, «und zwar wegen ihrer älteren und vollkommene-
ren Anpassung an das räuberische Leben. Für sie wäre ein anhaltender
Kannibalismus zu destruktiv gewesen.»[25]

Pazifistische Kritiker haben die Auffassung vertreten, die Jagdhypothese sei als ein Vorwand ausgekocht worden, mit dem sich der
Krieg als unvermeidliches, weil auf der aggressiven Natur des Menschen
beruhendes Übel entschuldigen lasse. Die Schriften von Morris, Campbell und Read legen einen anderen Schluß nahe. Für Morris hatten Jagd
und Krieg wenig miteinander zu schaffen. Dem frühen Campbell vor
dem Krieg erschienen Jagd und Krieg als wohltätige Kräfte im Dienste
des evolutionären Fortschritts; aber für den späteren Campbell war der
Krieg ein entwicklungsgeschichtliches Relikt, das wir hinter uns lassen
müssen. Diese Unterschiede drücken offensichtlich den Abscheu aus,
den Campbell angesichts des Blutbads des Ersten Weltkriegs empfand.
Ähnliche Unterschiede gibt es zwischen Reads Schriften vor und nach
dem Krieg. Diese Vergleiche deuten stark darauf hin, daß die mit der
Jagdhypothese verbundene Misanthropie 1917, genau wie in den vierziger Jahren, als Gegenreaktion auf den vorangegangenen Weltkrieg auftrat – nicht als Entschuldigung für den nächsten. Die Schriften von
Campbell zeigen außerdem, daß die Jagdhypothese mit linker Politik
genauso gut zu vereinbaren ist wie mit rechter.

Die von Morris, Campbell und Read vertretenen Ideen gerieten rasch in Vergessenheit. Morris' Buch wurde von den Wissenschaftlern allgemein kurz abgefertigt.[26] Eine Synopse eines von Campbells *Lancet*-Artikeln erschien 1918 im *American Journal of Physical Anthropology*, aber die Jagdhypothese wurde darin nicht einmal erwähnt.[27] Reads Buch von 1920 wurde in einigen wenigen wissenschaftlichen Zeitschriften besprochen. Achtundzwanzig Jahre später erwähnte der britische Anthropologe Arthur Keith Campbell und Read en passant als vergessene Vorläufer von Raymond Dart.[28] In einem einflußreichen Aufsatz von 1954 über die Jagd und den Sozialverband der frühen Hominiden führte William Etkin einige seiner Ideen auf Read zurück. Und bis in die jüngste Zeit scheint dies die ganze wissenschaftliche Aufmerksamkeit zu sein, die diesen Männern – wenigstens in gedruckter Form – entgegengebracht wurde.[29]

Ein oder zwei Tatsachen lassen vermuten, daß Campbells Schriften Raymond Dart beeinflußt haben könnten. Als Dart 1924 Australopithecus beschrieb, ordnete er ihn in eine neue Primatenfamilie ein, die «Homo-simiadae». Dieser seltsame Name, der mehrere Regeln der zoologischen Nomenklatur verletzt,[30] klingt verdächtig nach einem Echo von Campbells imaginären «Homo-simiae». Dart könnte den Namen – und damit den Keim der Jagdhypothese – zufällig in einem von Campbells Artikeln in *Lancet* entdeckt haben, von denen die meisten erschienen, als Dart noch ein Medizinstudent war.[31] Doch selbst wenn er Campbell in jenen Jahren gelesen haben sollte, blieb bei ihm kein starker Eindruck zurück. Weder Campbell noch Read werden jemals von ihm erwähnt. Sechzig Jahre später direkt danach befragt, bestritt Dart jede Bekanntschaft mit Campbells Schriften.[32] Darts frühe Artikel geben Änderungen des Klimas, nicht der Ernährung als Ursache der Menschwerdung an, und sie stellen die Affenmenschen nicht als gewaltige Jäger dar. Noch im Jahre 1940 beschrieb Dart Australopithecus als einen vielgeplagten Aasfresser, der hier und da Abfälle stiebitzte, um in einer feindlichen Umwelt am Leben zu bleiben.[33]

Kurz und gut, Wissenschaftler und populäre Wissenschaftsautoren schenkten der Jagdhypothese in der ersten Hälfte des 20. Jahrhunderts wenig oder gar keine Beachtung. Wenn die Anthropologen Reads Buch von 1920 ernst genommen hätten, wäre die Entdeckung bei Taung vier Jahre später als Erfüllung von Reads Vorhersagen gefeiert und Darts «Vogelnester ausräubernder und Knochen aufbrechender Affe» wahrscheinlich Lycopithecus statt Australopithecus getauft worden. Aber Reads Buch wurde mit einem Achselzucken abgetan, und niemand sah den Zusammenhang.[34]

Natürlich erkannten die Wissenschaftler in den zwanziger und dreißiger Jahren, daß unsere Vorfahren (unter anderem) Jäger gewesen waren; und der prähistorische Höhlenmensch, der mit seiner Steinaxt umherging und Beutetieren und Artgenossen gleichermaßen den Schädel einschlug, war in den Massenmedien bereits ein gängiges Klischee.[35] Aber keiner der Experten für menschliche Vorgeschichte sah im Jagen den großen Durchbruch, der alle anderen menschlichen Besonderheiten ins Leben gerufen hätte. Einige Autoren bezweifelten sogar, daß die Jagd überhaupt eine wichtige Rolle bei der Menschwerdung gespielt hatte. «Es ist höchst unwahrscheinlich, daß der menschliche Wilde jemals Tiere jagte, die viel größer waren als Hasen, Kaninchen und Ratten», erklärte H. G. Wells in seinen klassischen *Grundlinien der Weltgeschichte*. «Der Mensch war wahrscheinlich eher der Gejagte als der Jäger.»[36] Noch 1946 bemerkte W. W. Howells, es könnte sein, daß die Jagd in der menschlichen Evolution «nicht von großer Bedeutung» gewesen sei.[37]

Warum wurde die Jagdhypothese 1920 vom Tisch gefegt und 1960 allseits begrüßt? So lächerlich es heute klingt, ein Grund dafür, daß Reads Theorien 1920 von niemandem ernst genommen wurden, ist, daß man sie für darwinistisch und somit für versponnen hielt. Als Reads Buch herauskam, hatte das Ansehen des Darwinismus seinen niedrigsten Stand erreicht und wurde die ganze Theorie der natürlichen Auslese von vielen als viktorianischer Aberglaube abgetan.[38] Einige Biologen versuchten unter dem Einfluß der neuen experimentellen Genetik die Evolution als einen mehr oder weniger willkürlichen, von zufälligen Mutationen angetriebenen Prozeß darzustellen. Andere behaupteten, geheimnisvolle innere Kräfte ohne jede Beziehung zur Umwelt hätten den Lauf der Entwicklung gelenkt. Die romantischen Evolutionstheorien von Henri Bergson waren in literarischen Kreisen populär. Wie Ernst Mayr es ausdrückte: «Bis in die zwanziger und dreißiger Jahre unseres Jahrhunderts waren praktisch sämtliche Bücher zum Thema Evolution [...] mehr oder weniger deutlich antidarwinistisch. Unter Nichtbiologen war der Darwinismus noch unpopulärer.»[39] Diese Tendenz gegen den Darwinismus ist in den Besprechungen von Reads Buch deutlich zu erkennen. «Die Zeit, als solche Hypothesen noch irgendwie wissenschaftlich interessieren oder irgendwelche Begeisterung auslösen konnten, ist ein für allemal vorbei», schrieb ein Rezensent.[40] «Es reicht zu wissen», meinte ein anderer naserümpfend,

> daß die Theorie der natürlichen Auslese eine herausragende Rolle [in Herrn Reads Ausführungen] spielt. Diese Theorie hat jedoch schon vor etlichen Jahren ihren Einfluß auf die biologische Forschung nach den Ursprüngen verloren, und es ist kaum zu bezweifeln, daß die natürliche Auslese ein weitaus weniger wichtiger Faktor in der Evolution war, als man im vorigen Jahrhundert meinte.[41]

Der Antidarwinismus der zwanziger Jahre wurde in den Dreißigern von einer siegreichen darwinistischen Konterrevolution hinweggefegt, durch welche die natürliche Auslese erneut zum Motor erhoben wurde, der die Evolution antreibt. Mit dem Ende des Zweiten Weltkriegs war dieser «wiedergeborene Darwinismus»[42] zum theoretischen Eckpfeiler der Biologie geworden.

Der Triumph des Neodarwinismus hatte wichtige Auswirkungen auf die Erforschung der menschlichen Evolution. Den Anthropologen der fünfziger Jahre war nicht mehr wohl dabei, den Menschen als das unvermeidliche Resultat des allgemeinen Evolutionsprozesses zu erklären. Die Entstehung der menschlichen Besonderheiten mußte jetzt, genau wie bei jeder anderen Gruppe von Tieren, auf eine *adaptive Umstellung* zurückgeführt werden – das heißt auf eine Veränderung der Lebensweise, die neue Forderungen an unsere affenartigen Vorfahren gestellt und damit bewirkt hatte, daß sie sich in eine neue Richtung entwickelten. Darts Hypothese paßte da wie die Faust aufs Auge, und sie kam gerade zur rechten Zeit, als die physische Anthropologie von Sherwood Washburn und den anderen Verfechtern der «New Physical Anthropology» der Nachkriegszeit nach neodarwinistischen Grundsätzen umgeschrieben wurde.[43] Diese harmonische Ergänzung von Darts Ideen und den Forderungen des Neodarwinismus trug mit dazu bei, daß die

Jagdhypothese in den fünfziger Jahren mehr Anklang bei den Anthropologen fand als 1920. Aber die Anthropologen freuten sich noch aus anderen Gründen, von der adaptiven Umstellung zu hören – aus Gründen, die mehr mit dem Holocaust zu tun hatten als mit Evolutionstheorie.

Von Darwins Zeit an bis zum Anfang des Zweiten Weltkriegs waren die meisten Wissenschaftler, die sich mit der menschlichen Evolution beschäftigten, nach heutigen Maßstäben schreckliche Rassisten. Die meisten glaubten felsenfest, daß einige lebende Menschenrassen den Affen näher ständen als andere. Darwins psychologischer Schüler George Romanes beschrieb die «Wilden» von heute als lebende Fossilien, die mithalfen, «die psychologische Entfernung, welche den Gorilla vom Gentleman trennt, zu überbrücken».[44] Der führende deutsche Darwinist Ernst Haeckel teilte die lebenden Menschen in zwölf verschiedene Arten ein und befand, daß die primitivsten von ihnen den Hunden und Pavianen seelisch näher ständen als den Weißen.[45] Haeckels Ideen hatten einen nachhaltigen Einfluß auf die Nazi-Ideologie, und in der Haeckelschen Tradition ausgebildete deutsche Anthropologen arbeiteten in den dreißiger Jahren eifrig an dem SS-Programm der «Rassenhygiene» mit.[46] In den englischsprachigen Ländern war die physische Anthropologie vor dem Zweiten Weltkrieg zwar nicht aktiv am Völkermord beteiligt, aber ansonsten fast genauso rassistisch.[47] Noch 1946 konnte Earnest Hooton, eine der prägenden Persönlichkeiten in der amerikanischen physischen Anthropologie, ohne rot zu werden, schreiben:

> Der eingeborene Australier ist fast so unfähig, sich die Zivilisation zu eigen zu machen, wie der Schimpanse unfähig ist, die Lebensart und die Stammesgebräuche der australischen Ureinwohner anzunehmen. [...] Wir können mit einiger Sicherheit annehmen, daß der Australier weitaus weniger intelligent ist als der Engländer und daß der Schimpanse in seiner geistigen Kapazität weit hinter dem eingeborenen Australier zurücksteht. Der Australier hat genausoviel Zeit gehabt, eine Kultur zu entwickeln, wie der Engländer; der Schimpanse desgleichen. [...] Ich sehe keinen Grund, weshalb der Gorilla nicht hätte zum Menschen wer-

den sollen, keinen Grund, weshalb der Pygmäe es nicht zur Kultur hätte bringen sollen, als einen angestammten Mangel der geistigen Kapazität – was, grob anatomisch gesprochen, ein geringeres Gehirn bedeutet.[48]

Solche Behauptungen hörten nach dem Zweiten Weltkrieg nicht plötzlich auf, aber im Schatten von Auschwitz waren sie nicht mehr intellektuell achtbar. Der Zusammenbruch Deutschlands und die Aufdeckung der systematischen Massenmorde, die die deutsche Regierung begangen hatte, diskreditierten die Ideologie des Nazistaates von Grund auf. Allen Thesen von weißer Überlegenheit wurde auch durch den Rückzug und den raschen Zusammenbruch der europäischen Kolonialreiche in Afrika und Asien während der fünfziger Jahre der Boden entzogen. Der ganze Gedanke einer Rassenhierarchie, die Vorstellung, daß einige menschliche Populationen menschlicher seien als andere, konnte im anthropologischen Denken der Nachkriegszeit nicht mehr geduldet werden. Sie war ein Greuel geworden und mußte ausgetilgt werden.

Leider Gottes lief die Austilgung des Rassenwahns einem wichtigen Aspekt der darwinistischen Tradition zuwider. Die Darwinisten waren immer bestrebt gewesen, die Kluft zwischen Mensch und Affe zu verringern. Die meisten führenden Experten für menschliche Evolution von Thomas Henry Huxley an[49] hatten versucht, für einige der fehlenden Bindeglieder «unterlegene Rassen» und «tieferstehende Wilde» einzusetzen, um den Abstand zwischen Gentlemen und Gorillas zu überbrücken. Wenn die Anthropologen der menschlichen Einheit und Gleichheit das Wort reden wollten, mußten sie eine striktere Diskontinuität zwischen Menschen und Tieren hinnehmen.[50]

Die Nachkriegsanthropologen nahmen diese Diskontinuität nicht nur hin, sie begrüßten sie sogar. Leslie Whites einflußreiche Schriften verkündeten, es gäbe zwischen menschlichem und tierischem Verhalten keine Zwischenstufen. «Da menschliches Verhalten symbolisches Verhalten ist», schrieb White, «und da das Verhalten infrahumaner Arten nicht symbolisch ist, folgt daraus, daß wir aus Beobachtungen tieferstehender Tiere oder aus Experimenten an ihnen nichts über das menschliche Verhalten erfahren können.»[51] Noam Chomsky, dessen Theorien in den späten fünfziger Jahren eine Revolution in der Sprachwissenschaft einleiteten, traf in gleicher Weise eine absolute Unterscheidung zwischen menschlicher und tierischer Kommunikation. Die Sprache, erklärte er, könne nicht aus tierischen Vorstufen hervorgegangen sein; sie müsse plötzlich entstanden sein, durch eine geheimnisvolle genetische Mutation.[52] Ähnliche Auffassungen, wonach menschliche Kultur, Sprache und Geschichte Erscheinungen ohne tierische Parallelen oder Vorläufer sind, werden heute von vielen Anthropologen und Linguisten nachdrücklich vertreten.[53]

Die physischen Anthropologen hielten an Darwin fest und konnten daher keinen absoluten Unterschied zwischen Menschen und Tieren verkünden. Aber in den fünfziger und frühen sechziger Jahren taten sie, was sie konnten, um ihren Beitrag zur neuen Nachkriegssicht von der Einheit, Gleichheit und Besonderheit der Menschenfamilie zu leisten. Rassenhierarchien verschwanden aus den Lehrbüchern der physischen Anthropologie, und der ganze Rassebegriff geriet in Verdacht und Verruf. Unsere primitiven fossilen Verwandten kamen in der taxonomischen Rangordnung stärker zu menschlichen Ehren: der Javamensch (Pithecanthropus) und der Pekingmensch (Sinanthropus) wurden in die Gattung Homo aufgenommen, und der Neandertaler erhielt sogar Einlaß in unsere Art, Homo sapiens. Auf den Anthropologentagungen der sechziger Jahre wurden Wissenschaftler, die die geistigen Kapazitäten oder den menschlichen Status der Neandertaler in Frage stellten, manchmal der Bigotterie bezichtigt, als ob sie eine ethnische Gruppe verunglimpft hätten.

Die Australopithecinen bekamen im ersten Jahrzehnt nach dem Krieg ebenfalls eine taxonomische Beförderung. Davor waren die meisten Experten sich darin einig gewesen, daß diese südafrikanischen Kreaturen unsere Vettern, keineswegs unsere Vorfahren gewesen waren und daß sie auf einen Seitenzweig der Affenentwicklung gehörten, der irgendwann ausgestorben war. «Weil ihnen die Gehirnkapazität fehlte», schrieb Hooton, «blieben sie trotz ihrer humanoiden Zähne Affen.»[54] Viele Wissenschaftler meinten, daß die Australopithecinen und unsere Vorfahren ihre menschenähnlichen Eigenschaften getrennt ausgebildet hätten und daß die südafrikanischen Fossilien bloß bewiesen, wie leicht und natürlich es für Menschenaffen sei, sich in Richtung Mensch zu entwickeln. Wie W. W. Howells es 1946 ausdrückte: «Die Richtung auf den

Menschen hin ist für sich entwickelnde Affen eine naheliegende und natürliche Bahn und könnte von mehreren verschiedenen Gruppen eingeschlagen werden.»[55] Howells gestand jedoch zu, daß die Affenmenschen wahrscheinlich als unsere nahen Verwandten anerkannt werden müßten, wenn sich herausstellte, daß sie aufrecht gehende Zweifüßer gewesen waren. Nur ein Jahr später, 1947, kam in einer der Höhlen von Transvaal schon ein fossiles Becken von Australopithecus ans Licht. Es erwies sich als kurz und breit wie ein menschliches Becken, nicht hoch und schmal wie das eines Schimpansen. Der logische Schluß aus seiner anatomischen Beschaffenheit war, daß Australopithecus aufrecht auf den Hinterbeinen gegangen war.[56]

Im Lichte dieser Entdeckung sahen sich selbst zuvor skeptische Anthropologen veranlaßt, ihre Ansichten über das Wesen des Menschlichen zu überdenken. Die neuen Fossilien bewiesen, daß «Unterschiede im Gehirn zwischen Menschenaffen und Menschen [...] erst eintraten, *nachdem* der vollmenschliche Status an Gliedern und Rumpf schon erreicht war».[57] Für Hooton war der Maßstab der Menschlichkeit das Gehirn gewesen; aber die neue Anthropologengeneration hielt die aufrechte Körperhaltung und die kleinen Vorderzähne der Affenmenschen für die entscheidenden menschlichen Neuerwerbungen. Beide Merkmale sah man im Zusammenhang mit dem Gebrauch von Waffen. Steine werfen oder eine Keule schwingen, argumentierte man, begünstigt zweifüßige Körperhaltungen und macht hundeartige Reißzähne überflüssig. Das Menschsein wurde somit als Produkt der Waffentechnik begriffen.

Umgekehrt wurde auch die Abhängigkeit von Werkzeugen und Waffen als Kennzeichen des menschlichen Status betrachtet. Eine «wesentliche Menschlichkeit» wurde daher allen Hominiden zugesprochen, sogar den Australopithecinen.[58] «Alle inzwischen als Hominiden identifizierten Arten», schrieb Alan Mann 1972, «stimmten mit dem heutigen Menschen in der Abhängigkeit von menschlichem Kulturverhalten überein und sollten aus diesem Grund alle als ‹menschlich› bezeichnet werden.»[59] Eine Gruppe von Wissenschaftlern bestimmte «Kultur» (Technik) als die ökologische Nische der Hominiden. Da eine bestimmte Nische nur immer eine Spezies beherbergen kann, zogen sie den Schluß, daß es nie mehr als eine hominide Spezies gegeben haben könne. Dieser Schluß wurde als «single-species hypothesis» (Hypothese nur einer einzigen Spezies) bezeichnet.[60] Sie stellte die Menschenfamilie als ein von Natur einheitliches Ganzes dar, das seit dem Moment, als der australopithecine Urahne sich aufrichtete und zum erstenmal mit einem Stock nach etwas schlug, durch Bande allgemeiner Gleichheit und Brüderlichkeit zusammengehalten wird.

Somit wurde die Geschichte, daß die Menschwerdung eine adaptive Umstellung aufs Jagen erfordert habe, ebenso aus politischen wie aus wissenschaftlichen Gründen begrüßt. Die Jagdhypothese postulierte einen großen adaptiven Unterschied zwischen frühen Hominiden und Menschenaffen, der den Forderungen der neodarwinistischen Theorie einerseits und des Rassenegalitarismus andererseits genügte. Der Pessimismus und die Misanthropie, die in Darts Geschichte vom Mörderaffen steckten, waren aus ganz anderen Gründen populär: sie spiegelten den schwindenden Glauben der wissenschaftlichen Intelligenz an den Fortschritt wider.

Das 19. Jahrhundert hatte dem 20. einen allgemein geteilten Glauben an die Unvermeidlichkeit des Fortschritts vermacht. So unterschiedliche Denker wie Hegel und Darwin, Karl Marx und Andrew Carnegie waren sich einig gewesen, daß die Kräfte der Geschichte unaufhaltsam auf die Vervollkommnung der Welt hinsteuern. Wenn auch angeschlagen durch den Ersten Weltkrieg, hielt sich dieser mechanische Optimismus bei den geringeren Babbits und Bolschewiken dennoch die ganzen zwanziger und dreißiger Jahre hindurch. Eine Art Zenit dürfte die Fortschrittsgläubigkeit der amerikanischen Öffentlichkeit in den fünfziger Jahren erreicht haben, als sämtliche Konsumartikel verpackt wurden, daß sie aussahen wie Raumschiffe, und als der neueste technische Durchbruch in die aufregende Welt von morgen angepriesen wurden.[61] Noch heute werden viele Ideologen nicht müde zu beteuern, daß die Dynamik des Klassenkampfes oder des freien Marktes die Menschheit mit automatischer Zuverlässigkeit in eine rosige Zukunft führen werde.

Doch nachdenkliche Menschen, die sich anschauten, was der Zweite Weltkrieg in Dachau und Hiroshima hinterlassen hatte, taten sich schwer, weiter zuversichtlich zu strahlen. Die systematische Ausrottung der Juden Europas durch die deutsche Regierung führte vor, daß Staaten auf dem höchsten wissenschaftlichen und technischen Stand beinahe über Nacht in blindwütigen Wahnsinn verfallen können; und die Erfindung von Atomwaffen sorgte dafür, daß wahnsinnige Staaten der Zukunft auch die Mittel zur Verfügung hatten, um das Leben auf der Erde zu vernichten. Angesichts dieser Tatsachen fiel es schwer, an der sonnigen Überzeugung festzuhalten, daß wir aller Sorgen ledig wären, wenn nur erst das Analphabetentum abgeschafft und die Eine Große Gewerkschaft samt allgemeiner Kanalisation erkämpft wäre.

Als die tiefere Bedeutung der Todeslager und Atomwaffen langsam klar wurde, machte sich unter Intellektuellen aller politischen und religiösen Überzeugungen immer mehr ein schwarzer Pessimismus breit.[62] «Der Mensch hat sich als derart geisteskrank, derart verderbt erwiesen, daß je mehr Macht man ihm gibt, er sich selbst um so mehr vernichten wird», schrieb der Volksprediger Harry Emerson Fosdick. «Wir sind Frankensteine, die eine technische Zivilisation geschaffen haben, die uns in den Händen der Sünde buchstäblich auslöschen kann.»[63] «Kein denkender Mensch, den ich kenne», erklärte George Orwell 1946, «hat irgendein hoffnungsvolles Bild der Zukunft. Der Gedanke, daß ein Krieg zwischen Rußland und Amerika in den nächsten paar Jahrzehnten unvermeidlich ist und daß [wir] dann unweigerlich von Atombomben in die Luft gejagt werden, wird mit einer Art dumpfer Resignation hingenommen.»[64] H. G. Wells, ein ewiger Optimist, der einen Großteil seines Lebens darauf verwandt hatte, die Wunder des kommenden Zeitalters der Wissenschaft zu prophezeien, stellte 1945 fest: «das Ende von allem, was wir Leben nennen, steht unmittelbar bevor und ist nicht zu vermeiden».[65] Marston Bates betrachtete diese epidemische Verzweiflung mit den Augen eines Ökologen:

Warum sind wir so pessimistisch? Hauptsächlich deshalb, vermute ich, weil uns immer mehr Zweifel an unserer Fähigkeit gekommen sind, vernünftig zu handeln. [...] Die große unmittelbare Bedrohung ist natürlich der Mißbrauch der Atomkraft, die Gefahr eines katastrophalen Krieges. Die langfristige Bedrohung ist die krebsartige Zunahme der Bevölkerungszahlen. [...] Es sieht so aus, als ob wir, als ein Teil der Natur, eine Krankheit der Natur geworden wären – vielleicht eine tödliche Krankheit. Und wenn der Wirt stirbt, stirbt auch der Erreger.[66]

Die Metaphern der Nachkriegsverzweiflung sind uns so geläufig geworden, daß wir sie kaum mehr bemerken. Die Menschheit ist eine tödliche Krankheit der Natur.[67] Das menschliche Gehirn ist ein fehlangepaßter Auswuchs, durch den wir zum Aussterben verurteilt sind, vergleichbar den Hauern der ausgestorbenen Säbelzahnkatzen.[68] Die Menschen sind geistesgestörte Irrläufer der Evolution, die besinnungslos die natürliche Ordnung vernichten – «wie Geier flatternd, / Rülpsend, gurgelnd / Neben einem sterbenden Reh».[69]

«Keine Finsternis der Natur ist so finster wie die Finsternis der Menschen», schrieb Richard Rhodes 1969, nachdem er eine Coyotejagd und einen Hahnenkampf im ländlichen Kansas mitangesehen hatte:

> Wir schauen mit einer kalten Ordnung von Gehirnzellen zu, die Schmerz nicht reproduzieren und nicht fühlen. Wir starren, ohne mit der Wimper zu zucken, auf sterbende Tiere und sehen nur gleichgültige Umwandlungen. Mais wächst, und wir pflücken ihn; Weizen wächst, und wir schneiden ihn; Coyoten laufen, und wir zerreißen sie; Hähne krähen, und wir ermorden sie; Menschen sterben, und wir schicken weitere hinterher. In uns schließt sich der Kreis der Natur, wir sind das Endprodukt ihres jahrtausendelangen Abschlachtens von Formen, des Formenverzehrens von Formen bis zu den Enden der Erde. Wir nisten als Tiere: wir jagen als Menschen. Wir kauern als Tiere: wir morden als Menschen.[70]

Diese Furcht und dieser Abscheu vor uns und unserer Fähigkeit zur Vernichtung fanden in der Nachkriegszeit ein breites Spektrum von Ausdrucksformen, von Robinson Jeffers' Gedichten bis zu Hollywoodfilmen über Mutantenmonster als Folge der Bombe.[71] Im Bereich der Wissenschaft kam die Furcht in der Jagdhypothese vom Ursprung des Menschen zum Ausdruck.

Rückblickend scheint es klar zu sein, daß die Entstehung und Verbreitung der Jagdhypothese in den fünfziger Jahren mehr mit der

Nachkriegsangst um die Zukunft des Menschen als mit Darts neuen Entdeckungen zu tun hatte. Golding und Jeffers stellten die Jagd schon als Erbsünde des Menschen dar, ehe sie überhaupt von den Fossilien aus Transvaal gehört haben konnten. Andere Schriftsteller hatten noch früher, schon während des Krieges, einzelne Teile und Facetten vom Bild des Mörderaffen geliefert. Im Jahre 1922 meinte H. G. Wells, die Jagd sei für die Menschwerdung belanglos gewesen; aber in seinem letzten, 1945 erschienenen Buch beschrieb er die fernen Vorfahren des Menschen als Affen, die zum Töten für den Lebensunterhalt gezwungen wurden, als ihre Wälder verschwanden.[72] Der Anschlußband zu T. H. Whites Tetralogie *Der König auf Camelot*, den er 1941 im kriegsgepeinigten England schrieb, ist ein einziges langes misanthropisches Debattieren über die Wurzeln des Krieges in der menschlichen Biologie – vor allem in den Jagdgewohnheiten des Menschen. White ist der Ansicht, daß «es in der Natur des Menschen liegt zu töten», und er nennt den Menschen «diese Seltenheit in der Natur, ein Tier, das zum Vergnügen tötet! [...] Wenn die Natur sich je die Mühe machen sollte, den Menschen zu betrachten, diese kleine Scheußlichkeit, dann würde sie vor Schreck den Verstand verlieren.» Whites Sprachrohr Merlin kommt zu dem Schluß, daß «der Krieg eine unschätzbare Wohltat für die Schöpfung als Ganzes ist, weil er eine schwache Hoffnung auf Ausrottung der menschlichen Rasse bietet».[73]

Während des Krieges veröffentlichte mein Vater Cleve Cartmill eine Science-Fiction-Geschichte, «The Link», über Lok, einen komisch aussehenden, unbehaarten Mutanten, der in einen Stamm prähistorischer Menschenaffen geboren wird.[74] Gebißschwach, aber gehirnstark wird Lok dazu getrieben, die Keule zu erfinden, mit der er erst einen Löwen und dann ein Dutzend Angehörige seines eigenen Stammes umbringt. Krampfhaft bemüht, einem ihn bewundernden Weibchen seine Heldentaten zu erklären, prahlt Lok am Ende der Geschichte, er habe einen Löwen getötet und – er sucht nach einem Wort – «und andere Tiere». In dieser Pointe tritt genau wie in den Geschichten vom Mörderaffen, die die Wissenschaftler zwanzig Jahre später erzählten, die Grenze zwischen Mensch und Tier schlagartig mit der Erfindung der ersten Waffe ins Dasein. «The Link» wurde in einer populären Nachkriegsanthologie nachgedruckt,[75] und es ist reizvoll zu spekulieren, daß die Geschichte William Golding beeinflußt haben könnte – in dessen Roman *Die Erben* von 1955 ebenfalls ein Affenmensch namens Lok als Hauptfigur vorkommt.

Das Science-Fiction-Genre kam Anfang des 20. Jahrhunderts in Bastlerzeitschriften wie *Popular Mechanics* auf, und die meisten seiner frühen Erzeugnisse feierten die Wunder der zukünftigen Technik. Die «Donnerwetter!»-Haltung der frühen Autoren und Fans ist den Namen der alten Groschenhefte eingeschrieben: *Amazing Stories*, *Thrilling Wonder Stories*, *Astounding Science Fiction*. Aber nach dem Zweiten Weltkrieg wurden die Furcht vor der Technik und der Groll gegen die menschliche Beherrschung der Natur gängige Science-Fiction-Themen.[76] Besonders ins Auge springen diese Themen bei einigen der Science-Fiction-Autoren und -Autorinnen – Ray Bradbury, Ursula Le Guin, Stanislaw Lem –, die von den Vertretern der «eigentlichen» Literatur noch am ehesten ernst genommen werden.

Kurt Vonnegut, wahrscheinlich der wichtigste Schriftsteller, der aus dem Science-Fiction-Getto hervorgegangen ist, hat sich seit Mitte der fünfziger Jahre der Aufgabe verschrieben, die «Sünde» anzugreifen, wobei er diese definiert als «alles Menschliche, das den Planeten und das Leben darauf ernstlich bedroht».[77] Als Kriegsgefangener in Deutschland überlebte Vonnegut die Bombardierung von Dresden durch die Alliierten, und nach dem Krieg fing er an, bittere, satirische Literatur zu schreiben, in der er gegen die Technik und die menschliche Natur vom Leder zog. In seinem ganzen Werk tauchen immer wieder Tiere als Symbole von Vernunft, Anstand und Unschuld auf, die gegen die teuflische Erfindungsgabe und die vertrackten Zwänge des Menschen abstechen.[78] «Die Erde war ein sehr unschuldiger Planet, abgesehen von diesen großen Gehirnen», sagt der Erzähler in *Galapagos*, Vonneguts 1985 erschienenem Roman zur Evolutionstheorie. «[...] Die Zahl der Teufeleien, die eine solche überdimensionierte Denkmaschine planen und ausführen konnte, war praktisch unendlich.»[79] *Galapagos* endet glücklich mit einer Seuche, die das gesamte Menschengeschlecht vertilgt. Ein paar Überlebende bleiben gestrandet auf den Galapagosinseln zurück; aber zum Glück entwickeln sich ihre Nachkommen zu dummen, robbenartigen Tieren mit Flossen statt Händen, und die Welt ist endlich vor der Drohung der Technik gerettet.

Neuere Science-Fiction-Filme haben bei all ihrem High-Tech-Geprotze mit Spezialeffekten die technikfeindliche Botschaft der Nachkriegs-Science-Fiction aufgegriffen und sie für ein Massenpublikum neu aufbereitet. Die Guten in diesen Filmen – Obi-wan Kenobi, Luke Skywalker, Yoda, E. T., Starman – leben einfach und in Harmonie mit ihrer Umwelt und bedienen sich okkulter spiritueller Kräfte, um die hochgezüchteten Mordmaschinen ihrer bösen Gegner zu besiegen. Kubricks *2001*, der Vorläufer dieses ganzen Spezialeffektgenres, bringt den Mörderaffen selber auf die Leinwand und dramatisiert dieselben Zusammenhänge, die Dart zwischen Technik, Jagd und Mord herstellte.[80]

Die Ängste der Nachkriegszeit vor der Waffentechnik waren mitverantwortlich für die Entstehung der Jagdhypothese und begünstigten ihre rasche Akzeptanz in den späten fünfziger und frühen sechziger Jahren. In denselben Jahren spornte die Furcht vor der Technik auch das rasche Wachstum der Ökologiebewegung an.

Vor dem Zweiten Weltkrieg war die Ökologie nur eine wissenschaftliche Fachrichtung unter anderen, wie Aerodynamik oder Biochemie. Seine gegenwärtigen politischen, philosophischen und religiösen Untertöne begann das Wort in den Nachkriegsschriften des Wildbiologen Aldo Leopold anzunehmen. Leopold wuchs um die Jahrhundertwende auf einer Farm in Iowa auf. Seine Eltern, beide leidenschaftliche Jäger und Fischer, flößten ihrem Sohn die Liebe zur Natur und ihren Tieren ein. Leopold besuchte die Yale-Forstakademie und trat dann in den Forstdienst ein. Im Territorium von New Mexico, wohin er 1909 versetzt wurde, war er daran beteiligt, die Kampagne der Bundesregierung zur Ausrottung des Wolfes im Südwesten zu vertreten und durchzuführen.[81] Diese Erfahrung hinterließ einen ebensolchen Abscheu bei ihm wie zuvor schon bei Ernest Thompson Seton. Doch anstatt sich nun gegen die Jagd zu wenden, wie Seton es getan hatte, schlug Leopold einen Denkweg ein, der grundsätzlicher subversiv war: Er wandte sich gegen die Behandlung der Erde als Ressource, die sich zu menschlichen Zwecken benutzen oder «verbessern» ließ.

Leopold faßte seine revolutionären Ideen in seinem 1949 postum erschienen Buch *A Sand County Almanac* zusammen, in dem er die bestehenden Naturschutzprogramme kritisierte als «ganz auf ökonomi-

schen Motiven aufgebaut» und zur Schaffung einer «Land-Ethik» auf-
rief. Damit meinte er nichts Geringeres als eine neue umfassende Ethik,
in der nichtmenschliche Organismen und das Ökosystem im ganzen
Rechte hätten und jeder als sein eigener Selbstzweck geachtet werden
sollte:

> Jegliche bisher entstandene Ethik basiert auf einer einzigen Vor-
> aussetzung: daß das Einzelwesen Mitglied einer Gesellschaft
> voneinander unabhängiger Teile ist. [...] Die Land-Ethik erwei-
> tert lediglich die Grenzen des Gemeinwesens und schließt Bö-
> den, Gewässer, Pflanzen und Tiere [...] ein. [...] Eine Land-Ethik
> wandelt die Rolle des *Homo sapiens* vom Eroberer der Landge-
> meinschaft zu einem einfachen Mitglied und Bürger in ihr. Das
> verlangt seine Achtung vor [den Mitbewohnern] und auch Ach-
> tung vor der Gemeinschaft als solcher.[82]

Was die Jagd betraf, hatte Leopold gemischte Gefühle. Ihm selber gab
die Jagd ein intensives Gefühl ökologischen Einbezogenseins, und er
konnte poetische Metaphern für die Nahrungskette in einem Wildsteak
mit Bärenfettsoße auf Brötchen finden.[83] Doch er empfand eine schlecht
verhohlene Verachtung für Jäger, die töten, wenn sie keinen Hunger haben, oder die um der Trophäen willen töten oder die mit dem Auto in
ihr Jagdrevier fahren, anstatt zu Fuß hinzugehen, oder die neumodi-
schen Kram beim Weidwerk benutzen.[84] Das umfaßt dann so ziemlich
alle Jäger, die es im heutigen Amerika gibt.

Leopolds Gefühle, was die Wissenschaft betraf, waren genauso
gemischt. Er schätzte die Wissenschaft als ein Mittel, etwas zu verstehen, aber das pilzartige Wuchern der Technik, die kalte Distanziertheit
und die Fragmentierung des Wissens, die mit der Wissenschaft einhergehen, konnte er nicht ausstehen. Das Gleichgewicht der Natur, schrieb
er, sei ein großes Lied, und ein Wissenschaftler sei jemand, der «sich ein
Instrument aussucht und sein Leben damit zubringt, es auseinanderzu-
nehmen», ohne auf die Musik zu lauschen oder zu verstehen, wie die
Teile zusammengehören. Das Endergebnis der Wissenschaft sei die tech-
nisch bewerkstelligte Zerstörung der natürlichen Ordnung, die die Wissenschaft zu erforschen vorgibt:

Professoren dienen der Wissenschaft, und die Wissenschaft dient dem Fortschritt. Sie dient dem Fortschritt so gut, daß viele der feineren Instrumente vor lauter Eile, den Fortschritt in allen rückständigen Landen zu verbreiten, zertreten werden. Eins nach dem anderen fallen die Teile so aus dem Hohenlied heraus. Wenn der Professor jedes Instrument klassifizieren kann, bevor es zerbrochen wird, ist er's zufrieden.

[...] Die Wissenschaft [behauptet], daß jeder Fluß mehr Menschen bräuchte und alle Menschen mehr Erfindungen bräuchten und somit mehr Wissenschaft; das gute Leben beruhe auf der unendlichen Fortsetzung dieser logischen Kette. Daß das gute Leben an jedem Fluß gleichermaßen auf der Wahrnehmung seiner Musik beruht und auf der Sorge, daß überhaupt eine Musik zum Wahrnehmen erhalten bleibt, ist eine Form des Zweifels, den sich die Wissenschaft noch nicht leistet.[85]

Der schwerste Schlag, der in der Nachkriegszeit gegen den technischen «Fortschritt» geführt wurde, war 1962 das Buch der Meeresbiologin Rachel Carson *Der stumme Frühling*, das der Welt die Umweltfolgen der Unmenge von Pestiziden zu Bewußtsein brachte, die in unsere Luft und unser Wasser gelangen. Carsons Buch beginnt mit einem grimmig pessimistischen Zitat von Albert Schweitzer: «Der Mensch hat die Fähigkeit, vorauszublicken und vorzusorgen, verloren. Er wird am Ende die Erde zerstören.» Es schließt mit einem Bild, das die Wissenschaft selber als mörderischen Affenmenschen darstellt:

Die «Herrschaft über die Natur» ist ein Schlagwort, das man in anmaßendem Hochmut geprägt hat. Es stammt aus der «Neandertal-Zeit» der Biologie und Philosophie, als man noch annahm, die Natur sei nur dazu da, dem Menschen zu dienen und ihm das Leben angenehm zu machen. [...] Es ist ein beängstigendes Unglück für uns, daß sich eine so primitive Wissenschaft für ihren Kampf gegen die Insekten mit den modernsten und fürchterlichsten Waffen ausgerüstet [hat] und damit die ganze Welt gefährdet.[86]

Der stumme Frühling führte in den späten sechziger Jahren zum Verbot von DDT und anderen Pestiziden und war eine treibende Kraft hinter der Einrichtung der amerikanischen Umweltschutzbehörde im Jahre 1969. Ungefähr zur gleichen Zeit fing man an, Leopolds Schriften legislatorisch umzusetzen. Die Befürworter des Wilderness Act von 1964, mit dem zwei Prozent amerikanischer Erde für alle Zeit der menschlichen Bebauung entzogen wurden, führten Leopold als ihre hauptsächliche Inspirationsquelle an.[87] In den sechziger Jahren gewannen die Gedanken von Leopold und Carson eine politische Massenbasis. Seither sind von den Parlamenten der Welt mit jedem Jahr mehr Quadratmeilen als Naturreservate abgeteilt, mehr Schadstoffe verboten, mehr Arten geschützt und mehr Umweltprobleme angegangen worden. Trotz einiger Schlappen während der konservativen Reaktion der achtziger Jahre sind alle diese Entwicklungen heute wieder in den Schlagzeilen und dürften aller Wahrscheinlichkeit nach über das Ende des 20. Jahrhunderts hinaus aktuell bleiben.

Obwohl die Umweltbewegung ihre breite Unterstützung wohl zum größten Teil so pragmatischen und weithin befürworteten Zielen wie der Bekämpfung der Luftverschmutzung verdankt, haben ihre Theoretiker stets ein Auge auf tiefergehende moralische Fragen gehabt.[88] In neuerer Zeit sind an die Stelle von Leopolds vagen Äußerungen über den Eigenwert von Tieren, Pflanzen und Landschaften allmählich sorgfältiger durchdachte Programme der Umweltethik getreten. Wie zu erwarten war, herrscht keine Einigkeit über den moralischen Status der Jagd. Vertreter der «Tiefenökologie» feiern die Jagd als rituelle und sakramentale Teilnahme an der Nahrungskette, während einige «Ökofeministinnen» sie als symbolische Vergewaltigung verurteilen und Tierrechtsbefürworter sie (letztlich) für Mord an geistig Schwächeren des reinen Nervenkitzels wegen halten.[89] Aber alle diese Richtungen sind sich einig über Leopolds grundlegende Thesen: daß andere Arten ein Existenzrecht haben, das über menschliche Wünsche und Vorteilserwägungen hinausgeht, und daß das Baconsche Programm der Kontrolle und Beherrschung der Natur durch die Wissenschaft kurzsichtig, töricht und moralisch verwerflich ist.

Diese ökologische Sicht der Dinge hat Ähnlichkeiten mit der von Dart, derzufolge die schlimmsten Fehler des Menschen auf das Aufkommen der Technik zurückzuführen sind. Seit den frühen sechziger Jahren haben sich diese Ähnlichkeiten in den Gedanken und Äußerungen von Anthropologen wie Umweltschützern niedergeschlagen. Klagen über das Mörderaffenerbe des Menschen tauchen gelegentlich in den Schriften der Umweltschützer auf, und grausige ökologische Prognosen bilden jetzt die Schlußmoral von Darstellungen der menschlichen Evolution.[90] Ein Exponent des Bildes vom Mörderaffen, der einen besonders nachhaltigen Einfluß auf die Umweltbewegung ausgeübt hat, ist Robinson Jeffers, dessen Gedichte in manchen Umweltschützerkreisen beinahe die Aura heiliger Schriften gewonnen haben.[91] Obwohl die wissenschaftlichen Vertreter der Jagdhypothese niemals solche prophetischen Höhen erklimmen konnten, trug das sprunghafte Wachsen des ökologischen Bewußtseins in den sechziger Jahren dazu bei, daß ihre Ideen allgemein akzeptabel wurden. Darts Jagdhypothese der Nachkriegsjahre hatte dort Erfolg, wo frühere Versionen gescheitert waren, weil sie mit den Bedürfnissen der neodarwinistischen Theorie, den Forderungen nach Rassengleichheit und der allgemeinen Angst vor dem atomaren Weltuntergang übereinstimmte – und weil sie außerdem der aufkommenden ökologischen Bewegung einen geeigneten Ursprungsmythos lieferte.

KAPITEL XI

Der Odem des Viehes

*Ich sprach in meinem Herzen: Es geschieht wegen der
Menschenkinder, damit Gott sie prüfe und sie sehen, daß sie
selber sind wie das Vieh. Denn es geht dem Menschen wie dem
Vieh: wie dies stirbt, so stirbt auch er, und sie haben alle einen
Odem, und der Mensch hat nichts voraus vor dem Vieh. [...]
Wer weiß, ob der Odem der Menschen aufwärts fahre und der
Odem des Viehes hinab unter die Erde fahre?*

Prediger Salomo 3,18–21

Joseph Wood Krutchs 1929 erschienenes Buch *The Modern Temper* ist
ein beredtes Dokument des Weltschmerzes der «lost generation», mit
dem viele Intellektuelle in den zwanziger Jahren geschlagen waren. Es
endet mit einer Erklärung im Namen der ganzen Menschheit: «Unsere
Sache ist verloren, und es gibt für uns keinen Platz im natürlichen Universum, aber trotz alledem tut es uns nicht leid, Menschen zu sein. Wir
wollen lieber als Menschen sterben, denn als Tiere leben.»[1]

Diese Worte hören sich nobel an, doch sie sind schwer zu deuten. Was meint Krutch, wenn er sagt, wir zögen es vor, als Menschen zu
sterben, denn als Tiere zu leben? Schließlich sind wir doch Tiere. (Was
sonst könnten wir sein?) Mit «Tiere» müssen hier nur die nichtmenschlichen Vertreter gemeint sein, doch diese Feststellung macht die
Sache auch nicht viel klarer. «Besser, als Menschen zu sterben», scheint
Krutch zu sagen, «denn als irgendein anderer Organismus zu leben.» Es
fällt schwer zu glauben, daß er das wörtlich gemeint hat. Es wäre doch

interessant, eine Zeitlang etwas so Fremdartiges und Schönes zu sein
wie ein Delphin oder ein Kudu – jedenfalls interessanter, als ein menschlicher Kadaver zu sein. Krutch hätte das wahrscheinlich selber so gesehen, nach seinem späteren Schaffen als Naturschriftsteller zu urteilen.[2]

Wir können Vermutungen darüber anstellen, was Krutch wohl
im Sinn hatte, als er das Leben eines Tieres von sich wies. Nichtmenschliche Tiere, hätte er vielleicht sagen können, sind keine Personen, sondern *Objekte*, bewegliche Habe, die wir kaufen und verkaufen
und nach Gutdünken gebrauchen können. Sie sind nicht bestrebt, ihr
Los zu verbessern, denn sie haben kein Urteil über ihre Lebensum-
stände, Handlungen und Fertigkeiten. Sie sind gedankenlos, oder jedenfalls reflektieren sie ihr Dasein nicht. Weil Menschen ihr Leben im
ganzen wahrnehmen und darüber reflektieren können, haben sie eine
gewisse Herrschaft über ihr Leben und ihr Schicksal, die andere Tiere
offenbar nicht haben. Menschen sind dementsprechend in einer Weise
lebendig und bewußt, wie andere Tiere es nicht sind. Ein solches Tier
zu werden würde für einen Menschen gewissermaßen eine Vorstufe des
Todes bedeuten. Es ist nicht gesagt, daß dies alles stimmt, aber ungefähr
solche Anschauungen liegen Krutchs Worten wahrscheinlich zugrunde.
Indem er das Leben und den Status eines Tieres von sich weist, tut er
kund, daß er lieber als Subjekt sterben, denn als Objekt leben möchte.

Aber diese Erklärung ist beinahe so sonderbar wie die ur-
sprüngliche Version. Was veranlaßte Krutch dazu, eine solche Präferenz
kundzutun? Niemand drohte, ihn in einen Kudu zu verwandeln. Diese
Weigerung, ein Tier zu werden, muß als Ausdruck einer ganz anderen
Angst verstanden werden. Was ihn wirklich bedrückte, war die Wissenschaft, die ihn mit düsteren Vorahnungen und mit Verzweiflung er-
füllte. Unsere Vorväter des 19. Jahrhunderts, schrieb Krutch, waren op-
timistische Wissenschaftsschwärmer, weil sie annahmen, «daß Wahrheiten [...] notwendig nützlich seien und daß der menschliche Geist inmitten klar erkannter Realitäten am besten gedeihe». Doch diese Annahme hat sich als trauriger Irrtum herausgestellt:

Wir haben erfahren, wie bestimmte Wahrheiten – intime Enthüllungen über den Ursprung und den Mechanismus unserer
tiefsten Triebe – unsere Seelen erschüttern können und wie die

klare Erkenntnis unserer einsamen Abgeschnittenheit inmitten eines Universums, das von uns und unserem Streben nichts weiß, unseren Willen lähmt. [...] Wir haben einsehen gelernt, daß, je mehr wir über die Gesetze dieses Universums – in dem wir einen sonderbaren Störfall darstellen – erfahren, wir uns um so weniger darin zu Hause fühlen.[3]

Mit anderen Worten, die Wissenschaft hat aufgedeckt, daß unsere Wünsche mechanisch erzeugt, unsere Werte austauschbar und unsere Leben so eitel und nutzlos sind wie die «des Viehes». Das Beste, was wir auf diese traurigen Enthüllungen hin tun können, ist sie ignorieren. Als Krutch behauptete, er wolle lieber als Mensch sterben, denn als Tier leben, da meinte er in Wirklichkeit, er ziehe es vor, über bestimmte Dinge nicht nachzudenken.

In der einen oder anderen Form ist ein derartiges Ressentiment gegen die wissenschaftliche Erkenntnis, gepaart mit Grauen und vorsätzlicher Ignoranz, seit zweihundert Jahren unter Intellektuellen gang und gäbe. Es fing an mit den frühesten Romantikern und zieht sich durch eine lange Reihe literarischer und künstlerischer Bewegungen bis hin zu den Postmodernen von heute. Zum Teil entspringt diese Allergie gegen die Wissenschaft einer religiösen Abwehrhaltung; doch viele der Schriftsteller, die sie am stärksten hatten, waren keine traditionellen Christen. Zum Teil entspringt sie der Furcht vor der neuen Technik und zum Teil dem Neid angesichts der Macht- und Geldmittel der Naturwissenschaftler. Aber es muß tiefere Gründe dafür geben, denn sie geht zurück auf eine Zeit lange vor den großen Forschungsgeldern, DNS-Rekombinationen und H-Bomben – auf eine Zeit, in der die Wissenschaftler noch Kniehosen trugen und «neue Technik» Leidener Flaschen bedeutete.

C. S. Lewis, der die Allergie schlimmer hatte als die meisten, versuchte sie zu rechtfertigen, indem er auf innere Widersprüche in dem ganzen Drang zum Wissenschaffen hinwies. Die Wissenschaft, argumentierte er, hat von jeher zwei grundlegende Ziele verfolgt: alle Dinge als Teile der Natur zu verstehen und die Natur zu kontrollieren. Beide Ziele hören sich ganz vernünftig an; aber würden beide gleichzeitig erreicht, so wäre das eine Katastrophe, denn es hätte zur Folge, daß die

Menschen als Teil der Natur behandelt würden – das heißt als zu kontrollierende Objekte.

«Aus dieser Perspektive», schrieb Lewis, «erscheint die Eroberung der Natur in einem neuen Licht. Wir reduzieren die Dinge auf ‹bloße Natur›, *damit* wir sie erobern können. Wir sind immer am Erobern der Natur, *weil* ‹Natur› das bezeichnet, was wir bis zu einem gewissen Maß erobert haben.» Und das Erobern sei es, was Wissenschaftler motiviert. Trotz aller frommen Erklärungen über die uneigennützige Suche nach objektiver Wahrheit seien sie von Anfang an auf Macht aus gewesen:

> Vergleichen wir den bedeutendsten Herold der neuen Ära, Francis Bacon, mit Marlowes Dr. Faustus, so ist die Verwandtschaft verblüffend. Bei gewissen Literarhistorikern kann man lesen, Dr. Faustus dürste nach Erkenntnis. In Wirklichkeit erwähnt er diese kaum. Nicht die Wahrheit begehrt er von den Teufeln, sondern Gold, Flinten und Mädchen. [...] Im selben Geist verurteilt Bacon jene, für die Erkennen ein selbstzweckliches Ziel ist; das heißt für ihn: die als Mätresse zu seinem Vergnügen gebrauchen, die eine Gattin für Nachkommenschaft sein sollte. Das wahre Ziel besteht darin, die Macht des Menschen so lange zu steigern, bis alles Denkbare realisiert ist.

Aber der unersättliche Baconsche Machtdurst des Wissenschaftlers führt sich selbst ad absurdum, denn menschliche Macht hört auf, Macht zu sein, wenn sie auf den Menschen selber ausgedehnt wird. «Sobald wir aber den letzten Schritt tun und unsre eigene Gattung auf die Stufe der bloßen Natur herabsetzen», befand Lewis, «wird der ganze Vorgang widersinnig: denn diesmal ist das Wesen, das daraus Gewinn ziehen sollte, und jenes, das geopfert wird, ein und dasselbe.»[4]

Ob Lewis mit alledem nun recht hatte oder nicht, er sprach jedenfalls für eine Menge Menschen. In seinen verbissen prämodernen Schriften gegen die Wissenschaft kündigt sich schon die postmoderne Auffassung an, daß die Wissenschaft im Grunde ein politischer Diskurs sei, der hauptsächlich darum gehe, die Macht der herrschenden Klasse auszuweiten und zu legitimieren. Wie Carol Merchant und andere feministische Schriftstellerinnen von heute vertrat Lewis die Ansicht, die wissenschaftliche Revolution des 17. Jahrhunderts sei von Anfang durch ihre Macht- und Kontrollbesessenheit auf die falsche Bahn geraten. Lewis antizipierte auch die Forderung der Feministinnen nach einer humaneren Wissenschaft, die in ihr Weltbild auch geistige Werte einbezieht.[5] Obwohl Lewis radikalfeministische Gedanken wahrscheinlich fast genauso abscheulich gefunden hätte wie den wissenschaftlichen Materialismus, hätte er sicherlich Merchants Klage unterstützt: «Mechanistische Annahmen über die Natur drängen uns zunehmend in die Richtung künstlicher Umwelten, maschineller Kontrolle über immer mehr Aspekte des menschlichen Lebens und des Verlustes echter Lebensqualität».[6] Und ähnliche Klagen über die wissenschaftliche Weltanschauung und die Entwertung des menschlichen Lebens, die sie beschert, sind von einem riesigen Chor anderer moderner Schriftsteller angestimmt worden, Vertretern jeder erdenklichen politischen und ideologischen Richtung: von Reaktionären wie Lewis, Faschisten wie Roy Campbell, Mystikern wie Aldous Huxley, Sozialisten der alten Schule wie Orwell und New-Age-Radikalen wie Theodore Roszak.

Bis zum Ende des Zweiten Weltkriegs gab es das Gegengewicht einer von Bacon inspirierten Literatur, deren Autoren sich als aufgeklärte wissenschaftliche Vorhut begriffen, die für die Ausdehnung der menschlichen Macht über die Natur eintrat. Ein solcher Schriftsteller der zwanziger Jahre war W. H. Auden, der die «Verarmung des Gefühls» infolge der zunehmenden Mechanisierung sogar begrüßte und als Zeichen für das Reifwerden des Menschen pries.[7] Ein anderer war Bertrand Russell, der 1925 meinte, es sei «töricht, die physische Natur zu achten», und wahre Freiheit hätten wir erst, wenn wir die gleiche technische Kontrolle über den menschlichen Geist gewonnen hätten, die wir bereits über die physische Natur haben.[8] Einige marxistische Denker der dreißiger Jahre drängten darauf, es sei an der Zeit, der Natur ein Ende zu bereiten, und Tiere und Pflanzen, die keinen menschlichen Zweck erfüllen, sollten ausgerottet werden.[9]

Wir lesen diese «aufgeklärten» Thesen heute mit Entsetzen. Fast niemand schlägt mehr solche Töne an, und die wenigen, die es tun, werden nicht ernst genommen. Die Baconsche Tradition hat keine literari-

schen Wortführer mehr. Die Einigkeit wächst – jedenfalls außerhalb der
wissenschaftlichen Forschergemeinschaft –, daß der Macht des Menschen über die Natur Grenzen gesetzt werden müssen.

Der Zweite Weltkrieg war in dieser Entwicklung so etwas wie
ein Wendepunkt. Das alte Vertrauen auf die Wissenschaft ging mit dem
Abwurf der Atombombe auf Hiroshima zum größten Teil mit in Flammen auf. Schon davor hatte der Aufstieg Nazideutschlands viele nachdenkliche Menschen dazu bewogen, die angenommene Verbindung
zwischen Wissenschaft und Fortschritt zu bestreiten. Wie George Orwell es 1941 ausdrückte:

Leider geht die Gleichsetzung von Wissenschaft mit gesundem
Menschenverstand in Wirklichkeit nicht auf. Das Flugzeug, von
dem man sich einen zivilisierenden Einfluß versprach, aber das
in der Praxis kaum für etwas anderes benutzt wird als zum Ab-
werfen von Bomben, ist ein Symbol dieser Tatsache. Das moderne Deutschland ist viel wissenschaftlicher als England, und
viel barbarischer. [...] Die Ordnung, die Planung, die staatliche
Förderung der Wissenschaft, der Stahl, der Beton, die Flugzeuge,
alles ist da, aber alles im Dienste von Ideen, die in die Steinzeit
passen.[10]

Ähnliche Gedanken nötigten Russell und Auden dazu, einen zunehmend skeptischen und politisierten Standpunkt gegenüber der Macht
zu beziehen, die die Wissenschaft über die natürliche Ordnung ausübt.
Der technische Fortschritt im 20. Jahrhundert, warnte Russell 1945, habe
zu einem umfassenden Glauben an die Macht geführt: «zunächst an die
Macht des Menschen im Kampf mit der Natur, dann an die Macht der
Herrscher über Menschen, deren Überzeugungen und Wünsche sie [...]
zu beherrschen suchen. [...] Die Natur ist nur Rohstoff; dasselbe gilt von
dem Teil der Menschheit, der nicht an der Regierung beteiligt ist.»[11] In
Audens Gedichten der vierziger Jahre erscheint die Wissenschaft per-
sonifiziert als totalitärer Big Brother, der seine technische Herrschaft
über den Bereich der unbelebten Materie hinaus auf das Innenleben der
Massen ausdehnt:

Groß ist Cäsar: Er hat sieben Reiche erobert.

Das siebte war das Reich der Massenseele:

Gestern hieß es Ordnung-Ordnung, heute heißt es Horch-
     Horch;

Wenn er sagt: Ihr seid glücklich, lachen wir;

Wenn er sagt: Ihr seid elend, weinen wir;

Wenn er sagt: Es ist wahr, glaubt es jeder;

Wenn er sagt: Es ist falsch, glaubt es keiner [...]

Groß ist Cäsar: Gott muß mit ihm sein.[12]

Aus diesen Versen spricht eine typische moderne Empfindung, die Angst davor, eine organische Marionette an den Fäden eines Technokraten zu sein. Eine solche Angst liegt auch Krutchs ansonsten befremdlichen Äußerungen in *The Modern Temper* zugrunde, und sie ist zu einem großen Teil für die Aversion gegen die Wissenschaft verantwortlich, die Lewis und andere humanistische Intellektuelle hegen.

Angst vor der Wissenschaft betrifft nicht nur die Intellektuellen. Sie ist ein Massenphänomen. Wissenschaftler in Filmen, Comics und Fernsehsendungen werden stereotyp als Unholde gezeichnet. Sie erscheinen meistens als unzurechnungsfähige Elfenbeinturmbewohner, die für die schrecklichen Auswirkungen ihrer Forschungen blind sind, oder als böse Hexenmeister, die von dem Drang besessen sind, alles in die Luft zu jagen und die Menschheit zu versklaven. Die allgemeine Aversion gegen die Wissenschaft und die Wissenschaftler drückt sich in den tausend Spielarten der Frankensteingeschichte aus, in denen der Wissenschaftler zum Glück durch die unheiligen Mächte vernichtet wird, die er in seinem Labor entfesselt hat. Ein anderer immer wiederkehrender Mythos ist die Geschichte vom Aufstand der Labortiere, die erzählt, wie die vivisezierten Kreaturen sich gegen die bösen Mächte der Wissenschaft erheben und sie zu Fall bringen.[13] Diese Geschichten sind im Grunde politische Allegorien. Wir hören sie gern, weil wir wissen, wie man sich fühlt als Versuchstier von Ärzten, Sozialwissenschaftlern, Forschern im Dienste von Industrie und Militär, Regierungsexperten und sonstigen Zauberern, die die Macht haben, mit unserem Leben Schindluder zu treiben. Die Leiden der Labortiere geben Anstoß zu Empörung und politischen Aktionen, weil wir selber vor den Wissen-

schaftlern Angst haben; die (wahrscheinlich größeren) Leiden, die das
Vieh in den Agrarfabriken erdulden muß, lösen viel weniger Proteste
aus, weil wir uns nicht vor Landwirten fürchten.

Wenn dies alles stimmt, dann hatte C. S. Lewis mit seinen Gründen für die Feindschaft der Intelligenz gegenüber der Wissenschaft im
wesentlichen recht. Aber seine einseitige religiöse Ausrichtung hatte zur
Folge, daß Lewis etwas Wichtiges aus seinem Bild herausließ. Obwohl
er ein gründlich bewanderter Historiker von Worten und ihren Bedeu-
tungsveränderungen war, verschloß Lewis absichtlich die Augen vor
dem radikalen Bedeutungswandel des Wortes «Natur», der sich zu seinen Lebzeiten vollzog. So konnte er schreiben:

> Natur ist ein Begriff mit vielen Bedeutungen; das versteht man
> am besten, wenn man ihre zahlreichen Gegensätze betrachtet.
> Das Natürliche steht im Gegensatz zum Künstlichen, zum Zivi-
> lisierten, zum Menschlichen, zum Geistigen und zum Über-
> natürlichen. Das Künstliche geht uns im Augenblick nichts an.
> Nehmen wir hingegen den Rest der Liste, so erhalten wir, denke
> ich, eine ungefähre Vorstellung von dem, was die Menschen mit
> Natur gemeint haben [...] Sie scheint die Welt der Quantität zu
> sein, im Gegensatz zur Welt der Qualität, die Welt des Gegen-
> ständlichen im Gegensatz zum Bewußtsein, die des Gebunde-
> nen im Gegensatz zum völlig oder teilweise Autonomen; die
> Sphäre des Wertfreien gegenüber dem, was zugleich Werte be-
> sitzt und solche wahrnimmt.[14]

Lewis sah die Natur als das Land der Toten an, einen sterilen, wertfreien
Raum von Zahlen und unbelebten Objekten. Die wichtigen Antonyme
von *natürlich* waren ihm *zivilisiert*, *menschlich*, *geistig* und *übernatürlich*; und *Natur* bezeichnete das, «was wir bis zu einem gewissen Maß
erobert haben». Doch dieser ganze Naturbegriff ist eine semantische
Antiquität. Eine solche Vorstellung herrschte im 17. und 18. Jahrhundert, als das übliche Antonym zu *natürlich* noch *übernatürlich* hieß,[15]
und noch Anfang des 20. Jahrhunderts war sie hier und da gebräuchlich. Als Krutch schrieb, daß es «im natürlichen Universum» keinen
Platz für Menschen gebe, meinte er damit, daß in dem gottlosen wüsten

Land, das die Wissenschaft enthüllt hat, menschlichen Werten objektiv nichts mehr entspricht. Aber dieses Bild von der Natur und dem Natürlichen hat keine Geltung mehr. Wenn man wahllos ein Dutzend Bekannte befragt, was für sie der Gegensatz zu *natürlich* ist, werden die meisten *künstlich* antworten, genau das Wort, zu dem Lewis sich nicht äußern wollte. Ein paar mögen vielleicht auf *unnatürlich*, *abnorm*, *pervers* oder einen anderen vage pathologischen Begriff kommen – eine Klasse von Antonymen, die Lewis nicht einmal erwähnt. Niemand wird *übernatürlich* sagen.

Für Lewis galt noch die letztlich mittelalterliche Auffassung, die Natur sei ein niederer, minderwertiger Bereich, von Gott unter die Knute des Menschen gestellt und dem heiligen Bereich des Übernatürlichen symbolisch entgegengesetzt. Der moderne Naturbegriff besagt genau das Gegenteil: Die Natur ist das Land der Lebenden, ein heiliger Raum im symbolischen Gegensatz zum Herrschaftsbereich der menschlichen Technik. «Natur», wie wir das Wort heute gebrauchen, ist der Teil der Welt, den wir noch nicht mit unseren schmutzigen Fingern angelangt haben. Es bezeichnet exakt das, was wir *nicht* erobert haben. Wenn etwas unter menschliche Kontrolle kommt, hört es auf, für uns Natur zu sein, und tritt in den Bereich des Künstlichen ein, mit allen Konnotationen der Perversion, Verschmutzung und Unaufrichtigkeit, die dem Unnatürlichen anhaften. Kurzum, Natur bedeutet uns das Nichtmenschliche, und das Nichtmenschliche ist uns heilig geworden.

Die weihevolle Verehrung der Wildheit trat ihren Siegeszug unter den europäischen Intellektuellen im späten 18. Jahrhundert an, mit dem Aufkommen der Romantik. England erlebte in denselben Jahrzehnten die Anfänge der industriellen Revolution und die erste Massenpropaganda für die humane Behandlung von Tieren. Viele Historiker haben nach Zusammenhängen zwischen diesen Phänomenen gesucht. Einer der ersten war der junge Karl Marx, der in dem neuzeitlichen Bild vom Menschen als einem der Natur entfremdeten kranken Tier bloß ein oberflächliches Symptom der wirklichen Krankheit sah – nämlich der Unterdrückung der Arbeiterklasse im Kapitalismus. Im kapitalistischen Wirtschaftssystem wird das Produkt der Arbeit dem Arbeiter weggenommen und vom Kapitalisten appropriiert. Unter solchen Bedingungen, meinte Marx, kommt es dazu, daß der Arbeiter «nur mehr in seinen thierischen Funktionen, Essen, Trinken und Zeugen, höchstens noch Wohnung, Schmuck, etc. sich als freithätig fühlt, und in seinen menschlichen Funktionen nur mehr als Thier».[16]

In diesem entfremdeten Zustand gewinnt die Arbeit, also die den Menschen eigentlich auszeichnende Tätigkeit, die mechanische Sinnlosigkeit, die das Herumrennen eines Hamsters im Rad hat, und werden unsere Bilder vom Menschen zusehends mechanisch oder bestialisch.[17] Mit der Entwürdigung des Bildes, das der Mensch sich von sich selber macht, werden unsere Vorstellungen vom Nichtmenschlichen – Tiere, Natur, Wildnis – entsprechend vermenschlicht und idealisiert. «Die Natur gewinnt auf diese Weise die Bedeutung des Organisch-Gewachsenen, des Nicht-vom-Menschen-Geschaffenen, im Gegensatz zu den künstlichen Strukturen der menschlichen Zivilisation.» Ihr wird demgemäß ein Wert zugesprochen, «der den sozialen Institutionen entgegengesetzt [ist], die den Menschen seines natürlichen Wesens berauben und ihn einsperren».[18]

Wenn solche Wahrnehmungsweisen nur ein pathologischer Nebeneffekt des Kapitalismus wären, dann würden wir erwarten, daß die Staatsbürger kommunistischer Länder die Natur nicht verehren. Lange Zeit war das auch so – aber hauptsächlich, weil es ihnen verboten war. Unter dem Stalinismus stellte die offizielle Kunst und Propaganda die wilde Natur als Feindin der Arbeiterklasse dar und rief alle Sowjetbürger auf mitzuwirken, die Wildnis zu zähmen und sie den Bedürfnissen des Proletariats dienstbar zu machen. Romane, Gemälde und Plakate zeigten, wie heroische sowjetische Arbeiter Flüsse eindämmten, Sümpfe trockenlegten, Wälder abholzten und die Tundra mit Fabriken übersäten. Von jedem guten Marxisten wurde erwartet, daß er beim Kampf der «kollektiv organisierten Vernunft gegen die Elementargewalten der Natur» mitmachte. «Lob der Natur», erklärte Maxim Gorki, «ist das Lob einer Despotin.»[19]

Diese orthodoxe stalinistische Linie kann niemand mehr ernst nehmen. Ironischerweise wurde der kürzliche Zusammenbruch des Sowjetblock-Marxismus wahrscheinlich durch die verheerenden Umweltfolgen der «kollektiv organisierten Vernunft» beschleunigt, die in weiten Gebieten Osteuropas die Wälder absterben ließ und die Luft und das Grundwasser vergiftete.[20] Im letzten Jahrzehnt der Sowjetunion, als der Unterbau des offiziellen Marxismus einbrach und zerfiel, näherte sich die sowjetische Einstellung zur Natur und Umwelt der westlichen an. Die technikfeindliche Misanthropie der Nachkriegs-Science-Fiction im Westen fand in Stanislaw Lems Werken ein populäres osteuropäisches Gegenstück;[21] das Bambi-Syndrom machte sich in der russischen Kinderkultur bemerkbar;[22] und die Tierrechtsbewegung begann, eine sowjetische Anhängerschaft zu gewinnen.[23] Die alte bolschewistische Auffassung von der wilden Natur als der Feindin des menschlichen Fortschritts – bis dahin gemeinhin Gorki oder Lyssenko oder Stalin zugeschrieben und gepriesen – wurde 1984 Eric Hoffer zugeschrieben und verurteilt.[24] Das Ende war deutlich in Sicht, als der Chefideologe des Kremls 1988 verkündete, die Rettung der Umwelt habe Vorrang vor dem Klassenkampf.[25]

Dies alles wirft Zweifel an der marxistischen Behauptung auf, daß Naturverehrung eine kapitalistische Verirrung sei. Zudem können einige der hauptsächlichen Kultobjekte dieser Verehrung – der heilige Einsiedler, der grüne Wald, der Zauberwald, das unheimliche Wild, das schluchzende Geschöpf – nicht Produkte des Kapitalismus oder Industrialismus sein, da sie älter sind als die industrielle Zivilisation. Die ganze romantische Einstellung zur Natur hatte schon um 1755 bei Rousseau Gestalt angenommen, zehn Jahre vor der Erfindung der Jenny-Spinnmaschine, als das typische Verhältnis von Kapital und Arbeit allgemein noch das eines Meisters zu seinen Gesellen war und die am weitesten entwickelten industriellen Maschinen Newcomens Dampfpumpen waren. In ihren Anfängen war die romantische Haltung mehr eine Reaktion auf den mechanistischen Rationalismus des Zeitalters von Descartes, Hobbes, Locke und Newton als ein Widerstand gegen die industrielle Revolution, die sich noch gar nicht vollzogen hatte. Wenn sie sich überhaupt gegen etwas richtete, dann gegen das wissenschaftliche Denken.

Die Wissenschaft bedroht die Menschen. Dies können wir nicht dadurch beheben, daß wir versuchen, eine sanftere, spirituellere Wissenschaft von der Art einzuführen, wie sie von Lewis und Merchant gefordert wird. Die Bedrohlichkeit gehört zum Wesen der Wissenschaft, denn sie untergräbt die Sonderstellung, die wir Menschen uns einräumen. Weil die Wissenschaft nach allgemeinen Gesetzen sucht, die auf alles anwendbar sind, hält sie uns dazu an, alle Dinge, uns selbst eingeschlossen, als Stücke aus einem einzigen allgemeinen Stoff anzusehen, der theoretisch gleich berechenbar und kontrollierbar ist. Die meisten von uns finden dieses Selbstbild entwürdigend und bedrohend. Wir können die Drohung nur auf zweierlei Weise aufheben: indem wir die Macht der Technik über die Natur begrenzen oder indem wir uns selbst aus der Natur herausnehmen.

Die Heiligsprechung der Wildnis will uns dazu anhalten, unsere Macht über die Natur zu begrenzen. Unsere Verehrung der wilden Natur ist das Herzstück eines Systems rechtlicher und ideologischer Sicherungen, das wir errichtet haben, um zu verhindern, daß uns die Kräfte der Wissenschaft und Technik aus der Hand geraten. Viele der übrigen Anschauungen, Einstellungen und Mythen, die in diesem Buch untersucht wurden, sind Teile desselben Systems. Die Animalisierung der Kinderkultur züchtet eine Art von Kinderzimmerromantik, die die Welt der Tiere unschuldiger und freundlicher erscheinen läßt als die Menschenwelt. Die Frankensteingeschichte ermahnt uns, daß dem Freiraum der Wissenschaft und dem Wachstum der Technik Grenzen gesetzt werden müssen. Die postmoderne Sicht der Wissenschaft versichert humanistischen Intellektuellen, daß die Kontrolle, die die Wissenschaftler über die Welt ausüben, nur eine Frage der Politik sei und daher zur Diskussion stände. Einige dieser Ideologien sind vernünftiger und überzeugender als andere, aber sie alle arbeiten darauf hin, den Anspruch von Wissenschaft und Technik auf Beherrschung unseres inneren und äußeren Lebens in die Schranken zu weisen.

Die Jagdhypothese vom Ursprung des Menschen war eine ähnliche Ideologie. In ihr erscheint die Technik als etwas, das einem räuberischen Blutdurst entsprang und die Menschheit von der Natur abspaltete; diese Spaltung wird als ein Sündenfall dargestellt, mit expliziter Anspielung auf die biblische Schöpfungsgeschichte. Einige von Darts Kritikern haben versucht, die Jagdhypothese als eine ideologische Krücke des kapitalistischen Imperialismus hinzustellen; aber das dürfte unwahrscheinlich sein, denn auch von den marxistischen Anthropologen der damaligen Zeit bezeichneten einige die Jagd als die entscheidende

Neuentwicklung, mit der die Laufbahn des Menschen ihren Anfang genommen habe.[26] Im Kontext der Schriften von Dart, Ardrey, Lorenz, Golding und Jeffers während des Nachkriegsjahrzehnts verkündete die Jagdhypothese weitgehend die gleiche Botschaft wie die Schriften von Aldo Leopold und Rachel Carson: Sie warnte vor den Gefahren, die in der Technik liegen.

Die Jagdhypothese zog auch einen schärferen Trennungsstrich zwischen Mensch und Tier, als frühere entwicklungsgeschichtliche Darstellungen der Menschwerdung das getan hatten. Darts Fassung der Hominidengeschichte fing an mit einer adaptiven Umstellung vom Leben eines faulen früchtefressenden Affen auf das eines grausamen, aber schlauen Räubers. Obwohl die Anthropologen die Jagdhypothese selber aufgegeben haben, suchen sie weiter nach einer anderen abrupten adaptiven Veränderung als Startmarke für den Entwicklungslauf des Menschen. Wir bemühen uns, eine Diskontinuität zwischen Natur und Geschichte festzustellen, damit wir die Menschheit von den Zwängen der Natur ausnehmen und unsere Auffassung begründen können, daß der Mensch eine einzigartige Erscheinung sei. Wir wollen, daß solche menschlichen Merkmale wie große Gehirne, Zweifüßigkeit, Sprache und Technik ausschließlicher und allgemeiner Besitz des Menschen sind, weil sie für uns mythische Bedeutung als Wahrzeichen des menschlichen Status haben. Als *ausschließlich* menschliche Merkmale erklären und rechtfertigen sie unsere Herrschaft über die anderen Tiere; als *allgemein* menschliche Merkmale verbieten sie uns, die Herrschaft einer Menschengruppe über eine andere ähnlich zu erklären oder zu rechtfertigen.

Auf Tiere mit menschlichen Merkmalen – Delphine mit großem Gehirn, Geräte benutzende Schimpansen, sprechende Papageien, Zeichen gebende Gorillas – reagieren wir entsprechend ratlos. Selbst Wissenschaftler, die Menschen sonst bedenkenlos für nichts weiter als schlaue Tiere erklären, bekommen in der Regel Bedenken, wenn sie andere Tiere als dumme Menschen betrachten sollen (was dieselbe Gleichung andersherum gelesen ist). Die Wissenschaft soll das «Höhere» durch Reduktion auf «Niederes» verständlich machen. Menschen in tierischen Kategorien zu beschreiben, gilt daher als Erklärung und Triumph der Wissenschaft, andere Tiere in menschlichen Kategorien zu be schreiben, wird dagegen als unwissenschaftlicher Anthropomorphismus verurteilt.

Diese Voraussetzung hilft erklären, warum so viele Biologen und Sozialwissenschaftler säuerlich reagieren, wenn Tieren menschenartige Gedanken, Gefühle oder Fähigkeiten zugeschrieben werden. Jane Goodall zum Beispiel bekam auf ihre Anregung, daß die Termitenstöcke von Schimpansen als Werkzeuge gelten sollten, von Lord Zuckerman unlängst folgende Abfuhr erteilt:

> Während der ersten fünf Jahre meiner wissenschaftlichen Laufbahn [...] machte ich «Bekanntschaft» mit vielen gefangenen Schimpansen. Ein ausgewachsenes Weibchen, mit dem ich häufig spielte, hatte die Angewohnheit, einen Strohhalm aufzuheben, um meine Nägel zu «maniküren» – mir fällt kein besseres Wort ein. Es wäre mir nie in den Sinn gekommen, sie deshalb als Werkzeugbenutzerin zu betrachten, sowenig wie ich «Empathie» empfand, wenn ich ihr meinen Kopf hinhielt, damit sie mein Haar «pflegen» konnte.[27]

Zuckerman will mit dieser Mitteilung beweisen, daß er ein besserer Wissenschaftler ist als Goodall, aber sie kann ebenso gut als Eingeständnis von Vorurteilen gelesen werden. Wie viele Wissenschaftler kann Zuckerman sich nicht einmal dazu durchringen, einfache psychologische und Motivationsbegriffe («Bekanntschaft» oder «pflegen») auf ein anderes Tier anzuwenden, einerlei wie intelligent und menschenähnlich es ist, ohne diese Worte mit Anführungszeichen als lächerlich hinzustellen.

Bei ihrer Wacht an der Tier-Mensch-Grenze haben Wissenschaftler beachtlichen Erfindungsgeist darin bewiesen, angeblich ausschließlich menschliche Merkmale so umzudefinieren, daß sie nicht für andere Tiere in Anspruch genommen werden können. Man denke an unsere angeblich so großen Gehirne. Menschen sollen schlauer sein als andere Tiere, und daher müssen wir größere Gehirne haben. Aber in Wirklichkeit haben Elefanten, Wale und Delphine größere Gehirne als wir; und kleine Nagetiere und Affen haben relativ größere Gehirne (ihre Gehirne machen einen größeren Prozentsatz des Gesamtkörpergewichts aus als unsere). Wissenschaftler, die diese Dinge erforschen, haben sich demnach angestrengt, die Gehirngröße neu zu definieren, indem sie das Gewicht des Gehirns durch den Grundumsatz oder eine andere Exponentialfunktion des Körpergewichts dividiert haben, um einen Maßstab zu bekommen, nach dem die Gehirne dieser Tiere doch wieder kleiner erscheinen als unsere.[28] Die einzigartige Größe des menschlichen Gehirns erweist sich somit als Definitionssache.

Die Einzigartigkeit der menschlichen Sprache ist ebenfalls zum Teil Definitionssache. Menschenaffen und Papageien können lernen, unsere signalisierten oder gesprochenen Fragen zu verstehen und mit semantisch passenden Antworten darauf zu reagieren.[29] Allerdings können diese Tiere nicht die Syntax beherrschen (die grammatischen Regeln für die Wortstellung). Angesichts dieser willkommenen Unfähigkeit haben Wissenschaftler Gründe für die Behauptung gefunden, Syntax, nicht Semantik sei das Kennzeichen echten Sprachvermögens und unabdingbar für menschenartige Denkprozesse – ja für das Bewußtsein selbst.[30]

Die frühen Darwinisten, von denen die meisten nach unseren Maßstäben Rassisten und Imperialisten waren, hatten keine Bedenken, die Grenze zwischen Mensch und Affe als einen graduellen Unterschied zu betrachten, zu einem gewissen Grade überbrückt durch die Wilden Afrikas und Australiens. Die heutigen Anthropologen bemühen sich darum, sie als einen prinzipiellen Unterschied darzustellen, weil das für unseren Glauben an allgemeine Menschenrechte wesentlich zu sein scheint. Eine scharfe Tier-Mensch-Grenze ist der Eckstein der Demokratie. Leider läßt sich diese Sichtweise der Dinge schwer mit Darwin versöhnen. Bertrand Russell drückte es so aus: «Wenn die Menschen sich in so geringen Stufengängen entwickelten, daß Kreaturen entstanden, von denen wir nicht wissen, ob wir sie als Menschen klassifizieren sollen oder nicht, dann erhebt sich die Frage: auf welcher Entwicklungsstufe begannen die Menschen oder ihre halbmenschlichen Vorfahren alle gleich zu sein? [...] Wer die Evolutionstheorie vertritt, sollte auch der Ansicht sein, daß nicht nur die Lehre von der Gleichheit aller Menschen, sondern auch die Doktrin von den Menschenrechten als unbiologisch zu verwerfen wäre, da sie den Unterschied zwischen Menschen und anderen Lebewesen zu stark unterstreicht.»[31]

Unsere Kultur möchte diesen Unterschied damit rechtfertigen, daß sie die Menschen als von der Natur getrennt und ihr wesensmäßig übergeordnet ansieht. Gleichzeitig jedoch ist uns die natürliche Ordnung heilig und errichten wir komplizierte Vorkehrungen, um sie vor menschlichen Eingriffen zu schützen. Obwohl sich verschiedene Subkulturen darin unterscheiden, welches Gewicht sie diesen beiden Anschauungen beimessen, würden die meisten von uns wahrscheinlich beiden zu einem gewissen Grade zustimmen. Dabei ist offensichtlich, daß sie nicht recht zusammenpassen. Unsere Sicht der Natur als der heiligen Sklavin des Menschen ist sowohl ungereimt als auch unehrlich, vergleichbar dem patriarchalen viktorianischen Bild von der Frau als engelhafter Leibeigener.

Die in dieser viktorianischen Ideologie enthaltene Ungereimtheit und Unehrlichkeit wurde irgendwann durch die Einsicht korrigiert, daß die Ähnlichkeiten zwischen Herr und Leibeigener größere moralische und politische Bedeutung haben als die Unterschiede. Da sich keine moralisch interessanten Unterschiede zwischen Frauen und Männern ergeben wollten, konnten sich die Männer ihre Selbstachtung und Integrität nur bewahren, indem sie den Frauen Bürgerrechte gewährten. Genauso war es auch mit Herren und Sklaven und mit Weißen und Schwarzen. In allen diesen Fällen mußte eine mit großem Nachdruck gezogene Statusgrenze zuletzt aufgegeben werden, weil sie intellektuell unhaltbar war. Und wenn die kognitive Grenze zwischen Mensch und Tier, zwischen der Welt der Geschichte und der Welt der Natur gleichermaßen unhaltbar ist, können wir die menschliche Würde nicht wahren, ohne der übrigen Natur eine Art Bürgerrecht zuzugestehen – und somit aufzuhören, die nichtmenschliche Welt als einen Haufen Mittel für menschliche Zwecke zu behandeln.

Regan, Rachels und andere Philosophen der Tierrechtsbewegung fordern uns genau dazu auf, und aus genau dem Grund. Letztlich geht es in ihrer Philosophie weniger um die Rechte der Tiere als um eine vernünftige und haltbare Rechtfertigung für die allgemeinen Rechte der Menschen. Aus der Erkenntnis heraus, daß Menschen Tiere sind und daß, wie Darwin es ausdrückte, «zwischen dem Menschen und den höheren Säugetieren kein fundamentaler Unterschied in bezug auf ihre geistigen Fähigkeiten besteht»,[32] suchen die Tierrechtsphilosophen die Menschen vor der Reduktion auf bloße Dinge zu bewahren, indem sie unsere stummen Verwandten mit einem Zipfel des Mantels der Menschenwürde bekleiden.[33] Die gleichen Ängste, aus denen heraus Krutch erklärte, er wolle kein Tier sein, führen sie zu dem Schluß, daß Tiere in gewissem Sinne Menschen sein müssen.

Aus den von Russell angedeuteten Gründen ist es in letzter Analyse vielleicht nicht möglich, die demokratische politische Theorie mit der Wissenschaft in Einklang zu bringen, ohne einen solchen oder ähnlichen Schluß zu akzeptieren. Um unsere hart erkämpfte Einsicht in die Kontinuität zwischen Mensch und Tier mit unserem ebenso hart erkämpften Bestehen auf den allgemeinen Rechten und der Würde der Menschen zu versöhnen, müssen wir in der tierischen Existenz Grundlagen für die Zuerkennung dieser Rechte und dieser Würde finden. Leider ist schwer zu sehen, wie dies konsequent geschehen könnte, ohne daß wir solche mißbrauchenden Nutzungen wie Tierversuche, Pelze und Fleischverzehr aufgeben. Und allen Kräften zum Trotz, die in den letzten drei Jahrhunderten das Wachstum des Animalitarismus gefördert haben, ist den meisten von uns – mit Bentham, Franklin und Pope – konsequentes Verhalten immer noch weniger wert als ihre Bratwurst.

KAPITEL XII

Tod im Morgengrauen

*Weit davon entfernt, einfach eine «von der Vernunft gelenkte
Verfolgung» zu sein, kann man vielmehr sagen, daß die größte
Gefahr für das Bestehen der Jagd die Vernunft ist.*

José Ortega y Gasset

Die Jagdhypothese entstand als ein Mythos, zusammengebraut aus an-
tiquierten vorgefaßten Meinungen und Wunschdenken. Doch damit ist
sie noch nicht widerlegt. Manche Leute kommen ohne triftigen Grund
auf das Richtige. Lukrez vermutete richtig, daß die Menschen der Vorzeit Steine als Waffen genommen hatten. Anaximander nahm an, daß die
Menschen aus Fischen entstanden waren. Swift beschrieb die Mars-
monde korrekt, bevor ein Astronom sie gesehen hatte.[1] Die Jagdhypothese könnte ein weiterer dieser Glücksstreffer sein. Selbst wenn sie aus
den falschen Gründen aufgestellt wurde, müssen wir uns immer noch
fragen, ob sie irgendeine Wahrheit über den Ursprung und die Natur
des Menschen zu fassen hat.

War die Jagd wirklich ein bedeutender Faktor bei der Entstehung
des Menschen? Einige Anthropologen haben unlängst versucht, diese
Frage wieder zur Debatte zu stellen,[2] aber ich neige zu der Auffassung,
daß dies eine Frage ist, die zu beantworten die Wissenschaft nicht hoffen kann – wenigstens nicht so, wie sie gemeinhin gestellt wird.

Man kann getrost davon ausgehen, daß unsere australopithecinen Vorfahren Jäger im weitesten Sinne waren: das heißt, sie töteten und

verspeisten manchmal andere Tiere, so wie es Schimpansen und Menschen heute tun. Und da die heutigen Menschen räuberischer sind als die Schimpansen, kann man ebenfalls getrost davon ausgehen, daß das Jagen im Laufe unserer Wegentwicklung von einem schimpansenartigen Ahnen zunehmend an Bedeutung gewann.

Doch mit alledem ist keineswegs gesagt, daß es das Jagen war, was uns «zu Menschen gemacht» hat. Um diesen Schluß zu ziehen, bräuchten wir triftige Gründe für die Annahme, daß die räuberischen Gewohnheiten unserer Vorfahren in irgendeiner Form die *Ursache* einiger der typischen menschlichen Merkmale waren, die wir erklären möchten. Solche Gründe sind schwer zu finden. Es ist niemals leicht, eine Kausalität in der Evolution zu beweisen – und es wird logisch unmöglich, wenn die Wirkung, die wir erklären möchten, die menschliche Einzigartigkeit ist.

Die Wissenschaft kann uns keine Anhaltspunkte für die Annahme liefern, daß die Menschen durch die Jagd, oder durch sonst etwas, einzigartig anders als andere Tiere wurden. Das ist kein Mangel, den wir beheben können, indem wir mehr Expeditionen nach Afrika auf Fossiliensuche schicken; es liegt an der Logik kausaler Erklärungen. Indem man etwas erklärt, zeigt man, daß es ein Einzelfall einer allgemeinen Regel ist, die uns von anderen Einzelfällen her vertraut ist. Wie David Hume vor langer Zeit schon darlegte, kann die Wissenschaft nichts über die Ursachen einmaliger Erscheinungen sagen, die sich nicht in irgendein umfassenderes Schema einfügen. Daraus folgt, daß die einzigen entwicklungsgeschichtlichen Veränderungen, die wir zu erklären hoffen können, sogenannte *Parallelismen* sind: Modifikationen, die in einzelnen Abstammungslinien aus den gleichen strukturellen oder adaptiven Gründen immer und immer wieder auftauchen, etwa der stromlinienförmige Körperbau schnell schwimmender Tiere wie der Tümmler oder die langen, schlanken Beine schneller Läufe wie der Rehe. Wenn es wirklich menschliche Besonderheiten gibt, die ohne Parallelen bei anderen Wesen sind, dann sind sie unerklärlich. Solange wir noch Geschichten hören wollen, die die menschliche Einzigartigkeit «erklären», werden wir auf echte Erklärungen verzichten und uns mit bunten Fabeln begnügen müssen, in denen alle kausalen Verknüpfungen Sache der Phantasie sind.

Die Jagdhypothese war eine solche Fabel. Ihre plötzliche Übernahme durch die Wissenschaft in den Jahren nach dem Zweiten Weltkrieg hatte mehr mit neuen Vorstellungen von der Grenze zwischen Tier und Mensch zu tun als mit Tatsachen betreffend Australopithecus africanus. Wir sollten sie als einen Ursprungsmythos begreifen, der erträumt wurde, um die zweifelhafte Unterscheidung zu rechtfertigen, die wir zwischen der menschlichen Sphäre und dem wilden Naturreich treffen.

Dies soll allerdings nicht heißen, daß wir es uns leisten könnten, die Jagdhypothese als einen wunderlichen Irrtum zu belächeln und sie in den Mülleimer der Geschichte zu werfen. Gute Mythen enthalten bedeutende Wahrheiten; und dieser Mythos dürfte durchaus ein guter sein, denn er wurde jahrhundertelang von großen Erzählern liebevoll ausgeschmückt. Auch wenn dem Jagen nicht die ursächliche Bedeutung zukommt, die die Anthropologen ihm früher beigelegt haben, könnte es dennoch mit einem dem Menschen wesenseigenen Makel zusammenhängen, einer grundlegenden Störung oder Krankheit, derenthalben das Menschsein besonders tragisch oder gefährlich ist. Wenn das stimmt, sollten wir den Mythos vom Mörderaffen nicht einfach vom Tisch wischen.

Diese Fragen gewannen für mich persönliche Bedeutung, als ich 1991 an einem klaren, kalten Septembermorgen bei Tagesanbruch aufstand und zu der kleinen Farm in Hillsborough, North Carolina, fuhr, wo meine Frau Kaye und ich zwei Pferde halten. Als ich die Landstraße hinunterfuhr, die an unserer Farm vorbeiführt, sah ich eine arg mitgenommene Limousine mit abblätterndem Vinylverdeck am Straßenrand im Gras stehen. Ein Fremder stand vornübergebeugt neben dem Wagen und machte sich an etwas zu schaffen, das wie eine weggeworfene Kinderbettmatratze aussah. Er richtete sich auf, als er mein Auto kommen sah. Er war ein Weißer über dreißig, mit einem knochigen, verzweifelt blickenden Gesicht, wie man es auf alten Bürgerkriegsfotos bei todgeweihten Konföderierten sehen kann. Er blickte argwöhnisch und schuldbewußt und gefährlich drein, und genauso sein Kamerad, der hinterm Lenkrad saß. Nachdem ich vielleicht dreißig Meter weiter gefahren war, hielt ich an und schaute zurück. Die beiden Männer rührten

sich nicht, beobachteten mich und warteten, daß ich weiterfuhr; also
fuhr ich weiter.

Zwei Weißwedelhirsche, eine Mutter mit ihrem halbwüchsigen
Kalb, sprangen über die Straße, als ich zu unserer Farm kam. Ich kannte
die beiden. Seit einem Monat überquerte die Hirschkuh allmorgendlich
mit ihren Zwillingen – einem männlichen und einem weiblichen Jung-
tier – an dieser Stelle die Straße. Kaye hatte sie – wie sonst? – Bambi und
Faline getauft. Ich wartete darauf, daß das zweite Junge auftauchte und
der Alten folgte, aber es kam keines. Nach ein paar Minuten fuhr ich
weiter und machte die Stallarbeiten.

Die zwei Männer waren fort, als ich auf dem Heimweg wieder
an der Stelle vorbeikam, und so hielt ich an, um mir die Matratze anzuschauen, die sich als ein blutbeflecktes rosa Laken herausstellte, in das
etwas eingewickelt war. Ich schlug das Laken zurück und entdeckte die
enthauptete, abgehäutete und ausgeweidete Leiche eines kleinen Hirsch-
kalbs. Ein Hinterbein war weggerissen und fehlte. Die leere Hüftge-
lenkpfanne blickte mich an wie ein blindes rosiges Auge. Ich beschloß,
nicht in dem klebrigen, schmierigen Haufen nach den Geschlechtsor-
ganen herumzustochern, um festzustellen, ob dies die Überreste von
Bambi oder von Faline waren.

Ich habe seither, wenn ich an dem verwesenden Kadaver vor-
beifuhr und sah, wie die Vögel und Insekten ihn zum Skelett abfraßen,
viel über diese beiden Jäger und ihre Motive nachgedacht. Warum tun
Menschen so etwas? Warum bleiben zwei erwachsene Männer die ganze
Nacht über wach, riskieren alle möglichen Strafen, die auf den Abschuß
verbotenen Wildes stehen, zumal auf ausgeschildertem Privatgrund (den
mein Nachbar schon mit der Schrotflinte verteidigt hat), nur um aus einem graziösen und schönen wilden Tier dieses stinkende Stück Aas zu
machen? Warum hatten sie sich die Mühe gemacht, den Kadaver aus-
zunehmen und abzuziehen, und dann nur ein paar Handvoll Fleisch
mitgenommen und den Rest am Straßenrand verrotten lassen? Und
warum um alles in der Welt hatten sie die liegengelassene Leiche sorgfältig in ein kleines rosa Laken eingewickelt, bevor sie sich aus dem Staub
machten?

Die Motive von Jägern sind dumpf und unbewußt, und wer kein
Jäger ist, tut sich schwer, sie zu verstehen. Für die meisten von uns hört

sich die Vorstellung, einmal im Jahr rituell in den Wald zu gehen, um
mit einem Gewehr Hirsche zu erschießen, ungefähr so verlockend an,
wie einmal im Jahr in den Kuhstall zu gehen, um mit dem Vorschlag-
hammer Kühe totzuschlagen. Aus der Tatsache, daß es Jägern schwer-
fällt, ihre Motive zu artikulieren und zu verteidigen, ziehen Nichtjäger
häufig den Schluß, daß sie schlicht und einfach spinnen. Von der Renaissance bis heute haben Schriftsteller, denen die Jagd als ein Zeichen
für die Schlechtigkeit des Menschen galt, einfach angenommen, der Jäger finde ein psychopathisches Vergnügen an Schmerz und Tod. Joseph
Wood Krutch drückte es so aus:

> Das Töten aus «sportlichen» Gründen ist die vollkommene Ver-
> körperung jenes reinen Bösen, nach dem Metaphysiker manch-
> mal gesucht haben. Die meisten verworfenen Taten werden ver-
> übt, weil der Täter sich davon etwas verspricht, [... aber] wer aus
> sportlichen Gründen tötet, hat kein solches faßliches Motiv. Er
> zieht den Tod dem Leben vor, das Dunkel dem Licht. Er hat
> nichts davon als die Befriedigung, sagen zu können: «Etwas, das
> leben wollte, ist tot. Das Universum ist um so viel Lebensener-
> gie, Bewußtsein und vielleicht Freude ärmer geworden. Ich bin
> der Geist, der stets verneint.»[3]

Viele andere sehen die Jäger genau im gleichen Licht: als unbegreifliche,
blutrünstige Irre. Jäger, schreibt Joy Williams, «vergehen sich an der Natur und sollten bestraft werden»:

> Sie sind überausgerüstet, [...] unersättlich, bösartig und aufge-
> blasen. Sie verkrüppeln und verstümmeln und plündern. Und die
> meisten sind unfähig. Extrem unfähig. Tarnfarbenes Klopapier
> ist für den modernen Jäger ein Muß, dazu sein Bi-Fi und sein
> Bier. Schon viele Jäger, die im Wald ihr Geschäft verrichteten mit
> ihrer Rolle Charmin daneben, wurden für Weißwedelhirsche ge-
> halten und angeschossen. Jäger werden nervös. Sie schießen auf
> alles – auf den blassen Arsch eines andern Weidmannes oder so-
> gar auf sich selbst. Einer aus Long Island kam letztes Jahr da-
> durch um, daß seine Schrotflinte losging, als er ein verwundetes

Wild mit dem Kolben totknüppeln wollte. Jäger drehen durch.
Sie verlieren die Nerven und wollen ballern! Sie wollen ihre
Sturmgewehre benutzen und schaumiges Blut auf dem Farnkraut
sehen.[4]

Williams meint, der Jagdsport sollte gesetzlich verboten werden. Diese
Auffassung wird von vielen Tierfreundeorganisationen unterstützt, von
militanten Tierrechtsguppen wie PETA und Friends of Animals bis hin
zu bürgerlichen Tierschutzverbänden wie der SPCA von Massachusetts.[5] Eine neuere Umfrage ergab, daß fast ein Drittel aller Amerikaner
ihrer Meinung sind. Und radikale Tierfreunde sind nicht die einzigen,
die die Jäger für verrückte Killer halten. Sogar einige Vertreter der amerikanischen Fischerei- und Wildbehörde, die eigentlich, wenn überhaupt
jemand, den Jagdsport unterstützen sollten, klagen über «vierradgetrie-
bene, sturmgewehrbewaffnete, wild drauflos ballernde Yahoos, die meinen, sie wären Rambo».[6]

    Dieses Klischee des Jägers – als eines gewalttätigen, psychopa-
thischen Kerls, der zwanghaft auf alles schießt, was sich regt – gehört
zum festen Bestand der populären Kultur und kommt in unzähligen Filmen, Fensehsendungen und Comicstrips ständig vor.[7] Es gibt sogar ein
Lied auf ihn, Tom Lehrers «Hunting Song»:

> I always will remember,
> 'Twas a year ago November,
> I went out to hunt some deer
> On a morning bright and clear.
> I went and shot the maximum the game laws would allow:
> Two game wardens, seven hunters, and a cow.[8]

(«Es wird mir unvergeßlich bleiben, wie ich voriges Jahr im
November an einem schönen, klaren Morgen auf die Hirschjagd
ging. Ich zog los und schoß das Höchstmaß, das das Jagdgesetz
zuläßt: zwei Jagdaufseher, sieben Jäger und eine Kuh.»)

Selbst Jäger räumen manchmal ein, daß das Hauptmotiv des Jagens die
simple, wieselartige Lust ist, zu töten und schaumiges Blut auf dem

Farnkraut zu sehen. «Wir töten *gern* Tiere», gibt der Jagdjournalist Humberto Fontova zu. «Jäger sind schlichte Gemüter, die es erregend finden, Tiere zu töten.» Fontova meint, daß die Evolution ihm eine instinktive Lust am Töten in die Brust gepflanzt habe. «Ich erkenne in dem Drang den Raubtiertrieb wieder zu töten. Der Mensch ist ein Raubtier – seit Jahrzehntausenden schon. Es wird eine Weile dauern, uns das wegzuzüchten, und·Gottseidank werde ich das nicht mehr miterleben müssen.»[9]

Fontova ist nicht der einzige Jagdautor, der die Jagdhypothese als Begründung für diesen Trieb vorbringt. Viele von ihnen beteuern, daß ihr Drang zu töten ihnen angeboren sei, ein instinktiver Blutdurst, den wir von unseren Vorfahren, den Mörderaffen, geerbt hätten. Wen die Jagd nicht erregt, der erscheint ihnen entwurzelt und degeneriert. «Für ein paar Unglückliche», schreibt Robert Ruark,

> von städtischen Trottoiren eingesperrt und dazu verurteilt, in einem Zementdschungel, entsetzlicher als alles, was man in Tanganjika finden kann, zu leben, bläst das Jagdhorn überhaupt nie. Doch tief im Inneren der meisten Männer liegt die unwillkürliche Antwort auf das Jagdhorn begraben, ein Prickeln der Nackenhaare, eine Beschleunigung des Pulses, eine atavistische Erinnerung an die Vorväter, die zuerst mit dem Stein, dann mit der Keule, dann mit dem Speer und dem Bogen und dann mit dem Gewehr und schließlich mit chemischen Formeln töteten. Wie lammfromm der Mann auch sei, ist unwichtig; irgendwo in der Hühnerbrust des Buchhalters ruht immer noch der spärliche Rest des Jägerherzens; irgendwo in seiner Nase haftet noch der halbvergessene Blutgeruch.[10]

Der Jagdautor Tom McIntyre meint, eine Abneigung gegen die Jagd sei eine Perversion unserer Instinkte, so wie der Zölibat oder Anorexie:

> Dadurch, daß sie Jäger waren, wurden die Menschen zu dem, was sie sind, [...] durch Jahrmillionen jägerischer Vergangenheit, die alles prägten, von unseren Körpern über unsere Gehirne bis zu unseren gesellschaftlichen Beziehungen. Zehntausend Jahre

lang herumwühlen im Dreck dürfte kaum ausreichen, um den Jagdtrieb in unseren Leben erlöschen zu lassen. Und somit ist die wirkliche Abnormität nicht, daß einige Menschen immer noch jagen und töten, sondern daß einige es nicht tun.[11]

Doch wenn die Sucht, zu jagen und zu töten, ein menschlicher Instinkt ist, dann ist es ein eigentümlich begrenzter. Nur zwölf Prozent der Amerikaner jagen, und ihre Zahl schrumpft von Jahr zu Jahr.[12] Obwohl die meisten von uns immer noch der Meinung sind, daß es rechtens sei, des Fleisches wegen zu jagen, zeigen Umfragen, daß große Mehrheiten gegen die Jagd sind, wenn sie allein der Trophäen oder des Zeitvertreibs wegen betrieben wird.[13] Wenn das Töten von Tieren eine an sich vergnügliche Betätigung wäre wie Essen, Trinken und Sich-Lieben, dann würden die Mehrheiten wahrscheinlich in die andere Richtung tendieren – und, wie der jagende Naturfreund Valerius Geist bemerkt, viel mehr von uns wären darauf erpicht, im Schlachthaus arbeiten und Ochsenkehlen durchschneiden zu dürfen.[14]

Kurz und gut, es gibt keinen Grund zu der Annahme, daß Menschen irgendeine angeborene Vorliebe für das Blutvergießen hätten. Zweifellos jagen einige Leute, weil es ihnen Spaß macht, Tiere zu töten. Aber diese Leute lügen sich in die Tasche, wenn sie behaupten, ihre Liebe zum Töten sei uns allen angeboren – oder auch nur etwas allen Jägern Gemeinsames. Andere Jäger argumentieren sogar genau anders herum: Das «Bockfieber», das nervöse Zittern und die Lähmung des Zeigefingers am Abzug, von dem Neulinge befallen werden, entspringe einem tiefsitzenden *Widerwillen* gegen das Töten, den der Anfänger überwinden lernen müsse.[15] Und am Ende ihrer Jägerlaufbahn hängen viele erfahrene Schützen ihre Waffen schließlich an den Nagel, weil sie das Töten ganz einfach leid sind. In einem Interview fragte John Mitchell Fred Bear, einen großen Jäger mit Pfeil und Bogen, warum er mit dem Jagen aufgehört habe. Bear dachte nach, bevor er antwortete:

«Ach, ich vermute, es waren diese ganzen Jahre, immerzu hinaus», sagte er. «Jedes gottverdammte Mal, wenn ich jagen ging, mußte ich etwas *töten*.» Er brach ab und wandte sein Gesicht dem Regen zu, und mit einer Stimme, die so dünn und leise war, daß ich sie kaum hörte, sagte er schließlich: «Ich denke, Sie wissen verdammt gut, was ich meine.»[16]

Wenn die Jäger selber oft mit einer Abneigung gegen das Töten anfangen und enden, warum jagen sie dann? Die Schriften von Jägern und die Untersuchungen, die über ihre Motive angestellt wurden, zeigen, daß unterschiedliche Menschen aus unterschiedlichen Gründen jagen. Einige dieser Gründe sind für den Nichtjäger leicht zu verstehen, andere nicht.

Die schlichte wirtschaftliche Notwendigkeit ist der beste und verständlichste Grund, jagen zu gehen. Doch für die meisten heutigen Jäger, von denen viele alljährlich Unsummen ausgeben, nur um vielleicht ein paar Wildgänse oder ein paar Dutzend Pfund Wildbret mit nach Hause zu bringen, ist sie kein reales Motiv. Die Jäger, die 20.000 oder 30.000 Dollar hinlegen, um spezielle Geländefahrzeuge herzurichten, mit denen sie das Wild durch die Sümpfe von Südflorida hetzen können, treibt nicht der Wunsch, an den Ausgaben für Lebensmittel zu sparen.[17] Früher jagten viele Leute, weil die Körper der wilden Tiere sie mit Nahrung und Kleidung und anderen Dingen versahen, die für sie sonst nicht leicht erschwinglich waren. Für ein paar Amerikaner auf dem Lande gilt das auch heute noch. Für die überwältigende Mehrzahl der Jäger im heutigen Amerika jedoch ist die Jägerei finanziell ein Faß ohne Boden und hat keinen realen wirtschaftlichen Wert.[18] Ein Zeichen für diese Tatsache ist das Aas, das sich während der Jagdzeit an den Rändern vieler amerikanischer Landstraßen aufhäuft, wo Jäger Hirsche oder Wildgänse geschossen, ein paar Feinschmeckerhappen abgeschnitten und den Rest als Kadaver für die Krähen liegengelassen haben.[19]

Manche Jäger verurteilen solche sinnlosen Gemetzel als «unmoralisch» und legen Wert darauf, daß sie, soweit möglich, jedes Fitzelchen ihrer Beute essen, tragen oder sonstwie nutzen. «Ich lasse nichts verkommen», verkündet ein Jäger, der 1985 in einer Anzeige der National Rifle Association als Vorbild hingestellt wurde. «Ich verwerte das Fleisch, gerbe das Leder, mache Schnüre und Riemen aus den Sehnen, schnitze sogar Sachen aus den Knochen.»[20] Der darin enthaltene Gedanke, daß ein rechter Jäger keinen Teil des Tieres, das er tötet, verkommen läßt, ist ziemlich neu. Andeutungen dieser Verwertungsethik finden sich im 19. Jahrhundert – beispielsweise in den Äußerungen von Coopers Wildtöter oder in Oscar Wildes berühmter Charakterisierung der englischen Fuchsjagd als «das Unaussprechliche auf der Jagd nach dem Ungenießbaren»[21]. Aber vor dem Zweiten Weltkrieg galt der plebejische «unweidmännische Jäger» («pot hunter»), dem es nur um das Fleisch zu tun war, allgemein als gesellschaftlich und moralisch minderwertig im Vergleich zu dem schneidigeren sportlichen Jäger, der zum Vergnügen tötete und nicht aus vulgärer Notwendigkeit.[22] Die Verwertungsethik scheint im wesentlichen ein Nachkriegsphänomen zu sein, das wahrscheinlich mit der allgemeinen Zunahme des Umweltbewußtseins in der zweiten Hälfte dieses Jahrhunderts zusammenhängt.

Eine andere ökologiebezogene Begründung, die manchmal für die Jagd geboten wird, ist die Notwendigkeit, die Populationszahlen niedrig zu halten, damit die Beutetiere in der kargen Jahreszeit keines langsamen und qualvollen Hungertodes sterben. Viel Tinte ist für und wider diese Begründung geflossen,[23] dabei ist hierzu nichts weiter zu sagen, als daß die Kontrolle des Wildbestands noch nie ein *Motiv* für die Jagd war. Jäger stapfen nicht widerwillig aus humanitärem Pflichtgefühl in die Wälder, um verhungernde Tiere aufzuspüren und sie von ihrem Elend zu erlösen. Tatsächlich sind die Jäger meistens die ersten, die protestieren, wenn Wölfe, Coyoten, Pumas, verwilderte Hunde oder andere nichtmenschliche Räuber in ein Gebiet eindringen und Anstalten machen, die Aufgabe der Wildbestandskontrolle zu übernehmen.[24] Am interessantesten an dieser ganzen Kontroverse ist vielleicht die Tatsache, daß sie sich immer ausschließlich um die archetypischen Märtyrer der Wildbahn dreht, die Hirsche. Niemand hat viel, sei es für oder wider, über die Verpflichtung des Jägers zu sagen, Opossums, Füchse oder Raben vor dem Hungertod im Winterschnee zu bewahren.

Viele Jäger jagen aus gesellschaftlichen Gründen, die mit dem Weidwerk als solchem nichts zu tun haben. Immer wenn die Jagd ein Standesmerkmal der herrschenden Klasse war, haben soziale Aufsteiger zum Gewehr gegriffen, um Status zu schinden und bei der besseren Gesellschaft wohlangesehen zu sein. Umgekehrt ist das Jagen im ländlichen Amerika für viele Männer aus der Arbeiterschaft ein jahreszeitliches Solidaritätsritual. Wenn sie jagen gehen, haben sie das Gefühl, die Bande zu Freunden und Verwandten neu zu knüpfen und ihre Beziehungen zu dem Land und der Lebensweise zu bekräftigen, die sie von ihren Vorvätern geerbt haben.[25] Wieder andere Männer gehen genau deshalb gern auf die Jagd, weil sie so ihre Verwandten einmal los und in der rein männlichen Gesellschaft alter Kumpane sind, in der sie sich gehenlassen, «Bier trinken, auf harmlose Tiere schießen und über Weiber reden»[26] können. Bei solchen Männern befriedigt das Jagen ein anderes soziales Bedürfnis – das Bedürfnis nach Männerkumpanei.

Der Zusammenhang der Jagd mit der Männlichkeit ist tief, und sowohl Jäger als auch ihre Kritiker beziehen sich häufig darauf. In der abendländischen Geschichte war die Jagd meistens eine typische Männersache. Im heutigen Amerika ist die überwältigende Mehrzahl der Jäger männlichen Geschlechts: 21 Prozent der Männer, aber nur etwa 2 Prozent der Frauen jagen.[27] Frauen, die jagen, tun das im allgemeinen mit männlichen Gefährten, und ihre Teilnahme an der Jagd wird von männlichen Jägern oft ungern gesehen. Viele männliche Jäger glauben, das Jagen bestärke sie in ihrer Identität als Männer, und sind der Ansicht, einen Jungen mit auf die Jagd zu nehmen, festige seine Bande zu anderen Männern und helfe mit, einen Mann aus ihm zu machen.[28]

Manche Jäger meinen, ihr Sport bestätige zu ihrer männlichen Identität auch ihre Virilität. «Das Bewußtsein der eigenen Bedeutung nach der Jagd macht den Genuß der Frauen um so lustvoller», erklärte der indische König Rudradeva von Kumaon im 16. Jahrhundert.[29] Obwohl nur wenige moderne Jäger es derart unverhohlen formulieren würden, sind einige von ihnen offenbar der Ansicht, das Jagen verstärke ihren Sex-Appeal. Die Anzüglichkeit ihrer Autoaufkleber läßt daran keinen Zweifel. BOWHUNTERS HAVE LONGER SHAFTS (Jäger mit Pfeil und Bogen haben längere Schäfte), prahlt ein solcher Aufkleber. I HUNT WHITE TAIL YEAR ROUND (Ich jage das ganze Jahr über Weißwedelhirsche bzw. weiße Hinterteile), verkündet ein anderer, den Zeichnungen eines Hirschwedels und eines Frauenhintern zieren, damit auch jeder den Witz mitkriegt. Und manche Frauen scheint die Aura tödlicher Gewalt und Kompetenz in der Tat anzuziehen, die einen erfolgreichen Jäger umgibt. Diese Aura erklärt vermutlich auch, weshalb einige Textilhersteller Nichtjägern einreden können, Jägermode mache sie unwiderstehlich.[30]

Da Jäger die Jagd häufig für ein Wahrzeichen ihres Mannestums

halten, neigt jede Seite in der Auseinandersetzung über das Jagen zu der
Verdächtigung, daß es mit der sexuellen Identität der anderen Seite irgendwie schlecht bestellt sei. Jagdgegner schrecken nicht davor zurück
zu unterstellen, daß Jäger deswegen ausziehen und töten, weil sie neu-
rotisch darauf versessen seien, ihre Virilität zu beweisen.[31] Die Jäger ihrerseits sind bekanntlich nicht faul, ihre Kritiker entweder als tuntige
Waschlappen mit zu wenig Testosteron oder als stiernackige Mannwei-
ber mit zu viel hinzustellen. Radikale Jagdgegner, höhnt ein Jagdjournalist,

> sind meistens alternde Hippies, die sich immer noch bei ihren
> Frauen, oder was sich so schimpft, erkundigen, ob 1968 ihr be-
> stes Jahr war. [...] Was sich Männer schimpft in dieser Gruppe,
> trägt Rollkragenpullover und Earth Shoes und hat Omabrillen
> um das dürre Hälschen hängen. Die Männer würden lieber eine
> Schale Müsli essen, als in Pittsburgh Muffen zu besorgen, aber
> ihre wuchtigen Weiber und matriarchalen Sitten erlauben es
> nicht.[32]

Auf diesem morastigen Gelände wird man nicht hoffen dürfen, klare
Antworten zu finden. Zweifellos zieht es einige Männer zur Jagd, weil
sie sich dadurch männlich fühlen. Aber es gibt viele leidenschaftliche Jäger, die keinerlei erkennbare Not an den Tag legen, sich derart zu beweisen, und die aus Gründen jagen, die mit ihrer Geschlechtszu-
gehörigkeit offenbar nichts zu tun haben.

Viele wortgewandte Jäger, solche, die am ehesten Bücher über
die Freuden der Jagd schreiben, erklären, daß sie jagen, um sich als Teil
der Natur zu empfinden. Das Jagen ist für sie in erster Linie ein Vorwand dafür, im Freien zu sein, eine «Entschuldigung dafür, in die Berge
hinauszukommen, weg vom Menschengewimmel, um, wenn auch nur
für ein paar Tage, außerhalb der vier Wände zu leben».[33] Solche Jäger genießen die Verfolgung des Wildes, weil sie Zucht und Ziel in eine Bewegung bringt, die andernfalls bloß ein zweckloser Waldspaziergang
wäre.[34] John Mitchell erinnert sich, daß er und seine anderen Jugend-
freunde, die irgendwann anfingen zu jagen, sich von ihren Altersge-
nossen durch ihre «Erdverbundenheit» unterschieden, ihre Liebe und
innere Nähe zur natürlichen Ordnung: «eine Art, sich draußen umzu-

schauen und mitzukriegen, wo die Eicheln fielen und auf welcher Seite
der Bäume Moos wuchs und wie die stacheligen Roßkastanien im Oktober aufplatzten und warum die aufgewühlten Blätter und Kanin-
chenhaare wahrscheinlich bedeuteten, daß irgendwo eine Eule in der
Nähe war und mit vollem Bauch schlummerte».[35] Die Jagd, schreibt der
Kolumnist Craig Holt, sei eine Art, «die Verbundenheit mit dem Land
zu wahren», und dies wiederum verhindere, daß er «von der natürlichen
Welt abgeschnitten» werde.[36] In dem Bemühen, seine Motive irgendwie
zu definieren, beschreibt Valerius Geist die Jagd als ein «intimes Zu-
sammensein mit der Natur»:

> Es ist ein willkommenes Gewicht auf den Schultern, wenn man
> mit einem Wild im Sack nach Hause marschiert und ein Geweih
> oder zwei Hörner herausragen. Während einer Rast berührt die
> Hand die schimmernden Enden (oder die Hornspitzen), strei-
> chelt die Geweihsprossen (oder die Hornwülste) und spielt mit
> dem weichen Kopfhaar. Die Jagd ist eine Leidenschaft, die schon
> bessere Männer als ich zu beschreiben [...] und zu erklären ver-
> sucht haben. Manche haben sie einen Sport genannt. Ich bin an-
> derer Meinung. Manche haben sie grausam und ungerecht ge-
> nannt – eine unkultivierte Tat allein um des Tötens willen. Ich
> bin anderer Meinung. Sie ist sowenig ein «Sport» wie das Gärt-
> nern; sie geschieht sowenig um des Tötens willen, wie das Gärt-
> nern um des Tötens von Pflanzen willen geschieht. Wenn sie ein
> Sport ist, wer sind dann die Rivalen? Die Tiere? Angesichts der
> Waffen, die wir besitzen, und des Jagdgeschicks, zu dem wir fähig
> sind, würde ich mich schämen bei einem solchen Vergleich. [...]
> Wollte jemand sie ein intimes Zusammensein mit der Natur nen-
> nen, so würde ich über die Wortwahl den Kopf schütteln, aber
> ich wüßte, was der Betreffende vom Jagen hat. Auf der Pirsch
> muß man im Bauch spüren, daß man etwas Richtiges tut, daß
> man genau das Drama neu durchlebt, in dessen Verlauf unsere
> Vorfahren von den Affen zu den Menschen aufstiegen.[37]

Jäger, die die Natur lieben, können in ihrer Einstellung zur Tier-Mensch-
Grenze auf verschiedenen Seiten stehen. Für einige von ihnen, wie Geist,

macht es mit dem Reiz des Jagens aus, daß es ihnen ein Gefühl dafür gibt, was diese Grenze wirklich bedeutet. Andere lieben die Jagd, weil sich ihnen diese Grenze dabei aufhebt und sie erkennen, daß sie selber wilde Tiere sind. Ein solcher Jäger ist James Dickey mit seinen Phantasien davon, nackt mit Hirschen zu tanzen und das Flußeis mit seinem Mund zu durchstoßen, um «vom Kraftquell der Tiere zu trinken». Der naturbegeisterte Jäger Bob Simpson ist ein weiterer. «Ich weiß, daß ich mich mit Rindfleisch von Stallvieh besser und billiger ernähren kann», gibt Simpson zu, «aber ich muß wissen, daß ich ohne etwas dazwischen überleben kann, daß ich ein Teil der Wildnis und in sie eingebunden bin, einer, der diesen Planeten gemeinsam mit den andern Tieren bewohnt.»[38] «Ich gehe jagen», tut ein lyrischer Jäger kund, «um schattenhafte, mitunter gewalttätige Begegnungen mit meinen Brüdern, den Tieren, zu haben.»[39] Der Sinn der sportlichen Jagd, behauptet der Philosoph Ortega y Gasset, sei «eine bewußte und gleichsam religiöse Demütigung des Menschen, der seine Übermacht bändigt und zum Tier hinabsteigt».[40]

Diese Gesamtheit von Motiven und die Weltsicht, die damit einhergeht, sind denen des Kämpfers für Tierrechte nicht unähnlich. Der Tierrechtler und der leidenschaftliche Jäger beten gewissermaßen in verschiedenen Kapellen ein und derselben Kirche. Beide sehnen sich, die Grenze zwischen Tier und Mensch zu durchbrechen, und beide neigen dazu, die Wildnis als ein Reich der Ordnung und Harmonie anzusehen, dem die Gattung Mensch sich entfremdet hat. Für die Theoretiker der Jagdhypothese war die Jagd die Ursache der Entfremdung des Menschen von der Natur; für viele jagende Naturfreunde bedeutet sie die Heilung dieser Entfremdung. «Von dieser gewaltigen Unbequemlichkeit und allseitigen Unruhe, die die Geschichte ist, will das menschliche Wesen ausruhen», schreibt Ortega, «indem es in der sportlichen Jagd vorübergehend, künstlich, zur Natur ‹zurückkehrt›.» Sie allein «erlaubt uns den größten Luxus von allen, der darin besteht, daß wir während unseres echten ‹Versinkens in die Natur› Ferien vom Menschsein genießen».[41]

Ein wichtiger Unterschied, der die jagenden Naturfreunde von ihren Widersachern trennt, ist, daß dem Jagdgegner das Leben und Wohlergehen einzelner Mitglieder einer Tierart am Herzen liegt, während der Jäger-Ökologe die Spezies für das Bleibende hält und das gejagte Tier primär als ihren vergänglichen Einzelfall ansieht. Dies war eine der Streitfragen, die Burroughs und Roosevelt von Long und den anderen «Naturverfälschern» trennten, und Jäger führen sie heute häufig gegen ihre Kritiker ins Feld. «Das Problem mit den Befürwortern von Tierrechten», klagt ein Jagdkolumnist, «ist, daß sie sich durch eine grundsätzliche Unkenntnis der Tiere auszeichnen. Sie neigen dazu, die Tiere als Individuen zu betrachten, nicht als Spezies.»[42] Obwohl die populationszentrierte Einstellung der Jäger von den Tierrechtlern als «Umweltfaschismus» verurteilt wird,[43] ist sie unter Umweltschützern und Biologen weit verbreitet.

Viele Jäger sagen, daß sie ihre eigene Nahrung töten, gebe ihnen das Gefühl, durch die Banalitäten und Heucheleien der Zivilisation zu stoßen und an die elementaren Realitäten des Lebens heranzukommen. «Eine so aufwühlende Erfahrung», schreibt ein Hirschjäger, «wird das Jagen zum Teil durch die persönliche Verantwortung, die man für den Tod seiner Nahrung übernimmt. [...] Die Jagd versetzt uns aus der Welt der Telefone, Neonlichter und Autoabgase in eine urtümliche Welt, wo, jawohl, die Dramatik des Tötens, der Geruch der Beute und das Gefühl von warmem Blut uns dazu verhelfen, uns wieder zur Natur gehörig zu empfinden.»[44] (Zugrunde liegt dem die Annahme, daß warmes Hirschblut auf eine Weise real ist, wie heiße Autoabgase es nicht sind.) Jäger, die diese Perspektive teilen, verspotten Jagdgegner häufig als Träumer im Disneywahn, die unfähig seien, den harten Realitäten des Lebens auf der Erde ins Auge zu sehen. «Tiere zu töten ist nicht unrecht. Es ist mit Sicherheit ein Teil der wirklichen Welt. Gott macht es auch», gab der Rock-Sänger Ted Nugent zur Antwort, als die radikale Tierrechtlerin Teresa Gibbs ihn beschwor, mit dem Jagen aufzuhören. «Komm, Teresa, beweg deinen fetten Arsch aus dem Büro, und dann nehme ich dich mit meinen Kindern und Freunden in die wunderschöne Welt der Wahrheit und der Erfahrung mit.»[45]

Für Jäger wie Nugent macht es mit den Reiz des Jagens aus, daß sie dadurch an die «wunderschöne Welt der Wahrheit und der Erfahrung» herankommen. Die Jagd bestätigt sie darin, daß das Leben rauh und daher ernst und bedeutungsschwer ist. Der Konflikt zwischen solchen Jägern und ihren Kritikern spiegelt unterschiedliche Sichtweisen

davon wider, wie die Welt wirklich beschaffen ist. Der Jäger sieht die
Natur als grausam an, während der Jagdgegner die Natur für gütig und
Grausamkeit für einen allein dem Menschen eigenen Zug hält.[46] Die Vorstellung, daß wir alle versuchen sollten, in Frieden und Eintracht mit
unseren Freunden im Walde auszukommen, widert viele Jäger ungefähr
so an, wie jemand, der Kampfhunde züchtet und dressiert, von einem
schwänzelnden Pekinesen angewidert sein könnte. Solche Jäger genießen die Jagd, weil sie ihnen kalte, wunderschöne Wahrheiten vor Augen führt – was George Orwell einmal bezeichnete als «die einfachen,
begreiflichen Katastrophen, die einem das Gefühl geben, auf die Urtat-
sachen des Lebens gestoßen zu werden».[47]

In dieser Beziehung gleicht der Reiz der Jagd dem einer Büh-
nentragödie. Wir lieben die Tragik, meinte Francis Gummere, weil sie
unser Verlangen nach Wahrheit befriedigt:

> Nur das Tragische kann letztlich wahr sein. [...] Tagein, tagaus ist
> es angenehmer, uns hinter der Wand der Komödie zu verstecken
> und den Vorhang für das Stück zu nehmen; aber für jeden Mann
> kommt die Zeit, wo er die Sache sehen will, wie sie ist, und was
> er dann sieht, ist tragisch. [...] Die Tragik macht das Spiel mit,
> ohne zu klagen und ohne über die Grenzen der Bühne hinaus-
> zudenken. [... Tragische Dichter] wissen instinktiv, [...] daß nur
> die Qual eines unausweichlichen Konflikts der Mühe wert ist.[48]

Ähnliche Dinge werden manchmal zur Verteidigung der Jagd und anderer blutiger Spiele vorgebracht. «Das Leben ist ein schrecklicher Wett-
kampf», schrieb Ortega y Gasset, «ein grandioser und grausamer Wettbewerb. Die sportliche Jagd taucht den Menschen bewußt in dieses gewaltige Geheimnis ein, und deshalb hat sie etwas von der religiösen Er-
regung und dem Ritus, in dem man das, was die Naturgesetze an Gött-
lichem, an Transzendentem enthalten, verehrt.»[49]

Alle diese Betrachtungen können dem, der nicht jagt, den Reiz des Jagens verständlicher machen. Aber wir müssen erkennen, daß Jäger andere, weniger begreifliche Motive haben, mit denen sich nicht so leicht
sympathisieren läßt. Die Kunst und Literatur der sportlichen Jagd bringt

zum großen Teil eine eigenartig widersprüchliche Gefühlshaltung zum
Ausdruck, die auf den Nichtjäger einen geistesgestörten Eindruck macht
– nicht bloß harmlos plemplem, sondern abartig und krank. Man nehme
zum Beispiel die folgende poetische Beschreibung der Hirschjagd von
William Thompson, einem der Begründer der sportlichen Jagd mit Pfeil
und Bogen in Amerika:

> Das wachsame Wesen leise auf klugen Umwegen sich nahen zu
> sehen; den erhobenen leichten Kopf scharf nach hinten zu dem
> Bösen gedreht zu sehen, von dem es in seinem Farnbett aufge-
> stört wurde; den starken Bogen in der Hand sich straffen zu
> fühlen, während die dünne, harte Sehne sich spannt; das Sprin-
> gen des losgelassenen Strangs, das Reißen des Bogens zu fühlen
> und den langen Streif des schnellenden Schaftes zu sehen und das
> fast Übelkeit erregende «Zack» des zustechenden Pfeiles zu
> hören. Kein Mensch kann wissen, wie sehr ich den Wald geliebt
> habe, die Bäche, die Pfade des Wildes, die Wege der Wesen mit
> ihren schlanken Gliedern, ihrer edlen Nase, ihren großen auf-
> merksamen Ohren, ihren sanften wachsamen Augen und ihren
> vagen und nur halb offenbarten Formen und Farben. Ich bin ihr
> Freund gewesen und ihr Todfeind. Ich habe sie so sehr geliebt,
> daß es mich verlangte, sie zu töten.[50]

Der letzte Satz würde in jedem anderen Kontext pathologisch wirken,
und man wird ihn wohl auch hier als pathologisch betrachten dürfen.
Doch das Gefühl, das Thompson beschreibt, die lyrische Liebe, die sich
als Wunsch zu töten äußert, ist bei ernsthaften Jägern häufig anzutreffen. Man denke an den nackt mit seiner Beute tanzenden James Dickey
oder an Valerius Geist, wie er die abgetrennten Köpfe seiner Opfer strei-
chelt. «Die Liebe», schrieb der deutsche Jäger Heinrich Laube 1841, «ist
das Leidenschaftsgeheimnis vom Menschen zum Menschen, und die
Jagd ist das Leidenschaftsgeheimnis vom Menschen zu alle dem, was
nicht Mensch ist.»[51] «Du siehst das Tier, und es wird ein Liebesobjekt»,
erzählte ein intellektueller Jäger John Mitchell. «Es liegt eine ungeheure
Erotik darin, [...] in dem Gefühl, etwas ganz tief zu wollen, in dem Eros.
Alles Suchen, alles Begehren geht letztlich auf ein und dasselbe aus.»[52]

Dieses Motiv taucht in der gesamten Jagdliteratur immer wieder auf: Viele Jäger lieben die Tiere, die sie töten, tief und aufrichtig, und sie geben diese Liebe als einen der Gründe an, weshalb sie sie töten wollen.

Es gibt keinen Grund anzunehmen, daß dieser mörderische Liebestaumel für alle Jäger typisch ist oder daß irgendein historischer oder adaptiver Zusammenhang mit den Raubtiergewohnheiten unserer vormenschlichen Ahnen besteht. Aber deutlich wird, daß die Jagd oft mit etwas Dunklem, Gewalttätigem und Irrationalem in der menschlichen Psyche verquickt ist, einerlei wo der Ursprung dieser Dunkelheit letzten Endes liegen mag.

Dafür sprechen auch die Schuldgefühle, die sich durch die ganze Kunst und Literatur der Jagd ziehen. Diese Gefühle sind deutlich in den Schriften von Montaigne und in der Propaganda gegen die Jagd, wie sie von ehemaligen Jägern wie Seton und Galsworthy getrieben wird.[53] Versteckter, aber dennoch unverkennbar ist die Schuld des Jägers in den Jagdlehrbüchern der Renaissancezeit und in den Werken tierliebender Jäger wie Oudry, Courbet, Landseer, Bonheur und Salten. Sie erreicht eine bizarre Intensität in den Büchern von T. H. White – der den Herbst des Jahres 1938 abwechselnd Gänse schoß und an dem Roman *Grief for the Grey Geese* über einen ehemaligen Jäger arbeitete, der die Wildgänse liebt und versucht, sie vor dem Abschuß zu bewahren.[54] Ein innerer Konflikt dieser Art ist gewöhnlich ein Zeichen, daß etwas Unrechtes geschieht.

Tatsächlich kann dieses Unrecht mit den Reiz des Jagens ausmachen. Manche Männer, wie William Thompson, scheinen das Gefühl, böse zu sein, zu genießen; und manche Jäger – solche etwa, die wilde Tiere ohne erkennbaren Grund umbringen und sie dann am Straßenrand liegenlassen – genießen ihren Sport vielleicht genau deswegen, weil er ihnen das Gefühl gibt, wild und verrucht und irre zu sein. Diese Art des Jagens ist dionysisch. Sie ist das moderne Gegenstück zum *diasparagmos*, oder das ländliche Gegenstück zum New Yorker Irrsinn, wo Leute nachts durch den Central Park rennen und wahllos vergewaltigen und morden.

Jäger bringen manchmal die gleiche Entschuldigung für die Jagd vor, die man auch von vielen Vergewaltigern zu hören bekommt: Sie behaupten, keine Schuld zu haben, weil das Opfer es selber so gewollt habe.⁵⁵ Ortega y Gasset berichtet den Fall einer spanischen Gruppe von Jägern, denen auf der Fahrt in ein Revier zwei Wölfe über die Straße laufen; sie bremsen schleudernd, und dann bricht im Wagen ein heilloser Tumult aus, weil jeder seiner Waffe habhaft zu werden versucht. Schuld an der ganzen Aufregung der Jäger sind nach Ortega die *Wölfe*:

> Es handelt sich um eine Reflexbewegung, nicht um eine Überlegung, nicht einmal um eine momentane. Nicht der Mensch erfindet es, diesen Wölfen die Rolle einer möglichen Beute zuzuteilen. Es ist das Tier, in diesem Fall die Wölfe, die fordern, daß man sie so betrachtet, so daß nicht mit Beuteabsicht zu reagieren, unnatürlich wäre. [...] das Jagen ist [...] eine Beziehung, die gewisse Tiere dem Menschen auferlegen, und zwar geht das so weit, daß unser Wille und unsere Überlegung mitwirken müssen, um nicht zu versuchen, sie zu jagen. [...] Bevor jemand Bestimmtes sie verfolgt, fühlen sie sich schon als mögliche Beute und gestalten ihr ganzes Dasein im Sinne dieser Situation. So verwandeln sie jeden normalen Menschen, auf den sie stoßen, automatisch in einen Jäger. *Die einzige passende Antwort für ein Wesen, das ganz in der Besessenheit lebt, ein Erlegtwerden zu vermeiden, ist der Versuch, sich seiner zu bemächtigen.*⁵⁶

Entsprechend ist vermutlich die einzige passende Antwort auf eine Frau, die davon besessen ist, ein Vergewaltigtwerden zu vermeiden, sie zu vergewaltigen – jedenfalls wenn man ein «normaler» Mann ist.

Einige der Gefühle, die viele Jäger zum Ausdruck bringen – die mörderische Liebe und die übrigen widerspruchsvollen Emotionen, das Hemingwaysche Beweisenmüssen der sexuellen Identität, der Genuß am köstlich-bösen Tun, die falsche und verächtliche Zuneigung zu dem Opfer, die Weigerung, das Opfer als ein Individuum zu begreifen –, sind auch unter Vergewaltigern weit verbreitet.⁵⁷ Die gleiche Psychologie spricht aus der pornographischen Anmache der billigen Jägerblättchen mit ihren Schnappschußgalerien grinsender Schützen, die die Köpfe großer, schöner Hirschleichen hochhalten. Sie klingt in Geschichten an, die viele Hirschjäger davon erzählen, wie majestätische Böcke durch ihre fatale Schwäche für das verführerische Weibchen in den Tod gelockt werden.[58] Dies alles bestätigt die These einiger feministischer Autorinnen, daß die sportliche Jagd mitunter ein symbolischer Angriff auf Frauen ist.[59] Das gesellschaftliche Krankheitssymptom, das mit dem Jagen zusammengehört, ist in Wirklichkeit vielleicht gar nicht der Krieg, wie es die Jagdhypothese behauptet, sondern die Vergewaltigung.

Zum Schluß müssen wir uns fragen, ob das Jagen unrecht ist. Auf diese Frage gibt es vielleicht keine eindeutige Antwort. Aber wir können immerhin entscheiden, ob die Antwort, die wir geben, mit anderen Dingen, die wir glauben, im Prinzip vereinbar ist.

Es besteht heute Einigkeit darüber, jedenfalls im industrialisierten Westen, daß das Leiden empfindender Tiere an sich etwas Unerwünschtes ist; daß andere Wesen gleiche Rechte haben und somit das vorsätzliche Leidbereiten etwas ist, das *gerechtfertigt* werden muß durch den Nachweis, daß es einem höheren oder dringlicheren Ziel dient. Wenn wir Gesetze gegen Grausamkeit an Tieren überhaupt akzeptieren, müssen wir diese Bestimmung ebenfalls akzeptieren. Und in dem Fall ist schwer einzusehen, wie wir die sportliche Jagd rechtfertigen können, da sie um des bloßen Vergnügens willen bitteres Leid bereitet. Wenn das Töten von Tieren als Publikumssport unrecht ist, dann sollte es als Teilnehmersport genauso unrecht sein.

Jäger tun dieses Problem im allgemeinen als belanglos ab. Alles stirbt schließlich früher oder später einmal. Irgendwer oder -was muß diese Tiere eines Tages töten, sagen sie, warum also nicht wir.[60] Der Haken an diesem Argument ist, daß es eine genauso gute (oder schlechte) Begründung für den sportlichen Mord an Menschen abgibt. Ein Jagdschriftsteller vertritt die Auffassung, daß sich erwachsene Menschen mit so etwas wie dem Leiden des Wildes nicht das Gemüt beschweren dürften: «Erwachsen geworden, müssen wir gelernt haben, daß man niemals innehalten und nachdenken darf, sonst bricht es einem das Herz.»[61] Aber das stellt die Dinge auf den Kopf. Kinder, nicht Erwachsene sind es, die sich nicht um die Folgen ihres Verhaltens kümmern. Zum Erwachsenwerden gehört, daß wir die Konsequenzen unserer Handlungen erkennen und Verantwortung dafür übernehmen lernen; und eine Konsequenz des Jagens ist das Schmerz- und Todbereiten ohne wirklich dringlichen Grund.

Wahrscheinlich nehmen es die meisten Kritiker der Jagd aus unterschiedlichen eigennützigen Interessen billigend in Kauf, daß Tiere auf andere Arten getötet werden. Philosophische Weidmänner bezichtigen solche Kritiker oft der Scheinheiligkeit. Wenn das Jagen verwerflich ist, weil es um des Vergnügens willen Schmerz und Tod bereitet, so argumentieren diese Jagdfreunde, dann sollte das Töten von Tieren zu ästhetischen Zwecken genauso verwerflich sein – und im Zeitalter von Sojaprotein und Kunststoffen sind das Verzehren von Steaks und das Tragen von Lederkleidung genauso ausschließlich eine Sache der Ästhetik wie Trophäenjagd und Stierkampf.[62] Doch selbst wenn wir die Berechtigung dieses Arguments zugestehen, könnte der Jagdgegner immer noch zu Recht erwidern, daß die Früchte des Tötens zu genießen etwas anderes ist, als Spaß am Töten selber zu haben. Selbst der leidenschaftlichste Hühnchenesser könnte auf den Gedanken kommen, daß es bei einem Mann nicht ganz stimmt, der zum Zeitvertreib Hühnern den Hals umdreht.

Als letzte Instanz kann der Jäger sich immer noch auf Nietzsche berufen und behaupten, daß wir das Leben nicht bejahen können, wenn wir nicht das Töten und das damit einhergehende Leiden bejahen. Die meisten denkenden Jäger heutzutage würden wahrscheinlich Nietzsche beipflichten, daß «das Leben *essentiell*, nämlich in seinen Grundfunktionen verletzend, vergewaltigend, ausbeutend, vernichtend fungirt und gar nicht gedacht werden kann ohne diesen Charakter».[63] Obwohl vermutlich nicht viele Nietzsches Folgesatz «*An sich* von Recht und Unrecht reden entbehrt alles Sinns» aus ganzem Herzen zustimmen würden, sind mildere Behauptungen im gleichen Sinne in der Jagdliteratur gang und gäbe:

> Eine Lebensform kann kaum auf andere Weise existieren als auf Kosten einer anderen. [...] Wer aus der Jagd eine moralische Frage machen will, [versteht nicht, daß die Jagd ...] absolut außerhalb der akzeptierten, formellen Moral steht, ganz so, wie jene andere fundamentale menschliche Tätigkeit, Sex, [...] an sich im Kern weder gut noch böse ist; sie *ist* einfach.[64]

Dies läuft auf die Auffassung hinaus, daß, wenn es ums Jagen geht, Fragen der Moral vom Tisch gewischt werden können, weil die Jagd natürlich und real ist, die Moral dagegen künstlich und willkürlich. Beide Urteile dürften falsch sein.

Es gibt keinen Grund zu der Annahme, daß die Jagd natürlich ist, sprich, einem menschlichen Instinkt entspringt. (Wahrscheinlich haben die meisten Menschen, die je gelebt haben, niemals gejagt.) Unsere Tendenz, sie in einem lockereren Sinne für «natürlich» zu halten, ein urwüchsiges Streifen durch Wald und Feld fern von allen gesellschaftlichen Zwängen, ist ein romantischer Irrglaube, der alte Wurzeln in den Mythen um Dionysos und Robin Hood hat und jüngere in den Hirngespinsten des 18. Jahrhunderts von edlen Wilden. Vor der Zeit der Romantik galt die Jagd nicht als etwas Urwüchsiges oder Zügelloses. Die meiste Zeit der europäischen Geschichte über, vom alten Griechenland bis zu den Kolonialreichen des frühen 20. Jahrhunderts, war die Jagd eine hochförmliche Angelegenheit primär der militärischen Aristokratie und hatten ihre maßgebenden Mythen und Symbole vorrangig Vernunft, Herrschaft und Kontrolle zum Inhalt.

Im heutigen Amerika ist die Jagd kein Symbol eines hohen sozialen Status mehr und beschreiben Jagdautoren ihren Sport eher als eine Rückkehr zur Natur denn als eine Strafexpedition gegen die Wildnis. Viele von ihnen führen zur Unterstützung dieser Anschauung die Jagdhypothese an. Die Jagd, so versichern sie ihren Lesern, ist *die* urmenschliche Betätigung. Sie führt uns zurück an den Rand der Natur, wo alles Menschliche seinen Anfang nahm, wo «die Dramatik des Tötens, der Geruch der Beute und das Gefühl von warmem Blut uns dazu verhelfen, uns wieder zur Natur gehörig zu empfinden». Der schnellste Weg, sich von derartigen primitivistischen Phantasien zu kurieren, ist vielleicht, die ganzen umständlichen Zeremonialgebräuche zu studieren, die sich in einem Jagdlehrbuch der Renaissancezeit um das Töten und Zerlegen des Wildes ranken. Das Jagen im modernen Amerika ist deshalb eine relativ grobe und formlose Angelegenheit, weil wir es so gewollt haben. Dieses Wollen ist selber wieder eine Sache gesellschaftlicher Konventionen.

Die Jagd ist somit keine sinnvoll als «natürlich» zu bezeichnende Tätigkeit, und moralische Kriterien gelten für die Jagd ganz genauso wie für jedes andere menschliche Tun. Es ist ein Fehler, solche Kriterien als künstlich und willkürlich abzutun. Auch wenn moralische Werte künstlich sind, sind sie doch nicht willkürlich. Wie die Geldwerte, die wir den Waren beilegen, sind auch moralische Werte an Naturtatsachen gebunden und daran, welchen Preis die Menschen dafür zu zahlen bereit sind.

Mehrere bedeutsame Naturtatsachen entscheiden mit über die Sittlichkeit der Jagd. Es ist eine Naturtatsache, daß Menschen Tiere sind. Die Wissenschaft hat uns gelehrt, uns als Abkömmlinge und Vettern wilder Tiere zu begreifen und zuzugeben, daß die meisten unserer Fähigkeiten oder sogar alle zu einem gewissen Grade auch an unseren engen tierischen Verwandten zu beobachten sind. Als Materialisten und Darwinisten sind die Wissenschaftler gezwungen anzuerkennen, daß diese Verwandten im Endeffekt verformte Menschen sind und sich von uns nur durch bestimmte Umgruppierungen der Gene unterscheiden, die bewirken, daß sie in unseren Augen komisch aussehen und dumm sind.

Da es (wie Bentham bemerkte) nichts gibt, was alle Menschen von allen anderen Tieren unterscheidet, haben wir keinerlei Rechtfertigung dafür, das menschliche Leben an sich über alle anderen Lebensformen zu stellen. Wir können unseren Glauben an den fraglosen Wert menschlichen Lebens nicht aufrechterhalten, wenn wir nicht am tierischen Leben selbst etwas entdecken, das wir wertschätzen und bereit sind, bei unseren Entscheidungen gegen andere, dazu im Widerspruch stehende Güter und Werte in die Waagschale zu werfen. Wir haben uns bisher davor gedrückt, weil ein solcher Schritt einen hohen Preis verlangen würde. Er würde bedeuten, daß wir die moralische Grenze aufgeben, die wir zwischen Menschen und anderen Tieren ziehen, den Trennungsstrich zwischen verantwortlich Handelnden mit Rechten und Pflichten und mehr oder weniger gleichgültigen Stücken, die zu Seife und Lampenschirmen verarbeitet werden können. Und das Aufgeben dieser Grenze und die Ausweitung des sittlichen Gemeinwesens auf nichtmenschliche Wesen würde bedeuten, daß wir auch von der entsprechenden Grenze Abschied nehmen, die wir zwischen der menschlichen Sphäre und dem wilden Naturreich errichtet haben.

Die Abtragung der Tier-Mensch-Grenze rüttelt an den sittlichen Grundfesten der Jagd, so wie an denen jeder anderen Tätigkeit, die von einem qualitativen sittlichen Unterschied zwischen Menschen und Tieren ausgeht. Aber alles, was die Grenze zwischen Mensch und Natur aufzuheben verspricht, stellt für die Jagd eine noch grundsätzlichere Bedrohung dar, da es ihre gedanklichen Fundamente untergräbt. In der ganzen abendländischen Geschichte ist die Jagd als Konfrontation zwischen der Menschenwelt und dem Wilden definiert worden. Wenn wir die Unterscheidung zwischen diesen beiden Welten aufgeben, lassen wir damit zugleich die Gesamtheit symbolischer Sinnzuschreibungen fahren, die die Jägerei in der Geschichte des abendländischen Denkens von der bloßen Schlächterei unterschieden und ihr eine besondere Bedeutung verliehen haben. Wenn der Rand der Natur eine Illusion ist, dann ist die Jagd nichts weiter als ein Töten von Tieren und sind wir gezwungen, sie in dem gleichen grellen Licht zu sehen, in dem sie Thomas Morus' Utopiern erschien.

Auch wenn der Grenze zwischen der menschlichen Ordnung und der natürlichen Ordnung die Geltung aberkannt wird, werden die Menschen ohne Zweifel aus den verschiedensten Gründen fortfahren, ihnen freundliche wie unfreundliche Tiere zu töten. Aber was für Tiere sie dann auch töten und auf welche Weise sie es tun mögen, sie werden aufgehört haben zu jagen.

Manchmal, wie man in Amboise
Im Hochrelief sehen kann, im Türsturz der Burgkapelle
In den Stein gehauen, ging den Jägern eine Hatz
Seltsam fromm zu Ende, die Knie gebeugt
Statt den Bogen gespannt, sehen sie süß
Benommen aus dem Stirnbein

Des gehetzten Hirschs ein Kreuz
Ragen, und die Augen gnadenklar. Ganz still sind auch
Die rastlosen Hunde, die Pfoten am Boden
In einem weißen Fleck Flechten. Moosbetten
Liegen, und die Lichtung umkränzt
Das liebe Lassen des Willens.

Jetzt aber höher den Turm hinauf
Schauend, sieh zwischen Spitzen und Graten des hochgebauten
Gottwärts entfliehenden Steins, seinen pfeilschnellen
Schuß ins zerfransende Ziel umringend, einen Kreis
Echter Geweihe von toten Hirschen.
Die Jagd geht weiter.

Richard Wilbur

Anhang

Anmerkungen

Die Anmerkungen wurden für die deutsche Ausgabe bearbeitet.
Bei der Verwendung älterer deutscher Übersetzungen wurde die
Rechtschreibung leicht modernisiert. Die Bibelzitate folgen der
Luther-Übersetzung (AT rev. 1964, NT rev. 1956).

I Der Mörderaffe

Motto: S. A. Barnett, 1980.
1. R. A. Dart und D. Craig, 1959, S. 30f.; A. Paton, 1964, S. 80–82, 94.
2. A. Paton, 1964, S. 96ff.
3. P. V. Tobias, 1984, S. 9.
4. R. A. Dart und D. Craig, 1959, S. 32.
5. R. A. Dart und D. Craig, 1959, S. 7.
6. P. V. Tobias, 1984, S. 33.
7. R. A. Dart, 1926.
8. R. A. Dart, 1925a.
9. R. A. Dart, 1926.
10. R. A. Dart, 1940.
11. Dart (1940) zitiert diesen letzten Satz zustimmend aus W. K. Gregory und M. Hellman, 1939.
12. R. A. Dart, 1940, 1948, 1949.
13. R. A. Dart, 1957a; 1957b, S. 30.
14. R. A. Dart und D. Craig, 1959, S. 195.
15. B. G. Campbell, 1972.
16. K. P. Oakley, 1951.
17. G. A. Bartholomew und J. B. Birdsell, 1953.
18. W. Etkin, 1954.
19. W. La Barre, 1954, S. 107.
20. S. L. Washburn, 1960, S. 73f.
21. C. F. Hockett und R. Ascher, 1964.
22. S. L. Washburn, 1960, S. 74.
23. S. L. Washburn und C. S. Lancaster, 1968.

24.   W. S. Laughlin, 1968.
25.   R. A. Dart, 1949, 1953, 1955, 1957a, 1957b; R. A. Dart und D. Craig, 1959; K. P. Oakley, 1951, 1954, 1959, 1961; G. A. Bartholomew und J. B. Birdsell, 1953; W. Etkin 1954; W. La Barre, 1954, S. 347f.; 1964; S. L. Washburn und V. Avis, 1969; S. L. Washburn, 1960; S. L. Washburn und I. DeVore, 1961; S. L. Washburn und C. S. Lancaster, 1968; A. Brues, 1960; J. T. Robinson, 1961, 1962, 1963; F. B. Livingstone, 1962; F. C. Howell, 1963, 1964, 1967; I. DeVore, 1964; G. Clark und S. Piggott, 1965, S. 40; W. E. Le Gros Clark, 1967, S. 116–124; D. Morris, 1967, 1978; W. S. Laughlin, 1968; R. L. Holloway, 1968; M. R. A. Chance und C. J. Jolly, 1970, S. 207; D. L. Wolberg, 1970; L. Tiger und R. Fox, 1971, S. 100, 121ff.; J. E. Pfeiffer, 1969, S. 105–149; 1971; G. B. Schaller, 1972a; 1972b, S. 379, 386f.; D. Pilbeam, 1972, S. 4, 84, 190; D. Cohen, 1975, S. 35ff.; R. E. F. Leakey und R. Lewin, 1977, Kap. 7.
26.   R. Ardrey, 1977, S. 18f.
27.   R. A. Dart, 1955, S. 325.
28.   R. A. Dart, 1953.
29.   R. A. Dart und D. Craig, 1959, S. 201f..
30.   S. L. Washburn und V. Avis, 1969, S. 146f.
31.   S. L. Washburn und C. S. Lancaster, 1968. Vgl. S. L. Washburn und R. S. O. Harding, 1975, S. 10.
32.   K. Lorenz, 1963, S. 322–325.
33.   S. L. Washburn und C. S. Lancaster, 1968.
34.   R. Ardrey, 1967, S. 9.
35.   Ebd., S. 308.
36.   Ebd., S. 316.
37.   Beispielsweise E. Leach, 1966; R. L. Holloway, 1967; C. L. Brace, 1971, 1978; A. Walker, 1976.
38.   Beispielsweise in C. Coon, 1962, S. 76–80, 237–239, 287–289; T. Dobzhansky, 1962, S. 198f.; B. G. Campbell, 1966, S. 200–204; R. J. Harrison und W. Montagna, 1969, S. 364; D. Pilbeam, 1972, S. 84; J. Buettner-Janusch, 1973, S. 324f.; F. E. Poirier, 1973, S. 104–111; J. B. Birdsell, 1975, S. 270–273.
39.   C. L. Brace und J. Metress (Hrsg.), 1973, S. 57.
40.   Der südafrikanische Anthropologe Phillip Tobias, ein jüngerer Kollege Darts und sein Biograph und langjähriger Freund, soll für diesen Teil von Kubricks Film fachlicher Berater gewesen sein (J. Reader, 1988, S. 127).

II Ein schwerer Geruch nach Fleisch und Niedertracht

Motto: Michael Flanders und Donald Swann: «The Reluctant Cannibal», *At the Drop of a Hat*, Angel LP 35797, 1968.
1.   Einige Anthropologen, darunter R. Linton (1956, S. 76), C. J. Jolly (1970) und F. C. Howell (1973, S. 59. 69), setzten ein gewisses Vertrauen in Darts «osteodontokeratische» (Knochen-Zahn-Horn) Geräte, aber die meisten Autoritäten, u. a. der entschieden für Dart eintretende Robert Broom (1949), blieben unbeirrt skeptisch (D. L. Wolberg, 1970).
2.   C. K. Brain, 1970; 1981, S. 15–17, 54, 64, 72, 85, 141.
3.   R. A. Dart und D. Craig, 1959, S. 113; R. Ardrey, 1967, S. 291f.; C. K. Brain, 1970; 1981, S. 266–270.

4.   C. K. Brain, 1981, S. 136, 210f.; 260f.; A. Walker, 1976, S. 81.

5.   I. Tattersall, 1970, S. 48; D. Pilbeam, 1972, S. 144; F. C. Howell, 1973, S. 74f.; J. D. Speth und D. D. Davis, 1976.

6.   P. V. Tobias, 1965; J. A. Wallace, 1975; A. Walker und R. E. F. Leakey, 1978; G. Ll. Isaac, 1976, 1978. Die äthiopischen Fundschichten, die die ältesten bekannten Stein- und Knochengeräte führen, haben bis jetzt keine Homo-Reste erbracht (J. Chavaillon, 1976; D. C. Johanson und M. A. Edey, 1981, S. 231).

7.   E. S. Vrba, 1976.

8.   C. K. Brain, 1981, S. 213–218; P. Shipman, 1986.

9.   C. O. Lovejoy, 1981. Vgl. M. H. und D. V. Nitecki (Hrsg.), 1987.

10.   G. Teleki, 1973, 1981; N. M. Tanner, 1981, S. 81; J. Goodall, 1986, S. 267–312; C. und H. Boesch, 1989.

11.   R. B. Lee, 1968.

12.   K. E. Boulding, 1974, S. 119.

13.   M. F. A. Montagu 1974b, S. 29. Vgl. M. F. A. Montagu, 1978, S. 100.

14.   N. Eldredge und I. Tattersall, 1982, S. 23, 92.

15.   P. J. Bowler, 1986, S. 248.

16.   N. M. Tanner und A. L. Zihlman, 1976. Vgl. S. Linton, 1971; N. M. Tanner, 1981, Kap. 1; D. J. Haraway, 1988, S. 232–234.

17.   T. Perper und C. Schrire, 1977.

18.   G. Boas, 1933; A. O. Lovejoy und G. Boas, 1935, Kap. 13.

19.   K. E. Bock, 1980, S. 34.

20.   R. Ardrey, 1967, Kap. 1 und 6; 1977, S. 13ff.

21.   R. Jeffers, 1948, S. 145f. («Original Sin»). W. H. Nolte (1978, S. 14) sieht in diesem Stück eine «Misanthropie [...] derart reinsten Wassers, daß ihr sogar die Achtung versagt bleibt, die der Abscheu seinem Gegenstand erweist».

22.   R. Jeffers, 1948, S. 136.

23.   W. Golding, 1956, S. 200f., 245.

24.   W. Golding, 1966, S. 86.

25.   W. Golding, 1983, S. 50f. [Übers. leicht verändert].

26.   Ebd., S. 170–176.

27.   W. Everson, 1977.

28.   R. Jeffers, 1948, S. 144.

29.   W. Golding, 1966, S. 85.

30.   R. A. Dart, 1953, S. 207. Vgl. R. A. Dart und D. Craig, 1959, S. 202.

31.   Ardrey selbst entschied später, daß das, was er und Dart in den späten fünfziger Jahren geschrieben hatten, von einer «Waffenfixierung» verzerrt gewesen sei. «Es waren die Jahre des kalten Krieges», schrieb er, «die von der Angst vor der Atombombe beherrscht wurden. Wie Dart beschäftigten auch mich die möglichen Schlußfolgerungen der Jagdhypothese in bezug auf unsere alte Abhängigkeit von Waffen» (1977, S. 20f.).

32.   J. Burnett, 1784, S. 242f. [Der Text in der eckigen Klammer fehlt in der zitierten Übersetzung.]

33.   Ebd., S. 243, 260 Anm.

34.   Ebd., S. 260f. Anm.; Monboddo distanziert sich von diesem Ausbruch, indem er ihn Momus, dem griechischen Gott des Tadels, in den Mund legt.

35.   Platon, *Die Gesetze* 823–824 (1974, S. 316–318); Xenophon, *Kynegetikos* 12 (1930, S. 82ff.); T. Roosevelt, 1893, S. 448–464.

36.   Diese These stimmt mit der ganzen religiösen Sprache überein – «afrikanische Genesis», «Kainszeichen», «aus Eden Verstoßene», «verlorenes Paradies», «Erbsünde» –, die Dart, Ardrey, Jeffers und Golding bei der Behandlung unserer räuberischen Vorfahren gebrauchen. Doch die Sprache des biblischen Schöpfungsberichtes ist unter Paläoanthropologen gang und gäbe, von denen die meisten in irgendeiner Form erkennen, daß ihre Geschichten vom Ursprung des Menschen in Konkurrenz zur biblischen Mythologie stehen.

III Jungfräuliche Jägerinnen und «rohverschlingende Mähler»

Motto: Euripides, *Hippolytos* 215–224 (1979, 1. Band, S. 104).

1.   Im Jahre 1982 gaben 13 Millionen amerikanische Hirschjäger schätzungsweise 2,5 Milliarden Dollar aus, um 2 Millionen Weißwedelhirsche zu töten, von denen einer im Durchschnitt sechzig Pfund Fleisch gibt, so daß sich die durchschnittlichen Ausgaben auf 20,93 Dollar pro Pfund beliefen (J. G. Mitchell, 1982). Ähnliche Schätzungen der Kosten von Wildbret gibt es auch für einzelne Gegenden: 19,98 Dollar pro Pfund für die untere Halbinsel von Michigan (J. G. Mitchell, 1980, S. 8) und 16,67 Dollar pro Pfund für Montana. Diese Zahlen erfassen nur die tatsächlichen Ausgaben, die Kosten der Arbeitszeit sind nicht eingerechnet. In einem Versuch, in dem in einem eingezäunten Gehege unter idealen Jagdbedingungen (schönes Mittwinterwetter mit dünner, spurenfreundlicher Schneedecke auf dem Boden) eine Pirschjagd auf neun Weißwedelhirsche veranstaltet wurde, fand die Forstbehörde von Michigan heraus, daß ein Team von sechs erfahrenen Jägern 51 Stunden, verteilt über vier Tage, benötigte (insgesamt 306 Arbeitsstunden), um einen Hirsch zu erlegen (E. Bauer, 1983, S. 25). Diese Zahlen machen deutlich, daß die durchschnittlichen Gesamtkosten für ein Pfund Wildbret Anfang der achtziger Jahre bei ungefähr 20 Dollar in bar und wenigstens fünf Arbeitsstunden lagen.

2.   A. D. Haight, 1939, S. 207f.

3.   Das englische Verb «to hunt» (jagen) bedeutet auch «suchen, streben (nach)». Dies scheint eine metaphorische Erweiterung seiner ursprünglichen Bedeutung, «wilde Tiere verfolgen und töten», zu sein (*Oxford English Dictionary*). Ähnliche Erweiterungen sind auch in anderen Sprachen gebräuchlich: siehe Platons Dialoge *Der Sophist* 219d–223b (1965, S. 131–137) und *Die Gesetze* 823–824 (1974, S. 316–318).

4.   Der Jagdschriftsteller J. B. Whisker (1981, S. 5–8), der auch der Meinung ist, «zur Jagd gehört, daß das verfolgte Tier wild ist», stellt das Ganze fälschlich als eine Frage des Adels und nicht der Zahmheit des Tieres dar. «Eine Kuh zu schlachten, macht einem kein Vergnügen», schreibt Whisker, «weil die Kuh unmöglich ein würdiger Gegner sein kann.» Aber aus Whiskers Beispielen wird deutlich, daß ein würdiger Gegner sich für ihn dadurch definiert, daß er vor Menschen davonläuft. Dodos, Riesenschildkröten und Kühe sind keine «würdigen Ziele der Jagd», weil sie leicht ohne Verfolgung getötet werden können.
      Es gab Fälle, in denen auch wilde Kühe gejagt wurden; im 19. Jahrhundert waren sie bei den Jägern in Georgia eine beliebte Beute (C. Hallock, 1860; C. Gohdes [Hrsg.], 1967, S. 78f.). Umgekehrt sind die Bisons im Yellowstone-Nationalpark nicht mehr wild genug, um richtig als edles Wild gelten zu können. Im Jahre 1985

gab die Regierung des Staates Montana alle Bisons, die sich aus dem Yellowstone-Gebiet verirrten, für einheimische Jäger zum Abschuß frei. Mit jedem Jäger, der für 200 Dollar eine Abschußgenehmigung erwarb, gingen Jagdaufseher mit, die die Tiere in Abschußzonen trieben und zum bequemen Zielnehmen vorführten (G. E. Sabbag, 1986). Der Großteil der nördlichen Herde des Parks wurde 1989 auf diese Weise niedergemetzelt, als die Tiere auf der Suche nach Futter den abgebrannten Park verließen. Diese «Ernte» wurde in Leitartikeln der Presse weithin als eine Travestie der Jagd angeprangert: «ekelhafte Parodie des Weidwerks», hieß es; «leistet einem abartigen Blutdurst Vorschub» (*Raleigh* [N. C.] *News and Observer*, 23. Februar 1989, S. 10A). Selbst in Zeitungsmeldungen wurden die Büffelschützen als «Jäger» in Anführungszeichen beschrieben. «Ich zögere, sie Jäger zu nennen», sagte W. P. Mott, der jagdfreundliche Leiter der Parkverwaltung (*Chicago Tribune*, 28. Februar 1989, S. 12). Aber die wesentliche Kritik an diesem ungleichen Duell zielte nicht auf das Verhalten der «Büffeljäger», sondern auf die Zahmheit der Parkbisons, die nie gelernt hatten, Menschen zu fürchten und zu meiden. Der Verkauf von Abschußgenehmigungen wurde 1991 vom Staat eingestellt.

5. Überschüssige Zootiere werden manchmal als Zielscheiben in sogenannten «Konservenjagden» gekauft, doch das wird allgemein nicht als richtiges Jagen angesehen. «Echte Jäger», erklärte unlängst ein Artikel in *Time*, «sollten mit Freuden daran mitwirken, daß [diesem] abartigen Blutdurst ein Ende gesetzt wird» (10. Juni 1991, S. 61).

6. Dies könnte erklären, weshalb die Vogelstellerei in mittelalterlichen Büchern über die Jagd nicht erwähnt wird. Der Vogelfang mit abgerichteten Jagdfalken gehörte zur Falknerei (die ihre eigene ganz spezielle Sprache und Literatur hatte), und andere Arten der Voglerei zählten solange nicht als Jagen, wie nicht die Netze und Leimruten durch die gewalttätigeren Vogelflinten ersetzt waren.

7. S. Lonsdale, 1981, S. 59. Vgl. M. Detienne (1979, S. 24): «Als grundsätzlich männliche Betätigung, in der eine Konfrontation mit wilden Tieren gleichzeitig mit der Beschaffung von Fleisch zum Vergießen von Blut führt, unterscheidet sich die Jagd vom Landbau, hängt aber eng mit dem Krieg zusammen.»

8. *Ilias* 5,133ff., 8,338ff., 10,360ff., 12,41ff., 13,102.198.470ff.

9. Die Hirschjagd in der *Odyssee* beginnt mit dem Wutausbruch des Menelaos im 4. Gesang (4,333–340 [Homer, 1981, S. 57]):

> Weh und gewiß! So wollen ins Bett des furchtlosen Mannes
> Sich die andern jetzt betten, die selber feig sind und kraftlos,
> So wie im Waldversteck des mächtigen Löwen die Hirschkuh
> Ihre neugeborenen, säugenden Hirschkälber bettet,
> Dann in des Waldes Schluchten und grasigen Talhängen weidet,
> Während der Löwe wieder in sein Lager zurückkehrt
> Und ihren beiden Jungen den Jammer des Todes bereitet.
> So wird Odysseus jenen ein schmähliches Ende bereiten.

Diese Verse werden im 17. Gesang (124–131) kurz vor der Heimkehr des Odysseus von Telemachos wörtlich wiederholt. Das Gedicht gipfelt in einer Flut von Bildern aus dem Jagdleben. Der verkleidete Odysseus wird zuerst von seinem alten Jagdhund wiedererkannt; dann erkennt ihn seine einstige Amme an einer alten Jagdnarbe. Seine Frau fordert jeden Freier, der ihre Hand erringen will, auf, den mächtigen Jagdbogen ihres verschollenen Gatten zu spannen. Allein Odysseus vermag es; und als er den Bogen gespannt hat, fängt er an, die Freier und ihre Gehilfen zu erschießen. Die seinen Jagdpfeilen entkommen können, werden mit Speer, Schwert oder Schlinge umgebracht, und ihr Tod wird mit weiteren Raubtiermetaphern beschrieben (*Odyssee* 22,302ff., 383ff., 399ff., 468ff.).

10.   Xenophon: *Kynegetikos* 12 (1930, S. 82ff.).

11.   Aristoteles: *Politik* 1256b (1971, S. 77f.).

12.   Cicero: *Vom Wesen der Götter* 2,161 (1990, S. 335); Julius Pollux: *Onomastikon* 5 (D. B. Hull, 1964, S. 144); Vegetius: *De re militari* 1,7 (1986, S. 35f.). Vgl. K. V. Thomas, 1983, S. 183. Ähnliche Analogien kommen auch in der Sanskritliteratur vor (M. Chand, 1982, S. 31).

13.   E. B. White, 1944, S. 263. Umgekehrt kann ein Nachlassen der Jagdbegeisterung als Vorzeichen des militärischen Niedergangs beklagt werden (A. J. Butler, 1930, S. 27).

14.   Xenophon: *Kynegetikos* 5,14 (1930, S. 47).

15.   Platon: *Die Gesetze* 824 (1974, S. 317). Vgl. Vegetius: *De re militari* 1,7 und Seneca: *De providentia* 2: «Uns bereitet es manchmal Vergnügen, wenn ein Mann von unerschütterlichem Mut ein wildes Tier, das ihn anfiel, mit dem Spieß abfing, wenn er dem Angriff eines Löwen standhielt, und solch ein Schauspiel ist desto angenehmer, je edler der war, der es bot» (1992, Band I, S. 13).

16.   «In diesen Mythen», bemerkt Joseph Fontenrose (1981, S. 254), «hat das Jagen wenig oder gar nichts mit Nahrungsbeschaffung zu tun. Uns wird nichts über das Verzehren der gejagten Tiere berichtet. [...] Die einzigen Tiere, die in den Mythenkomplex aufgenommen werden, sind solche, die den Jäger töten, und solche, in die er verwandelt wird.»

17.   Xenophon: *Kynegetikos* 1,1 und 6,13 (1930, S. 25, 59).

18.   Einige wenige mythische und sprachliche Relikte deuten darauf hin, daß Apollon in der vorgeschichtlichen griechischen Religion «der Jägergott des wilden Waldes» gewesen sein könnte (L. R. Farnell, 1914, S. 399). Er wurde als Bogenschütze gepriesen und manchmal als Erfinder der Jagd genannt. Sein geheimnisvoller Titel Lykeios, der wahrscheinlich mit *lykos* zusammenhängt, dem griechischen Wort für «Wolf», deutet eine uralte Nähe zur Wildheit in ihren chaotischen und bedrohlichen Aspekten an. Das Adjektiv *lykeia* wurde auch der Artemis beigelegt (Pausanias 2,31,4 [1967, S. 137]). Der ähnlich lautende Titel Lykaios, den Zeus im ländlich abgelegenen Arkadien trug, wurde im Zusammenhang mit der rituellen Lykanthropie gesehen, bei der ein Teilnehmer etwas von den Eingeweiden eines Menschenopfers aß und angeblich zum Wolf wurde. (Platon: *Der Staat* 565d [1973, S. 432]; Pausanias 6,8,2; 8,2,3–6; 8,38,7 [1967, S. 310; 1986–1989, S. 9f., 87]; Apollodorus: *Über die Götter* (1921, Band 1, S. 390–393). Robert von Ranke-Graves (1960, 38,1, Band I, S. 125) mutmaßte, diese Werwolf-Zeremonie der arkadischen Hirten sollte «die Herden vor dem Überfall durch Wölfe bewahren: Man warf ihnen einen König vor.» Wenn Apollon ursprünglich ein Hirtengott war, dann könnte ein solches Wolfsritual dem Beinamen Lykeios zugrunde liegen. Vgl. Euripides: *Alkestis* 570ff. (1979, 1. Band, S. 23f.), wo Apollon als Schafhirt dargestellt wird, der mit seiner Musik wilde Tiere bezähmt und lenkt.

19.   Wie Apollon war auch Artemis eine Schützin, deren Pfeile den Sterblichen plötzlich und unerklärlich den Tod brachten (zum Beispiel in *Odyssee* 11,172; vgl. *Ilias* 1,46–52). Wie Apollon mit der Sonne identifiziert wurde, so Artemis mit dem Mond. Sie und Apollon wurde beide als Schützer der Straßen angerufen (Kalli-

machos, «Hymne auf Artemis»). Der Dichter Kallimachos schildert, wie Artemis als kleines Mädchen auf den Knien ihres Vaters Zeus sitzt und ihn bittet, ihr die gleichen Dinge zu geben wie ihrem Bruder: viele Namen, Pfeile und Bogen und das Amt, der Welt Licht zu bringen (1955, S. 73, 75).

20.   *Ilias* 21,470. Artemis spielt in der *Ilias* eine unrühmliche Rolle: Hera schlägt sie mit ihrem eigenen Köcher und herrscht die Jammernde an, sie solle gehen und sich bei ihrem Vater Zeus ausheulen. Es gibt Vermutungen, daß sich in diesem entwürdigenden Porträt eine Verachtung ihrer ausländischen Herkunft widerspiegelt (H. J. Rose, 1928, S. 113; M. Grant, 1962, S. 125).

21.   *Homerische Hymnen* 27 (1989, S. 125–127).

22.   J. E. Fontenrose, 1981, S. 13, 49f., 58, 76f., 133, 177, 187.

23.   Catull: *Gedichte* 34 (1986, S. 46f.).

24.   Ovid: *Metamorphosen* 3,200–203 (1988, S. 99).

25.   Artemis tötete den Jäger Orion, weil er sich ihr unsittlich genähert hatte – oder (nach anderen Darstellungen) weil er erklärt hatte, er werde alle wilden Tiere auf Erden ausrotten (Ovid: *Fasti* 5,539–541 [1989, S. 299–301]; vgl. J. E. Fontenrose, 1981, S. 13f.). Ein anderer Jäger, Leukippos, verkleidet sich als Frau, um sich einer Schar junger Jägerinnen anzuschließen, die ihn, als sie den Schwindel beim gemeinsamen Bad in einem Fluß entdecken, mit ihren Speeren erstechen (Pausanias 8,20,2 [1986–1989, S. 46f.]; vgl. J. E. Fontenrose, 1981, S. 49). Die jungfräuliche Jägerin Kallisto wird von Zeus in Gestalt der Artemis vergewaltigt. Als die echte Artemis der Kallisto beim Baden ansieht, daß sie schwanger ist, verwandelt sie im Zorn das Mädchen in eine Bärin (Ovid: *Metamorphosen* 2,417ff. [1988, S. 65ff.]; vgl. Apollodorus: *Über die Götter* 2,8,2 [1921, Band 1, S. 394–396]). Ein ähnliches Schicksal erleidet Erinoma, die keusche Schützlingin der Artemis, die von dem Jäger Adonis vergewaltigt und daraufhin von Artemis in eine Pfauhenne verwandelt wird. Dem Adonis seinerseits schickt Artemis auf der Jagd einen wilden Eber, der ihn tötet. Diese Mythen und der von Aktaion haben mehrere Motive gemeinsam – die jungfräuliche Jägerin, die (versuchte) Vergewaltigung, die Entdeckung beim Baden, die Verwandlung – und stammen wahrscheinlich alle von einer einzigen ihnen zugrunde liegenden vorgeschichtlichen Sage ab, die Parallelen in der lydischen, indischen und semitischen Mythologie hat (J. E. Fontenrose, 1981, Kap. 9).

26.   Euripides: *Die Bakchen* 734–736, 740–747 (1979, 3. Band, S. 94).

27.   E. R. Dodds, 1944, S. XIV–XVII; 1951, S. 276–278; M. Grant, 1962, S. 248; G. S. Kirk, 1970, S. 41f.

28.   Nachdem er von den Titanen in Stücke gerissen und von seiner Großmutter Rhea wieder zum Leben erweckt worden war, wurde Dionysos in Gestalt eines Zickleins oder Böckleins vor seinen Feinden versteckt (Diodorus Siculus 3,62; Apollodorus: *Über die Götter* 3,4,3 [1921, Band 1, S. 320f.]; vgl. I. M. Linforth, 1941, S. 307ff.). Dionysos wurde manchmal als Gehörnter in Tier- oder Menschengestalt angerufen oder beschrieben (M. Grant, 1962, S. 248; Euripides: *Die Bakchen* 99–104, 920–922). Marcel Detienne (1979, S. 68ff.) erhebt in Anlehnung an Lévi-Strauss einen strukturalistischen Einwand dagegen, den diasparagmos des Opfers mit dem des Gottes gleichzusetzen (das Opfertier wurde roh verschlungen, aber die Titanen kochen Dionysos).

29.   Euripides, Fragment 471 zu *Kreter* (1981, S. 203).

30.   Euripides: *Die Bakchen*; Theokrit: *Gedichte* 26 (1970, S. 185f.); Apollodorus: *Über*

die Götter 3,1,2 [1921, Band 1, S. 319]. Der Pentheusmythos klingt auch in anderen Sagen von Sterblichen an, die sich mit Dionysos einlassen und in einem tragischen Ende mit Jagd, Wahnsinn und diasparagmos ihre eigenen Söhne umbringen. Nachdem er Dionysos aus Thrakien verjagt hat, wird König Lykurgos von Edonia wahnsinnig, hält seinen Sohn für einen Weinstock und hackt ihn mit dem Beil nieder. Lykurgos wird zuletzt von wilden Pferden zerrissen (Apollodorus: *Über die Götter* 3,5,1 [1921, Band 1, S. 326–331]). Weil sie Dionysos abgewiesen hat, wird Leukippe zur Strafe mit Wahnsinn geschlagen und zerreißt ihren Sohn und frißt ihn (Ovid: *Metamorphosen* 4,1–41; 4,390–415). Weil er es gewagt hat, den kleinen Dionysos vor ihrem Zorn zu beschützen, treibt Hera den König Athamas von Orchomenos zur Raserei, in der er seinen Sohn tötet, weil er ihn für einen Hirsch hält (Apollodorus: *Über die Götter* 3,4,3 [1921, Band 1, S. 319]) oder für einen Löwen (Ovid: *Metamorphosen* 4,512–519).

31. Euripides: *Die Bakchen* 434–436, 1204, 1192 (1979, 3. Band, S. 83, 111, 110).

32. Selbst die zentralen Mythen der beiden Götter, die Sagen von Aktaion und Pentheus, stehen zueinander wie spiegelverkehrte Bilder. Weil er Artemis erblickte, wurde Aktaion in ein Tier verwandelt und in Stücke gerissen; weil er Dionysos *nicht* sah, traf Pentheus das gleiche Schicksal – «dort, wo die Hunde den Aktaion einst zerrissen» (Euripides: *Die Bakchen* 1291 [1979, 3. Band, S. 114]). Nach einer Überlieferung wurde Euripides selbst von Jagdhunden in Stücke gerissen (G. Murray, 1946, S. 111).

33. Euripides: *Die Bakchen* 862–878 (1979, 3. Band, S. 99).

34. Skadi im nordischen Mythos und Flidais in der irischen Sage sind einsame Jägerinnen, die manche als germanische und keltische Restformen einer indoeuropäischen Proto-Artemis angesehen haben (H. R. E. Davidson, 1964, S. 123; P. Mac Cana, 1970, S. 55). Baring-Gould (1914, Band 12, S. 545–547) ist der Ansicht, daß die mittelalterliche hl. Ursula und ihre 11.000 Jungfrauen von einer germanischen Form der Artemis kommen.

35. Die ägyptische Göttin Neith und die kanaanitische Göttin Anath sind beide bogentragende jungfräuliche Jägerinnen (E. O. James, 1960, S. 84, 103–106; C. H. Gordon, 1961; S. H. Hooke, 1963, S. 90). Die Assyrer rüsteten auch die Liebesgöttin Ischtar mit Pfeil und Bogen aus und verehrten sie u. a. als Göttin der Jagd (L. B. Paton, 1915). Die persische Göttin Anahita, die Ischtar in vieler Hinsicht gleicht, wurde in Lydien als Herrin der Tiere angebetet und von griechischen und römischen Schriftstellern mit der Artemis identifiziert. Zu ihrem Opfer bestimmte Tiere wurden in eingefriedeten Parks gehalten und in einer rituellen Jagd erlegt (F. Cumont, 1903, 1908). Die Ähnlichkeit der Namen Anahita, Anath und Neith läßt vermuten, daß die drei einen gemeinsamen vorgeschichtlichen Ursprung haben.

36. Schiwa ist der Herr der Tiere und (in seiner Manifestation als Rudra) der wilde Jäger und göttliche Bogenschütze, dessen Pfeil in der indischen Sternenkunde der «Gürtel» des Sternbilds Orion ist (S. Kramrisch, 1981). Er und seine Gefährtin führen «eine Art von freischweifendem Nomadenleben» in der Wildnis. In all dem erinnert Schiwa an Artemis. Das Hirschfell ist im indischen Mythos die heilige Tracht der asketischen Waldeinsiedler (siehe zum Beispiel *Ramajana* 3,1), genau wie sie die der Bakchen und der Artemis ist (Euripides: *Die Bakchen* 111, 137; Pausanias 8,37,4).

37. Beispielsweise in der *Ilias* (1,225), wo Achilleus Agamemnon schmäht, er besitze

den «Mut des Hirsches». Ähnlich würden wir, anders als Homer, der die Göttin Hera als «kuhäugig» preist (*Ilias* 1,551), eine schöne Frau eher «rehäugig» nennen – ein Beiwort, das die spätere europäische Literatur wahrscheinlich, vermittelt über den Islam, von östlichen Vorbildern bezogen hat wie urdu *mrignaini* und nepalesisch *mirganaini* (J. Shakespear, 1934; T. C. Majapuria, 1977). Griechische und römische Dichter verglichen manchmal Mädchen mit jungen Rehen und Hirschkälbern (neben anderen jungen Tieren), um ihre Unschuld und ihren Übermut zu betonen, aber die Ängstlichkeit von Reh und Hirschkalb wurde in diesem Zusammenhang ebenfalls deutlich gemacht (Horaz: *Oden* 1,23 [1981, S. 107, 109]; vgl. Anakreon, Fragment 59 [1919, S. 71]; E. R. Dodds, 1944, S. 176).

38. 1. Mose 3,18. «Die Mensch und Tier von Gott dem Schöpfer zugewiesene Kost», erklärte Karl Barth (1947, S. 234f.), «ist – ob uns das durchführbar und lustig däucht oder nicht – die vegetarische Kost.»

39. Ovid: *Metamorphosen* 1,101–112 (1988, S. 11, 13).

40. Empedokles, Fragmente 130, 128 (H. Diels, 1957, S. 70). Vgl. Platon: *Der Staatsmann* 271e [1965, S. 250]. Ein beliebtes Motiv römischer Wandbilder und Mosaike war das Paradies der Tiere, in dem alle Arten von Vögeln und anderen Tieren in empedokleischer Eintracht zusammenleben (J. C. M. Toynbee, 1983, S. 274–295). Manche Heiden hofften in gleicher Weise auf eine künftige Wiederaufrichtung des goldenen Zeitalters, wie die Christen die Wiederaufrichtung des irdischen Paradieses mit der Wiederkunft Christi erwarteten. «Die Rinder fürchten sich nicht vor mächtigen Löwen», schrieb Vergil in seinen *Bucolica* (4,22; 8,27f.), «[...] in künftigen Zeiten kommen die furchtsamen Hirsche mit Hunden gemeinsam zur Tränke» (1987, S. 47, 67. Vgl. Horaz: *Epoden* 16,33 [1981, S. 365]).

41. Plutarch: *Moralia* 352 («Über Isis und Osiris»); Porphyrios: *De abstinentia* 4; E. R. Dodds, 1951, S. 149; W. K. C. Guthrie, 1952, S. 194–198; D. A. Dombrowski, 1984.

42. Pausanias 1,26,5 [1967, S. 80].

43. Marc Aurel: *Wege zu sich selbst* 6,23 (1990, S. 133).

44. Aristoteles: *Politik* 1254b–1255b (1971, S. 71, 74).

45. Plutarch: «Über das Fleischessen I» (1861, Band 23, S. 2931).

46. Cassius Dio: *Römische Geschichte* 39, 38,2–4 (1985, Band II, S. 181f.).

47. Cicero: *An seine Freunde* 7,1,3 (1989, S. 367).

48. J. Aymard, 1951, S. 30ff.

49. Plutarch: «Aemilius und Timoleon» 6 (1980, Band 4, S. 133).

50. Sallust: *Die Verschwörung Catilinas* 4,1 (1978, S. 31).

51. Varro: *Saturae Menippeae* 161, 293–296, 361 (übers. nach J. K. Anderson, 1985, S. 87).

52. Homer: *Odyssee* 10,161–169.183f. (1981, S. 146f.).

53. Vergil: *Aeneis* 500–502 (1988, S. 301).

54. Ebd. 4,68–73 (1988, S. 137, 139).

55. Plutarch: «Ob die Landthiere oder die Wasserthiere mehr Verstand haben?» (1861, Band 23, S. 2844f.)

56. Plutarch: *Moralia* 985d–992e («Gryllos»; 1948, S. 271–281; 1861, Band 23, S. 2906–2923).

57. Plinius d. Ä.: *Naturkunde* X,172 (LXXXIII) (1986, S. 115, 117). Ähnliche Stellen aus Demokrit, Diogenes, Philemon, Menander, Diodorus Siculus und Ovid werden aufgeführt von A. O. Lovejoy und G. Boas, 1935, S. 389–420.

58. K. E. Bock, 1980, S. 29–35.

320 ANMERKUNGEN ZU DEN SEITEN 64-69

59.   Das Wort wurde selbstverständlich in höchst unterschiedlichem Sinne benutzt,
       damals wie heute. Lovejoy und Boas (1935, S. 447–456) unterscheiden sechs-
       undsechzig verschiedene Bedeutungen des Wortes «Natur» (lateinisch *natura*,
       griechisch *physis*), von denen vierundvierzig im klassischen Altertum gebraucht
       wurden. Vgl. C. S. Lewis, 1967, S. 24–74, und Cicero: *Vom Wesen der Götter* 2,81–84
       (1990, S. 235ff.).

60.   Diese Vorstellung hatte ihren Ursprung bei den Vorsokratikern und Sophisten
       und wurde von kynischen, stoischen und epikureischen Philosophen allgemein
       gebilligt (Epikur: *Katechismus* 15, 25 und 29 [1983, S. 61, 63]; Lukrez: *De rerum
       natura* 5,1399–1435 [1956, S. 523, 525]; Marc Aurel: *Wege zu sich selbst* 4,51, 6,9
       und 6,33 [1990, S. 91, 123, 137f.]; vgl. Lovejoy und Boas, 1935, S. 103–154); aber ei-
       nige wichtige Denker waren anderer Meinung – vor allem Aristoteles, welcher
       sagt, daß Kunstfertigkeit vonnöten sei, um die Natur zu ihrem wahren Ziel, ihrer
       ganzen Vollendung zu bringen (*Politik* 1252b [1971, S. 65]; *Physik* 199a [1987, S. 89,
       91]).

61.   1. Korinther 11,3, 14,34f.; Epheser 5,22–24, 6,5; Kolosser 3,18–22, 4,1; 1. Petrus
       3,1; Augustinus: *Vom Gottesstaat* 19,15f.; Lactantius: *Epitome Institutionum Di-
       vinarum* 2. «So wie der Mensch für Gott da ist, damit er ihm nämlich dient», heißt
       es im mittelalterlichen *Liber sententiarum* des Petrus Lombardus (II,1,8), «so ist
       die Welt für den Menschen da, um ihm zu dienen» (A. O. Lovejoy 1985, S. 225).
       Vgl. Albertus Magnus: *De animalibus* 22,9 (1987, S. 65).

62.   Dieses Urteil ist im gesamten frühchristlichen Denken implizit enthalten (J. Gaff-
       ney, 1986), wenn es auch meines Wissens erstmals bei Thomas von Aquin ausge-
       sprochen wird (*Summa theologica* I–II,102,6 [1977, S. 374f.]).

63.   Augustinus: *Die Erbsünde* 46 (1964, S. 463).

64.   T. Browne: *Religio medici* 1,34 (1978, S. 65).

65.   F. Bacon: *Weisheit der Alten* 26 (1990, S. 63).

66.   Cicero: *Vom Wesen der Götter* 2,133 (1990, S. 303). Vgl. Xenophon: *Memorabilia*
       4,3; Aristoteles: *Politik* 1256b; Augustinus: *Vom Gottesstaat* 22,24.

67.   Die Lehre von der angeborenen Verderbtheit des Menschen, schrieb Wesley, ist
       der «eine große grundlegende Unterschied zwischen dem Christentum, als
       Lehrsystem betrachtet, und dem geläutertsten Heidentum» (J. Wesley, 1958, Band
       6, S. 63).

68.   Augustinus: *Natur und Gnade* 2 (1971, S. 441).

69.   J. Calvin, Kommentar zu 1. Mose 3,19 (1919, S. 71). «Wie der erste Anstoß zur Be-
       wegung alle Himmelskörper mit sich reißt», bemerkte Calvin zu 1. Mose 3,17
       (1919, S. 68), «so hat der Fall des Menschen alle Kreaturen mitgestürzt, denn sie
       waren um seinetwillen geschaffen und ihm untergeordnet.»

70.   J. Donne: «The First Anniversary» 196–200 (1978, S. 275).

71.   R. Hooker: *Of the Laws of Ecclesiastical Polity* 1,9,1, 1,11,13 (1954, Band 1, S. 185f.,
       204).

72.   E. M. W. Tillyard, 1944, S. 55.

73.   C. S. Lewis, 1954, S. 153; J. Hick, 1977, S. 103.

74.   Siehe zum Beispiel Augustinus: *Vom Gottesstaat* 12,1, und *Die Erbsünde* 46. Vgl.
       Donnes Sonett «If poisonous mineralls». Renaissancetheologen, meint Tillyard
       (1944, S. 80), «zweifelten nicht daran, daß die Welt und was sie enthält für den
       Menschen geschaffen worden war, und es machte ihnen durchaus keine Beden-
       ken, wenn diese Welt leiden mußte, nur weil er aus der Gnade gefallen war. [...]

die Leiden der Natur waren sowohl im Vergleich zu seinen nichtig als auch an sich ohne jede Bedeutung.»

75.   C. Marlowe: *Doktor Faustus* 16 (1949, S. 101).

76.   Augustinus: *Von den Sitten der katholischen Kirche* 21 (1803, S. 279). Vgl. 1. Johannes 2,15–17.

77.   *Evangelisches Kirchen-Gesangbuch* 315,3 («Ich hab mein Sach Gott heimgestellt»). Vgl. H. McGraw u. a., 1971, S. 28, 121, 157, 300, 332, 379.

78.   *Der Physiologus* 25, 1 und 20 (1992, S. 38, 6, 33f.).

79.   Augustinus: *Vom freien Willen* 3,236 [69] (1962, S. 349). Vgl. J. Hick, 1977, S. 85.

80.   J. Donne: «The First Anniversary» 161–166 (1978, S. 274f.). Der Mensch, schrieb der Renaissancetheologe Marsilio Ficino in seiner *Theologica platonica de immortalitate animorum*, ist «der Stellvertreter Gottes» und «der Gott der Tiere [… er] macht sich alle zunutze, regiert sie alle und unterweist viele von ihnen» (1944, S. 234).

81.   C. S. Lewis, 1954, S. 163.

82.   K. V. Thomas, 1983, S. 255. Vgl. R. Nash, 1982, S. 15–40.

IV Der weiße Hirsch

Motto: John Heath-Stubbs: «The Death of Digenes Akritas» (D. Hall u. a. [Hrsg.], 1957, S. 111f.).

1.   Johannes der Täufer, der zottige Verkünder des Kommens Christi, wird in allen vier Evangelien als ein heiliger Asket geschildert, der «predige in der Wüste des judäischen Landes» (Matthäus 3,1–12, Markus 1,1–8, Lukas 3,1–18, 7,18–29, Johannes 1,6–36). Sogar Jesus wurde vom Geist getrieben, vierzig Tage «bei den wilden Tieren» in der Wüste zu verbringen (Markus 1,12f.).

2.   In einem Abschnitt des arabischen *Rasa' il Ichwan asch-schafa'* aus dem 10. Jahrhundert, in dem die Tiere den Menschen vor dem König der Dschinn verklagen, erklärt der Schakal, die sittliche Überlegenheit der Tiere über den Menschen werde durch die Tatsache bewiesen, daß die gottgefälligsten Menschen aus der menschlichen Gemeinschaft fortziehen, um mit den wilden Tieren zu leben (L. E. Goodman [Hrsg.], 1978, S. 164f.).

3.   *Pseudo-Matthäusevangelium* 18, 19 (W. Schneemelcher, 1990, S. 367).

4.   *Pseudo-Matthäusevangelium*, übersetzt nach M. R. James (Hrsg.), 1924. Obwohl diese Geschichten apokryph blieben, gelangten die anbetenden Tiere über die Weihnachtsgeschichte in die christliche Tradition. In Pseudo-Matthäus 14 finden wir bereits Ochs und Esel, wie sie das Christkind anbeten (W. Schneemelcher, 1990, S. 367). Krippenszenen und Weihnachtskarten zeigen heute gewöhnlich Ochsen, Esel und Schafe in stummer Verehrung des heiligen Kindes um die Krippe versammelt. Bekannte Weihnachtslieder (wie das französische «Die freundlichen Tiere» aus dem 12. Jahrhundert) legen den anbetenden Tieren sogar Worte in den Mund.

5.   Dieses Märchenmotiv ist schriftlich bereits aus dem 2. Jahrhundert n. Chr., nämlich im *Goldenen Esel* des Apuleius, bezeugt. Das Motiv taucht in neueren Märchen aus ganz Westeuropa immer wieder auf, etwa in Italien («Leib-ohne-Seele», «Die Sprache der Tiere», Rosina im Backofen» und «Wermut»; I. Calvino, 1980), Estland («Der Waldvater»; E. Mutt [Hrsg.], 1930), Serbien («Der goldene Apfel-

baum»; E. L. Mijatovich, 1917) und diversen Gegenstücken zu den erwähnten Grimmschen Märchen in anderen germanischen Sprachen.

6.   Aschwaghoscha: *Buddha-Karita* 7,5f. (E. B. Cowell [Hrsg.], 1894, S. 70f.). Vgl. *Mahawagga* 3 (T. W. Rhys Davids und H. Oldenberg [Hrsg.], 1881, S. 80).

7.   D. Bodde, 1961. Dieser Mythos geht wenigstens bis auf Tschuang-tse zurück (L. Giles [Hrsg.], 1906, S. 67; J. R. Ware [Hrsg.], 1963, S. 63).

8.   E. O. James, 1960, S. 52, 105.

9.   J. Campbell, 1991, Kap. VII; W. La Barre, 1972, S. 163ff.

10.   P. Mac Cana, 1970, S. 38.

11.   Ebd., S. 47f.; A. Ross, 1967, Kap. 3.

12.   W. Shakespeare: *Die lustigen Weiber von Windsor* IV,4 (Übers. W. Baudissin; 1988, S. 54). Es ist in diesem Zusammenhang vielleicht bemerkenswert, daß englisch H in *Herne* dem keltischen K in *Kern-*(unnos) entspricht.

13.   A. Ross, 1967, S. 165.

14.   Von den bei H. Roeder (1955) aufgelisteten Heiligen haben 287 in der Ikonographie Tiere als gebräuchliche Attribute. 26 von ihnen führen das Symbol des Hirschs. Das einzige Tier, das noch mehr Heilige symbolisiert (29), ist die Hauskuh.

15.   L. Bieler, 1953, S. 69. Der Platz des Altars für Patricks Kirche in Armagh wurde ihm ebenfalls von einer Hirschkuh und ihrem Jungen gewiesen (S. Baring-Gould, 1914, Band 3, S. 302).

16.   J. Pokorny (Hrsg.), 1944, S. 127. Diese Verse werden dem hl. Manchan von Liath aus dem 7. Jahrhundert zugeschrieben.

17.   *Buile Suibhne* (1913); J. Carney, 1955; E. Wäppling, 1984.

18.   G. Murphy (Hrsg.), 1956, S. 137.

19.   S. Heaney, 1983, S. 19f.

20.   Siehe zum Beispiel F. Goldin (Hrsg.), 1973, S. 105, 137f., 191, 243, 421.

21.   *Beowulf* 1357–1372 (1953, S. 48f.).

22.   F. B. Gummere, 1907, S. 278.

23.   E. E. Wardale, 1935, S. 101.

24.   Das lateinische Wort *silvaticus* hat die Nebenbedeutungen «urwüchsig, wild, ungezähmt». Vgl. griechisch *hylaios*, wörtlich «waldig», das auch die Nebenbedeutung «wild» hat (P. G. W. Glarc, 1982; H. G. Liddell und R. Scott, 1897). Das Wort *wild* im Englischen und in anderen germanischen Sprachen stammt ebenfalls von einer Wurzel mit der Bedeutung «Wald» (deutsch *Wald*, englisch *weald* oder *wold*).

25.   L. White jr., 1962, S. 39ff.

26.   C. Merchant, 1980, S. 48; F. Braudel, 1981, S. 33.

27.   A. Dent, 1974.

28.   D. Dalby, 1965, S. V. Vgl. H. W. Eckardt, 1976, S. 27–31.

29.   Nach M. H. Turk (Hrsg.), 1930, S. 152f.

30.   E. P. Thompson, 1975, S. 30f.; E. Hobusch, 1978, S. 117–119.

31.   Obwohl die ältesten erhaltenen Texte der Balladen und Geschichten von Robin Hood aus der Mitte des 15. Jahrhunderts stammen, wird die Robin-Hood-Sage in der Version B des *Piers the Plowman* (5,395) erwähnt, die wahrscheinlich zwischen 1375 und 1380 entstand (W. Langland, 1932).

32.   M. Keen, 1961.

33.   G. Tilander, 1956.

34. W. A. und F. Baillie-Grohmann (Hrsg.), 1909; D. Dalby, 1965; B. Danielsson (Hrsg.), 1977.

35. A. Dent, 1974.

36. G. Turbervile, 1576, S. 97f. [Im deutschen *Neu Jägerbuch* von 1590, wie Turbervile eine freie Übersetzung von *La Vénerie* des Jacques du Fouilloux, ist die entsprechende Stelle so wiedergegeben: «So dann sich zutrüge / daß ein junger Jäger bey der Kunst erfarnen Waidleuten sich finden liesse / unnd sie ihn fragten wie dasjenig / so von Hirschen / Wild Rähern und all andern Thiern / so die Bäum und Nest abschelen / kompt / solte genennt werden / mag er antworten / das geloß / (wiewohl die Frantzosen auf Beeren / Wolff / Schwein / Hasen / Dachs / Füchß und Otter / fast besondere wörter haben)». J. von Fouilloux, 1590, 37. Kap.]

37. Ebd., S. 96. [Im *Neu Jägerbuch* (J. von Fouilloux, 1590, 36. Kap.) heißt es:
     Forn Herren mein anzeig zuthun hinein ich tritt /
     Mit vorgehender Reuerentz so ist mein bitt /
     Daß jederman schweig / unn leg auff den tisch als stoltz /
     Das gloß auff grünen blettern bring auß dem gholtz /
     Sprich gnedigster Herr ein Hirsch zu zehen enden /
     Welchen ich bestetet / und gewiß weiß zu finden /
     Sein gloß ist lenglecht dick schleimig und eckecht /
     Zeigt an das Wildpreth / und ist da bey auch safftecht]

38. M. Thiébaux, 1974, S. 128–133; B. Danielsson (Hrsg.), 1977.

39. G. Turbervile, 1576, S. 127–135. Ob diese Geschichte nun den Tatsachen entsprach oder nicht, sie wurde jedenfalls so häufig wiederholt, daß sie in das Volksgut einging. Die wahrscheinlich pseudonyme Jägerin «Dame Julians Barnes» schrieb in ihrem *Boke of Huntyng* (etwa 1486), der «corbyn bone» sei «corbyn's fee, / At the death he will be» (G. Tilander [Hrsg.], 1964); der Rabenknochen ist des Rabens Gebühr, der wird bei der Tötung zugegen sein. In Ben Jonsons Schäferstück *The Sad Shepherd* (1. Akt, 6. Szene) wird Turbervile zu diesem Thema beinahe wortwörtlich zitiert (1756, Band 5, S. 117):

     MARIAN:
        Wer [den Hirsch] zerteilt,
        Schneidet das Brustbein auf, an dessen Spitze
        Ein kleiner Knorpel wächst; man nennet ihn –
     ROBIN:
        Das Rabenbein.
     MARIAN:
        Nun saß auf dürrem Zweige
        Droben ein Rabe, groß und ausgewachsen,
        Der, da der Hirsch ward aufgebrochen, ständig
        Krächzte und danach schrie, daß es den Jägern,
        Vor allem Scathlock, unheilkündend schien.

40. C. E. Hare, 1949.

41. G. Turbervile, 1576, S. 98f., 237f., 241, 245.

42. B. Jonson: *Every Man in His Humour* 1,1 (1756, Band 1, S. 23).

43. D. Dalby, 1965, S. XLIII. Diese Betonung war in Deutschland anscheinend weniger kraß. Wie Dalby bemerkt, hat die deutsche Selbstbezeichnung der Jäger, *Weidmann*, von jeher für hohe wie für niedere Teilnehmer an einer organisierten Jagd gegolten; ihr englisches Gegenstück *sportsman* dagegen (wörtlich «der Kurz-

weil Pflegende») wird ausschließlich für die vornehmen Jagdteilnehmer gebraucht und nicht für die Diener.

44.   G. Turbervile, 1576 (Hervorhebungen im Original).

45.   J. Levron, 1974, S. 126f.; V. Cronin, 1975, S. 17; F. Pinguet, 1978, S. 27. Die Wildstrecke des Königs wurde zweifellos durch verschiedene höfliche Rechenkunststücke in die Höhe getrieben. An manchen deutschen Höfen wurde alles erlegte Wild dem Fürsten zugeschrieben, auf dessen Land es geschossen worden war. Daher kommt es auch, daß einige Geschichten der Jagd von Kurfürst Johann Georg II. von Sachsen behaupten, er habe in den vierundzwanzig Jahren seiner Regierung (1656–1680) 111.141 Stück Wild erlegt – ein unmöglicher Durchschnitt von dreizehn Tieren am Tag (E. Hobusch, 1978, S. 8).

46.   F. Remigereau, 1952.

47.   F. J. Child (Hrsg.), 1883–1898, Band 3, S. 3.

48.   D. Dalby, 1965, S. 239. Die Beschränkung von *tior* und *bestia* auf Weibchen könnte ambivalente Konnotationen gehabt haben; Hirschböcke wurden allgemein als Jagdwild bevorzugt, und im Sprachgebrauch des deutschen Mittelalters wurde die Hinde auch verächtlich als «Hure» (*huore*) und «Ding» (*dinc*) bezeichnet (ebd., S. 240). Im heutigen Deutsch hat *Tier* nur noch in der Jägersprache die Bedeutung «Hinde» (W. Frevert, 1975). In gleicher Weise hat sich das französische Wort *bête* in der ursprünglichen Sinn von *bestia* bewahrt, woher sowohl es selbst als auch *biche* über verschiedene Dialektformen stammen.

49.   C. D. Buck, 1949. Parallele semantische Veränderungen vollzogen sich auch auf dem indischen Subkontinent, wo aus dem Sanskritwort *mriga*, das primär «Wild» im allgemeinen bedeutet, in den späteren indoarischen Volkssprachen Indiens und Pakistans Worte für «Hirsch» und «Jagd» hervorgingen (R. L. Turner, 1966).

50.   D. Dalby, 1965, S. 47. Im Deutschen wird der Rothirsch auch heute noch *Edelhirsch* genannt (B. Grzimek, 1968, S. 192).

51.   *Ilias* 1,225. Vgl. Horaz: *Oden* 1,23.

52.   G. Jones (Hrsg.), 1977, S. 6.

53.   Ebd., S. 26. Das walisische Wort *hyddgarw* (Rothirsch) wurde in der übertragenen Bedeutung von «edler Herr, Schutzherr, weiser Führer» gebraucht.

54.   W. B. Lockwood, 1975, S. 131.

55.   S. Heaney, 1983, S. 44. Heaneys Wendung «royal blood» (königliches Blut) steht nicht im irischen Original; vgl. *Buile Suibhne*, 1913, S. 78f.

56.   W. Shakespeare: *Julius Cäsar* 3,1 (Übers. A. W. Schlegel; 1988, S. 627).

57.   Edle Jünglinge und schöne Jungfrauen wurden stereotyp mit zahmen Falken verglichen, wie es John Skelton um 1495 mit Mistress Margaret Hussey tat: «Die heitere Margaret, / Diese Mittsommerblume, / Vornehm wie ein Falke / Oder ein Sperber.» Die Falknerei als eine Quelle für Metaphern in der deutschen Literatur des Mittelalters wird von D. Dalby, 1965, S. XXIXff., untersucht. Die Fuchsjagd diente als Allegorie für die Verfolgung der Sünde (M. Thiébaux, 1974, S. 82–84); desgleichen die Jagd auf das Wildschwein, ein Tier, das in symbolischem Gegensatz zu den im gejagten Hirsch verkörperten christlichen Tugenden stand (M. Thiébaux, 1969, S. 283).

58.   C. Brown (Hrsg.), 1932, S. 110. Dieses Gleichnis geht in seiner konventionellen Gleichsetzung von Christus als Bräutigam der Kirche mit dem Liebenden des Hohenliedes (der mit einer Gazelle oder einem jungen Hirsch verglichen wird) auf biblische Quellen und auf mittelalterliche Auslegungen des 22. Psalms zurück.

Dieser Psalm, der für Christen bedeutsam ist, weil er den von Jesus am Kreuz gesprochenen Satz «Mein Gott, warum hast du mich verlassen?» enthält, fängt mit den Worten an: «Für den Chormeister. Nach der Weise Aijeleth Schahar.» Die letzten beiden Worte lassen sich als «Hinde der Morgenröte» übersetzen. Dies dürfte die Weise sein, nach der man den Psalm zu singen hatte (J. Calès, 1936, Band I, S. 262f.), aber Exegeten des Mittelalters und der Renaissance verstanden darunter einen Beinamen Christi. «Christus wird eine Hinde genannt», schrieb Martin Luther, «[...] die frühe gejagt wird» (1959, Band 1, S. 291f.). In Luthers Kommentaren wird der «lechzende Hirsch» des 42. Psalms ebenfalls ein gejagtes Wild, und andere Ausleger haben ihn darüber hinaus als ein weiteres Symbol für den verfolgten Christus bezeichnet (J. R. Harris, 1924, S. 17; vgl. F. B. Meyer, 1950, S. 31; J. M. Neale und R. F. Littledale, 1884, Band 1, S. 289f., und Band 2, S. 57f.).

59.   W. Shakespeare: *Troilus und Cressida* 3,1 (Übers. W. Baudissin; 1988, S. 554). Im englischen Original steht für «Wunde» das Wort «sore»; es ist hier sowohl eine Metapher als auch ein Wortspiel: im wörtlichen Sinn eine Wunde, im metaphorischen eine Vagina und als Jagdterminus ein «Schaufler», ein Damhirsch vom vierten Jahr ab.

60.   Platon: *Der Sophist* 222d–e (1965, S. 136). Vgl. J. Aymard, 1951, S. 129–141.

61.   Die wichtigsten mittelalterlichen literarischen Quellen der Metapher von der Liebesjagd werden von D. Dalby, 1965, S. XXII–XXXVI, aufgeführt und zusammengefaßt.

62.   M. Drayton (1931, Band 1, S. 116).

63.   M. Thiébaux, 1974, S. 145–153.

64.   Dafydd ap Gwilym: «Y Breuddwyd» (1982, S. 109–111).

65.   *Die verfolgte Hindin* (M. Thiébaux, 1974, S. 236–238).

66.   Hadamar von Laber: *Jagd* 268 (M. Thiébaux, 1974, S. 191).

67.   T. Wyatt: *Poems from the Egerton Manuscript* VII (1969, S. 5).

68.   P. F. Watson, 1979, S. 91ff.

69.   K. Clark, 1980, Tafel 77.

70.   Unheimlichen Jagdtieren am nächsten kommen in der Antike die kerynitische Hirschkuh und der erymanthische Eber, die Herakles als Teil seiner zwölf Arbeiten fing; doch selbst sie haben nichts Übernatürliches oder Jenseitiges an sich.

71.   M. Thiébaux, 1974, S. 62f.

72.   Die Legende vom hl. Julianus Hospitator, dem ein gestellter Hirsch wahrsagt, er werde seine Eltern umbringen, und der dies in dem Wahn tut, es handele sich um seine Frau und deren Liebhaber (A. Butler, 1956), ist von besonderem Interesse, wenn man zu psychoanalytischen Deutungen neigt.

73.   K. Lindner, 1940, S. 430–432. Nach einer anderen Interpretation haben die keltische und die indische Form des Hirschmotivs eine gemeinsame prähistorische Quelle: siehe K. Lindner, 1937, S. 365–367.

74.   R. Bromwich, 1961.

75.   M. Thiébaux, 1974, S. 109ff.; E. M. Grimes (Hrsg.), 1928, S. 22f., 83.

76.   A. Gray, 1954, S. 97f.

77.   L. C. Wimberly, 1928; M. Leach (Hrsg.), 1955, S. 91.

78.   F. J. Child (Hrsg.), 1883–1898, Band 1, S. 254 («The Three Ravens»).

79.   Manche nordamerikanischen Märchen und abergläubischen Vorstellungen von weißen Hirschen sind womöglich indianischer statt europäischer Herkunft. Ei-

nige Indianerstämme hielten weiße Hirsche für übernatürliche Trickster, die ihren Spaß daran hatten, Jäger ins Verderben zu führen (H. I. Smith, 1906).

80.   In Verse gebracht wurde diese Geschichte von Mark Van Doren (1941), der sie nach eigener Aussage in Illinois und Connecticut als historischen Tatsachenbericht erzählt bekommen hatte. Das Gedicht «The Belled Doe» von Robinson Jeffers (1916) gibt eine ähnliche Geschichte aus Kalifornien wieder.

81.   C. H. Whedbee, 1966, S. 24f.

82.   H. M. Wiltse, 1900; V. Randolph, 1947, S. 241. Das Gefühl, daß es unrecht oder unglückbringend sei, ein weißes Wild zu töten, ist noch heute in den Appalachen lebendig. Als im Sommer 1988 auf der Farm meines Freundes W. L. Hylander bei Fries in Virginia eine weiße Hirschkuh erschossen wurde, löste dies bei den Ortsansässigen, von denen viele selber leidenschaftliche Jäger sind, ziemliche Empörung aus.

83.   T. Malory: *Le morte Darthur* 17,9 (1977, S. 820).

84.   Beispiele sind William Wordsworths *The White Doe of Rylstone*; die Ballade «Der wilde Jäger» vom sogenannten Vater der deutschen Ballade G. A. Bürger; Uhlands Ballade «Der weiße Hirsch»; W. B. Yeats' «Mongan Laments the Change That Has Come upon Him and His Beloved»; T. S. Eliots «Landscapes, III. Usk»; Ezra Pounds «The White Stag»; James Thurbers *The White Deer* (dt. *Das weiße Reh*); C. S. Lewis' *The Lion, the Witch and the Wardrobe* (dt. *Der König von Narnia*).

V Das schluchzende Geschöpf

Motto: W. Shakespeare: *Wie es euch gefällt* 2,1 (Übers. A. W. Schlegel; 1988, S. 194).

1.   Es gibt keine nennenswerten mittelalterlichen Zeugnisse für kritische Stimmen gegen die Jagd. Geistlichen der katholischen Kirche war es verboten zu jagen, aber nur, weil die Jagd als weltliche Lustbarkeit galt, die die fromme Seele von ihrer Betrachtung himmlischer Dinge abhielt. Kirchliche Proteste gegen die Unterdrückung der Armen durch jagdbesessene Aristokraten wurden bereits im 9. Jahrhundert laut. (E. Hobusch, 1978, S. 74). Im Jahre 1159 legte Johannes von Salisbury in seinem *Policratius* eine ausführliche Verurteilung der aristokratischen Jägerei vor, weil sie das einfache Volk bedrücke und den Seelen der Adeligen schade. Aber am Jagen an sich fand Johannes nichts auszusetzen (J. B. Pike [Hrsg.], 1938, S. 23), und er äußerte kein Mitgefühl mit dem gejagten Wild. Thomas Gascoignes *Liber veritatum* verurteilte die Jagd im moderneren Geiste als «eine Lustbarkeit, bei der man sich daran ergötzt, das Blut fließen und die Qualen eines sterbenden Tieres zu sehen» (J. E. T. Rogers [Hrsg.], 1881, S. 224). Gascoignes Buch ist jedoch nicht im eigentlichen Sinne mittelalterlich; es wurde um 1457 verfaßt, nur einundzwanzig Jahre vor der Geburt von Thomas Morus. Die lateinische Handschrift blieb bis 1881 unveröffentlicht und ist nie in eine lebende Sprache übersetzt worden. Ihr Einfluß war vermutlich nicht der Rede wert.

2.   Erasmus: *Lob der Torheit* 1,18 (1966, S. 77f.).

3.   Erasmus schrieb von Morus: «Ein besonderes Vergnügen macht es ihm, Gestalt, Instinkt und Triebleben der Tiere zu betrachten. Er hält fast alle Art Vögel in seinem Haus, ebenso gemeinhin seltene Tiere, wie Affen, Füchse, Frettchen, Wiesel u. dgl.» (1938, S. 253).

4.   T. Morus: *Epigramme* 19 (1983, S. 82).

5.   T. Morus: *Utopia* II (1922, S. 72f.).

6.   Ebd., S. 72.

7.   M. de Montaigne: *Essais*, Bd. 1, Kap. 2,11, S. 851, 858f.

8.   W. Shakespeare: *Julius Cäsar* 3,1 (Übers. A. W. Schlegel; 1988, S. 627); *Macbeth* 4,3; *Wie es euch gefällt* 2,1 (Übers. A. W. Schlegel; 1988, S. 194).

9.   *Wie es euch gefällt* 2,1 (1988, S. 194).

10.   W. Shakespeare: *Liebes Leid und Lust* 4,1 (Übers. W. Baudissin; 1988, S. 150).

11.   W. Shakespeare: *Titus Andronicus* 2,1 (Übers. W. Baudissin; 1988, S. 697f.).

12.   Ebd. 2,2, S. 698.

13.   Ebd. 3,1, S. 701

14.   Henry Howard, Earl of Surrey: «In Windsor Castle» (H. Gardner [Hrsg.], 1972, S. 41).

15.   E. H. Gombrich, 1961, S. 273; K. Clark, 1977, S. 107; F. Koreny, 1985, S. 11–27.

16.   Eine ähnlich ambivalente Haltung gegenüber dem Leiden der niederen Daseinsstufen ist auch anderswo in Dürers Kunst zu beobachten (A. Barton, 1991).

17.   Zum Beispiel im IV. Akt von Joseph Addisons Stück *Cato* (Vers 32–37) von 1713. In Marvells «The Nymph Complaining for the Death of Her Faun» (B. K. Lewalski und A. J. Sabol, 1973, S. 1085–1089) und Thomas Moores Gedicht «Come, rest in this bosom, my own stricken deer» (1859, S. 317f.) wird das verwundete Wild zu einem Tropus für die verlorene Jungfräulichkeit.

18.   Zum Beispiel in Tennysons *The Princess* V (1970, Band 4, S. 88f.):
       Ts, Du kennst die Mädchen nicht. [...] Gib acht, Herr!
       Der Mann ist Jäger, das Weib ist sein Wild:
       Die rank und schlanken, strahlenden Verfolgten
       Hetzen wir ob der Schönheit ihrer Haut;
       Sie lieben uns drum, daß wir sie erlegen.
       Ähnlich wird die Vermengung von Liebe und Jagd in dem alten englischen Witz auf die Schippe genommen, in dem ein Jäger im Wald auf ein schönes nacktes Mädchen stößt, das an einem Baum lehnt. «I'm game», gurrt sie («Ich bin für alles zu haben»), und er erschießt sie (weil er versteht: «Ich bin Wild»). Vgl. Oliver Goldsmith: *She Stoops to Conquer* 1,2; J. Thurber: *The White Deer* (dt. *Das weiße Reh*); R. Lewis, 1960, S. 66. E. E. Cummings' Gedicht «All in Green Went My Love Riding» (1928) handelt von einer neumittelalterlichen erotischen Jagd mit dem Dichter als gejagtem Hirsch.

19.   G. Tilander, 1967, S. 12.

20.   G. Turbervile, 1576, S. 136f.

21.   Ebd., S. 139f.

22.   Ebd., S. 176–178.

23.   F. Nietzsche: *Zur Genealogie der Moral* 2,6 (1968, S. 317f.); S. Orwell und I. Angus (Hrsg.), 1968, Band 3, S. 281.

24.   G. Turbervile, 1576, S. 125.

25.   E. Hobusch, 1978, S. 117f.

26.   R. Pace: *De fructu qui ex doctrina percipitur* (1967, S. 22).

27.   Cervantes: *Don Quijote* 2,34 (1993, S. 812f.).

28.   Montaigne: *Essais*, Bd. 2, Kap. 2, 12 («Schutzschrift für Raimond von Sebonde»), S. 34.

29.   Ebd., S. 35.

30.   Xenophon: *Memorabilia* 1,4,11; Platon: *Timaios* 90–92 (1969, S. 302–306); Ovid:

Metamorphosen 1,84–86 (1988, S. 11); Cicero: *Vom Wesen der Götter* 2,140 (1990, S. 311); Augustinus: *Vom Gottesstaat* 22,24 (1978, Band II, S. 812f.); Lactantius: *Divinae institutiones* 2,10; 3,10; 7,8 (1871, S. 113, 159, 449).

31.   Montaigne: *Essais*, Bd. 2, Kap. 2, 12, S. 103f., 108.

32.   Nikolaus von Kues: *De docta ignorantia* 2,12 (1964, Band I, S. 397).

33.   Die Pluralität der Welten wurde auch von Montaigne vertreten. Von der Zeit des Cusanus an bis heute haben skeptische Schriftsteller andere Welten postuliert, die unserer gleichen, um dem Anspruch des Menschen auf einen Sonderstatus im Universum einen Dämpfer zu versetzen (S. J. Dick, 1982; M. J. Crowe, 1986).

34.   T. Browne: *Religio medici* 1,22 (1978, S. 45f.).

35.   M. Ficino: *Theologica platonica de immortalitate animorum* 2,2 (1944, S. 231). Der Humanismus der Renaissance begann zum großen Teil als Widerstand der Platonisten von der Florentiner Akademie gegen die Averroisten der norditalienischen Universitäten, die die Unsterblichkeit des Menschen leugneten und einen naturalistischen Vernunftglauben predigten (J. H. Randall jr., 1962, S. 55–64; F. B. Artz, 1966, S. 29).

36.   G. B. Gelli: *Circe* (1963, S. 85).

37.   Gellis Pferd schilt die Menschen lüsterne, unbeherrschte und gefühlsgetriebene Wesen. Ulysses entgegnet, die Tiere handelten zwar beherrschter und vernünftiger als die Menschen, täten dies aber aufgrund des Zwangs ihrer Natur und nicht kraft der Vernunft – sie seien nicht wirklich tugendhaft. Dies alles hört sich verdächtig nach den Äußerungen an, die die Houyhnhmns im Gespräch mit Gulliver über die Yahoos tun. Der Verdacht wird fast zur Gewißheit, wenn Gellis Pferd bemerkt, menschliche Dichter seien gewohnt, «das zu sagen, was nicht ist» (dire tal volta quello che non é) – der verdrehte Ausdruck, den die Houyhnhmns für den ihnen fremden Gedanken des Lügens erfinden, den Gulliver ihnen erklärt. Robert Adams (1963, S. XLVIII) hält es für unwahrscheinlich, daß Swift diesen Ausdruck von Gelli abgeschrieben hat, weil er nicht in der damals neuen Übersetzung der *Circe* von Tom Brown vorkommt; doch Swift hätte ihn aus der Übersetzung von Henry Iden aus dem Jahre 1557 haben können («Poets [...] say sometimes *that that is not*»). *Circe* soll auch Montaigne beeinflußt haben (G. Boas, 1933, S. 28).

VI *Das Kreischen kaputtgehender Maschinen*

Motto: George Starbuck: «Translations from the English» (1966, S. 28).

1.   George Boas (1933, S. 52) meinte, Montaigne habe sich nur ein witziges Paradox geleistet, als er den Menschen mit den übrigen Tieren auf eine Stufe stellte. Aber Boas eigene Quellen (S. 67f.) zeigen, daß Montaigne zu seiner Zeit durchaus ernst genommen wurde.

2.   N. Fontaine, 1736, Band 2, S. 73.

3.   Der Gelehrte Johannes Buridan, der im 14. Jahrhundert den Begriff des einem bewegten Körper innewohnenden Impulses entwickelte, bemerkte, daß sich damit die unendliche Bewegung der Himmelskörper erklären ließ, ohne daß man planetarische Intelligenzen zu postulieren brauchte (E. J. Dijksterhuis, 1959, S. 182). Nikolaus von Oresme scheint der erste gewesen zu sein, der den daraus geschlossenen Weltmechanismus mit einem Uhrwerk verglich (H. Butterfield, 1949,

S. 8). Andere Theologen vertraten die Ansicht, daß Gott nicht einfach die Natur in Gang gesetzt und dann sich selbst überlassen hätte, weil die Folge gewesen wäre, daß die Sterblichen Gottes Macht und Vorsehung vergessen hätten (Johannes Calvin: *Institutio Religionis Christianae* 1,16; J. B. Friedman, 1981, S. 3).

4. Aristoteles: *Nikomachische Ethik* 1111 a 22 (1951, S. 103). Die cartesianische Sicht der Tiere kündigt sich bereits bei Augustinus an, der meinte, daß es keine Erkenntnis geben könne ohne Vernunft, die zur Beurteilung und Einordnung der Eindrücke notwendig sei (J. H. Randall jr., 1962, S. 25). Da sie ohne Vernunft und Urteilsvermögen seien, könnten die Tiere nichts erkennen, und also gehe ihnen «Verstand oder Empfindung, vielleicht auch das Leben» ab (vel intellectu vel sensu vel vita omnino: Augustinus: *Vom Gottesstaat* 12,4 [1978, Band II, S. 63]).

5. W. Ralegh: *History of the World* I,1,xi (1964, Band 2, S. 29f.).

6. Bernhard von Clairvaux: *De gratia et libero arbitrio* 1,2, 2,4 (1970, Band 7, S. 55–59).

7. G. Galilei: *Unterredungen und mathematische Demonstrationen über zwei neue Wissenszweige, die Mechanik und die Fallgesetze betreffend* (1987, Band 1, S. 395ff.).

8. I. Newton: *Mathematische Grundlagen der Naturphilosophie*, Vorwort (1988, S. 10f.).

9. E. J. Dijksterhuis, 1959, S. 310ff.

10. E. Nordenskiöld, 1928, S. 141ff. F. J. Cole, 1949, S. 270ff. Derartige Versuche und Deutungen gehen auf das klassische Altertum zurück (C. Singer, 1957, S. 32, 58), aber sie wurden im 17. Jahrhundert sehr viel häufiger.

11. T. Hobbes: *Leviathan*, Einleitung (1976, S. 5).

12. R. Descartes: *Méditations* 2,6; *Objections et réponses* 2 (1953, S. 278, 330f., 386).

13. R. Descartes: *Discours de la méthode* 4; *Principles de la philosophie* 2,1 (1953, S. 149f., 152f., 611f.).

14. R. Descartes, Brief an W. Cavendish vom 23. November 1646 (1949, S. 368): «Man könnte allein die Mutmaßung äußern, daß, obgleich die Tiere keinerlei Handlung vollführen, die uns Sicherheit über ein Denken gibt, irgendein Gedanke mit den Organen ihres Körpers verbunden ist, da diese Organe nicht sehr verschieden von den unseren sind, so wie wir diese Erfahrung ja auch bei uns machen, obschon der Gedanke bei ihnen sehr viel weniger vollkommen ist. Ich habe darauf nichts zu antworten, außer daß sie, wenn sie so wie wir dächten, ebenso wie wir eine unsterbliche Seele haben würden, was nicht wahrscheinlich ist, da kein Grund vorliegt, dies nur für einige Tiere zu glauben, ohne es zugleich für alle zu glauben, und da es mehrere allzu unvollkommene Tiere gibt, um es von ihnen glauben zu können, wie etwa die Austern, Schwämme usw.»

15. R. Descartes: *Von der Methode* 5 (1978, S. 46f.).

16. J. P. Mahaffy, 1901, S. 181.

17. N. Fontaine, 1736, Band 2, S. 52f. Obwohl man Fontaines Aussagen über Vivisektionen in Port-Royal in Zweifel gezogen hat, gibt es andere Quellen (J. Rodman, 1986), und solche Praktiken passen jedenfalls zu der Auffassung, die Tiere seien seelenlose Automaten, die sich durch die Schriften von Descartes und seinen Schülern zieht. Die mutmaßliche Gleichgültigkeit der Cartesianer gegen die Grausamkeiten der Vivisektion war im 17. Jahrhundert bei den Kritikern von Descartes ein bevorzugter Anklagepunkt (L. C. Rosenfield, 1941, S. 86ff.).

18. R. Descartes: *Von der Methode* 6 (1978, S. 50).

19. F. Bacon: *Das neue Organon* 59, 129 (1962, S. 61, 136f.).

20. F. Bacon: *Neu-Atlantis* (1982, S. 43).

21.   R. Descartes: *Le passions de l'âme*, Art. 34 (1953, S. 712).

22.   R. W. Church, 1931, S. 23, 131.

23.   J. Locke, 3. Brief an den Bischof von Worcester (1852, S. 350–357). Vgl. Voltaire: *Les adorateurs ou les louanges de dieu* (L. C. Rosenfield, 1941, S. 131).

24.   J. S. Slotkin (Hrsg.), 1965, S. 197.

25.   J. Wesley: *Sermons* 2,60 («The General Deliverance»), 1788 (1958, Band 6, S. 244, 252).

26.   J. Locke: *An Essay Concerning Human Understanding* 2,10,10, 2,11,5–13, 2,27,8; J. Burnett, 1774, S. 146–150; J. Wesley: *Sermons* 2,60 (1958, Band 6, S. 241–252); E. Darwin, 1801, Band 1, 16, 16,4–17,1, S. 263f.; R. E. Brantley, 1984; P. Quennell, 1968, S. 217; J. O. de La Mettrie: *L'homme machine* (1912, S. 29–32, 77f.); Voltaire: *Lettres philosophiques* 13 und *Dictionnaire philosophique*, «Bêtes»; L. C. Rosenfield, 1941, S. 149–153; J. S. Slotkin (Hrsg.), 1965, S. 179, 193, 204; A. Gode-von Aesch, 1941, S. 57ff.

27.   A. Pope: *Der Mensch* 1,7, S. 17f..

28.   Platon: *Timaios* 40f.; A. O. Lovejoy, 1985, S. 62ff.

29.   A. von Haller: «Gedanken über Vernunft, Aberglauben und Unglauben», zit. in A. O. Lovejoy, 1985, S. 240. Vgl. A. Pope: *Der Mensch* 2,1, S. 26ff.

30.   D. Hume: «Über Selbstmord» (1984, S. 93).

31.   A. Pope: *Der Mensch* 3,1, S. 45.

32.   Ebd. 3,1, S. 45f.

33.   Diese Lehre wurde von Thomas von Aquin im einzelnen entwickelt und ist immer noch die offizielle Lehrmeinung der katholischen Kirche (C. D. Niven, 1967, S. 29ff.; P. Singer, 1982, S. 214–217; J. Rachels, 1990, S. 90f.).

34.   J.-J. Rousseau: *Abhandlung über den Ursprung und die Grundlagen der Ungleichheit unter den Menschen* (1981, S. 68); L. C. Rosenfield, 1941.

35.   J. Bentham: *An Introduction to the Principles of Morals and Legislation* (1970, S. 283).

36.   R. Boyle: *Of the Excellency and Grounds of the Corpuscular or Mechanical Philosophy* (1744, Band 3, S. 450).

37.   C. Harvie, 1984, S. 430. Vgl. G. M. Trevelyan, 1942, Band 3, S. 103. «Wohin man auch schaut», schreibt E. P. Thompson (1975, S. 263), «die Ausdrucksweise im England des 18. Jahrhunderts ist überall durchdrungen vom Begriff des Gesetzes.»

38.   I. Watts, 1707 (S. T. Porter [Hrsg.], 1853, S. 140).

39.   A. Pope: *Der Mensch* 1,10, S. 21.

40.   L. C. Rosenfield, 1941, S. 59. Einige neuere christliche Denker haben ähnliche Überlegungen angestellt (C. S. Lewis, 1954, S. 155–157; P. Teilhard de Chardin, 1966; vgl. A. R. Kingston, 1967, S. 486).

41.   J. Wesley: *Sermons* 2,60 («The General Deliverance»), 1788 (1958, Band 6, S. 251). Vgl. D. Hume: *Dialoge über natürliche Religion* 10 (1968, S. 85ff.).

42.   K. V. Thomas, 1983, S. 182.

43.   J. Wesley: *Sermons* 2,60 (1958, Band 6, S. 249–251). Andere christliche Denker des 17. und 18. Jahrhunderts verbreiteten ähnliche Ansichten (K. V. Thomas, 1983, S. 139f.).

44.   T. R. Malthus: *Das Bevölkerungsgesetz* 19 (1977, S. 168 [Übers. leicht verändert]).

45.   A. Pope, *Guardian*, Nr. 61 (1777, Band 4, S. 158).

46.   C. D. Niven, 1967, S. 49ff.; S. Glubok (Hrsg.), 1969, S. 189; S. Shesgreen, 1973, Ta-

feln 77, 78; R. Darnton, 1984, S. 75ff., 90f.; K. V. Thomas, 1983, S. 139f.; H. Ritvo, 1987, S. 155.

47.   E. Hobusch, 1978, S. 151f.

48.   Das Fleisch von Tieren, die kurz vor dem Tod irgendwie gequält wurden, hat einen niedrigeren Milchsäuregehalt als das von schmerzlos getöteten Tieren. Solches Fleisch ist in seinem Geschmack und seiner Festigkeit sehr eigen und wurde früher geschätzt, ist aber heute nicht mehr begehrt (H. McGee, 1984, S. 96).

49.   D. S. Landes, 1983, S. 228.

50.   K. V. Thomas, 1983, S. 157ff.

51.   C. D. Niven, 1967, S. 98.

52.   Ebd., S. 53–55; J. Wesley: *Sermons* 2,60 (1958, Band 6, S. 247f., 251f.). Kinderlieder mit der Moral «Seid gut zu Tieren!» (wie «Mary had a little lamb») kamen um 1765 auf (I. und P. Opie [Hrsg.], 1952, S. 149), als der Verfasser eines der ersten Mother-Goose-Bücher das alte «Ding, dong, bell» – ursprünglich eine ironische Totenklage für eine ertrunkene Katze – mit einem moralischen Refrain versah («So ein böser Bub, wollte die arme Mieze ertränken!»).

53.   J. Locke: *Gedanken über Erziehung* 116 (1897, S. 199).

54.   R. Bator (Hrsg.), 1984a, S. 134, 151f., 154, 235f., 274; 1984b (Hrsg.), S. 191, 361f. Der anonyme Verfasser der *History of Little Goody Two-Shoes* (1766), bei der der Name der Heldin zu einer stehenden Wendung für derartige kindliche Moralpredigten wurde, warnte seine Leser, daß unartige Kinder, die «es wagen, die Geschöpfe Gottes des Allmächtigen zu quälen und mutwillig zu vernichten», nicht darauf rechnen könnten, in diesem Leben zu Glück oder im nächsten in den Himmel zu gelangen (R. Bator [Hrsg.], 1984a, S. 91f.).

55.   In Newberrys populärwissenschaftlichem Buch für Jugendliche, *The Newtonian System of Philosophy Adapted to the Capacities of Young Gentlemen and Ladies* (1761), wird die Sitte, Schweine zu Tode zu peitschen, damit ihr Fleisch zarter wird, als abscheulich dargestellt, und wird ein Experiment, bei dem eine lebende Ratte unter eine luftleer gepumpte Glasglocke gesetzt wird, beanstandet – und nur unter der Bedingung geduldet, daß die Ratte für ihren Dienst an der Wissenschaft freigelassen wird, sofern sie überlebt. Sie überlebt in der Tat und wird laufen gelassen (R. Bator [Hrsg.], 1984a, S. 45, 68). Zu Stierhetzen siehe Thomas Days Buch *The History of Sandford and Merton* von 1783 (ebd., S. 165); zur Jagd siehe H. Carpenter und M. Prichard, 1985, S. 24.

56.   K. V. Thomas, 1983, S. 162–165.

57.   C. Fleury: *Moeurs des israelites anciens* 2,2.13 (1837, S. 53, 126).

58.   G. B. Hill (Hrsg.), 1897, Band 1, S. 288. Johnson, der oft zur körperlichen Ertüchtigung auf die Fuchsjagd ging, wenn er irgendwo auf dem Lande zu Gast war, schockierte dennoch einmal einen Gastgeber damit, daß er einen gefangenen Hasen laufen ließ (ebd., Band 2, S. 397).

59.   E. Hobusch, 1978, S. 149.

60.   A. Pope, *Guardian*, Nr. 61 (1777, Band 4, S. 160). Das lateinische Zitat entstammt der Beschreibung des verwundeten Hirschs in der *Aeneis* (7,501f.): «blutig und wie ein Flehender mit seiner Klage». Der bizarre Brauch, auf den Pope sich bezieht, war nicht auf England beschränkt. In Spanien nahmen die Damen auf einer erhöhten Plattform Platz, woraufhin die gejagten Hirsche unter sie getrieben und niedergemetzelt wurden (F. Braudel, 1981, S. 292).

61.   K. V. Thomas, 1983, S. 294. «Viele», schrieb der puritanische Geistliche Joseph

Seccombe (1743), «haben eine große Abneigung gegen jene, deren Gewerbe es ist, den niederen Arten der Geschöpfe das Leben zu nehmen. Ein Metzger ist (in ihrem Verstande) ein schieres Ungeheuer und ein Fischer ein elender Schurke.» Vgl. John Taylors Satire «Jack-a-Lent» von 1620 (J. Taylor, 1630, S. 116): «Die Metzger, Kehlen abzuschneiden arg erpicht, / Machen, wenn Fasthans kommt, ihr blutig Schlachthaus dicht; / Vierzig Tage hat ihre Tyrannei ein End / Und Mensch und Tier in Frieden miteinander sind.»

62.   «Wundärzte», schrieb Swift 1706, «sollten kein Urteil über Religion abgeben dürfen, und zwar aus demselben Grund, aus dem der Metzger nicht als Geschworene über Leben und Tod entscheiden dürfen» (1958, S. 418).

63.   E. McCurdy, 1928, S. 78; K. V. Thomas, 1983, S. 290ff.

64.   B. Franklin: *Autobiografie* (1969, S. 53, 24).

65.   J.-J. Rousseau: *Emile* (1979, S. 39–41, 176–179); Voltaire: *Dictionnaire philosophique*, «Viande»; A. Pope, *Guardian*, Nr. 61 (1777, Band 4, S. 160); *Versuch über den Menschen* 3 [65–68] (1827, S. 56).; K. V. Thomas, 1983, S. 287–300; P. Singer, 1982, S. 224, 232.

66.   Siehe zum Beispiel das Bild, das John Lawson 1709 von den Indianern Carolinas entwarf (J. Lawson, 1967). Vgl. C. Fleury: *Moeurs des iraelites anciens* 2,2. Die Jagd, sprach Dr. Johnson, «war die Arbeit der Wilden Nordamerikas, aber die Unterhaltung der edlen Herren Englands» (G. B. Hill [Hrsg.], 1897, Band 2, S. 170). Einige führten die angebliche Abhängigkeit der Indianer von der Jagd als Rechtfertigung dafür an, ihnen ihr Land wegzunehmen, auf daß es einem produktiven (landwirtschaftlichen) Nutzen zugeführt werden könne (R. F. Berkhofer jr., 1978, S. 120, 138).

67.   T. Malthus: *Das Bevölkerungsgesetz* 3 (1977, S. 28).

68.   A. Pope: *Der Mensch* 3,4, S. 51.

69.   J. Burnett, 1774, S. 270–313, 367, 392–397, 416–420.

70.   J. Swift: *Gullivers Reisen*, 4,1–2, (1974, S. 346f., 358).

71.   M. P. Foster (Hrsg.), 1961, S. 7–73, 81–84; S. Orwell und I. Angus (Hrsg.), 1968, S. 205–223; R. Gravil (Hrsg.), 1974, S. 35ff.

72.   M. P. Foster (Hrsg.), 1961, S. 85f.

73.   Ebd., S. 76–80.

74.   Ebd., S. 79f.

75.   Swift: *Gullivers Reisen*, 4,2, (1974, S. 358f.).

VII Die Leiden des Eohippus

Motto: Arthur Conan Doyle: «Ein unheimliches Paket» (Übers. T. Terek; 1977, Band 2, S. 456).

1.   J. G. Herder: *Aelteste Urkunde des Menschengeschlechts* 64 (1883, Band VI, S. 253, Anm. a).

2.   W. Blake: *The Marriage of Heaven and Hell* 9, 8 (1985, S. 151f.). «Gefühl ist alles», verkündet Faust in Goethes Zerrbild der Romantik (*Faust* 1,3456).

3.   R. W. Emerson «Nature» (1926, S. 400); «Der Transzendentalist» (1982, S. 209f.).

4.   P. T. d'Holbach: *System der Natur* (1960, S. 5).

5.   W. Wordsworth: «The Tables Turned» (1984, S. 131).

6.   I. Babbitt, 1919, S. 273f.; J. Canaday, 1959, S. 115f.

7.   J. Addison, *Spectator* 414 (1956, S. 144f.).

8.   D. Clifford, 1963, S. 132f. Die Vorstellung von Eden entstammt wahrscheinlich
     letzten Endes selber dieser Gartenbautradition. Das Wort *Paradies* kommt von ei-
     nem persischen Wort, das «umfriedeter Garten» bedeutet, und das biblische Eden
     wird als ein ähnlicher Garten beschrieben, angepflanzt von Gott, der Adam als
     Gärtner in ihn setzte, «daß er ihn bebaute und bewahrte» (1. Mose 2,8–15).

9.   A. Pope: *Moralische Versuche*, S. 166.

10. P. Quennell, 1968, S. 180.

11. J.-J. Rousseau: *Julie oder Die neue Héloïse* 4,11 (1978a, S. 491–510); I. Babbitt, 1919,
     S. 275; D. Clifford, 1963, S. 151; E. Hyams, 1971, S. 5.

12. J.-J. Rousseau: *Die Bekenntnisse* 4 (1978b, S. 172f.)

13. E. Burke: *Vom Erhabenen und Schönen* 2,1 und 2,5 (1956, S. 91, 99).

14. J.-J. Rousseau: *Julie* 4,11 (1978a, S. 500).

15. J. Keats (1970, Band 7, S. 129); S. Freud: *Das Unbehagen in der Kultur* (1976c,
     S. 422).

16. P. B. Shelley: «Ode an den Westwind» V (P. B. Shelley und J. Keats, 1949, S. 11).

17. R. W. Emerson: «Die Natur» (1982, S. 89 [Übers. leicht verändert]).

18. Byron: *Ritter Harold's Pilgerfahrt* 3,72, (1850, 1. Band, S. 84).

19. P. B. Shelley: «On the Medusa of Leonardo da Vinci in the Florentine Gallery»
     (1991, S. 583).

20. H. D. Thoreau: *Walden* 11 (1972, S. 311).

21. P. B. Shelley: «Adonais» 382–387 (1991, S. 441).

22. W. Wordsworth: *Präludium* 6,629–640/dt. 861–78 (1974, S. 162).

23. F. W. J. Schelling: *Von der Weltseele* (1927, 1. Band, S. 418).

24. A. Tennyson: «The Higher Pantheism» (1970, Band 2, S. 288).

25. P. B. Shelley: «An eine Lerche» (P. B. Shelley und J. Keats, 1949, S. 25).

26. Zum Beispiel Schuberts Lieder «Jägers Abendlied», «Jägers Liebeslied» und «Der
     Alpenjäger» mit Texten von Goethe, Schober und Mayrhofer; Robert Schumanns
     «Jägerlied» und «Jäger Wohlmut» und seine Vertonungen von Texten aus H. Lau-
     bes *Jagdbrevier*; Brahms' «Der Jäger und sein Liebchen» und «Jägerlied»; Spohrs
     «Jagdlied»; und Webers Oper *Der Freischütz*.

27. L. Uhland: «Jägerlied» (1980, Band I, S. 29). Vgl. «Der Jäger» und «Das Reh»
     (Ebd., S. 174, 188).

28. J. F. Cooper: *Der Wildtödter* (1859, S. 348).

29. Ebd., S. 29f.

30. Ebd., S. 559.

31. Goethe und Schiller: *Xenien* 203, «Die Waidtasche» (Goethe, 1962, S. 470).

32. W. Blake: «Auguries of Innocence» (1985, S. 431).

33. R. W. Emerson: «Forbearance» (1921, S. 452).

34. H. D. Thoreau: *Walden* 11 (1972, S. 300f. [der Satz in der eckigen Klammer fehlt
     in der zitierten Übersetzung]). Vgl. Thoreaus *Journal* für den 21. Februar 1861
     (Band 14, S. 315–319).

35. H. D. Thoreau: *Walden* 11 (1972, S. 305).

36. P. B. Shelley: «Anmerkungen zu ‹Königin Mab›» 8 (1886, S. 136).

37. B. Alcott: *Journals*, 5. Februar 1839, S. 115. In den vierziger Jahren des 19. Jahr-
     hunderts setzte Alcott seine Familie in ihrer Kommune in New England auf eine
     strikt fleischlose Kost. In ihrem Buch *Silver Pitchers* von 1876 (G. F. Whicher
     [Hrsg.], 1965, S. 95–105) denkt seine erwachsene Tochter Louisa May Alcott nicht

eben liebevoll an die graue vegetarische Schmalkost ihrer Kindheit zurück: «Ungesäuertes Brot, Grütze und Wasser zum Frühstück; Brot, Gemüse und Wasser zu Mittag; Brot, Obst und Wasser zu Abend, so lautete der von den Alten vorgeschriebene Speiseplan. Kein Teekessel entweihte den heiligen Herd, kein blutiges Steak schrie von [meiner Mutter] Bratrost laut nach Rache.»

38.   W. Blake: *Jerusalem* 50,5 (1985, S. 681).

39.   W. Blake: *Milton* 34,43–35,3 (1985, S. 525).

40.   *The Portable Blake*, S. 687.

41.   W. Blake: «The Tyger» (1985, S. 214).

42.   P. B. Shelley: *Königin Mab* 8 (1886, S. 74). Vgl. Shelleys «Ode to Liberty» 21–30 (1991, S. 603ff.).

43.   A. Tennyson: *Maud* 1,4,4 (1970, Band 4, S. 158).

44.   L. Barber, 1980, S. 71–82; A. J. Desmond, 1989, S. 110–116.

45.   J. F. Moore (Hrsg.), 1899, S. 133ff.

46.   W. Kirby, 1835, Band 2, S. 525.

47.   W. Paley: *Natürliche Theologie* (1837, S. 308, 310, 312).

48.   A. Tennyson: *In Memoriam* LIV–LV (1874, S. 76f.).

49.   R. Nisbet, 1980, S. 118ff.

50.   L. Eiseley, 1958, S. 50.

51.   J. C. Wieland: *Die Natur der Dinge* 4,399–402, 6,7–12 (1909, S. 84, 117).

52.   C. Bonnet: *Palingénésie philosophique*, zit. in A. O. Lovecraft, 1985, S. 344.

53.   E. Darwin, 1801, Band 2, S. 247; J. B. Lamarck: *Philosophie zoologique* 1,2 (1984, S. 55).

54.   B. Disraeli: *Tancred* (1936, S. 82).

55.   A. J. Desmond, 1989.

56.   M. Millhauser, 1959, S. 122.

57.   A. O. Lovejoy, 1959; J. Barzun, 1958, S. 54.

58.   F. Darwin (Hrsg.), 1896, Band 2, S. 37.

59.   G. B. Shaw: *Zurück zu Methusalem* (1947, S. 54).

60.   M. Ruse, 1979, S. 239–241.

61.   C. Darwin: *Die Entstehung der Arten*, 4. Kap. (1963, S. 175f.).

62.   Ebd., 15. Kap., S. 677.

63.   H. Spencer, zit. in J. C. Greene, 1981, S. 74.

64.   C. Darwin: *Die Abstammung des Menschen*, 21. Kap. (1986, S. 919). Ähnliche Ansichten wurden auch von Malthus vertreten (1977, S. 150).

65.   P. Geddes, zit. in J. A. Thomson, 1910, S. 15.

66.   Wie Andrew Carnegie es ausdrückte, nachdem er Darwin und Spencer gelesen hatte: «Ich war jetzt nicht nur der Theologie und des Übernatürlichen ledig, ich hatte auch die Wahrheit der Evolution gefunden. ‹Alles ist gut, denn alles wird besser›, wurde mein Wahlspruch, mein Trostspender» (1921, S. 339).

67.   W. G. Sumner, 1963, S. 157, 166.

68.   G. B. Shaw: *Zurück zu Methusalem* (1947, S. 67f.).

69.   A. Gray, 1876, S. 306–311.

70.   C. Darwin: *Die Entstehung der Arten*, 15. Kap. (1963, S. 678).

71.   J. S. Mill: *Natur* (1984, S. 28, 30).

72.   F. Darwin (Hrsg.), 1896, Band 2, S. 105. Im Gegensatz dazu meinte Wallace (der dem Übernatürlichen weiterhin eine Rolle in der menschlichen Evolution zusprechen wollte), der Kampf ums Dasein verringere das Leiden und es sei «schwie-

rig, sich eine Ordnung, in der ein größeres Maß an Glück hätte erwirtschaftet werden können, auch nur vorzustellen» (A. R. Wallace, 1889, S. 40; vgl. G. Himmelfarb, 1959, S. 381).

73.   T. H. Huxley: «Der Daseinskampf in der menschlichen Gesellschaft» (1897, S. 189f.).

VIII Das kranke Tier

Motto: F. Nietzsche: *Zur Genealogie der Moral* 3,13 (1968, S. 385).

1.   C. Darwin: *Die Abstammung des Menschen*, 6. Kap., (1986, S. 174). Vgl. A. R. Wallace, 1889, S. 467; E. Clodd, 1902, S. 23; J. C. Greene, 1981, S. 102–105.

2.   H. Ritvo, 1987, S. 254; J. M. MacKenzie, 1988, S. 50f., 158–160, 301f.

3.   W. S. Rainsford, 1909, S. 19–45. Der moderne südafrikanische Dichter Roy Campbell, ein großer weißer Jäger, der sich als eine Art falangistischer Hemingway beschreiben ließe, prahlte: «Ich ging niemals jagen, ohne *matumba* zurückzubringen, das sind Innereien, Gedärme, die die Nigger essen» (R. Campbell, 1934, S. 65).

4.   H. Ritvo, 1987, S. 260; F. Russell, 1984, S. 47f.

5.   F. Russell, 1984, S. 28.

6.   H. L. Mencken, 1949, S. 308; J. M. MacKenzie, 1988, S. 45.

7.   J. Turner, 1980, S. 140.

8.   S. A. Sullivan, 1984, S. 41ff.

9.   J. Rishel, 1981.

10.   J. Canaday, 1962, S. 212.

11.   R. Ormond, 1981, S. 22.

12.   C. Day, 1948, S. 345.

13.   Die Gemälde und Zeichnungen, an die ich hier denke, sind von Courbet *Le cerf à l'eau*, *Le hallali du cerf* und *La biche forcée dans la neige*; und von Landseer *Deer and Deerhounds in a Mountain Torrent*, *The Last Run of the Season*, *A Random Shot*, *Precious Trophies*, *Wounded Stag Swimming* und *The Otter Speared*. Ähnliche Motive und ähnliche gemischte Gefühle über die Jagd bestimmen auch das Werk von Landseers Vorläufer aus dem 18. Jahrhundert, J.-B. Oudry, von dessen Gemälden gesagt wurde, sie hätten sogar Descartes davon überzeugt, daß Tiere eine Seele haben (H. Opperman, 1983, S. 184).

14.   R. Ormond, 1981, S. 17.

15.   Durch das Gesetz von 1822 wurden Kälber, Färsen und Ochsen geschützt, aber Stiere waren explizit ausgenommen, weil man die Anhänger der Stierhetzen nicht aufbringen wollte (C. D. Niven, 1967, S. 71; J. Turner, 1980, S. 40).

16.   C. D. Niven, 1967, S. 97–109; J. Turner, 1980, S. 45–52.

17.   J. Turner, 1980, S. 36f., 53–59; H. Ritvo, 1987, S. 137–157.

18.   M. T. Phillips und J. A. Sechzer, 1989, S. 3.

19.   M. Foster, 1899, S. 204; J. M. D. Olmsted, 1938, S. 95f.; C. Lansbury, 1985, S. 162.

20.   H. Ritvo, 1987, S. 164.

21.   C. Lansbury, 1985.

22.   Ebd., S. 45.

23.   C. D. Warner, 1878.

24.   M. Twain, 1869, Band 1, S. 87f., 268.

25.   M. Twain: *Durch Dick und Dünn* (1977, S. 121f.).

26.   F. Anderson (Hrsg.), 1972, S. 11f.

27.   M. Twain: *Dem Äquator nach* (1965, S. 93–96).

28.   Ebd., S. 256f.

29.   J. Smith, 1972, S. 132–144.

30.   M. Twain: *Letters from the Earth* (1962, S. 222ff.). Vgl. *The Mysterious Stranger* (M. Twain, 1916, S. 192–200) und *What Is Man* (M. Twain, 1917, S. 76ff.).

31.   M. Twain, 1894, S. 158.

32.   A. Tennyson: «Locksley Hall» (1867, S. 99–101).

33.   A. Tennyson: «Locksley Hall nach sechzig Jahren» (1888, S. 48, 40f.).

34.   A. Schopenhauer: *Parerga und Paralipomena* 156 (1947, S. 320).

35.   Ebd., S. 321–323. Dies ist dieselbe Moral, die Jeffers seiner Vision des Mörderaffen entnahm («Doch wir sind was wir sind, und wir könnten dran denken, / Keinen Menschen zu hassen, denn alle sind böse»). Schopenhauers Einfluß auf Jeffers ist ausführlich untersucht worden von R. Squires (1956, S. 41ff.).

36.   A. Schopenhauer: *Parerga und Paralipomena* 173 (1947, S. 342).

37.   A. Schopenhauer: *Die Welt als Wille und Vorstellung* 56 (1949, S. 365f.).

38.   «Und ebenfalls drücken auch die Uebel auf [das Thier] bloß mit ihrer wirklichen und eigenen Schwere, während uns das Fürchten und Vorhersehn [...] diese oft verzehnfacht.» (A. Schopenhauer: *Parerga und Paralipomena* 153 [1947, S. 315]).

39.   Ebd.

40.   H. Huth, 1957, S. 135.

41.   J. W. Krutch (Hrsg.), 1950, S. 99.

42.   H. Huth, 1957, S. 142f.

43.   R. Nash, 1982, S. 113; H. Huth, 1957, S. 155.

44.   *The Nation*, 27. Januar 1876, S. 66.

45.   J. Burroughs, 1912, S. 263f., 271f.

46.   R. E. Nicholls, 1976.

47.   S. Fox, 1981, S. 52.

48.   R. H. Lutts, 1990, S. 29.

49.   J. Burroughs, 1903, S. 305.

50.   J. Burroughs, 1904, S. 515.

51.   W. J. Long, 1903.

52.   R. H. Lutts, 1990, S. 107–109.

53.   R. Nash, 1982, S. 150, 139.

54.   P. R. Cutright, 1956.

55.   G. J. Stein, 1987; C. Brinton, 1965, Kap. 7.

56.   F. Nietzsche: *Zur Genealogie der Moral* 2,22 (1968, S. 347–349).

57.   Ebd. 1,11, S. 289. Vgl. Nietzsche: *Nachgelassene Fragmente, Herbst 1887 bis März 1888* 9 [146], (99): «der Mensch ist *leider* nicht mehr böse genug; die Gegner Rousseaus, welche sagen: ‹der Mensch ist ein Raubthier› haben leider nicht Recht» (1970, S. 85).

58.   Angesichts von Nietzsches lauthals verkündeter Verachtung des Mitleids und seiner angeblichen Gleichgültigkeit gegen das Leid hat der Vorfall, der seinen schließlichen Wahnsinn herbeiführte, eine eigene ironische Stimmigkeit. Als er am 3. Januar 1889 aus seiner Wohnung in Turin trat, sah er, wie ein Droschkenkutscher brutal auf sein altes Pferd eindrosch. Nietzsche stürzte zu dem Pferd hin, warf die Arme schützend um den Hals des Tieres und brach unter Tränen zusammen. Er wurde heimgeführt und zu Bett gebracht. Als er erwachte, hielt er sich für den ge-

kreuzigten Dionysos, der von den Toten auferstanden war, um die Welt zu retten. Er verbrachte die folgenden zwölf Jahre bis zu seinem Tode im Jahre 1900 in geistiger Umnachtung (E. F. Podach, 1930).

59.   S. Freud: «Die ‹kulturelle› Sexualmoral und die moderne Nervosität» (1976a, S. 149f.) und *Das Unbehagen in der Kultur*, Kap. IV (1976c, S. 458–465); C. Rycroft, 1972, S. 20f.

60.   S. Freud: «Über die allgemeinste Erniedrigung des Liebeslebens» (1990, S. 91).

61.   S. Freud: *Jenseits des Lustprinzips*, Kap. VI (1976b, S. 46–66); E. Fromm, 1973, S. 439ff.; J. M. Dickinson, 1964.

62.   S. Freud: *Das Unbehagen in der Kultur* (1976c, S. 506).

63.   J. Huxley, 1948, S. 21, 156. «Die Überlegenheit des Menschen über die anderen Tiere», schrieb Norman Brown als Resümee Freuds, «ist seine Fähigkeit zur Neurose» (N. O. Brown, 1959, S. 10).

64.   W. H. Auden, 1977, S. 217. Vgl. Audens Essay von 1935 «Psychology and Art Today» (ebd., S. 332–342).

65.   S. Pope, 1925, S. 140.

66.   Der mittelalterlichen englischen Tradition galten der Hase, der Hirsch, der Eber und der Wolf als die vier «beasts of venery», das eigentliche edle Jagdwild (G. Tilander, 1964); die anderen standen im niedrigeren Ansehen von «beasts of chase» oder «vermin», Wild der Hetzjagd oder Schädlingen. Wildschweine gibt es in Nordamerika nicht, und die Wolfsjagd ist in den Vereinigten Staaten selten als Sport betrieben worden.

67.   Die Symbolik von Hirsch und Reh ist die ganze Geschichte der englischen Sprache hindurch auch von den Homophonen *deer/dear* (Wild/Liebste) und *hart/heart* (Hirsch/Herz) beeinflußt worden. Beide Wortspiele sind auch heute noch in den Massenmedien zu hören – zum Beispiel in der Werbekampagne vom Dezember 1983, in der kalifornische Rundfunkhörer aufgefordert wurden, mit der Liebsten und ein bißchen Geld zu Weihnachten nach Las Vegas zu fahren («bring your dear and a little dough»), oder in der Meldung, daß Rancher hungerndes Wild fütterten, die am 29. Februar 1984 in den CBS-Abendnachrichten unter dem ironischen Titel «Heart to Hart» kam.

68.   Beispielsweise in Robert Frosts Gedichten «Two Look at Two» und «The Most of It», in der menschliche Sehnsüchte durch das plötzliche Auftauchen von Hirschen beantwortet werden, die symbolische Botschaften der Liebe oder der Verzweiflung bringen. Zu ähnlichen Hirschepiphanien kommt es in den Werken von Kenneth Patchen (1945) und Ted Hughes (1979, S. 22f.).

69.   Einige Beispiele zusätzlich zu den bereits erwähnten: Cowper: *The Task* 3,108ff.; Shelley: *Epipsychidion* 272–275 und *Adonais* XXXI–XXXIII (1992, S. 417, 438f.); Tennyson: *The Princess* II (1970, Bd. 4, S. 32f.); John Davidson: «A Runnable Stag» (1973, Band 1, S. 159–161); Edna St. Vincent Millay: «The Buck in the Snow» (1928); J. R. Harris, 1924, S. 11f., 17; E. Weismiller, 1936, S. 78f.; und Andrew Wyeths Gemälde aus dem Jahre 1945 *Young Buck* (W. M. Corn, 1973, S. 26).

70.   W. Kirby, 1835, Band 2, S. 501.

71.   K. Rexroth: «Deer» (1956, S. 61).

72.   E. Mendez, 1970; L. Erdrich, 1984, S. 180ff. Zu George Formans und George Bushs «ehrfürchtiger Scheu» vor Hirschen und dem inneren Widerstreben dagegen, sie zu jagen, siehe *Time*, 22. April 1985, S. 10f., und *Newsweek*, 8. Januar 1989, S. 63.

73.   J. Dickey: «Springer Mountain» (1964, S. 29).
74.   CBS-Abendnachrichten, 17. Juli 1982.

IX Das Bambi-Syndrom

Motto: Fred Pfeil, 1986, S. 523.
1.   Für die Beschreibung von Salten und seiner Stellung im Wiener kulturellen Le-
      ben wurden als Quellen benutzt: Karl Kraus: *Die letzten Tage der Menschheit*
      (1922); F. Salten, 1933; A. Werner, 1945; K. Riedmüller, 1949; A. Janik und S. Toul-
      min, 1973; C. E. Schorske, 1980; J. S. Jones, 1983; J. Rieckmann, 1985; S. Hamps-
      hire, 1991; und die gesammelten Briefe von Hofmannsthal (1937) und Schnitzler
      (T. Nickl und H. Schnitzler [Hrsg.], 1964).
2.   F. Salten, 1931, S. 124.
3.   K. Riedmüller, 1949, S. 46.
4.   G. Reiger, 1980, S. 16.
5.   F. Salten, 1956, S. 77f., 89f.
6.   Ebd., S. 46f.
7.   Ebd., S. 164.
8.   Ebd., S. 169f.
9.   J. Galsworthy, 1916.
10.   *New York Times*, 8. Juli 1928, Teil 4, S. 5.
11.   L. Mosley, 1985, S. 28.
12.   *New York Times*, 15. Dezember 1933, S. 5; 24. Januar 1939, S. 21.
13.   G. Seldes, 1937, S. 46f.
14.   S. Orwell und I. Angus (Hrsg.), 1968, Band 1, S. 230–232.
15.   F. S. Nugent, 1939.
16.   A. I. Macy, *New York Times*, 10. Oktober 1938, Teil X10, S. 9.
17.   F. Thomas und O. Johnston, 1981, S. 339f.
18.   Perce Pearce, Protokoll der Sweatbox-Sitzung vom 1. September 1939; Bambi-
      Akte, Disney-Archiv. Alle im folgenden angeführten Protokolle stammen aus dem
      Disney-Archiv.
19.   S. Culhane, 1986, S. 142.
20.   F. Thomas und O. Johnston, 1981, S. 279f.
21.   Die Erfindung der fotokopierten Zelluloidfolie («Cel») in den fünfziger Jahren
      und die anschließende Ersetzung der Cel durch die Computergrafik haben seit-
      her bessere und billigere Lösungen für das Fehlerproblem bei Mehrfachübertra-
      gungen gebracht.
22.   Walt Disney, Protokoll der Sweatbox-Sitzung vom 10. März 1941.
23.   Perce Pearce, Protokoll der Sweatbox-Sitzung vom 1. September 1939.
24.   Larry Morey, Protokoll der Sitzung vom 19. März 1940.
25.   Ebd., S. 280f., 447; *Variety*, 1. Dezember 1982. Nach der Todesanzeige für Hugh
      Harmann, den Regisseur des Films, in der *Los Angeles Times* (27. November 1982)
      wurde dieser für den Friedensnobelpreis nominiert, nicht für den Academy
      Award.
26.   Eine darin schon fehlende Szene wurde erst am 9. September 1939 gestrichen, aber
      eine Fuchsjagd ist noch drin, die am 22. November herausgenommen wurde.
27.   Undatierter, hektographierter Drehbuchentwurf mit der Aufschrift «F#2 –

BAMBI», Bambi-Akte, Disney-Archiv. Dieser Dialog hält sich eng an Salten, aber die anschließenden Pointierungen – daß Bambis Mutter das letzte Wort hat, daß sie in der folgenden Sequenz umkommt und daß ihre Mörder mittels des Lockrufs auch ihr Kind töten wollen – sind Disney-Neuerfindungen.

28.   Dieser Satz ist derart unerträglich bedeutungsschwer, daß er eine der wenigen Selbstparodien veranlaßte, die bei Disney vorkommen. In dem Disney-Kurzfilm *No Hunting* von 1955 (für den Oscar nominiert) haben Bambi und seine Mutter einen kurzen Auftritt; sie sehen eine Müllwoge, alles Abfälle von Jägern, einen Bach herunterkommen – woraufhin die Mutter mit tiefer Altstimme murmelt: «*Der Mensch* [...] ist im Wald. Besser, wir verschwinden.»

29.   Perce Pearce, Protokoll der Story-Sitzung vom 1. Februar 1940.

30.   Walt Disney, Protokoll der Story-Sitzung vom 20. Juni 1940.

31.   Story-Sitzung vom 19. April 1940.

32.   Der Gedanke, den Film so enden zu lassen, wie er anfing, kam von dem Berater Sidney Franklin (O. Johnston und F. Thomas, 1990, S. 119) und wurde von Disney ausgearbeitet (Walt Disney, Aufzeichnungen von der Leica-Sitzung vom 18. Dezember 1939; Walt Disney, Protokoll der Story-Sitzungen vom 9. Januar und 21. Juni 1940). Die Sequenz «Aprilschauer» in *Bambi* beschreibt allein schon ein Palindrom, das so kunstvoll ist wie das in der *Alten Mühle*.

33.   «Wer ins Wasser schaut», schrieb Jung, «sieht zwar sein eigenes Bild, aber dahinter tauchen bald lebendige Wesen auf; Fische sind es wohl, harmlose Bewohner der Tiefe – harmlos, wenn der See nicht für viele gespenstisch wäre. Es sind Wasserwesen besonderer Art. Manchmal geht dem Fischer eine Nixe ins Garn, ein weiblicher, halbmenschlicher Fisch. [...] Die Nixe ist eine noch instinktivere Vorstufe eines zauberischen weiblichen Wesens, welches wir als Anima bezeichnen. [...] Eine unheimliche Huldin von anno dazumal heißt heute ‹erotische Phantasie›, welche unser Seelenleben in peinlicher Weise kompliziert. Sie begegnet uns zwar nicht weniger als eine Nixe; sie ist obendrein wie ein Sukkubus [...] und zeigt überhaupt eine unerträgliche Selbständigkeit, die einem psychischen Inhalt von Rechts wegen eigentlich nicht zukäme. [...] Sie ist voll von Fallstricken und Fußangeln, damit der Mensch zu Fall komme, die Erde erreiche, sich dort verwickle und daran hängenbleibe, damit das Leben gelebt werde» (C. G. Jung, 1976, S. 34–36).

34.   Ebd., S. 29ff.

35.   Protokolle der Sweatbox-Sitzung vom 1. September 1939 und der Story-Sitzung vom 13. März 1940.

36.   F. Salten, 1956, S. 45, 47f., 99f.

37.   G. Seldes, 1950, S. 46f.

38.   «Wenn dies auch in einer einzelnen Nacht geschieht, so wird es, hoffe ich, doch nicht den Eindruck hinterlassen, daß IT HAPPENED ONE NIGHT», schrieb ein Mitarbeiter des Disneystabes mit Anspielung auf die gleichnamige Paramount-Schlafzimmerkomödie von 1934 mit Clark Gable und Claudette Colbert in den Hauptrollen (dt. *Es geschah in einer Nacht*).

39.   Frühe Disney-Trickfilme verdanken in der Tat viel von ihrer Wirkung einem Strom freudianischer Bilder. Wie der Animationshistoriker Donald Crafton bemerkt, unterschieden sich die Disney-Stummfilme von ihrer Konkurrenz gerade durch «den offen libidinösen (aber vorgeblich unschuldigen) Inhalt der Witze. Als heutiger Zuschauer muß man über das Ausmaß staunen, in dem die Mehrheit der Gags mit phallischen Bildern erzeugt wird» (D. Crafton, 1982, S. 294). Diese Art von

Symbolträchtigkeit hielt sich in den Disney-Cartoons bis in die Mitte der vierziger Jahre. Die Sambanummer in *Die drei Caballeros*, in der ein lüsterner Donald Duck mit einer schönen, peitschenschwingenden Vaquerita zu einer Revue rhythmisch steif und schlaff werdender Riesenkakteen tanzt, veranlaßte seinerzeit den Filmkritiker des *New Yorker* zu der Bemerkung, die Sequenz «wäre in einem weniger unschuldigen Medium wahrscheinlich als anstößig empfunden worden» (10. Februar 1945, S. 37). In *Bambi* wurde die Einstellung, wie die Häsin Klopfers Kopf in den Schoß nimmt und er einen regelrechten Klopfanfall bekommt, als sie mit seinen steifen Ohren herumspielt, bei der Aufführung 1940 kritisiert, und selbst heute wird sie von Erwachsenen im Publikum häufig mit Kichern bedacht.

40. C. Shows, 1980, S. 188.

41. Ebd., S. 117.

42. E. H. Hess, 1975.

43. Dieses Zitat stammt aus einem Interview mit Williams in dem Disney-Werbefilm von 1982 *It All Started with a Mouse*.

44. P. Kael, *New Yorker*, 19. Juli 1982, S. 16.

45. R. Ebert, *Durham* (N.C.) *Morning Herald*, 15. Juli 1988, Freitagsmagazin, S. 4.

46. *Times*, 6. August 1942, S. 6.

47. *New Republic*, 29. Juni 1942, S. 843.

48. Siehe zum Beispiel R. Stephenson, 1967; R. Schickel, 1968; G. Seldes, 1956; R. Benayoun, 1961.

49. R.J. Brown, 1942.

50. Ebd.

51. D.C. Peattie, 1942, S. 266, 268.

52. Zit. in C. Amory, 1975, S. 92f. Ähnliche Kritik an Disney ist von Philosophen, Naturfreunden und Biologen geübt worden (B. Nietschmann, 1977; T. Williams, 1989a, 1989b; R. H. Lutts, 1990, S. 198ff.; M. Bekoff und D. Jamieson, 1991, S. 30; J. A. Fisher, 1991, S. 75).

53. *Durham* (N.C.) *Morning Herald*, 16. Januar 1983, S. 11b.

54. Zit. in C. Amory, 1975, S. 150.

55. *Arizona Daily Star* (Tucson), 16. Dezember 1985. Vgl. B. R. Peterson, 1989, S. 25, 33f. Einige Fleischproduzenten geben Disney in ähnlicher Weise die Schuld an vegetarischen Tendenzen (R. E. Taylor und R. Bogart, 1988, S. 553).

56. D. E. Petzal, 1988.

57. Paul Harvey, Nachrichten vom 19. Juli 1982.

58. C. Amory, 1975, S. 136.

59. *Raleigh* (N. C.) *News and Observer*, 24. September 1986, S. 5c. Vgl. C. J. Adams, 1991, S. 77.

60. G. Reiger, 1980, S. 16.

61. Ein paar Beispiele: Bei der Berichterstattung über Proteste, die sich gegen Touristenflüge über Yosemite richteten, versicherte CBS News den Zuschauern, die Reiseunternehmen hätten «nicht die Absicht, Bambis tief anzufliegen» (Abendnachrichten vom 20. März 1984). In seiner Kolumne vom 3. August 1985 beschrieb Andy Rooney seine erste Begegnung mit einem Hirsch und gab an: «Er war Bambi persönlich» (*Arizona Daily Star*, S. a-10). Ein AP-Bericht von 1983 beschrieb das Treffen eines Mädchens aus Massachusetts mit einem französischen Jungen, der einen Brief gefunden hatte, den sie in einer Flasche in den Atlantik geworfen

hatte. Keines verstand die Sprache des anderen. Als sie sich bemühte, ihm etwas über ein Hirschjunges zu erzählen, hörte er verständnislos zu, bis ihm plötzlich ein Licht aufging. «Ah, Bambi», entgegnete er. «Je le sais.» (*Durham* [N.C.] *Morning Herald*, 1. September 1983, S. 2A.)

62. H. und J. van Lawick-Goodall, 1972, S. 19.

63. B. R. Peterson, 1989, S. 14, 33.

64. CNN-Nachrichten, 21. Juli 1988. Wie Hirsche und Rehe im allgemeinen seit Shakespeares Zeiten, verkörpert auch Bambi das archetypische unschuldige Opfer. Nachdem 1989 eine Bande Jugendlicher eine junge Frau im New Yorker Central Park vergewaltigt und beinahe totgeschlagen hatte, schrieb die Kolumnistin Joanne Jacobs: «Das entscheidende Element dieses Angriffs war, daß die Täter männlichen Geschlechts waren und das Opfer weiblich. Hier die Raubtiere, dort Bambi.» (*Newsweek*, 15. Mai 1989, S. 40.)

65. John Updike, schreibt ein giftiger Rezensent seiner Essays, betrachtet Doris Day «mit feuchten Bambiaugen» (J. Wolcott, 1983, S. 66). «Ich mache Ihnen Rehaugen», schwärmt eine Kosmetikverkäuferin Miss Piggy in Jim Hensons Film *The Muppets Take Manhattan* vor: «Rehaugen sind Bambiaugen.» In Bill Wattersons Comicstrip *Calvin and Hobbes* vom 29. Juni 1987 übt Calvin, mit riesigen, stumm flehenden Augen «Ach biiitte, Mami» zu sagen – bis Hobbes bemerkt: «Ich glaube immer noch nicht, daß sie dir einen Flammenwerfer gibt, bloß weil du ihr Bambiaugen machst.»

66. C. L. Brace teilt mir mit, daß der Football-Spieler Lance Alworth, ein früherer Außenspieler bei den San Diego Chargers, wegen seiner hirschartigen Grazie und Sprungstärke den Spitznamen «Bambi» hatte.

67. *U. S. News and World Report*, 6. Juni 1983, S. 54; R. Wolf, 1981, S. 61. Während Watts Amtszeit wurde Bambi tatsächlich von der US-Forstbehörde als Symbol der Natur benutzt. Wer 1981 die Nationalparks in den Sierras besuchte, konnte an Postern der Forstbehörde vorbeifahren, auf denen er von Bambi beschworen wurde, Waldbrände verhüten zu helfen – und dann in einem Informationszentrum einen Führer (R. K. Grater, 1978) kaufen, in dem er beschworen wurde, Maultierhirsche nicht als «eine Art von lebensechten Bambis» zu behandeln.

68. *Newsweek*, 22. Mai 1989, S. 72.

69. T. Williams, 1989a; N. Christensen, 1989.

70. J. G. Mitchell, 1980, S. 15, 242.

71. J. G. Mitchell, 1982, S. 111.

72. Gesprochener Text zu *Nature's Half Acre* (1951) und *Secrets of Life* (1956; dt. *Eine Welt voller Rätsel*), Disney-Archiv.

73. F. Butler, 1983.

74. R. K. MacDonald, 1982, Kap. 5–6.

75. M. Blount, 1975, Kap. 7; R. Bator (Hrsg.), 1984b, S. 263ff.; J. Cott (Hrsg.), 1983, S. XVIII.

76. C. Johnson, 1904, S. 210f.

77. B. Wishy, 1968, S. 53.

78. Um eine unvoreingenommene Auswahl zu treffen, überprüfte ich die 206 Kinderbücher, die amerikanischen Erstkläßlern im Schuljahr 1986/87 von Scholastic Publications über ihre Buchclubs angeboten wurden. Ich stellte fest, daß 106 von ihnen, 51 Prozent, Geschichten von sprechenden Tieren waren, größtenteils aus dem Subgenre der Tiersatire, und weitere 5 Prozent Tiergeschichten anderer Art.

79.   Das älteste Plüschtier, das ich nachgewiesen fand, ist ein Stoffelefant von 1829, der im Museum der Stadt New York aufbewahrt wird (K. M. McClinton, 1970).

80.   I. und M. McClintock, 1961, S. 357f.

81.   J. R. R. Tolkien, 1965, S. 78, 82.

82.   D. D. Pitts, 1974.

83.   Für diesen Gedanken habe ich Kaye Brown zu danken. Als die Firma F. Warne & Co. 1990 für ihre Produkte mit Kindernahrung statt einer (weißen) Mutter mit Kind ein Beatrix-Potter-Bild von Peter Rabbit als Etikett nahm, wurde das in der Firmenwerbung damit begründet, die Tierfiguren würden «Menschen jeder ethnischen Herkunft» gleichermaßen ansprechen.

X Eine tödliche Krankheit der Natur

Motto: Robinson Jeffers: «The Beginning and the End» (1963, S. 8f.).

1.   C. Darwin: Die Entstehung der Arten, 15. Kap. (1963, S. 676).

2.   A. Sedgwick, 1860; W. Hopkins, 1860; A. R. Wallace, 1869; G. D. Campbell (Lord Argyll), 1869; St. G. J. Mivart, 1871.

3.   C. Darwin: Die Abstammung des Menschen, 2. Kap. (1986, S. 53).

4.   Ebd., S. 57 ([Übers. verändert]; Hervorhebung von mir, M. C.).

5.   M. Cartmill u. a., 1986; P. J. Bowler, 1986, S. 151.

6.   D. J. Morton, 1926, 1927, 1935; H. F. Osborn, 1927, 1929; F. W. Jones, 1929a, 1929b; W. E. Le Gros Clark, 1934, S. 138, 281; J. G. Fleagle und W. L. Jungers, 1982; P. J. Bowler, 1986.

7.   G. E. Smith, 1924, S. 40.

8.   H. F. Osborn, 1926, 1927. A. R. Wallace (1889, S. 459) trug eine waschechte darwinistische Überlegung mit dem gleichen Ergebnis vor: Er meinte, daß unser zweifüßiger Gang auf dem Boden nicht in tropischen Wäldern entstanden sein kann, da die Nahrung in solchen Wäldern überwiegend auf Bäumen zu finden ist und eine Einbuße des Klettervermögens bei der Futtersuche entsprechend von Nachteil gewesen wäre.

9.   W. E. Le Gros Clark, 1934, S. 288. In dieser frühen Version seiner Theorien beschrieb Clark die Evolutionstendenzen der Primaten als orthogenetisch – das heißt als Produkt einer angeborenen Neigung, einen vorherbestimmten Entwicklungspfad zu verfolgen. Nach dem Sieg der neodarwinistischen Synthese in den späten dreißiger Jahren interpretierte er diese Tendenzen selektionistisch zu Anpassungen an das Leben auf den Bäumen um (M. Cartmill, 1972, 1974, 1982; J. G. Fleagle und W. L. Jungers, 1982).

10.   W. E. Le Gros Clark, 1959, S. 75.

11.   C. Morris, 1890, S. 350. Vgl. C. Morris, 1886, S. 503.

12.   C. Morris, 1906, S. 65, 119–125.

13.   H. Campbell, 1913, S. 1260, 1408; 1904, S. 911.

14.   H. Campbell, 1904, S. 911; 1913, S. 1408.

15.   H. Campbell, 1904, S. 911. Von der späteren Geschichte dieser Vorstellung hat Wiktor Stoczkowski (1991) einen kurzen Abriß gegeben.

16.   H. Campbell, 1913, S. 1334, 1409f. Ähnliche Spekulationen über die entwicklungsgeschichtliche Grundlage für die geistige Überlegenheit des Mannes über die

Frau wurden von Darwin im 19. Kapitel der *Abstammung des Menschen* vorgebracht.

17.   H. Campbell, 1913, S. 1260.

18.   H. Campbell, 1917, S. 469.

19.   Ebd., S. 433f.

20.   C. Read, 1914, S. 182.

21.   C. Darwin: *Die Abstammung des Menschen*, 20. Kap.; S. Freud: *Totem und Tabu*
        (1978, S. 152ff.).

22.   C. Read, 1920, S. 34, 39, 48f.

23.   Ebd., S. 61; R. Hartmann, 1883, S. 273f.

24.   C. Read, 1925, S. 80f.

25.   Ebd., S. 18.

26.   Von Morris' Buch *Man and His Ancestors* erhielt Carveth Read erst Kenntnis, als
        er seines schon veröffentlicht hatte. In seiner zweiten Auflage (1925, S. VIIf.) an-
        erkannte er, daß Morris ihm zuvorgekommen war.

27.   A. Hrdlička, 1918.

28.   A. Keith, 1948, S. 253.

29.   M. Cartmill, 1983; P. J. Bowler, 1986, S. 230–232; R. Lewin, 1987, S. 315.

30.   Die internationalen Regeln für die Zoologische Nomenklatur (Artikel VII, 26a
        und 29) schreiben vor, daß zoologische Namen, die als Zusammensetzung zwei-
        er bestehender Namen gebildet werden, keinen Bindestrich enthalten dürfen und
        daß Familiennamen durch Zusatz der Endung -idae (nicht -adae) an den Namen
        einer Gattung in der Familie zu bilden sind (E. Mayr, 1969, S. 310). Eine neue Fa-
        milie, die nur die Gattung Australopithecus umfaßt, kann nicht «Homo-simia-
        dae» genannt werden; sie müßte Australopithecidae heißen. Diese Regeln waren
        1924 noch nicht festgeschrieben, aber sie hatten schon damals gewohnheitsrecht-
        liche Geltung – was vermutlich der Grund war, daß Dart zwei dieser drei Verlet-
        zungen sofort berichtigte und die dritte zu rechtfertigen versuchte (1925b), bevor
        er die «Homo-simiadae» ganz aufgab.

31.   Eine andere mögliche Quelle ist ein theologisches Werk von J. Y. Simpson (1922,
        S. 78), in dem Reads Version der Jagdhypothese erläutert und der hypothetische
        Protohominide «Homosimius» getauft wird.

32.   R. A. Dart, Brief an M. Cartmill vom 16. Juni 1983.

33.   R. A. Dart, 1940. Trotzdem muß Dart von Read und Campbell Kenntnis bekom-
        men haben, als sein alter Feind Arthur Keith sie in seinem Buch von 1948 als Darts
        Vorläufer anführte. Das Buch erschien ein Jahr vor Darts erster Publikation, in
        der er Australopithecus großes jägerisches Können bescheinigte (R. A. Dart, 1949).

34.   Ein bedeutender Wissenschaftler, der Paläontologe W. K. Gregory, vertrat schon
        1916 die Ansicht, daß zur Entstehung des Menschen ein Übergang zu einer jäge-
        rischen Lebensweise nötig gewesen sei. Aber das einzige Merkmal, auf das Gre-
        gory als «Nebenprodukt des Jagdverhaltens» eigens hinwies, war die menschli-
        che Unbehaartheit, die seines Erachtens entstanden war, als unsere Vorfahren an-
        fingen, sich in die Felle ihrer Beutetiere zu hüllen.

35.   Eine frühe, häufig nachgedruckte Quelle für dieses Bild vom jagenden
        Höhlenmenschen ist Langdon Smiths Gedicht «Evolution» von 1895, das anfängt:
        «Als du noch Kaulquappe warst und ich Fisch / In paläozoischer Zeit». 1928 war
        das Bild längst ein Klischee, das Don Marquis in *Love Sonnets of a Cave Man* (S. 3)
        parodieren konnte.

36.   H. G. Wells, 1925, II,VIII,2, S. 44. Wells zitiert diese Worte zustimmend aus W. G. Smith, 1894, S. 56. Ähnliche Schlüsse über die frühen Hominiden wurden vorgetragen von Friedrich Engels in *Der Ursprung der Familie, des Privateigentums und des Staats* (1884) und von H. W. Van Loon in seinem populären Grundschulbuch *The Story of Mankind* (1921).

37.   W. W. Howells, 1946, S. 125.

38.   P. J. Bowler, 1983.

39.   E. Mayr, 1982, S. 549.

40.   Zit. in C. Read, 1925, S. VIII.

41.   H. S. Harrison, 1921. Reads Kommentar zu dem Umschwung des wissenschaftlichen Interesses von Darwin auf Mendel war messerscharf: «Ein diszipliniertes Rudel verfolgt immer nur ein Beutetier auf einmal» (C. Read, 1925, S. VIII).

42.   J. S. Huxley, 1942, S. 28.

43.   S. L. Washburn, 1951b.

44.   G. J. Romanes, 1893, S. 426 [Übers. leicht verändert].

45.   E. Haeckel, 1899, S. 119; 1923, S. 574ff. Ähnliche Auffassungen wurden von Herbert Spencer vorgebracht (G. W. S. Stocking jr., 1987, S. 141).

46.   D. Gasman, 1971; G. J. Stein, 1986; R. Proctor, 1988; B. Müller-Hill, 1984.

47.   E. Barkan, 1988; C. L. Brace, 1982.

48.   E. A. Hooton, 1946, S. 158f.

49.   T. H. Huxley, 1863, Kap. 3.

50.   M. Cartmill, 1990. Donna Haraway (1988) interpretiert die «New Physical Anthropology» ganz anders, nämlich als Rechtfertigung für die kapitalistische Ausbeutung der Völker der Dritten Welt.

51.   L. A. White, 1949, S. 29, 35.

52.   N. Chomsky, 1964; 1975, S. 53. Vgl. E. H. Lenneberg, 1967.

53.   Beispielsweise von M. Sahlins, 1976; K. E. Bock, 1980; D. Bickerton, 1990, Kap. 8.

54.   E. A. Hooton, 1946, S. 288.

55.   W. W. Howells, 1946, S. 102.

56.   W. E. Le Gros Clark, 1964, S. 157–162.

57.   S. L. Washburn, 1951a.

58.   C. L. Brace, 1962, S. 3. Vgl. W. W. Howells, 1959, S. 123.

59.   A. E. Mann, 1972.

60.   C. L. Brace, 1962, 1967; M. H. Wolpoff, 1971.

61.   T. Hine, 1987.

62.   P. Boyer, 1985, S. 266–274.

63.   H. E. Fosdick, 1946, S. 23, 121.

64.   S. Orwell und I. Angus (Hrsg.), 1968, Band 4, S. 184–190. Orwell brachte das gleiche Gefühl auch in anderen Essays und Briefen der Nachkriegszeit zum Ausdruck (ebd., S. 9, 248, 387, 428, 451).

65.   H. G. Wells, 1945, S. 1.

66.   M. Bates, 1960, S. 252f.

67.   John D. MacDonald spann diese Metapher in einem Travis-McGee-Thriller (1965, S. 37) weiter: «Stell dir ein Raumschiff von einer fernen Galaxie vor, das tausend grüne Planeten inspiziert, und dann kommt es zu unserm und blickt von oben nieder auf die ganzen Halunken, das Gebrumme, das elektronische Geplapper, die verschmutzte Luft und das vergiftete Wasser, das eklige Nachtgefunkel. Ein

kleines höhlenbewohnendes Virus ist mutiert, hat alles abgemurkst, was die Ökologie intakt hielt, und hat den schönen Planeten krank gemacht. [...] Ich denke, sie wären ziemlich besorgt. Sie wären froh, noch rechtzeitig eingreifen zu können.»

68.　D. MacDonald, 1946; R. Jeffers, 1963, S. 15; R. Linton, 1956, S. 51.

69.　Gary Snyder: «Mutter Erde: ihre Wale» (1980, S. 61). Vgl. Kenneth Patchen, 1948, S. 93:

> Dein die Gesundheit des Schweins, das die Reben
> Aufwühlt, die es essen könnte;
> Unser die Krankheit des Hirschs, den man schießt,
> Weil ihn schießen das ist, was man macht als Jäger.

70.　R. Rhodes, 1969, S. 198.

71.　T. Hine, 1987, S. 133; J. J. Corn und B. Horrigan, 1984, S. 17.

72.　H. G. Wells, 1945, S. 31.

73.　T. H. White, 1980, S. 151, 48, 43, 141.

74.　C. E. Cartmill, 1942.

75.　R. J. Healey und J. F. McComas (Hrsg.), 1946.

76.　P. Boyer, 1985, S. 257–265.

77.　K. Vonnegut, 1975, S. 97f.

78.　Zum Beispiel in Vonneguts Geschichte von 1955 «Deer in the Works» (K. Vonnegut, 1968) und in der Passage in *The Sirens of Titan* (1961, S. 304f., 312), wo Chrono die Menschen verläßt, um sich den Blauhähern anzuschließen.

79.　K. Vonnegut, 1990, S. 16.

80.　Ein anderer, neuerer Science-Fiction-Film stellt den Blutdurst des Jägers ebenfalls als etwas dar, das eine Fehlanlage in der ganzen Gattung Mensch anzeigt. In John Carpenters *Starman* ist der halbgöttliche außerirdische Held bestürzt, als er auf dem Parkplatz vor einer Autobahnraststätte einen Lastwagen sieht, an dessen Kotflügel eine Hirschkuh gebunden ist. «Es ist eine Hirschkuh – eine tote Hirschkuh», erklärt ihm seine menschliche Gefährtin Jenny:

Starman: Tote Hirschkuh; warum?

Jenny: Die Menschen jagen sie, um sie zu essen.

Starman: (mustert die Hirschkuh) Essen Hirsche Menschen?

Jenny: Nein.

Starman: Essen Menschen Menschen?

Jenny: Iii, nein. Natürlich nicht. Wofür hältst du uns?

Starman: Ich halte euch für eine sehr primitive Spezies.

Jäger: (kommt wütend herbei) Was bist'n du für einer, so'n Softi? Wohl geweint, als du *Bambi* gesehen hast?

Starman: Definieren Sie «Bambi».

Jäger: Hä?

Jenny: Er versteht nicht. Er ist nicht von hier.

Der Außerirdische geht später heimlich zu dem Lastwagen zurück und erweckt die tote Hirschkuh wieder zum Leben, und die springt fröhlich in die Wälder davon. Die begriffsstutzigen Trampel, deren Beute der Außerirdische wieder lebendig gemacht hat, schlagen ihn darauf zusammen. Andere Science-Fiction-Filme schildern nichtmenschliche Hominide als unschuldige Wesen, die frei sind vom Makel der Jagd. In William Dears *Harry and the Hendersons* wird ein protohominider Bigfoot, der im spießigen Vorortshaus eines Jägers gefangen ist, als milder halbäffischer Vegetarier dargestellt, der die aufgehängten Hirschtrophäen des Jägers traurig in den Garten trägt und dort begräbt. Der Film *Missing Link* zeigt den letzten gesunden Australopithecinen, wie er die Möglichkeit, Waffen zum Jagen und Töten anderer Tiere anzufertigen, hin und her überlegt – und sie schließlich als unrecht verwirft.

81.   A. Leopold, 1949, S. 129f.; R. Nash, 1982, S. 183, 192.
82.   A. Leopold, 1992, S. 159, 151.
83.   A. Leopold, 1949, S. 152.
84.   Ebd., S. 34, 166, 167, 176–187.
85.   Ebd., S. 153f.
86.   R. Carson, 1962, S. 294.
87.   R. Nash, 1982, S. 224f.
88.   «Die Bestrebungen zur Erhaltung der biologischen Vielfalt, die von Nature Conservancy unternommen werden», verkündet die Mitgliederzeitschrift des Verbandes, «basieren in erster Linie auf den moralischen und spirituellen Imperativen, die für so viele Mitglieder und Mitarbeiter der Organisation zwingende Geltung haben», nicht auf wirtschaftlichen oder Sachüberlegungen (Januar/Februar 1991, S. 5).
89.   S. Griffin, 1978, S. 103f.; C. Merchant, 1980; B. DeVall und G. Sessions, 1985, S. 13f.; T. Regan, 1991, Kap. 5, 7.
90.   Zum Beispiel in O. Segerberg jr., 1971, S. 143–149; E. P. Walker, 1964, Eintrag zu *Homo*; J. Z. Young, 1971, S. 631, 641; R. Jurmain u. a., 1984, S. 514f.; G. Richards, 1987, S. 316; J. Diamond, 1992.
91.   D. Brower (Hrsg.), 1965; B. DeVall und G. Sessions, 1985, S. 101f., 105–107.

XI Der Odem des Viehes

1.   J. W. Krutch, 1929, S. 249.
2.   Siehe zum Beispiel J. W. Krutch, 1956, S. 117.
3.   J. W. Krutch, 1929, S. 75f.
4.   C. S. Lewis, 1979, S. 73, 78f.
5.   Ebd., S. 80f.; vgl. C. Merchant, 1980, S. 290–295; R. Bleier, 1986, S. 16; M. Namenwirth, 1986, S. 32–38.
6.   C. Merchant, 1980, S. 291.
7.   W. H. Auden, 1977, S. 298.
8.   B. Russell, 1961, S. 389f.
9.   L. Hogben, 1938, S. 952; D. R. Weiner, 1988, S. 170, 207.
10.   S. Orwell und I. Angus (Hrsg.), 1968, Band 2, S. 143.
11.   B. Russell, 1950, S. 602.
12.   W. H. Auden, 1945, S. 434.
13.   Das älteste mir bekannte Beispiel ist *Die Insel des Dr. Moreau* von H. G. Wells (1896). In dem Roman *That Hideous Strength* (1946; dt. *Die böse Macht*) von C. S. Lewis gibt ein Aufstand der Labortiere den Ausschlag im Entscheidungskampf. Neuere Versionen dieses Motivs kommen vor in den populären Filmen *E. T.*, *Project X*, *The Dark Crystal*, *The Secret of NIMH* und *Beethoven* und in Richard Adams Bestseller von 1978 *The Plague Dogs* (dt. *Die Hunde des schwarzen Todes*).
14.   C. S. Lewis, 1979, S. 70f.
15.   S. Toulmin, 1984.

16.   K. Marx: *Ökonomisch-philosophische Manuskripte* V (K. Marx und F. Engels, 1982, S. 239).

17.   E. und M. Josephson, 1962, S. 27; R. Hughes, 1981, S. 73ff.

18.   J. Berger, 1981, S. 18; A. Elzinga und A. Jamison, 1981, S. 64.

19.   D. R. Weiner, 1988, S. 168–171, 234.

20.   R. Waters, 1990; *Raleigh* (N. C.) *News and Observer*, 18. August 1991, S. 8j; M. Feshback und A. Friendly jr., 1992.

21.   Siehe zum Beispiel S. Lem, 1973, S. 37–39, und 1981, Monolog im Vorwort.

22.   Von 244 sowjetischen Kinderbüchern, die 1988 im Katalog des Buchversands Imported Publications in Chicago aufgelistet waren, handelten 110 (45 Prozent) von Tieren, und 94 davon waren Geschichten von sprechenden Tieren. 1985 nahm die Produktion einer sowjetischen Spielfilmversion von *Bambi* ein jähes Ende, als zwei Arbeiter bei den Aufnahmen die zwei Rehkitze, die die Stars des Films waren, töteten und aufaßen. Die Missetäter wurden zu insgesamt zehn Jahren Arbeitslager verurteilt und in der Presse angeprangert, weil sie den Unmengen sowjetischer Kinder, die auf den Film gewartet hatten, «schweren moralischen Schaden» zugefügt hätten (*Arizona Daily Star*, Tucson, 7. Februar 1985). Ein Jugendbuch über die gefährdeten Gabelhirsche in den Anden, das auffallend an Saltens *Bambi* erinnert, erschien 1978 auch in Kuba (J. Murillo und A. M. Ramb, 1986).

23.   *The Animals' Agenda*, Juni 1991, S. 25f.

24.   Y. Dmitriyev, 1984, S. 169.

25.   *Raleigh* (N. C.) *News and Observer*, 6. Oktober 1988, S. 7A.

26.   M. Nesturkh, 1959, S. 233f., 244, 271–275; G. F. Debetz, 1961, S. 145–147; E. E. Ruyle, 1977.

27.   S. Zuckerman, 1991, S. 44.

28.   M. Cartmill, 1990.

29.   I. Pepperberg, 1990; E. S. Savage-Rumbaugh, 1986.

30.   H. S. Terrace, 1983; H. S. Terrace u. a., 1979; D. Bickerton, 1990, S. 205ff.; S. Zuckerman, 1991.

31.   B. Russell, 1950, S. 600f.

32.   C. Darwin: *Die Abstammung des Menschen*, 3. Kap. (1986, S. 72).

33.   B. E. Rollin, 1981; T. Regan, 1983; J. Rachels, 1990.

XII Tod im Morgengrauen

Motto: J. Ortega y Gasset, 1957, S. 26.

1.   Lukrez: *De rerum natura* 5,968.1284 (1956, S. 489, 513); H. Diels, 1957, S. 14; J. Swift: *Gullivers Reisen* 3,3 (1974, S. 257).

2.   G. Ll. Isaac und D. C. Crader, 1981; K. Hill, 1982; D. R. Carrier, 1984; J. Tooby und I. DeVore, 1987, S. 222–225; R. G. Klein, 1987, S. 38f.; P. Shipman, 1987; S. McBrearty, 1989.

3.   J. W. Krutch, 1956, S. 147f. Der letzte zitierte Satz stellt den Jäger als eine buchstäblich satanische Figur hin, indem er ihm die Worte von Goethes Mephistopheles (*Faust* 1,1338) in den Mund legt; im Englischen wörtlich: «I am the Spirit that Denies.»

4.   J. Williams, 1990.

5.   *Animals*, März/April 1990, S. 25.

6.   *U. S. News and World Report*, 5. Februar 1990, S. 34, 31.

7.   Siehe zum Beispiel die Karikaturen von Harvey Kurtzman (1959, «Decadence Degenerated», und *Trump*, Januar 1957, S. 18–21); die Comicstrips in der Tagespresse *Bloom Country* (B. Breathed, 1985, S. 30f.) und *Judge Parker* (September 1989); die CBS-Situationskomödie *Silver Spoons* (vom 18. Februar 1984); und die umstrittene Sondersendung der CBS Reports von 1975, *The Guns of Autumn*. Beispiele aus der Kinderkultur sind zu zahlreich, um sie hier aufzuführen, aber der irrsinnige High-Tech-Macho-Jäger, den George C. Scott in dem animierten Disneyfilm *The Rescuers Down Under* (1990) verkörpert, verdient besondere Erwähnung als Paradebeispiel. In vielen anderen Filmen, von *Bless the Beasts and Children* (1971) bis *Doc Hollywood* (1991), kommen ähnlich gezeichnete Jäger vor. In Michael Ciminos Film *The Deer Hunter* von 1978 wird der zwanghafte Männlichkeitswahn der Hirschjagd mit dem Vietnamkrieg verbunden. Der Held des Films, ein Vietnamveteran, wird schlagartig innerlich befreit, als er jagen geht und wie verzaubert durch sein Zielfernrohr in die ruhigen braunen Augen des Großen Hirsches blickt. Zu dem anschwellenden Orgeln liturgischer Musik feuert er sein Gewehr in die Luft ab und ruft der ganzen Natur sein Versprechen zu, dem Krieg für alle Zeit abzuschwören.

8.   T. Lehrer, 1954, S. 7.

9.   H. Fontova, 1990. Vgl. S. Ruggeri, 1990, S. 52.

10. R. Ruark, 1974, S. 28f. Vgl. F. C. Selous in C. Read, 1920, S. 41; E. Hemingway, 1953, S. 6; J. G. Mitchell, 1982, S. 24ff.; S. A. Marks, 1991, S. 277. 1987 setzte der Verband der amerikanischen Rindfleischindustrie eine Anzeigenserie in die Presse, die zeigen wollte, daß die Leute «ein urwüchsiges, instinktives Verlangen» nach Hamburgern hätten und man keinem trauen dürfe, der es nicht hat (*Newsweek*, 9. Februar 1987, S. 78).

11. T. McIntyre, 1988, S. 103.

12. J. G. Mitchell, 1982, S. 20; *Ralèigh* (N. C.) *News and Oberserver*, 26. Juli 1988, S. 2a.

13. *U. S. News and World Report*, 5. Februar 1990, S. 34. In einer Gallup-Umfrage in Großbritannien sprachen sich kürzlich 79 Prozent der Befragten für ein totales Verbot der Fuchsjagd aus (*Boston Globe*, 16. Februar 1992, Teil A, S. 16).

14. V. Geist, 1975, S. 153.

15. G. Mattis, 1980, S. 151–153.

16. J. G. Mitchell, 1980, S. 46; vgl. S. A. Marks, 1991, S. 226.

17. T. H. Watkins, 1980, S. 75.

18. In Berichten über die Jagd wird häufig ihr zerstörender Charakter verschleiert, indem sie als Ernte beschrieben oder auf andere Weise mit der Landwirtschaft verglichen wird. In der englischsprachigen Jagdliteratur ist das Wort «harvest» (ernten) ein beliebter Euphemismus für «töten» geworden, ein Wort, gegen das viele Jäger eine merkwürdige Abneigung zeigen. So vermeidet zum Beispiel Sam Fadala in seinem Ratgeber für die erfolgreiche Hirschjagd (1983) bei der Beschreibung, wie man das Wild sicher erlegt (im Kapitel «Where to Hit 'Em»), das Wort «kill» völlig und schreibt dafür «hit», «drop», «take», «bring down» (treffen, zu Fall bringen, nehmen, zur Strecke bringen) – und vor allem «harvest». «Ein Pfeil», schreibt Fadala (S. 88), «erntet das Wild durch den Ausblutungsvorgang.» Vgl. J. G. Mitchell, 1982, S. 25f., und den Eintrag «harvest» in H. Rawson, 1981, S. 132.

19. F. Bonner, 1992.

20.   *Reader's Digest*, November 1985, S. 19. Vgl. G. Snyder, 1980, S. 112: «Tötet kein Wild, wenn ihr nicht wißt, wie ihr alles [...] verwenden könnt – nutzt alles, voller Dankbarkeit, bis zu den Sehnen und Hufen.» [Übers. leicht verändert.]

21.   O. Wilde: *Eine Frau ohne Bedeutung*, 1. Akt (1970, S. 178).

22.   O. J. Murie, 1935; S. A. Marks, 1991, S. 45. Siehe auch die Zitate unter dem Eintrag «pot-hunter» im *Oxford English Dictionary*. Eine ähnliche Verachtung für das Jagen aus wirtschaftlichen Motiven besteht noch hier und da auf dem Lande (S. A. Marks, 1991, S. 72, 175) und taucht auch in den Argumenten von Fuchsjägern gegen die Fallenstellerei auf (*Durham* [N. C.] *Morning Herald*, 22. Januar 1984, S. 10C).

23.   Siehe zum Beispiel R. Baker, 1985, S. 70–82; L. A. Dommer, 1989; J. Manuel, 1988, S. 4; L. L. Rue III., 1978; G. Mattis, 1980, S. 189; J. Wilson, *Durham* (N. C.) *Morning Herald*, 15. Januar 1984, S. 11C.

24.   J. Miller (Hrsg.), 1956, S. 132; J. McPhee, 1977, S. 303f.; T. Williams, 1981; N. L. Brownell, 1986; G. Mattis, 1980, S. 195.

25.   S. A. Marks, 1991, S. 63, 183f., 218f., 227.

26.   R. Blount jr., 1980, S. 207.

27.   J. G. Mitchell, 1982, S. 20.

28.   S. A. Marks, 1991, S. 79, 198. In Marks' Studie über Jäger im ländlichen Scotland County von North Carolina stimmten 91 Prozent der befragten Männer – Weiße, Schwarze und Lumbee-Indianer gleichermaßen – der Aussage zu: «Das Jagen bietet einem Jungen die Gelegenheit, sich mit der Welt der Männer zu identifizieren; darin besteht der wichtigste Einfluß der Jagd auf einen Jungen» (S. 276).

29.   M. M. H. Shastri (Hrsg.), 1982, S. 84.

30.   R. Wolkomir, 1985, S. 137.

31.   J. G. Mitchell, 1982, S. 87; M. Clifton, 1990.

32.   B. R. Peterson, 1989, S. 147.

33.   E. Abbey, 1984, S. X.

34.   «Beim Jagen», behauptet Ortega y Gasset, «hat die Luft einen köstlicheren Reiz, wenn sie über die Haut gleitet oder in die Lunge eindringt; der Fels gewinnt eine ausdrucksvollere Gestalt, und die Pflanze erfüllt sich mit Sinn und Bedeutung» (1957, S. 83).

35.   J. G. Mitchell, 1982, S. 212.

36.   *Durham* (N. C.) *Morning Herald*, 11. November 1990, S. B10.

37.   V. Geist, 1975, S. 153.

38.   *Raleigh* (N. C.) *News and Oberserver*, 28. Oktober 1984, S. 14b.

39.   J. C. Dunlap, *Newsweek*, 7. März 1983, S. 12–14.

40.   J. Ortega y Gasset, 1957, S. 65.

41.   Ebd., S. 81f. Manche Jäger haben das Gefühl, daß das Jagen die Kluft zwischen Mensch und Natur von der anderen Seite her verringere; indem die Jagd die wilden Tiere über die Grenze in die menschliche Sphäre zieht, holt sie «Teile des ‹natürlichen› Universums ein und macht sie zu einem Teil der ‹menschlichen› Welt» (S. A. Marks, 1991, S. 7).

42.   J. Wilson, *Durham* (N. C.) *Morning Herald*, 15. Januar 1984, S. 11C.

43.   T. Regan, 1983, S. 362.

44.   M. L. Knox, 1990, S. 59.

45.   T. Nugent, *Harper's Magazine*, März 1989, S. 20.

46.   Zum Beispiel J. Berger, 1989. «Tiere in ihrer natürlichen Umwelt», behauptet ein

Leserbrief an die *Los Angeles Times* (15. Dezember 1982), sind «immer äußerst human. Der Biß eines Löwen in den Hals eines Zebras wird von einem Tier, das von der Natur mit einer euphorischen Schockreaktion ausgestattet ist, beinahe wie ein Liebesakt erlebt. Das Spiel der Hauskatze mit der Maus ist grausam; aber die Hauskatze ist kein Produkt der Natur, sondern des Menschen.»

47.   S. Orwell und I. Angus (Hrsg.), 1968, Band 1, S. 504.

48.   F. B. Gummere, 1907, S. 342–344.

49.   J. Ortega y Gasset, 1957, S. 65.

50.   S. Pope, 1925, S. 114.

51.   H. Laube: *Jagdbrevier*, Einleitung (1909, S. 11).

52.   J. G. Mitchell, 1982, S. 140.

53.   Vgl. D. J. Jolma, 1992.

54.   S. T. Warner, 1977, S. XV. Whites sadistische Ambivalenz gegenüber dem Leiden der Tiere wird deutlich beim Aufhängen der Windhündin in «Graf Spaniel» und dem Gespräch zwischen dem Jungen und dem Wildhüter in «Das schwarze Kaninchen» (T. H. White, 1982, S. 37f., 205–210).

55.   D. Scully, 1990, S. 109.

56.   J. Ortega y Gasset, 1957, S. 79f. (Hervorhebung im Original).

57.   P. H. Gebhard u. a., 1965, S. 198, 204; D. E. H. Russell, 1975, S. 257ff.; C. J. Hursch, 1977, S. 43; D. Scully, 1990, S. 128f.

58.   S. A. Marks, 1991, S. 151–161.

59.   S. Griffin, 1978, S. 103f.; T. Regan, 1991, S. 136–138; C. J. Adams, 1991, S. 74, 122ff.

60.   «Ich möchte betonen, daß ich nichts dagegen habe, wenn man Tiere tötet», schrieb John Steinbeck (1963, S. 69), «denn durch irgend etwas müssen sie umkommen.»

61.   V. Bourjaily, 1984, S. 169.

62.   Aus diesem Argument läßt sich der Umkehrschluß ziehen, daß andere Formen des Tötens von Tieren noch dringender verboten gehören als das Jagen. «Warum», fragt Peter Singer (1982, S. 257), «[...] sollte der Jäger, der Wildenten für sein Abendessen schießt, mehr zu kritisieren sein als jemand, der in den Supermarkt geht und dort ein Huhn kauft? Letzten Endes ist es vermutlich der aus der Intensivhaltung stammende Vogel, der mehr gelitten hat.»

63.   F. Nietzsche: *Zur Genealogie der Moral* 2,11 (1968, S. 328).

64.   T. McIntyre, 1988, S. 101f.

Bibliographie

Abbey, E., 1984. Vorwort zu V. Bourjaily: *The Unnatural Enemy*. University of Arizona Press, Tucson.

Adams, C. J., 1991. *The Sexual Politics of Meat. A Feminist-Vegetarian Critical Theory*. Continuum, New York.

Adams, R., 1978. *The Plague Dogs*. Knopf, New York (dt. *Die Hunde des schwarzen Todes*, 1979).

Adams, R., 1963. Einleitung zu G. B. Gelli: *The Circe of Signior Giovanni Battista Gelli*. Cornell University Press, Ithaca.

Addison, J., und R. Steele, 1956. *Selected Essays from the Tatler and the Spectator*. Hrsg. W. L. Fleischauer. Henry Regnery, Chicago.

Albert the Great (Albertus Magnus), 1987. *Man and the Beasts* (*De animalibus*, Buch 22–26), engl. Übers. J. J. Scanlan. Medieval and Renaissance Texts and Studies, Binghamton.

Alcott, B., 1938. *The Journals of Bronson Alcott*. Hrsg. O. Shepard. Little, Brown, Boston.

Amory, C., 1975. *Man Kind? Our Incredible War on Wildlife*. Dell, New York.

Anakreon, 1919. *Die Anakreontischen Lieder und Bruchstücke des echten Anakreon*. Übers. A. Charisius. F. Bull, Straßburg.

Anderson, F., (Hrsg.), 1972. *A Pen Warmed-Up in Hell. Mark Twain in Protest*. Harper and Row, New York.

Anderson, J. K., 1985. *Hunting in the Ancient World*. University of California Press, Berkeley.

Apollodorus, 1921. *The Library*. Hrsg. J. G. Frazer. Harvard University Press, Cambridge.

Ardrey, R., 1967. *Adam kam aus Afrika. Auf der Suche nach unseren Vorfahren* (*African Genesis*, 1961). Übers. I. Winger. Molden, Wien.

— 1977. *Der Wolf in uns. Die Jagd als Urmotiv menschlichen Verhaltens* (*The Hunting Hypothesis*, 1976). Übers. M. Curths. Krüger, Frankfurt/M.

Aristoteles, 1951. *Die Nikomachische Ethik*. Übers. O. Gigon. Artemis, Zürich.

— 1971. *Politik*. Übers. O. Gigon. 2. Aufl., Artemis, Zürich/Stuttgart.

— 1987. *Physik. Vorlesung über die Natur*. Übers. H. G. Zekl. 1. Halbband. F. Meiner, Hamburg.

Artz, F. B., 1966. *Renaissance Humanism, 1300–1550*. Kent State University Press, Kent, Ohio.

Auden, W. H., 1945. *The Collected Poems of W. H. Auden*. Random House, New York.

— 1977. *The English Auden. Poems, Essays, and Dramatic Writings, 1927–1939*. Hrsg. E. Mendelson. Random House, New York.

Augustinus, 1803. *Zwo Schriften des heiligen Augustinus*. Übers. F. L. Graf zu Stolberg. Waldeck, Münster/Leipzig.

— 1962. *Theologische Frühschriften*. Übers. W. Thimme. Artemis, Zürich/Stuttgart.

— 1964. *Die Erbsünde*. Übers. A. Fingerle. In *Schriften gegen die Pelagianer*, Band II. Augustinus-Verlag, Würzburg.

— 1971. *Natur und Gnade*. Übers. A. Maxsein. In *Schriften gegen die Pelagianer*, Band I. Augustinus-Verlag, Würzburg.

— 1978. *Vom Gottesstaat*. Übers. W. Thimme. 2 Bände. 2. Aufl., Artemis, Zürich/München.

Aymard, J., 1951. *Essai sur les chasses romaines des origines à la fin du siècle des Antonins*. Boccard, Paris.

Babbitt, I., 1919. *Rousseau and Romanticism*. Houghton Mifflin, Boston.

Bacon, F., 1962. *Das neue Organon* (1620). Übers. R. Hoffmann, bearb. von G. Korf. Akademie, Berlin 1962.

— 1982. *Neu-Atlantis* (1626). Übers. G. Bugge, Reclam, Stuttgart.

— 1990. *Weisheit der Alten* (1609). Übers. M. Münkler. Fischer Tb, Frankfurt/M..

Baillie-Grohman, W. A., und F. Baillie-Grohman (Hrsg.), 1909. *The Master of Game*, Duffield, New York.

Baker, R., 1985. *The American Hunting Myth*. Vantage, New York.

Barber, L., 1980. *The Heyday of Natural History, 1820–1870*. Doubleday, Garden City.

Baring-Gould, S., 1914. *The Lives of the Saints*. John Grant, Edinburgh.

Barkan, E., 1988. «Mobilizing Scientists against Nazi Racism, 1933–1939». In G. W. Stocking (Hrsg.): *Bones, Bodies, Behavior. Essays on Biological Anthropology*. University of Wisconsin Press, Madison, S. 180–205.

Barnett, S. A., 1980. «Biological Determinism and the Tasmanian Native Hen». In M. F. A. Montagu (Hrsg.): *Sociobiology Examined*. Oxford University Press, New York, S. 135–157.

Barth, K., 1947. *Die kirchliche Dogmatik* III,1. 2. Aufl., Evangelischer Verlag, Zollikon-Zürich.

Bartholomew, G. A., und J. B. Birdsell, 1953. «Ecology and the Protohominids». *American Anthropologist*, 55:481–498.

Barton, A., 1991. «Perils of Historicism». *New York Review of Books*, 28. März, S. 53–56.

Barzun, J., 1958. *Darwin, Marx, Wagner. Critique of a Heritage*. 2. Aufl., Doubleday, Garden City.

Bates, M., 1960. *The Forest and the Sea. A Look at the Ecology of Nature and the Economy of Man*. Reprint 1965, Vintage, New York.

Bator, R., (Hrsg.), 1984a. *Masterworks of Children's Literature*, Band 3. Chelsea House, New York.

— 1984b. *Masterworks of Children's Literature*, Band 4. Chelsea House, New York.

Bauer, E., 1983. *Deer in Their World*. Outdoor Life, New York.

Bekoff, M., und D. Jamieson, 1991. «Reflective Ethology, Applied Philosophy, and the Moral Status of Animals». *Perspectives in Ethology*, 9:1–47.

Benayoun, R., 1961. *Le dessin animé après Walt Disney*. J. J. Pauvert, Paris.

Bentham, J., 1970. *An Introduction to the Principles of Morals and Legislation* (1780). Hrsg. J. H. Burns und H. L. A. Hart. Athlone, London.

Beowulf und das Finnsburg-Bruchstück. Übers. F. Genzmer. Reclam, Stuttgart 1953.

Berger, J., 1981. *Das Leben der Bilder oder die Kunst des Sehens* (*About Looking*, 1980). Übers. S. Tree. Wagenbach, Berlin.

— 1989. «Muck and Its Entanglements». *Harper's Magazine*, Mai, S. 60f.

Berkhofer jr., R. F., 1978. *The White Man's Indian. Images of the American Indian from Columbus to the Present.* Knopf, New York.

Bernal, J. D., 1965. *Science in History.* 3. Aufl., MIT Press, Cambridge, Mass. (dt. *Die Wissenschaft in der Geschichte*, 2. Aufl., 1961).

Bernhard von Clairvaux, 1970. *The Works of Bernard of Clairvaux.* Übers. D. O'Donovan. Cistercian, Kalamazoo.

Bickerton, D., 1990. *Language and Species.* University of Chicago Press, Chicago.

Bieler, L., (Hrsg.), 1953. *The Works of St. Patrick.* Newman Press, Westminster, Maryland.

Birdsell, J. B., 1975. *Human Evolution. An Introduction to the New Physical Anthropology.* 2. Aufl., Rand McNally, Chicago.

Blake, W., 1942. *The Portable Blake.* Hrsg. A. Kazin. Viking, New York.

— 1985. *Complete Writings.* Hrsg. G. Keynes. Oxford University Press, Oxford.

Bleier, R., 1986. Einleitung zu R. Bleier (Hrsg.): *Feminist Approaches to Science.* Pergamon, New York, S. 1–17.

Blount, M., 1975. *Animal Land. The Creatures of Children's Fiction.* Morrow, New York.

Blount jr., R., 1980. *Crackers. This Whole Many-Angled Thing of Jimmy, More Carters, Ominous Little Animals, Sad-Singing Women, My Daddy and Me.* Knopf, New York.

Boas, G., 1933. *The Happy Beast in French Thought of the Seventeenth Century.* Johns Hopkins University Press, Baltimore. Reprint 1966, Octagon, New York.

Bock, K. E., 1980. *Human Nature and History. A Response to Sociobiology.* Columbia University Press, New York.

Bodde, D., 1961. «Myths of Ancient China». In S. N. Kramer (Hrsg.): *Mythologies of the Ancient World.* Doubleday, Garden City, S. 367–408.

Boesch, C., und H. Boesch, 1989. «Hunting Behavior of Wild Chimpanzees in the Taï National Park». *American Journal of Physical Anthropology*, 78:547–573.

Bonner, F., 1992. «Ethics Afield. Let's Police Our Own Ranks Lest We Become Our Own Worst Enemy». *Carolina Adventure*, Raleigh, N. C., Februar, 7:4f.

Boulding, K. E., 1974. «Bin ich ein Mensch, eine Maus – oder beides?» In M. F. A. Montagu (Hrsg.): *Mensch und Aggression* (*Man and Aggression*, 1968). Übers. H. und S. Speichert. Beltz, Weinheim/Basel, S. 112–120. (Erstveröffentlichung in *War/Peace Report*, März 1967, S. 14–17).

Bourjaily, V., 1984. *The Unnatural Enemy.* University of Arizona Press, Tucson.

Bowler, P. J., 1983. *The Eclipse of Darwinism. Anti-Darwinian Evolution Theories in the Decades Around 1900.* Johns Hopkins University Press, Baltimore.

— 1986. *Theories of Human Evolution. A Century of Debate, 1844–1944.* Johns Hopkins University Press, Baltimore.

Boyer, P., 1985. *By the Bomb's Early Light. American Thought and Culture at the Dawn of the Atomic Age.* Pantheon, New York.

Boyle, R., 1744. *Works.* A. Millar, London.

Brace, C. L., 1962. «The Fate of the ‹Classic› Neanderthals. A Consideration of Hominid Catastrophism». *Current Anthropology*, 5:3–43.

— 1967. *The Story of Human Evolution. Human and Cultural Origins.* Prentice-Hall, Englewood Cliffs.

— 1971. Besprechung von R. Ardrey: *The Social Contract. American Scientist*, Mai, S. 376f.

— 1978. Besprechung von R. Ardrey: *The Hunting Hypothesis. American Anthropologist*, 80:172f.

— 1982. «The Roots of the Race Concept in American Physical Anthropology». In F. Spencer (Hrsg.): *A History of American Physical Anthropology, 1930–1980*. Academic Press, New York, S. 11–29.

— und J. Metress (Hrsg.), 1973. *Man in Evolutionary Perspective*. Wiley, New York.

Brain, C. K., 1970. «New Finds at the Swartkrans Australopithecine Site». *Nature*, 225:1112–1119.

— 1981. *The Hunters or the Hunted? An Introduction to African Cave Taphonomy*. University of Chicago Press, Chicago.

Brantley, R. E., 1984. *Locke, Wesley, and the Method of Romanticism*. University Presses of Florida, Gainesville.

Braudel, F., 1981. *Civilization and Capitalism, 15th–18th Century*, Band 1: *The Structure of Everyday Life*, engl. Übers. S. Reynolds. Harper and Row, New York (dt. *Sozialgeschichte des 15.–18. Jahrhunderts*, Band 1: *Der Alltag*, 1985).

Breathed, B., 1985. *Penguin Dreams and Stranger Things*. Little, Brown, Boston.

Brinton, C., 1965. *Nietzsche*. Neubearbeitung, Harper and Row, New York.

Bromwich, R., 1961. «Celtic Dynastic Themes and the Breton Lays». *Etudes celtiques*, 9:439–474.

Broom, R., 1949. «The Ape Men». *Scientific American*, November, 181:20–24.

Brower, D., (Hrsg.), 1965. *Not Man Apart*. Sierra Club/Ballantine, New York.

Brown, C., (Hrsg.), 1932. *English Lyrics of the XIIIth Century*. Oxford University Press, London.

Brown, N. O., 1959. *Life Against Death. The Psychoanalytic Meaning of History*. Routledge and Kegan Paul, London (dt. *Zukunft im Zeichen des Eros*, 1962).

Brown, R. J., 1942. «Outdoor Life Condemns Walt Disney's Film ‹Bambi› as Insult to American Sportsmen». *Outdoor Life*, September, S. 17, 66.

Browne, T., 1978. *Religio medici. Ein Versuch über die Vereinbarkeit von Vernunft und Glauben* (1642). Übers. W. v. Koppenfels. Henssel, Berlin.

Brownell, N. L., 1986. «The Coyotes are Killing the Deer». *Deer and Deer Hunting*, Oktober, S. 82–90.

Brues, A., 1960. «The Spearman and the Archer. An Essay on Selection in Body Build». *American Anthropologist*, 61:457–469.

Buck, C. D., 1949. *A Dictionary of Selected Synonyms in the Principal Indo-European Languages. A Contribution to the History of Ideas*. University of Chicago Press, Chicago.

Buettner-Janusch, J., 1973. *Physical Anthropology. A Perspective*. Wiley, New York.

Buile Suibhne: Being the Adventures of Suibhne Geilt. A Middle-Irish Romance. Hrsg. J. G. O'Keeffe. D. Nutt, London 1913.

Burke, E., 1956. *Vom Erhabenen und Schönen* (*A Philosophical Enquiry into the Origine of Our Ideas on the Sublime and the Beautiful*, 1757). Übers. F. Bassenge. Aufbau, Berlin.

Burnett, James, 1774. *Of the Origin and Progress of Language*. 2. Aufl., J. Balfour, Edinburgh. Faksimileausgabe 1973, AMS Press, New York.

— 1784. *Des Lord Monboddo Werk von dem Ursprunge und Fortgange der Sprache*. Übers. E. A. Schmid, 1. Theil. J. F. Hartknoch, Riga.

Burroughs, J., 1903. «Real and Sham Natural History». *Atlantic Monthly*, 91:298–309.

— 1904. «Current Misconceptions in Natural History». *Century Magazine*, 67:509–517.

— 1912. *Time and Change*. Houghton Mifflin, Boston.

Butler, A., 1956. *Lives of the Saints.* Hrsg. H. J. Thurston und D. Attwater. Burns and Oates, London.

Butler, A. J., 1930. *Sport in Classic Times.* Dutton, New York.

Butler, F., 1983. «Children's Literature from the Late Sixteenth to the Early Eighteenth Century». In F. Butler (Hrsg.): *Masterworks of Children's Literature.* Chelsea House, New York, Band 1, S. XXI–XXXIII.

Butterfield, H., 1949. *The Origins of Modern Science, 1300–1800.* Bell, London.

Byron, G. G. N., 1850. *Sämmtliche Werke.* Übers. A. Böttger. O. Wigand, Leipzig.

Calès, J., 1936. *Le Livre des Psaumes, traduit et commenté.* Gabriel Beauchesne, Paris.

Calvin, J., 1919. *Auslegung der Heiligen Schrift,* 1. Band: *Das erste Buch Mose* (1554). Übers. K. Müller. Verlag der Buchhandlung des Erziehungsvereins, Neukirchen.

Calvino, I., 1980. *Italian Folktales,* engl. Übers. G. Martin. Harcourt Brace Jovanovich, New York (dt. *Italienische Märchen,* 1975).

Campbell, B. G., 1966. *Human Evolution. An Introduction to Man's Adaptions.* Aldine, Chicago (dt. *Entwicklung zum Menschen,* 2. Aufl., 1979).

— 1972. «Man for All Seasons». In B. G. Campbell (Hrsg.): *Sexual Selection and the Descent of Man, 1871–1971.* Aldine, Chicago, S. 40–58.

Campbell, G. D. (Lord Argyll), 1869. *Primaeval Man. An Examination of Some Recent Speculations.* Reprint 1884, J. B. Alden, New York.

Campbell, H., 1904. «The Evolution of Man's Diet». *Lancet,* S. 781–784, 848–851, 909–912, 967–969, 1097–1099, 1234–1237, 1368–1370, 1519–1522, 1667–1670.

— 1913. «Man's Mental Evolution, Past and Future». *Lancet,* S. 1260–1262, 1333–1335, 1408–1410, 1473–1476.

— 1917. «The Biological Aspects of Warfare». *Lancet,* S. 433–435, 469–471, 505–508.

— 1921. «Man's Evolution from the Anthropoid». *Lancet* (2), S. 629.

Campbell, J., 1991. *Die Masken Gottes: Mythologie der Urvölker (The Masks of God: Primitive Mythology,* 1959). Übers. H.-U. Möhring. Sphinx, Basel.

Campbell, R., 1934. *Broken Record.* Boriswood, London.

Canaday, J., 1959. *Mainstreams of Modern Art.* Simon and Schuster, New York.

— 1962. *Embattled Critic. Views on Modern Art.* Farrar, Straus and Cudahy, New York.

Carnegie, A., 1921. *The Autobiography of Andrew Carnegie.* Hrsg. J. C. van Dyke. Houghton Mifflin, Boston.

Carney, J., 1955. *Studies in Irish Literature and History.* Dublin Institute for Advanced Studies, Dublin.

Carpenter, H., und M. Prichard, 1985. *The Oxford Companion to Children's Literature.* Oxford University Press, Oxford.

Carrier, D. R., 1984. «The Energetic Paradox of Human Running and Hominid Evolution». *Current Anthropology,* 25:483–495.

Carson, R., 1962. *Der stumme Frühling (Silent Spring).* Übers. M. Auer. Biederstein, München.

Cartmill, C. E., 1942. «The Link». *Astounding Science Fiction,* August, S. 84–91. Reprint 1979 in M. H. Greenberg, J. Olander und R. Silverberg (Hrsg.): *Dawn of Time. Prehistory through Science Fiction.* Elsevier/Nelson, New York, S. 100–114.

Cartmill, M., 1972. «Arboreal Adaptions and the Origin of the Order Primates». In R. H. Tuttle (Hrsg.): *The Functional and Evolutionary Biology of Primates.* Aldine, Chicago, S. 97–122.

— 1974. «Rethinking Primate Origins». *Science,* 184:436–443.

— 1982. «Basic Primatology and Prosimian Evolution». In F. Spencer (Hrsg.): *A History of American Physical Anthropology, 1930–1980.* Academic Press, New York, S. 147–186.

— 1983. «Four Legs Good, Two Legs Bad. Man's Place (If Any) in Nature». *Natural History*, 92(1):64–79.

— 1990. «Human Uniqueness and Theoretical Content in Paleoanthropology». *International Journal of Primatology*, 11:173–192.

— D. Pilbeam und G. Ll. Isaac, 1986. «One Hundred Years of Paleoanthropology». *American Scientist*, 74:410–420.

Cassius Dio, 1985. *Römische Geschichte.* Übers. O. Veh. 5 Bände. Artemis, Zürich/München.

Catull, 1986. *Gedichte.* Übers. W. Eisenhut. 9. Aufl., Artemis, München/Zürich.

Cervantes Saavedra, M. de, 1993. *Der sinnreiche Junker Don Quijote von der Mancha.* Übers. L. Braunfels. 17. Aufl., Artemis & Winkler, München.

Chance, M. R. A., und C. J. Jolly, 1970. *Social Groups of Monkeys, Apes and Men.* Dutton, New York.

Chand, M., 1982. Einleitung zu M. M. H. Shastri (Hrsg.): *Śyainika Śâstram. The Art of Hunting in Ancient India.* Eastern Book Linkers, Delhi, S. 13–64.

Chavaillon, J., 1976. «Evidence for the Technical Practices of Early Pleistocene Hominids, Shungura Formation, Lower Omo Valley, Ethiopia». In Y. Coppens, F. C. Howell, G. Ll. Isaac und R. E. F. Leakey (Hrsg.): *Earliest Man and Environments in the Lake Rudolf Basin.* University of Chicago Press, Chicago, S. 565–573.

Child, F. J., (Hrsg.), 1883–1898. *English and Scottish Popular Ballads.* 5 Bände. Houghton, Boston.

Chomsky, N., 1964. *Language and Mind.* Harcourt, Brace and World, New York (dt. *Sprache und Geist*, 1973).

— 1975. *Reflections on Language.* Random House, New York (dt. *Reflexionen über Sprache*, 1977).

Christensen, N., 1989. «Rethinking Forest Fire». *Duke Chronicle Report*, Durham, N. C., 24. Januar, S. 3–7.

Church, R. W., 1931. *A Study in the Philosophy of Malebranche.* Allen and Unwin, London.

Cicero, 1989. *An seine Freunde.* Übers. H. Kasten. 4. Aufl., Artemis, München/Zürich.

— 1990. *Vom Wesen der Götter.* Übers. W. Gerlach und K. Bayer. 3. Aufl., Artemis, München/Zürich.

Clark, G., und S. Piggott, 1965. *Prehistoric Societies.* Allen and Unwin, London.

Clark, K., 1977. *Animals and Men. Their Relationship as Reflected in Western Art from Prehistory to the Present Day.* Morrow, New York.

— 1980. *Feminine Beauty.* Weidenfield and Nicolson, London.

Clark, W. E. Le Gros, 1934. *Early Fore-Runners of Man.* Balliere, London.

— 1959. *History of the Primates. An Introduction to the Study of Fossil Man.* University of Chicago Press, Chicago.

— 1964. *The Fossil Evidence for Human Evolution. An Introduction to the Study of Paleoanthropology.* 2. Aufl., University of Chicago Press, Chicago.

— 1967. *Man-Apes or Ape-Men? The Story of Discoveries in Africa.* Holt, Rinehart and Winston, New York.

Clifford, D. 1963. *A History of Garden Design.* Praeger, New York.

Clifton, M., 1990. «Killing the Female. The Psychology of the Hunt». *The Animals' Agenda*, September, S. 26–57.

Clodd, E., 1902. *Thomas Henry Huxley.* Blackwood, Edinburgh.

Cohen, D., 1975. *Human Nature Animal Nature. The Biology of Human Behavior*. McGraw-Hill, New York.

Cole, F. J., 1949. *A History of Comparative Anatomy from Aristotle to the Eighteenth Century*. Macmillan, New York. Reprint 1975, Dover, New York.

Commoner, B., 1971. *The Closing Circle. Nature, Man, and Technology*. Knopf, New York (dt. *Wachstumswahn und Umweltkrise*, 1973).

Coon, C., 1962. *The Origin of Races*. Knopf, New York.

Cooper, J. F., 1859. *Der Wildtödter (The Deer Slayer). J. F. Cooper's Amerikanische Romane*, 12. Band. 5. Aufl., Hoffmann, Stuttgart.

Corn, J. J., und B. Horrigan, 1984. *Yesterday's Tomorrows. Past Visions of the American Future*. Summit, New York.

Corn, W. M., 1973. *The Art of Andrew Wyeth*. New York Graphic Society, Boston.

Cott, J. (Hrsg.), 1983. *Masterworks of Children's Literature*, Band 7. Chelsea House, New York.

Cowell, E. B., (Hrsg.), 1894. *Buddhist Mahayana Texts*, Teil I. Oxford University Press, Oxford. Reprint 1965, Motilal Barnasidass, Delhi.

Crafton, D., 1982. *Before Mickey. The Animated Film, 1898–1928*. MIT Press, Cambridge.

Cronin, V., 1975. *Louis and Antoinette*. Morrow, New York (dt. *Ludwig XVI. und Marie Antoinette*, 1977).

Crowe, M. J., 1986. *The Extraterrestrial Life Debate, 1750–1900. The Idea of a Plurality of Worlds from Kant to Lowell*. Cambridge University Press, Cambridge.

Culhane, S., 1986. *Talking Animals and Other People*. St. Martin's, New York.

Cummings, E. E., 1928. *Tulips and Chimneys*. Thomas Seltzer, New York.

Cumont, F., 1903. *Die Mysterien des Mithra*. Übers. G. Gehrich. Teubner, Leipzig.

— 1908. «Anahita». In J. Hastings (Hrsg.): *Encyclopaedia of Religion and Ethics*. Scribner's, New York, Band 1, S. 414f.

Cutright, P. R., 1956. *Theodore Roosevelt, the Naturalist*. Harper, New York.

Dafydd ap Gwilym, 1982. *A Selection of Poems*. Hrsg. R. Bromwich. Gomer Press, Llandysul, Dyfed.

Dalby, D., 1965. *Lexicon of the Medieval German Hunt*. W. de Gruyter, Berlin.

Danielsson, B., (Hrsg.), 1977. «William Twiti's The Art of Hunting». *Stockholm Studies in English*, 37:1–116.

Darnton, R., 1984. *The Great Cat Massacre and Other Episodes in French Cultural History*. Basic Books, New York (dt. *Das große Katzenmassaker. Streifzüge durch die französische Kultur vor der Revolution*, 1989).

Dart, R. A., 1925a. «Australopithecus Africanus. The Man-Ape of South Africa». *Nature*, 115:195–199.

— 1925b. «The Word ‹Australopithecus› and Others». *Nature*, 115:875.

— 1926. «Taung and Its Significance». *Natural History*, 26:315–327.

— 1940. «The Status of *Australopithecus*». *American Journal of Physical Anthropology*, 26:167–186.

— 1948. «A(?) Promethean *Australopithecus* from Makapansgat Valley». *Nature*, 162:375f.

— 1949. «The Predatory Implemental Technique of *Australopithecus*». *American Journal of Physical Anthropology*, N. S., 7:1–38.

— 1953. «The Predatory Transition from Ape to Man». *International Anthropological and Linguistic Review*, 1:201–217.

— 1955. «Cultural Status of the South African Man-Apes». *Annual Report of the Smithsonian Institution*, 1955:317–338.

— 1957a. «The Makapansgat Australopithecine Osteodontokeratic Culture». In J. D. Clark (Hrsg.): *Third Pan-African Congress on Prehistory*. Chatto and Windus, London, S. 161–171.

— 1957b. «The Osteodontokeratic Culture of *Australopithecus prometheus*». *Transvaal Museum Memoirs*, 10:1–105.

— und D. Craig, 1959. *Adventures with the Missing Link*. Harper, New York. Reprint 1961, Viking, New York.

Darwin, C., 1963. *Die Entstehung der Arten durch natürliche Zuchtwahl* (*The Origin of Species*, 1859). Übers. C. W. Neumann. Reclam, Stuttgart.

— 1986. *Die Abstammung des Menschen* (*The Descent of Man*, 1871). Übers. J. V. Carus. Fourier, Wiesbaden.

Darwin, E., 1801. *Zoonomia; or, The Laws of Organic Life*. 3. Aufl., J. Johnson, London.

Darwin, F., (Hrsg.), 1896. *The Life and Letters of Charles Darwin*. D. Appleton, New York.

Davidson, H. R. E., 1964. *Gods and Myths of Northern Europe*. Penguin, Harmondsworth.

Davidson, J., 1973. *The Poems of John Davidson*. Hrsg. A. Turnbull. Scottish Academic Press, Edinburgh.

Day, C., 1948. *The Best of Clarence Day*. Knopf, New York.

Debetz, G. F., 1961. «The Social Life of Early Paleolithic Man as Seen Through the Work of Soviet Anthropologists». In S. L. Washburn (Hrsg.): *Social Life of Early Man*. Aldine, Chicago, S. 137–149.

Dent, A., 1974. *Lost Beasts of Britain*. Harrap, London.

Descartes, R., 1949. *Briefe 1629–1650*. Übers. F. Baumgart. Staufen, Köln/Krefeld.

— 1953. *Œuvres et lettres de Descartes*. Hrsg. A. Bridoux. Gallimard, Dijon.

— 1960. *Von der Methode des richtigen Vernunftgebrauchs und der wissenschaftlichen Forschung* (*Discours de la méthode*, 1637). Übers. L. Gäbe. Meiner, Hamburg.

Desmond, A. J., 1989. *The Politics of Evolution. Morphology, Medicine, and Reform in Radical London*. University of Chicago Press, Chicago.

Detienne, M., 1979. *Dionysos Slain*, engl. Übers. M. und L. Muellner. Johns Hopkins University Press, Baltimore (dt. *Dionysos. Göttliche Wildheit*, 1992).

DeVall, B., und G. Sessions, 1985. *Deep Ecology*. Gibbs M. Smith, Layton, Utah.

DeVore, I., 1964. «The Evolution of Social Life». In S. Tax (Hrsg.): *Horizons of Anthropology*. Aldine, Chicago, S. 25–36.

Diamond, J., 1992. *The Third Chimpanzee. The Evolution and Future of the Human Animal*. Harper Collins, New York.

Dick, S. J., 1982. *Plurality of Worlds. The Origins of the Extraterrestrial Life Debate from Democritus to Kant*. Cambridge University Press, Cambridge.

Dickey, J., 1964. *Helmets*. Wesleyan University Press, Middleton.

Dickinson, J. M., 1964. «Aggression and the Status of Evil in Man. A Critical Analysis of Sigmund Freud's Assumptions from the Theological Perspective of Reinhold Niebuhr». Dissertation, Boston University.

Diels, H., 1957. *Die Fragmente der Vorsokratiker*. Rowohlt, Hamburg.

Dijksterhuis, E. J., 1959. *The Mechanization of the World Picture*. Meulenhoff, Amsterdam. Engl. Übers. 1986, Princeton University Press, Princeton (dt. *Die Mechanisierung des Weltbildes*, 1956).

Disraeli, B., 1936. *Tancred oder Der neue Kreuzzug* (*Tancred, or The New Crusade*, 1847). Übers. J. Elbau. Erwin Löwe, Berlin.

Dmitriyev, Y., 1983. *Man and Animals.* Engl. Übers. 1984, Raduga, Moskau.

Dobzhansky, T., 1962. *Mankind Evolving. The Evolution of the Human Species.* Yale University Press, New Haven (dt. *Dynamik der menschlichen Evolution*, 1965).

Dodds, E. R., (Hrsg.), 1944. Einleitung zu Euripides: *Bacchae.* Oxford University Press, Oxford.

— 1951. *The Greeks and the Irrational.* University of California Press, Berkeley (dt. *Die Griechen und das Irrationale*, 1970).

Dombrowski, D. A., 1984. *The Philosophy of Vegetarianism.* University of Massachusetts Press, Amherst.

Dommer, L. A., 1989. «A Hunter's Delusions: Saving the Deer from Starvation». *Animal's Voice*, April, S. 82–84.

Donne, J., 1978. *The Complete English Poems.* Hrsg. A. J. Smith. Penguin, Harmondsworth.

Doren, M. van, 1941. *The Mayfield Deer.* Holt, New York.

Doyle, A. C., 1977. *Sämtliche Sherlock Holmes Romane und Stories.* Ullstein, Frankfurt/M./Berlin.

Drayton, M., 1931. *The Works of Michael Drayton.* Hrsg. J. W. Hebel. B. Blackwell, Oxford.

Eckardt, H. W., 1976. *Herrschaftliche Jagd, bäuerliche Not und bürgerliche Kritik. Zur Geschichte der fürstlichen und adligen Jagdprivilegien, vornehmlich im südwestdeutschen Raum.* Vandenhoeck und Ruprecht, Göttingen.

Eiseley, L., 1958. *Darwin's Century.* Anchor Books, Garden City.

Eldredge, N., und I. Tattersall, 1982. *The Myths of Human Evolution.* Columbia University Press, New York.

Elzinga, A., und A. Jamison, 1981. *Cultural Components in the Scientific Attitude to Nature. Eastern and Western Modes.* Research Policy Institute, University of Lund, Sweden.

Emerson, R. W., 1921, Essays and Poems of Emerson. Hrsg. S. P. Sherman. Harcurt, Brace & Co., New York.

— 1926. *Essays.* Hrsg. I. Edman. Crowell, New York.

— 1982. *Die Natur. Ausgewählte Essays.* Übers. M. Pütz und G. Krieger. Reclam, Stuttgart.

Epikur, 1983. *Von der Überwindung der Furcht.* Übers. O. Gigon. 3. Aufl., Artemis, Zürich/München.

Erasmus von Rotterdam, 1938. *Briefe.* Übers. W. Köhler. Dieterich, Leipzig.

— 1966. *Das Lob der Torheit* (1511). Übers. A. Hartmann. Birkhäuser, Basel/Stuttgart.

Erdrich, L., 1984. *Love Medicine.* Holt, Rinehart, and Winston, New York (dt. *Liebeszauber*, 1986).

Etkin, W., 1954. «Social Behavior and the Evolution of Man's Mental Faculties». *American Naturalist*, 88:129–142.

Euripides, 1979. *Werke in drei Bänden.* Übers. D. Ebner. 2. Aufl., Aufbau, Berlin/Weimar.

— 1981. *Sämtliche Tragödien und Fragmente*, Band 6. Übers. G. A. Seeck. Heimeran, München.

Evangelisches Kirchen-Gesangbuch. Ausgabe für die Evangelische Kirche in Berlin-Brandenburg. Voggenreiter & Strube, Berlin 1977.

Everson, W., 1977. Vorwort zu R. Jeffers: *The Double Axe and Other Poems, Including Eleven Suppressed Poems.* Liveright, New York, S. VII–XIX.

Fadala, S., 1983. *Successful Deer Hunting.* DBI Books, Northfield, Illinois.

Farnell, L. R., 1914. «Greek Religion». In J. Hastings (Hrsg.): *Encyclopaedia of Religion and Ethics.* Scribner's, New York, Band 6, S. 392–425.

Feshback, M., und A. Friendly jr., 1992. *Ecocide in the USSR. The Looming Disaster in Soviet Health and Environment.* Basic Books, New York.

Ficino, M., 1944. *Platonic Theology*, engl. Übers. J. L. Burroughs. *Journal of the History of Ideas*, 5:227–239.

Fisher, J. A., 1991. «Disambiguating Anthropomorphism. An Interdisciplinary Review». *Perspectives in Ethology*, 9:49–85.

Fleagle, J. G., und W. L. Jungers, 1982. «Fifty Years of Higher Primate Philogeny». In F. Spencer (Hrsg.): *A History of American Physical Anthropology, 1930–1980*. Academic Press, New York, S. 187–230.

Fleury, C., 1837. *Manners of the Ancient Israelites ...* (*Mœurs des israelites anciens*, 1681), engl. Übers. A. Clarke. Mason and Lane, New York.

Fontaine, N., 1736. *Memoires pour servir à l'histoire de Port-Royal*, Utrecht, «Aux dépens de la Compagnie». Faksimileausgabe 1970, Slatkine Reprints, Genf.

Fontenrose, J. E., 1981. «Orion. The Myth of the Hunter and the Huntress». *University of California Publications in Classical Studies*, 23:I–XII, 1–315.

Fontova, H., 1990. «Why We Hunt». *Sierra*, November/Dezember, S. 54f.

Fosdick, H. E., 1946. *On Being Fit to Live With. Sermons on Post-War Christianity*. Harper, New York.

Foster, M., 1899. *Claude Bernard*. Longmans, Green, New York.

Foster, M. P., (Hrsg.), 1961. *A Casebook on Gulliver among the Houyhnhmns*. Crowell, New York.

Fouilloux, J. du, 1590. *Neu Jägerbuch Jacoben von Fouilloux*. Straßburg. Reprint 1978, Satyr, Brensbach.

Fox, S., 1981. *John Muir and His Legacy. The American Conservationist Movement*. Little, Brown, Boston.

Franklin, B., 1969. *Autobiographie*. Übers. B. Auerbach, durchgesehen von R. Dornbacher. Insel, Frankfurt/M.

Freud, S., 1976a. *Gesammelte Werke*, VII. Band: *Werke aus den Jahren 1906–1909*. 6. Aufl., S. Fischer, Frankfurt/M.

— 1976b. *Gesammelte Werke*, XIII. Band: *Jenseits des Lustprinzips [...] und andere Werke aus den Jahren 1920–1924*. 8. Aufl., S. Fischer, Frankfurt/M.

— 1976c. *Gesammelte Werke*, XIV. Band: *Werke aus den Jahren 1925–1931*. 5. Aufl., S. Fischer, Frankfurt/M.

— 1978. *Gesammelte Werke*, IX. Band: *Totem und Tabu*. 6. Aufl., S. Fischer, Frankfurt/M.

— 1990. *Gesammelte Werke*, VIII. Band: *Werke aus den Jahren 1909–1913*. 8. Aufl., S. Fischer, Frankfurt/M.

Frevert, W., 1975. *Wörterbuch der Jägerei*. 4. Aufl., P. Parey, Hamburg.

Friedman, J. B., 1981. *The Monstrous Races in Medieval Art and Thought*. Harvard University Press, Cambridge.

Fromm, E., 1973. *Anatomy of Human Destructiveness*. Holt, Rinehart and Winston, New York (dt. *Anatomie der menschlichen Destruktivität*, 1974).

Gaffney, J., 1986. «The Relevance of Animal Experimentation to Roman Catholic Ethical Methodology». In T. Regan (Hrsg.): *Animal Sacrifices. Religious Perspectives on the Use of Animals in Science*. Temple University Press, Philadelphia, S. 149–170.

Galilei, G., 1987. *Schriften, Briefe, Dokumente*. Hrsg. A. Mudry. Rütten & Loening, Berlin.

Galsworthy, J., 1916. *A Sheaf*. Scribner's, New York.

Gardner, H. (Hrsg.), 1972. *The New Oxford Book of English Verse, 1250–1950*. Clarendon Press, Oxford.

Gardner, M., (Hrsg.), 1965. *The Annotated Ancient Mariner*. World, Cleveland.

Gasman, D., 1971. *The Scientific Origins of National Socialism. Social Darwinism in Ernst Haeckel and the German Monist League*. MacDonald, London.

Gebhard, P. H., J. H. Gagnon, W. B. Pomeroy und C. V. Christenson, 1965. *Sex Offenders. An Analysis of Types*. Harper and Row, New York.

Geist, V., 1975. *Mountain Sheep and Man in the Northern Wilds*. Cornell University Press, Ithaca.

Gelli, G. B., 1963. *The Circe of Signior Giovanni Battista Gelli*. Hrsg. R. Adams. Cornell University Press, Ithaca.

Giles, L., (Hrsg.), 1906. *Musings of a Chinese Mystic. Selections from the Philosophy of Chuang Tzu*. John Murray, London.

Glacken, C. J., 1967. *Traces on the Rhodian Shore. Nature and Culture in Western Thought from Ancient Times to the End of the Eighteenth Century*. University of California Press, Berkeley.

Glare, P. G. W. (Hrsg.), 1982. *Oxford Latin Dictionary*. Clarendon, Oxford.

Glubok, S., (Hrsg.), 1969. *Home and Child Life in Colonial Days*. Macmillan, New York.

Gode-von Aesch, A., 1941. *Natural Science in German Romanticism*. Columbia University Press, New York.

Goethe, J. W. von, 1962. *Sämtliche Gedichte 2: Gedichte aus dem Nachlaß. Gedenkausgabe*. Hrsg. E. Beutler. 2. Band. 2. Aufl., Artemis, Zürich/Stuttgart.

Gohdes, C., (Hrsg.), 1967. *Hunting in the Old South*. Louisiana State University Press, Baton Rouge.

Goldin, F. (Hrsg.), 1973. *Lyrics of the Troubadours and Trouvères*. Doubleday, Garden City.

Golding, W., 1956. *Herr der Fliegen (Lord of the Flies*, 1954). Übers. H. Stiehl. S. Fischer, Frankfurt/M.

— 1966. *The Hot Gates*. Harcourt, Brace and World, New York. Reprint 1967, Pocket Books, New York.

— 1983. *Die Erben (The Inheritors*, 1955). Übers. H. Stiehl. Fischer Tb, Frankfurt/M.

Gombrich, E. H., 1961. *Art and Illusion. A Study in the Psychology of Pictorial Representation*. Princeton University Press, Princeton (dt. *Kunst und Illusion. Zur Psychologie der bildlichen Darstellung*, 1986).

Goodall, J., 1986. *The Chimpanzees of Gombe. Patterns of Behavior*. Harvard University Press, Cambridge.

Goodman, L. E., (Hrsg.), 1978. *The Case of the Animals versus Man before the King of the Jinn*. Twayne, Boston.

Gordon, C. H., 1961. «Canaanite Mythology». In S. N. Kramer (Hrsg.): *Mythologies of the Ancient World*. Doubleday, Garden City, S. 181–218.

Grant, M., 1962. *Myths of the Greeks and Romans*. World, New York. Reprint o. J., New American Library, New York (dt. *Mythen der Griechen und Römer*, 1964).

Grater, R. K., 1978. *Discovering Sierra Mammals*. Yosemite Natural History Association, Yosemite National Park, California.

Gravil, R., (Hrsg.), 1974. *Gulliver's Travels. A Casebook*. Macmillan, London.

Gray, A., 1876. *Darwiniana. Essays and Reviews Pertaining to Darwinism*. D. Appleton, New York. Reprint 1963, Harvard University Press, Cambridge.

Gray, A., 1954. *Four-and-Forty. A Selection of Danish Ballads Presented in Scots*. University of Edinburgh Press, Edinburgh.

Greene, J. C., 1981. *Science, Ideology, and World View. Essays in the History of Evolutionary Ideas*. University of California Press, Berkeley.

Gregory, W. K., 1916. «Studies on the Evolution of the Primates». *Bulletin of the American Museum of Natural History*, 35:336–344.

— und M. Hellman, 1939. «South African Fossil Man-Apes and the Origin of the Human Dentition». *Journal of the American Dental Association*, 26:558–564.

Griffin, S., 1978. *Woman and Nature. The Roaring Inside Her*. Harper and Row, New York (dt. *Frau und Natur. Das Brüllen in ihr*, 1987).

Grimes, E. M., (Hrsg.), 1928. *The Lays of Desiré, Graelent and Melion*. Institute of French Studies, New York.

Grzimek, B., (Hrsg.), 1968. *Grzimeks Tierleben. Enzyklopädie des Tierreichs*, 13. Band: *Säugetiere* 4. Kindler, Zürich.

Gummere, F. B., 1907. *The Popular Ballad*. Reprint 1957. Dover, New York.

Guthrie, W. K. C., 1952. *Orpheus and Greek Religion. A Study of the Orphic Movement*. 2. Aufl., Methuen, London.

Haeckel, E., 1899. *Die Welträtsel. Gemeinverständliche Studien über monistische Philosophie*. E. Strauß, Bonn.

— 1923. *Natürliche Schöpfungs-Geschichte. Gemeinverständliche wissenschaftliche Vorträge über die Entwickelungslehre*. 12. Aufl., W. de Gruyter, Berlin.

Haight, A. D., 1939. *The Biography of a Sportsman*. Crowell, New York.

Hall, D., R. Pack und L. Simpson (Hrsg.), 1957. *The New Poets of England and America*. World, Cleveland.

Hallock, C., 1860. «Wild Cattle Hunting on Green Island». *Harper's Magazine*, Juli, S. 220–224.

Hampshire, S., 1991. «A Wonderful Life». *New York Review of Books*, 31. Januar, S. 3–6.

Haraway, D. J., 1988. «Remodelling the Human Way of Life. Sherwood Washburn and the New Physical Anthropology, 1950–1980». In G. W. Stocking (Hrsg.): *Bones, Bodies, Behavior. Essays on Biological Anthropology*. University of Wisconsin Press, Madison, S. 206–259.

— 1989. *Primate Visions. Gender, Race, and Nature in the World of Modern Science*. Routledge, New York.

Hare, C. E., 1949. *The Language of Field Sports*. 4. Aufl., Country Life, London.

Harris, J. R., 1924. *As Pants the Hart, and Other Devotional Addresses*. Hodder and Stroughton, London.

Harrison, H. S., 1921. Besprechung von Carveth Read: *The Origin of Man and of His Superstitions*. *Man*, 21:142f.

Harrison, R. J., und W. Montagna, 1969. *Man*. Appleton-Century-Crofts, New York.

Hartmann, R., 1883. *Die menschenähnlichen Affen und ihre Organisation im Vergleich zur menschlichen*. E. A. Brockhaus, Leipzig.

Harvie, C., 1984. «Revolution and the Rule of Law». In K. O. Morgan (Hrsg.): *The Oxford Illustrated History of Britain*. Oxford University Press, Oxford, S. 419–462.

Healey, R. J., und J. F. McComas (Hrsg.), 1946. *Adventures in Time and Space*. Random House, New York.

Heaney, S., 1983. *Sweeney Astray*. Farrar Straus Giroux, New York.

Hemingway, E., 1953. Vorwort zu F. Sommer: *Man and Beast in Africa*. Herbert Jenkins, London, S. 5–7.

Herder, J. G., 1883. *Sämtliche Werke*. Hrsg. B. Suphan, Band VI. Weidmann, Berlin.

Hess, E. H., 1975. «The Role of Pupil Size in Communication». *Scientific American*, Mai, 233:110–119.

Hick, J., 1977. *Evil and the God of Love*. Neubearbeitung, Harper and Row, New York.

Hill, G. B., (Hrsg.), 1897. *Johnsonian Miscellanies*. Harper, New York.

Hill, K., 1982. «Hunting and Human Evolution». *Journal of Human Evolution*, 11:521–544.

Himmelfarb, G., 1959. *Darwin and the Darwinian Revolution*. Doubleday, Garden City.

Hine, T., 1987. *Populuxe*. Knopf, New York.

Hobbes, T., 1976. *Leviathan oder Stoff, Form und Gewalt eines bürgerlichen und kirchlichen Staates* (1651). Übers. W. Euchner. Ullstein Tb, Frankfurt/M. u.a.

Hobusch, E., 1978. *Von der edlen Kunst des Jagens. Eine Kulturgeschichte der Jagd und der Hege der Tierwelt*. Pinguin, Innsbruck – Umschau, Frankfurt/M.

Hockett, C. F., und R. Ascher, 1964. «The Human Revolution». *Current Anthropology*, 5:135–147.

Hofmannsthal, H. von, 1937. *Briefe*. Bermann-Fischer, Wien.

Hogben, L., 1938. *Science for the Citizen*. Knopf, New York.

Holbach, P. T. d', 1960. *System der Natur oder von den Gesetzen der physischen und der moralischen Welt* (1770). Übers. F.-G. Voigt. Aufbau, Berlin.

Holloway jr., R. L., 1967. Besprechung von R. Ardrey: *The Territorial Imperative*. *Political Science Quarterly*, 82:630–632.

— 1968. «The Human Brain in Evolutionary Perspective». In M. H. Fried (Hrsg.): *Readings in Anthropology*. 2. Aufl., Crowell, New York, Band 1, S. 215–223.

Homer, 1975. *Ilias*. Übers. W. Schadewaldt. Insel, Frankfurt/M.

— 1981. *Odyssee*. Übers. F. G. Jünger. Klett-Cotta, Stuttgart.

Homerische Hymnen. Übers. A. Weiher. 6. Aufl., Artemis, München/Zürich 1989.

Hooke, S. H., 1963. *Middle Eastern Mythology*. Penguin, Baltimore.

Hooker, R., 1954. *Of the Laws of Ecclesiastical Polity*. Hrsg. C. Morris. Dent, London.

Hooton, E. A., 1946. *Up from the Ape*. Macmillan, New York.

Hopkins, W., 1860. «Physical Theories of the Origin of Life». *Fraser's Magazine*, 61:739–752, 62:74–90.

Horaz, 1981. *Oden und Epoden*. Übers. C. F. K. Herzlieb und J. P. Uz. Artemis, Zürich/München.

Howell, F. C., 1963. «Early Phases in the Emergence of Man». *Proceedings, 16th International Congress of Zoology*, 4:80–87.

— 1964. «The Hominization Process». In S. Tax (Hrsg.): *Horizons of Anthropology*. Aldine, Chicago, S. 49–59.

— 1967. «Recent Adavances in Human Evolutionary Studies». *Quarterly Review of Biology*, 42:471–513.

— 1973. *Early Man*. Time-Life, New York (dt. *Der Mensch der Vorzeit*, 1966).

Howells, W. W., 1946. *Mankind So Far*. Doubleday, Garden City.

— 1959. *Mankind in the Making. The Story of Human Evolution*. Doubleday, Garden City (dt. *Die Ahnen der Menschheit*, 1963).

Hrdlička, A., 1918. Besprechung von H. Campbell: «The Biological Aspects of Warfare». *American Journal of Physical Anthropology*, 1:464f.

Hughes, R., 1981. *The Shock of the New*. Knopf, New York.

Hughes, T., 1979. *Moortown*. Harper and Row, New York.

Hull, D. B., 1964. *Hounds and Hunting in Ancient Greece*. University of Chicago Press, Chicago.

Hume, D., 1968. *Dialoge über natürliche Religion* (1779). Übers. F. Paulsen, bearb. von G. Gawlick. 4. Aufl., Meiner, Hamburg.

— 1984. *Die Naturgeschichte der Religion* (1755). Übers. L. Kreimendahl. Meiner, Hamburg.

Hursch, C. J., 1977. *The Trouble with Rape*. Nelson-Hall, Chicago.

Huth, H., 1957. *Nature and the American. Three Centuries of Changing Attitudes*. University of California Press, Berkeley.

Huxley, J. S., 1942. *Evolution. The Modern Synthesis*. Allen and Unwin, London.

— 1948. *Man in the Modern World*. New American Library, New York (dt. *Der Mensch in der modernen Welt*, 1950).

Huxley, T. H., 1863. *Evidence as to Man's Place in Nature*. Williams and Norgate, London. Reprint 1899 in T. H. Huxley: *Man's Place in Nature and Other Anthropological Essays*. Appleton, New York (dt. *Zeugnisse für die Stellung des Menschen in der Natur*, 1963).

— 1897. *Soziale Essays*. Übers. A. Tille. E. Felber, Weimar.

Hyams, E., 1971. *Capability Brown and Humphry Repton*. Scribner's, New York.

Isaac, G. Ll., 1976. «Plio-Pleistocene Artifact Assemblages from East Rudolf, Kenya». In Y. Coppens, F. C. Howell, G. Ll. Isaac und R. E. F. Leakey (Hrsg.): *Earliest Man and Environments in the Lake Rudolf Basin*. University of Chicago Press, Chicago, S. 552–564.

— 1978. «The Food-Sharing Behavior of Protohuman Hominids». *Scientific American*, April, 238:90–108.

— und D. C. Crader, 1981. «To What Extent Were Early Hominids Carnivorous? An Archaeological Perspective». In R. S. O. Harding und G. Teleki (Hrsg.): *Omnivorous Primates. Gathering and Hunting in Human Evolution*. Columbia University Press, New York, S. 37–103.

James, E. O., 1960. *The Ancient Gods. The History and Diffusion of Religion in the Ancient Near East and Eastern Mediterranean*. Reprint 1964, Capricorn, New York.

James, M. R., (Hrsg.), 1924. *The Apocryphal New Testament*. Oxford University Press, Oxford.

Janik., A., und S. Toulmin, 1973. *Wittgenstein's Vienna*. Simon and Schuster, New York (dt. *Wittgensteins Wien*, 1984).

Jeffers, R., 1916. *Californians*. Macmillan, New York.

— 1948. *The Double Axe and Other Poems*. Random House, New York. Reprint 1977, Liveright, New York.

— 1963. *The Beginning and the End and Other Poems*. Random House, New York.

Johanson, D. C., und M. A. Edey, 1981. *Lucy. The Beginnings of Humankind*. Simon and Schuster, New York (dt. *Lucy. Die Anfänge der Menschheit*, 1982).

Johnson, C., 1904. *Old-Time Schools and Schoolbooks*. Macmillan, New York. Reprint 1963, Dover, New York.

Johnston, O., und F. Thomas, 1990. *Walt Disney's Bambi. The Story and the Film*. Stewart, Tabori, and Chang, New York.

Jolly, C. J., 1970. «The Seed-Eaters. A New Model of Hominid Differentiation Based on a Baboon Analogy». *Man*, N. S., 5:5–27.

Jolma, D. J., 1992. «Why They Quit. Thoughts from Ex-Hunters». *The Animal's Agenda*, Juli/August, S. 38–40.

Jones, F. W., 1929a. *Man's Place Among the Mammals*. Arnold, London.

— 1929b. «Some Landmarks in the Phylogeny of the Primates». *Human Biology*, 1:214–228.

Jones, G., (Hrsg.), 1977. *The Oxford Book of Welsh Verse in English*. Oxford University Press, Oxford.

Jones, J. S., 1983. *Hitler in Vienna, 1907–1913*. Stein and Day, New York (dt. *Hitlers Weg begann in Wien. 1907–1913*, 1980).

Jonson, B., 1756. *The Works of Ben. Jonson*. Hrsg. P. Whalley. London.

Josephson, E., und M. Josephson, 1962. Einleitung zu E. Josephson und M. Josephson (Hrsg.): *Man Alone. Alienation in Modern Society*. Dell, New York, S. 9–53.

Jung, C. G., 1976. «Über die Archetypen des kollektiven Unbewußten» (1935/1954). In *Die Archetypen und das kollektive Unbewußte. Gesammelte Werke*, Band 9/I. Walter, Olten/Freiburg.

Jurmain, R., H. Nelson und W. A. Turnbaugh, 1984. *Understanding Physical Anthropology and Archaeology*. 2. Aufl., West, St. Paul.

Kallimachos, 1955. *Die Dichtungen*. Übers. E. Howald und E. Staiger. Artemis, Zürich.

Keats, J., 1970. *The Poetical Works and Other Writings of John Keats*. Hrsg. H. B. und M. B. Forman. Phaeton, New York.

Keen, M., 1961. *The Outlaws of Medieval Legend*. Routledge and Kegan Paul, London.

Keith, A., 1948. *A New Theory of Human Evolution*. Watts, London.

Kingston, A. R., 1967. «Theodicy and Animal Welfare». *Theology*, 70:482–488.

Kinney, J., 1988. *Walt Disney and Assorted Other Characters. An Unauthorized Account of the Early Years at Disney's*. Harmony, New York.

Kirby, W., 1835. *The Bridgewater Treatises on the Power, Wisdom, and Goodness of God as Manifested in the Creation. VII: On the History, Habits, and Instincts of Animals*. William Pickering, London.

Kirk, G. S., (Hrsg. und Übers.), 1970. *Euripides: The Bacchae*. Prentice-Hall, Englewood Cliffs.

Klein, R. G., 1987. «Reconstructing How Early People Exploited Animals. Problems and Prospects». In M. H. Nitecki und D. V. Nitecki (Hrsg.): *The Evolution of Human Hunting*. Plenum, New York, S. 11–45.

Knox, M. L., 1990. «In the Heat of the Hunt». *Sierra*, November/Dezember, S. 48–59.

Koreny, F., 1985. *Albrecht Dürer und die Tier- und Pflanzenstudien der Renaissance*. Prestel, München.

Kramrisch, S., 1981. *The Presence of Śiva*. Princeton University Press, Princeton.

Kraus, K., 1922. *Die letzten Tage der Menschheit*. «Die Fackel», Wien.

Krutch, J. W., 1929. *The Modern Temper. A Study and a Confession*. Harcourt, Brace, New York.

— (Hrsg.), 1950. *Great American Nature Writing*. William Sloane, o. O.

— 1956. *The Great Chain of Life*. Houghton Mifflin, Boston.

Kurtzman, H., 1959. *Harvey Kurtzman's Jungle Book*. Ballantine, New York.

La Barre, W., 1954. *The Human Animal*. University of Chicago Press, Chicago.

— 1964. «Comment on Hockett and Ascher». *Current Anthropology*, 5:147–150.

— 1972. *The Ghost Dance. Origins of Religion*. Dell, New York.

Lactantius, 1871. *The Works of Lactantius*. Hrsg. W. Fletcher. Clark, Edinburgh.

La Mettrie, J. O. de, 1912. *Man a Machine* (*L'homme machine*, 1748), engl. Übers. G. C. Bussey. Open Court, Chicago.

Lamarck, J. B., 1984. *Zoological Philosophy. An Exposition with Regard to the Natural History of Animals* (*Philosophie zoologique*, 1809), engl. Übers. H. Elliot. University of Chicago Press, Chicago.

Landes, D. S., 1983. *Revolution in Time. Clocks and the Making of the Modern World*. Harvard University Press, Cambridge.

Langland, W., 1932. *Piers the Plowman*. Hrsg. W. W. Skeat. 10. Aufl., Oxford University Press, Oxford.

Lansbury, C., 1985. *The Old Brown Dog. Women, Workers, and Vivisection in Edwardian England*. University of Wisconsin Press, Madison.

Laube, H., 1909. *Gesammelte Werke*. Hrsg. H. H. Houben. Band 42. Max Hesse, Leipzig.

Laughlin, W. S., 1968. «Hunting. An Integrating Biobehavior System and Its Evolutionary Importance». In R. B. Lee und I. DeVore (Hrsg.): *Man the Hunter*. Aldine, Chicago, S. 304–320.

Lawick-Goodall, H. van, und J. van Lawick-Goodall, 1972. *Unschuldige Mörder. Bei den Raubrudeln in der Serengeti (Innocent Killers)*. Übers. M. Carroux. Rowohlt, Reinbek.

Lawson, J., 1967. *A New Voyage to Carolina* (1709). Hrsg. H. T. Lefler. University of North Carolina Press, Chapel Hill (dt. *Allerneueste Beschreibung der Provintz Carolina in West-Indien*, 1712. Reprint 1980).

Leach, E., 1966. «Don't Say ‹Boo› to a Goose». *New York Review of Books*, 15. Dezember, S. 8–12 (dt. «Sag bitte nicht ‹Buuh› zu einer Gans». In M. F. A. Montagu [Hrsg.]: *Mensch und Aggression*. Übers. H. und S. Speichert. Beltz, Weinheim/Basel 1974, S. 91–100).

Leach, M., (Hrsg.), 1955. *The Ballad Book*. Harper, New York. Reprint o. J., A. S. Barnes, New York.

Leakey, R. E. F., und R. Lewin, 1977. *Origins*. Dutton, New York (dt. *Wie der Mensch zum Menschen wurde*, 1978).

Lee, R. B., 1968. «What Hunters Do for a Living, or, How to Make Out on Scarce Resources». In R. B. Lee und I. DeVore (Hrsg.): *Man the Hunter*. Aldine, Chicago, S. 30–48.

Lehrer, T., 1954. *The Tom Lehrer Songbook*. Crown, New York.

Lem, S., 1973. *Sterntagebücher*. Übers. C. Rymarowicz. Insel, Frankfurt/M.

— 1981. *Die Stimme des Herrn*. Übers. R. Buschmann. Insel, Frankfurt/M.

Lenneberg, E. H., 1967. *Biological Foundations of Language*. Wiley, New York (dt. *Biologische Grundlagen der Sprache*, 1977).

Leopold, A., 1949. *A Sand County Almanac and Sketches Here and There*. Oxford University Press, New York.

— 1992. *Am Anfang war die Erde (Sand County Almanac*, Ausz.). Übers. E. M. Walther. Knesebeck, München.

Levron, J., 1974. *Louis XV. L'homme et le roi*. Librairie Académique Perrin, Paris (dt. *Ludwig XV. Der Vielgeliebte*, 1967).

Lewalski, B. K., und A. J. Sabol, 1973. *Major Poets of the Earlier Seventeenth Century*. Odyssey Press, New York.

Lewin, R., 1987. *Bones of Contention*. Simon and Schuster, New York.

Lewis, C. S., 1946. *That Hideous Strength. A Modern Fairy-Tale for Grown-Ups*. Reprint 1965, Macmillan, New York (dt. *Die böse Macht*, 1977).

— 1954. *Über den Schmerz (The Problem of Pain)*. Übers. H. und J. Pieper. J. Hegner, Köln/Olten 1954.

— 1964. *The Discarded Image*. Cambridge University Press, Cambridge.

— 1967. *Studies in Words*. Cambridge University Press, Cambridge.

— 1979. *Die Abschaffung des Menschen (The Abolition of Man*, 1947). Übers. M. Gisi. Johannes, Einsiedeln.

Lewis, R., 1960. *What We Did to Father*. Reprint 1964 u. d. T. *The Evolution of Man*. Penguin, Harmondsworth (dt. *Der Affe fällt nicht weit vom Stamm*, 1962).

Liddell, H. G., und R. Scott, 1897. *A Greek-English Lexicon*. 8. Aufl., Harper, New York.

Lindner, K., 1937. *Die Jagd der Vorzeit*. W. de Gruyter, Berlin.

— 1940. *Die Jagd im frühen Mittelalter*. W. de Gruyter, Berlin.

Linforth, I. M., 1941. *The Arts of Orpheus*. University of California Press, Berkeley.

Linton, R., 1956. *The Tree of Culture*. Knopf, New York.

Linton, S., 1971. «Woman the Gatherer. Male Bias in Anthropology». In S. E. Jacobs (Hrsg.): *Women in Cross-Cultural Perspective. A Preliminary Sourcebook.* University of Illinois Department of Urban and Regional Planning, Champaign, S. 9–21.

Linzey, A., 1976. *Animal Rights. A Christian Assessment of Man's Treatment of Animals.* SCM Press, London.

Livingstone, F. B., 1962. «Reconstructing Man's Pliocene Pongid Ancestor». *American Anthropologist*, 64:301–305.

Locke, J., 1852. *An Essay Concerning Human Understanding and A Treatise on the Conduct of the Understanding.* Troutman and Hayes, Philadelphia.

— 1897. *Gedanken über Erziehung (Some Thoughts on Education).* Übers. E. von Sallwürk. 2. Aufl., H. Beyer & Söhne, Langensalza.

Lockwood, W. B., 1975. *Languages of the British Isles Past and Present.* Deutsch, London.

Long, W. J., 1903. «The Modern School of Nature-Study and Its Critics». *North American Review*, 176:688–698.

Lonsdale, S., 1981. *Animals and the Origins of Dance.* Thames and Hudson, London.

Loon, H. W. van, 1921. *The Story of Mankind.* Boni and Liveright, New York (dt. *Die Geschichte der Menschheit*, 1925).

Lorenz, K., 1963. *Das sogenannte Böse. Zur Naturgeschichte der Aggression.* G. Borotha-Schoeler, Wien.

Lovejoy, A. O., 1959. «The Argument for Organic Evolution before the *Origin of Species*, 1830–1858». In B. Glass, O. Temkin und W. L. Strauss jr. (Hrsg.): *Forerunners of Darwinism, 1745–1859.* Johns Hopkins University Press, Baltimore, S. 356–414.

— 1985. *Die große Kette der Wesen. Geschichte eines Gedankens (The Great Chain of Being,* 1936). Übers. D. Turck. Suhrkamp, Frankfurt/M.

— und G. Boas, 1935. *Primitivism and Related Ideas in Antiquity.* Johns Hopkins University Press, Baltimore.

Lovejoy, C. O., 1981. «The Origin of Man». *Science*, 211:341–350.

Lukrez, 1956. *Welt aus Atomen (De rerum natura).* Übers. K. Büchner. Artemis, Zürich.

Luther, M., 1959. *D. Martin Luthers Psalmen-Auslegung.* Hrsg. E. Mülhaupt. Vandenhoek und Ruprecht, Göttingen.

Lutts, R. H., 1990. *The Nature Fakers. Wildlife, Science, and Sentiment.* Fulcrum Publishing, Golden, Colorado.

McBrearty, S., 1989. «Cutlery and Carnivory». *Journal of Human Evolution*, 18:277–282.

Mac Cana, P., 1970. *Celtic Mythology.* Hamlyn, London.

McClintock, I., und M. McClintock, 1961. *Toys in America.* Public Affairs Press, Washington, D. C.

McClinton, K. M., 1970. *Antiques of American Childhood.* Clarkson N. Potter, New York.

McCurdy, E., 1928. *The Mind of Leonardo da Vinci.* Dodd, Mead, New York.

Macdonald, D., 1946. «The Root is Man». *Politics*, S. 149f., 194–214.

MacDonald, J. D., 1965. *A Deadly Shade of Gold.* Fawcett Gold Medal, New York (dt. *Gold wirft blutige Schatten*, 1965).

MacDonald, R. K., 1982. *Literature for Children in England and America from 1646 to 1774.* Whitston, Troy, New York.

McGee, H., 1984. *On Food and Cooking. The Science and Lore of the Kitchen.* Scribner's, New York.

McGraw, H., u. a. (Hrsg.), 1971. *Original Sacred Harp,* Denson Revision. Sacred Harp, Bremen, Georgia.

McIntyre, T., 1988. *The Way of the Hunter. The Art and the Spirit of Modern Hunting.* Dutton, New York.

MacKenzie, J. M., 1988. *The Empire of Nature. Hunting, Conservation and British Imperialism.* Manchester University Press, Manchester.

McPhee, J., 1977. *Coming into the Country.* Reprint 1979, Bantam, New York.

Mahaffy, J. P., 1901. *Descartes.* Blackwood, Edinburgh.

Majupuria, T. C., 1977. *Sacred and Symbolic Animals of Nepal.* Sakayogi Prakashan, Tripureswar, Katmandu, Nepal.

Malory, T., 1977. *Die Geschichte von König Artus und den Rittern seiner Tafelrunde (Le morte Darthur, 1485).* Übers. H. Findeisen aufgrund von H. Lachmann. Insel, Frankfurt/M.

Malthus, T. R., 1977. *Das Bevölkerungsgesetz (An Essay on the Principle of Population, 1798).* Übers. C. M. Barth. dtv, München.

Maltin, L., 1980. *Of Mice and Magic. A History of American Animated Cartoons.* New American Library, New York (dt. *Der klassische amerikanische Zeichentrickfilm,* 1982).

— 1984. *The Disney Films.* Neubearbeitung, Crown, New York.

Mann, A. E., 1972. «Hominid and Cultural Origins». *Man,* 7:379–386.

Manuel, J., 1988. «The Deer Hunt». *Leader Magazine,* Raleigh, N. C., 20. Oktober, S. 3–7.

Marc Aurel, 1990. *Wege zu sich selbst.* Übers. R. Nickel. Artemis, München/Zürich.

Marks, S. A., 1991. *Southern Hunting in Black and White. Nature, History, and Ritual in a Carolina Community.* Princeton University Press, Princeton.

Marlowe, C., 1949. *Die tragische Historie von Doktor Faustus* (hrsg. 1604). Übers. A. Seebaß. Insel, Wiesbaden.

Marquis, D., 1928. *Love Sonnets of a Cave Man and Other Verses.* Doubleday, Doran, Garden City.

Marsh, G. P., 1864. *Man and Nature, or, Physical Geography as Modified by Human Action.* Scribner's, New York. Reprint 1965. Hrsg. D. Lowenthal, Harvard University Press, Cambridge.

Marx, K., und F. Engels, 1982. *Gesamtausgabe,* Band I,2. Dietz, Berlin.

Mattis, G., 1980. *Whitetail. Fundamentals and Fine Points for the Hunter.* Van Nostrand Reinhold, New York.

Mayr, E., 1969. *Principles of Systematic Zoology.* McGraw-Hill, New York (dt. *Grundlagen der zoologischen Systematik,* 1975).

— 1982. *The Growth of Biological Thought. Diversity, Evolution, and Inheritance.* Harvard University Press, Cambridge (dt. *Die Entwicklung der biologischen Gedankenwelt,* 1984).

Mencken, H. L., 1949. *A Mencken Chrestomathy.* Knopf, New York.

Merchant, C., 1980. *The Death of Nature. Women, Ecology, and the Scientific Revolution.* Harper and Row, New York (dt. *Der Tod der Natur. Ökologie, Frauen und neuzeitliche Naturwissenschaft,* 1987).

Meyer, F. B., 1950. *F. B. Meyer on the Psalms.* Zondervan, Grand Rapids.

Mijatovich, E., 1917. *Serbian Fairy Tales.* Heinemann, London.

Mill, J. S., 1984. *Drei Essays über Religion.* Übers. E. Lehmann, neu bearb. von D. Birnbacher. Reclam, Stuttgart.

Millay, E. St. V., 1928. *The Buck in the Snow, and Other Poems.* Harper, New York.

Miller, J., (Hrsg.), 1956. *Arizona, the Grand Canyon State.* Hastings House, New York.

Millhauser, M., 1959. *Just Before Darwin. Robert Chambers and Vestiges.* Wesleyan University Press, Middletown.

Mitchell, J. G., 1980. *The Hunt*. Knopf, New York.

— 1982. «Our Wily White-Tailed Deer. Elegant But Perplexing Neighbours». *Smithsonian*, November, S. 111–118.

Mivart, St. G. J., 1871. «Darwin's Descent of Man». *Quarterly Review*, 131:47–90.

Montagu, M. F. A., 1974a. Einführung zu M. F. A. Montagu (Hrsg.): *Mensch und Aggression* (*Man and Aggression*, 1968). Übers. H. und S. Speichert. Beltz, Weinheim/Basel, S. 9–17.

— 1974b. «Die Litanei von der ‹angeborenen Sündhaftigkeit›. Oder: Erbsünde frisch aufgelegt». In M. F. A. Montagu (Hrsg.): *Mensch und Aggression* (*Man and Aggression*, 1968). Übers. H. und S. Speichert. Beltz, Weinheim/Basel, S. 21–36.

— 1978. «Is Man Innately Aggressive?» In R. K. Morris und M. W. Fox (Hrsg.): *On the Fifth Day. Animal Rights and Human Ethics*. Acropolis Books, Washington, D. C., S. 93–110.

Montaigne, M. de, 1992. *Essais* [Versuche] *nebst des Verfassers Leben nach der Ausgabe von Pierre Coste ins Deutsche übersetzt von Johann Daniel Tietz* [1753/54], 3 Bde. Diogenes, Zürich.

Moore, J. F., (Hrsg.), 1899. *Thoughts Regarding the Future State of Animals*. Warren, Winchester.

Moore, T., 1859. *Poetical Works*. Phillips, Sampson, Boston.

Morris, C., 1886. «The Making of Man». *American Naturalist*, 20:493–504.

— 1890. «From Brute to Man». *American Naturalist*, 24:341–350.

— 1906. *Man and His Ancestor. A Study in Evolution*. 2. Aufl., Macmillan, New York.

Morris, D., 1967. *The Naked Ape. A Zoologist's Study of the Human Animal*. Cape, London (dt. *Der nackte Affe*, 1968).

— 1978. Einleitung zu P. Whitefield: *The Hunters*. Simon and Schuster, New York, S. 6f.

Morton, D. J., 1926. «Evolution of Man's Erect Posture». *Journal of Morphology and Physiology*, 43:147–179.

— 1927. «Human Origin. Correlation of Previous Studies of Primate Feet and Posture with Other Morphologic Evidence». *American Journal of Physical Anthropology*, 10:173–203.

— 1935. *The Human Foot. Its Evolution, Physiology and Functional Disorders*. Columbia University Press, New York.

Morus, T., 1922. *Utopia* (1516). Übers. G. Ritter. Berlin. Reprint 1979, Wissenschaftliche Buchgesellschaft, Darmstadt.

— 1983. *Epigramme*. Übers. U. Baumann. Kösel, München.

Mosley, L., 1985. *Disney's World*. Stein and Day, New York.

Müller-Hill, B., 1984. *Tödliche Wissenschaft. Die Aussonderung von Juden, Zigeunern und Geisteskranken 1933–1945*. Rowohlt Tb, Reinbek.

Murie, O. J., 1935. «The Elk of Jackson Hole». *Natural History*, März, S. 237–247.

Murillo, J., und A. M. Ramb, 1986. *Der Kampf der Andenhirsche* (*Renanco y los ultimos huemules*, 1976). Übers. S. Merkle-Schmidt. Thienemann, Stuttgart/Wien.

Murphy, G., (Hrsg.), 1956. *Early Irish Lyrics, Eighth to Twelfth Century*. Oxford University Press, New York.

Murray, G., (Hrsg.), 1904. Einleitung zu *The Bacchae of Euripides*. Allen and Unwin, London.

— 1923. *Euripides*. Longmans, Green, New York.

— 1946. *Euripides and His Age*. 2. Aufl., Oxford University Press, London (dt. *Euripides und seine Zeit*, 1957).

Mutt, E., (Hrsg.), 1930. *Fairy Tales from Baltic Shores*. Penn, Philadelphia.

Namenwirth, M., 1986. «Science Seen through a Feminist Prism». In R. Bleier (Hrsg.): *Feminist Approaches to Science*. Pergamon, New York, S. 18–41.

Nash, R., 1982. *Wilderness and the American Mind*. 3. Aufl., Yale University Press, New Haven.

Neale, J. M., und R. F. Littledale, 1884. *A Commentary on the Psalms: from Primitive and Medieval Writers; and from the Various Office-Books and Hymns of the Roman, Mozarabic, Ambrosian, Gallician, Greek, Coptic, Armenian, and Syriac Rites*. Pott, New York.

Nesturkh, M., 1959. *The Origin of Man*. Foreign Languages Publishing House, Moskau (dt. Ausg. M. F. Nesturch: *Die Abstammung des Menschen*, 1961).

Newton, I., 1988. *Mathematische Grundlagen der Naturphilosophie* (*Principia Mathematica*, 1687), Auswahl und Übers. E. Dellian. Meiner, Hamburg.

Nicholls, R. E., 1976. «John Muir». In J. Muir (Hrsg.): *West of the Rocky Mountains*. Reprint 1976, Running Press, Philadelphia, S. IV.

Nickl, T., und H. Schnitzler, (Hrsg.), 1964. *Briefwechsel von Hugo von Hofmannsthal und Arthur Schnitzler*. S. Fischer, Frankfurt/M.

Nietschmann, B., 1977. «The Bambi Factor». *Natural History*, August/September, S. 84–87.

Nietzsche, F., 1968. *Kritische Gesamtausgabe* VI,2. Hrsg. G. Colli und M. Montinari. W. de Gruyter, Berlin.

— 1970. *Nachgelassene Fragmente. Herbst 1887 bis März 1888. Kritische Gesamtausgabe* VIII,2. Hrsg. G. Colli und M. Montinari. W. de Gruyter, Berlin.

Nikolaus von Kues, 1964. *Philosophisch-theologische Schriften*. Übers. D. und W. Dupré. Herder, Wien.

Nisbet, R., 1980. *History of the Idea of Progress*. Basic Books, New York.

Nitecki, M. H., und D. V. Nitecki (Hrsg.), 1987. *The Evolution of Human Hunting*. Plenum, New York.

Niven, C. D., 1967. *History of the Humane Movement*. Transatlantic Arts, New York.

Nolte, W. H., 1978. *Rock and Hawk. Robinson Jeffers and the Romantic Agony*. University of Georgia Press, Athens.

Nordenskiöld, E., 1928. *The History of Biology* (1924), engl. Übers. L. B. Eyre. Knopf, New York (dt. *Die Geschichte der Biologie*, 1926).

Nugent, F. S., 1939. «Disney Is Now Art – But He Wonders». *New York Times Magazine*, 26. Februar, S. 4f.

Oakley, K. P., 1951. «A Definition of Man». *Science News*, 20:69–81.

— 1954. «Skill as a Human Possession». In C. J. Singer, E. J. Holmyard und A. R. Hall (Hrsg.): *A History of Technology*. Oxford University Press, Oxford, Band 1, S. 1–37.

— 1959. «Tools Makyth Man». *Smithsonian Reports, 1958*:431–456.

— 1961. «On Man's Use of Fire, with Comments on Tool-Making and Hunting». In S. L. Washburn (Hrsg.): *Social Life of Early Man*. Aldine, Chicago, S. 176–193.

Olmsted, J. M. D., 1938. *Claude Bernard, Physiologist*. Harper, New York.

Opie, I., und P. Opie (Hrsg.), 1952. *The Oxford Dictionary of Nursery Rhymes*. Oxford University Press, Oxford.

Opperman, H., 1983. *J.-B. Oudry*. Kimbell Art Museum, Fort Worth.

Ormond, R., 1981. *Sir Edwin Landseer*. Philadelphia Museum of Art, Philadelphia.

Ortega y Gasset, J., 1957. *Über die Jagd*. Übers. G. Lepiorz. Rowohlt, Hamburg.

Orwell, S., und I. Angus (Hrsg.), 1968. *The Collected Essays, Journalism, and Letters of George Orwell*. Harcourt Brace Jovanovich, New York.

Osborn, H. F., 1926. «Why Central Asia?» *Natural History*, 26:263–269.

— 1927. «Recent Discoveries Relating to the Origin and Antiquity of Man». *Science*, 65:481–488.

— 1929. «Is the Ape-Man a Myth?» *Human Biology*, 1:4–9.

Ovid, 1988. *Metamorphosen*. Übers. E. Rösch. 11. Aufl., Artemis, München/Zürich.

— 1989. *Fasti*. Hrsg. J. Frazer. 2. Aufl., Harvard University Press, Cambridge.

Pace, R., 1967. *De fructu qui ex doctrina percipitur* (1517). Hrsg. F. Manley und R. S. Sylvester. Ungar, New York.

Paley, W., 1837. *Natürliche Theologie* (*Natural Theology*, 1802). Übers. H. Hauff. J. G. Cotta, Stuttgart/Tübingen.

Patchen, K., 1945. *Memoirs of a Shy Pornographer*. New Directions, New York. Reprint 1958, City Lights Books, San Francisco (dt. *Erinnerungen eines schüchternen Pornographen*, 1964).

— 1948. *Cloth of the Tempest*. New Directions, New York.

Paton, A., 1964. *Hofmeyr*. Oxford University Press, Cape Town.

Paton, L. B., 1915. «Ishtar». In J. Hastings (Hrsg.): *Encyclopaedia of Religion and Ethics*. Scribner's, New York, Band 7, S. 428–434.

Pausanias, 1967. *Beschreibung Griechenlands* (Auswahl). Übers. E. Meyer. 2. Aufl., Artemis, Zürich/Stuttgart.

— 1986–1989. *Reisen in Griechenland*, Band III: *Delphoi*. Übers. E. Meyer. Artemis, Zürich/München.

Peattie, D. C., 1942. «The Nature of Things». *Audubon Magazine*, 44:266–271.

Pepperberg, I., 1990. «Conceptual Abilities of Some Nonprimate Species, with an Emphasis on an African Grey Parrot». In S. T. Parker und K. R. Gibson (Hrsg.): *«Language» and Intelligence in Monkeys and Apes. Comparative Developmental Perspectives*. Cambridge University Press, Cambridge, S. 469–507.

Perper, T., und C. Schrire, 1977. «The Nimrod Connection. Myth and Science in the Hunting Model». In M. R. Kare und O. Maller (Hrsg.): *The Chemical Senses and Nutrition*. Academic Press, New York, S. 447–459.

Peterson, B. R., 1989. *Buck Peterson's Complete Guide to Deer Hunting*. Ten Speed Press, Berkeley.

Petzal, D. E., 1988. «Rambo Comes to England, and Other Bad News». *Field and Stream*, Mai, S. 28f.

Pfeiffer, J. E., 1969. *The Emergence of Man*. Harper, New York.

— 1971. «Man the Hunter». *Horizon*, 13:28–33.

Pfeil, F., 1986. «Policiers Noirs». *The Nation*, 243:523–525.

Phillips, M. T., und J. A. Sechzer, 1989. *Animal Research and Ethical Conflict*. Springer, New York.

Der Physiologus. Tiere und ihre Symbolik. Übers. O. Seel. 6. Aufl., Artemis, Zürich/München 1992.

Pike, J. B., (Hrsg.), 1938. *Frivolities of Courtiers and Footprints of Philosophers. Being a Translation of the First, Second, and Third Books and Selections from the Seventh and Eighth Books of the Policraticus of John of Salisbury*. University of Minnesota Press, Minneapolis.

Pilbeam, D., 1972. *The Ascent of Man. An Introduction to Human Evolution*. Macmillan, New York.

Pinguet, F., 1978. «La vénerie et sa musique». *Revue musicale*, 310/311:1–123.

Pitts, D. D., 1974. «Discerning the Animal of the Thousand Faces». *Children's Literature*, 3:169–172.

Platon, 1965. *Spätdialoge*, Band I. Übers. R. Rufener. Artemis, Zürich/Stuttgart.
— 1969. *Spätdialoge*, Band II. Übers. R. Rufener. Artemis, Zürich/Stuttgart.
— 1973. *Der Staat*. Übers. R. Rufener. Artemis, Zürich/München.
— 1974. *Die Gesetze*. Übers. R. Rufener. Artemis, Zürich/München.
Plinius Secundus d. Ä., 1986. *Naturkunde*, Buch X. Übers. R. König und G. Winkler. Artemis, München/Zürich.
Plutarch, 1861. *Werke*, Teil II: Moralische Schriften, Band 23. Übers. C. Fr. Schnitzer. Metzler, Stuttgart.
— 1948. *Von der Ruhe des Gemütes und andere philosophische Schriften*. Übers. B. Snell. Artemis, Zürich.
— 1980. *Große Griechen und Römer*. Übers. K. Ziegler. dtv, München.
Podach, E. F., 1930. *Nietzsches Zusammenbruch. Beiträge zu einer Biographie*. N. Kampmann, Heidelberg.
Poirier, F. E., 1973. *Fossil Man. An Evolutionary Journey*. Mosby, St. Louis.
Pokorny, J., (Hrsg.), 1944. *Altkeltische Dichtungen*. A. Francke, Bern.
Pope, A., 1777. *Works*, Band 4. J. Buckland & T. Longman, London.
— 1842a. «Der Mensch, ein Gedicht in vier Briefen». In A. Pope's *Poetische Werke*. Deutsch von A. Böttger und Th. Oelckers, 4 Teile in 2 Bänden, Fr. Fleischer, Leipzig, Band 2/2, S. 1–86.
— 1842b. «Moralische Versuche in Briefen an verschiedene Personen». Ebd., S. 95–172.
Pope, S., 1925. *Hunting with the Bow and Arrow*. Putnam, New York.
Popper, K., 1957. *Das Elend des Historizismus*. J. C. B. Mohr, Tübingen.
Porter, S. T., (Hrsg.), 1853. *A Selection of Hymns, Chiefly Watts's, for Use in Public Christian Worship*. John Nielson, Glasgow.
Prishvin, M. M., 1936. *Jen Sheng. The Root of Life*. Putnam, New York (dt. M. Prischwin: *Shen-Schen. Die Wurzel des Lebens*).
Proctor, R. 1988. «From *Anthropologie* to *Rassenkunde* in the German Anthropological Tradition». In G. W. Stocking (Hrsg.): *Bones, Bodies, Behavior. Essays on Biological Anthropology*. University of Wisconsin Press, Madison, S. 138–179.
Quennell, P., 1968. *Alexander Pope. The Education of Genius, 1688–1728*. Stein and Day, New York.
Rachels, J., 1990. *Created from Animals. The Moral Implications of Darwinism*. Oxford University Press, Oxford.
Rainsford, W. S., 1909. *The Land of the Lion*. Doubleday, Page, New York.
Ralegh, W., 1964. *The Works of Sir Walter Ralegh*. Burt Franklin, New York.
Randall jr., J. H., 1962. *The Career of Philosophy from the Middle Ages to the Enlightenment*. Columbia University Press, New York.
Randolph, V., 1947. *Ozark Superstitions*. Columbia University Press, New York.
Ranke-Graves, R. von, 1960. *Griechische Mythologie* (*Greek Myths*, 1955). Übers. H. von Seinfeld. Rowohlt, Reinbek.
Rawson, H., 1981. *A Dictionary of Euphemisms*. Crown, New York.
Read, C., 1914. «On the Differentiation of Man from the Anthropoids». *Man*, 14:181–186.
— 1920. *The Origin of Man and of His Superstitions*. Cambridge University Press, Cambridge.
— 1925. *The Origin of Man*. Cambridge University Press, Cambridge.
Reader, J., 1988. *Missing Links. The Hunt for Earliest Man*. Penguin, London (dt. *Die Jagd nach den ersten Menschen*, 1982).
Regan, T., 1983. *The Case for Animal Rights*. University of California Press, Berkeley.

— 1991. *The Three Generation. Essays on the Coming Revolution.* Temple University Press, Philadelphia.

Reiger, G., 1980. «The Truth about Bambi». *Field and Stream*, März, S. 12–17.

Remigereau, F., 1952. «Jacques du Fouilloux et sa Traité de la Vénerie». *Publications de la Faculté des Lettres de la Université de Strasbourg*, 117:1–191.

Rexroth, K., 1956. *In Defense of the Earth.* New Directions, Norfolk.

Rhodes, R., 1969. «Death All Day in Kansas». *Esquire*, November, S. 146–198.

Rhys Davids, T. S., und H. Oldenberg, (Hrsg.), 1881. *Vinaya Texts.* Oxford University Press, Oxford. Reprint 1965, Motilal Banarsidass, Delhi.

Richards, G., 1987. *Human Evolution. An Introduction for the Behavioural Sciences.* Routledge und Kegan Paul, London.

Rieckmann, J., 1985. *Aufbruch in die Moderne. Die Anfänge des Jungen Wien. Österreichische Literatur und Kritik im Fin de Siècle.* Athenäum, Königstein.

Riedmüller, K., 1949. «Felix Salten als Mensch, Dichter und Kritiker». Dissertation, Universität Wien.

Rishel, J., 1981. «Landseer and the Continent. The Artist in International Perspective». In R. Ormond: *Sir Edwin Landseer.* Philadelphia Museum of Art, Philadelphia, S. 25–40.

Ritvo, H., 1987. *The Animal Estate. The English and Other Creatures in the Victorian Age.* Harvard University Press, Cambridge.

Robinson, J. T., 1961. «The Australopithecines and Their Bearing on the Origin of Man and of Stone Tool-Making». *South African Journal of Science*, 57:3–13.

— 1962. «The Origins and Adaptive Radiation of the Australopithecines». In G. Kurth (Hrsg.): *Evolution und Hominisation.* G. Fischer, Stuttgart, S. 120–140.

— 1963. «Adaptive Radiation in the Australopithecines and the Origin of Man». In F. C. Howell und F. Bourlière (Hrsg.): *African Ecology and Human Evolution.* Aldine, Chicago, S. 385–416.

Rodman, J., 1986. «The Dolphin Papers». In D. Halpern (Hrsg.): *On Nature.* North Point Press, Berkeley, S. 252–280.

Roeder, H., 1955. *Saints and Their Attributes, with a Guide to Localities and Patronage.* Longmans, Green, London.

Rogers, J. E. T., (Hrsg.), 1881. *Loci e Libro Veritatum. Passages Selected from Gascoigne's Theological Dictionary Illustrating the Condition of Church and State, 1403–1458.* Oxford University Press, Oxford.

Rollin, B. E., 1981. *Animal Rights and Human Morality.* Prometheus Books, Buffalo.

Romanes, G. J., 1893. *Die geistige Entwicklung beim Menschen. Ursprung der menschlichen Befähigung (Mental Evolution in Man,* 1888). E. Günther, Leipzig.

Roosevelt, T., 1893. *The Wilderness Hunter. An Account of the Big Game of the United States and Its Chase with Horse, Hound, and Rifle,* Putnam, New York (dt. *Jagden in amerikanischer Wildnis).*

Rose, H. J., 1928. *A Handbook of Greek Mythology.* Methuen, London (dt. *Griechische Mythologie. Ein Handbuch,* 5. Aufl., 1978).

Rosenfield, L. C., 1941. *From Beast-Machine to Man-Machine. Animal Soul in French Letters from Descartes to La Mettrie.* Oxford University Press, New York.

Ross, A., 1967. *Pagan Celtic Britain. Studies in Iconography and Tradition.* Routledge and Kegan Paul, London.

— 1986. *The Pagan Celts.* Barnes and Noble, Totowa.

Rousseau, J.-J., 1978a. *Julie oder Die neue Héloïse* (1761). Übers. J. G. Gellius, bearb. von D. Leube. Winkler, München.

— 1978b. *Die Bekenntnisse* (1764–1770). Übers. A. Semerau. In *Die Bekenntnisse. Die Träumereien des einsamen Spaziergängers*. Winkler, München.

— 1979. *Emile* (1762). Übers. bearb. von S. Schmitz. In *Emile oder Von der Erziehung. Emile und Sophie oder Die Einsamen*. Winkler, München.

— 1981. *Abhandlung über den Ursprung und die Grundlagen der Ungleichheit unter den Menschen* (1755). Übers. M. Mendelssohn, bearb. von D. Leube, E. Koch und V. Pagin. In *Sozialphilosophische und Politische Schriften*. Winkler, München.

Ruark, R., 1974. *Safari* (*Use Enough Gun*, 1966). Übers. E. Strohm und W. v. Grünau. Rowohlt Tb, Reinbek.

Rue III., L. L., 1978. *The Deer of North America*. Times-Mirror, Los Angeles.

Ruggeri, S., 1990. «Why I Don't Hunt». *Sierra*, Dezember, S. 52f.

Ruse, M., 1979. *The Darwinian Revolution. Science Red in Tooth and Claw*. University of Chicago Press, Chicago.

Russell, B., 1950. *Philosophie des Abendlandes. Ihr Zusammenhang mit der politischen und sozialen Entwicklung* (*A History of Western Philosophy*, 1945). Übers. E. Fischer-Wernecke und R. Gillischewski. Holle, Frankfurt/M.

— 1961. *The Basic Writings of Bertrand Russell*. Hrsg. R. E. Egner und L. E. Denon. Simon and Schuster, New York.

Russell, D. E. H., 1975. *The Politics of Rape*. Stein and Day, New York.

Russell, F., 1984. *The Hunting Animal*. Hutchinson, London.

Ruyle, E. E., 1977. «Labor, People, Culture. A Labor Theory of Human Origins». *Yearbook of Physical Anthropology*, 20:136–163.

Rycroft, C., 1972. *Wilhelm Reich*. Viking, New York (dt. *Wilhelm Reich*, 1972).

Sabbag, G. E., 1986. «Unfair Game. Hunter Draw Lots to Shoot at Bison That Wander Outside Yellowstone». *National Parks*, Mai/Juni, S. 14f.

Sahlins, M., 1976. *The Use and Abuse of Biology*. University of Michigan Press, Ann Arbor.

Sallust, 1978. *Historische Schriften*. Übers. A. Lambert. Artemis, Zürich/München.

Salten, F., 1956. *Bambi. Eine Lebensgeschichte aus dem Walde* (1924). Fischer Tb, Frankfurt/M./Hamburg.

— 1931. *Fünf Minuten Amerika*. P. Zsolnay, Wien.

— 1933. «Aus den Anfängen. Erinnerungsskizzen». *Jahrbuch deutscher Bibliophilen*, 18/19:31–46.

Savage-Rumbaugh, E. S., 1986. *Ape-Language. From Conditioned Response to Symbol*. Columbia University Press, New York.

Schaller, G. B., 1972a. «Are You Running with Me, Hominid?» *Natural History*, März, S. 60–68.

— 1972b. *The Serengeti Lion*. University of Chicago Press, Chicago.

Schelling, F. W. J., 1927. *Werke*. Hrsg. M. Schröter. C. H. Beck und R. Oldenbourg, München.

Schickel, R., 1968. *The Disney Version*. Avon, New York.

Schneemelcher, W., 1990: *Neutestamentliche Apokryphen*, I. Band: *Evangelien*. 6. Aufl., J. C. B. Mohr, Tübingen.

Schopenhauer, A., 1947. *Parerga und Paralipomena* (1851), 2. Band. *Sämtliche Werke*. Hrsg. A. Hübscher, 6. Band. E. Brockhaus, Wiesbaden.

— 1949. *Die Welt als Wille und Vorstellung* (1819), 1. Band. *Sämtliche Werke*. Hrsg. A. Hübscher, 2. Band. E. Brockhaus, Wiesbaden.

Schorske, C. E., 1980. *Fin-de-siècle Vienna. Politics and Culture*. Knopf, New York (dt. *Wien. Geist und Gesellschaft im Fin-de-Siècle*, 1982).

Scully, D., 1990. *Understanding Sexual Violence. A Study of Convicted Rapists.* Unwin Hyman, Boston.

Seccombe, J., 1743. *A Discourse Utter'd in Part at Ammauskeeg-Falls in the Fishing-Season.* Reprint 1971, Barre Publishers, Barre.

Sedgwick, A., 1860. «Objections to Mr. Darwin's Theory of the Origin of Species». *The Spectator*, 24. März, S. 285f.

Segerberg jr., O., 1971. *Where Have All the Flowers, Fishes, Birds, Trees, Water, and Air Gone? What Ecology Is All About.* McKay, New York.

Seldes, G., 1937. *The Movies Come from America.* Scribner's, New York.

— 1950. *The Big Audience.* Viking, New York.

— 1956. *The Public Arts.* Simon and Schuster, New York.

Seneca, 1992. *Die kleinen Dialoge.* Übers. G. Fink. Artemis & Winkler, München/Zürich.

Seton, E. T., 1898. *Wild Animals I Have Known*, Scribner's, New York (dt. *Bingo und andere Tiergeschichten*).

— 1901. *Lives of the Hunted*, Scribner's, New York (dt. *Prärietiere und ihre Schicksale*).

Shakespear, J., 1934. *Urdu-English and English-Urdu Dictionary.* Reprint 1980, Sang-e-Meel, Lahore.

Shakespeare, W., 1988. *Sämtliche Werke in einem Band.* Bechtermünz, Eltville.

Shastri, M. M. H., (Hrsg.), 1982. *Śyainika Śāstram. The Art of Hunting in Ancient India.* Eastern Book Linkers, Delhi.

Shaw, G. B., 1947. *Zurück zu Methusalem. Ein metabiologischer Pentateuch (Back to Methuselah).* Übers. S. Trebitsch. Artemis, Zürich.

Shelley, P. B., 1886. *Ausgewählte Dichtungen.* Übers. A. Strodtmann. Bibliographisches Institut, Leipzig.

— 1991. *Poetical Works.* Hrsg. T. Hutchinson. Oxford University Press, Oxford.

— und J. Keats, 1949. *Oden und Hymnen.* Übers. U. Clemen. Filser, München-Pasing.

Sherrington, C., 1941. *Man on His Nature.* Cambridge University Press, Cambridge.

Shesgreen, S., 1973. *Engravings by Hogarth.* Dover, New York.

Shipman, P., 1986. «Scavenging or Hunting in Early Hominids. Theoretical Framework and Tests». *American Anthropologist*, 88:27–43.

— 1987. «Why Did the Human Lineage Survive?» *Discover*, April, S. 60–64.

Shows, C., 1980. *Walt. Backstage Adventures with Walt Disney.* Communication Creativity, La Jolla.

Simpson, J. Y., 1922. *Man and the Attainment of Immortality.* Doran, New York.

Singer, C., 1957. *A Short History of Anatomy and Physiology from the Greeks to Harvey.* 2. Aufl., Dover, New York.

Singer, P., 1982. *Befreiung der Tiere. Eine neue Ethik zur Behandlung der Tiere (Animal Liberation).* Übers. E. von Scheidt. F. Hirthammer, München.

Slotkin, J. S., (Hrsg.), 1965. «Readings in Early Anthropology». *Viking Fund Publications in Anthropology*, 40:1–530.

Smith, G. E., 1924. *The Evolution of Man.* Oxford University Press, Oxford.

Smith, H. I., 1906. «Some Ojibwa Myths and Traditions». *Journal of American Folklore*, 19:215–230.

Smith, J., (Hrsg.), 1972. *Mark Twain on Man and Beast.* Lawrence Hill, New York.

Smith, W. G., 1894. *Man, the Primeval Savage. His Haunts and Relics from the Hill-tops of Bedfordshire to Blackwall.* E. Stanford, London.

Snyder, G., 1980. *Schildkröteninsel (Turtle Island*, 1974). Übers. R. Steckel. F. Schickler, Berlin.

Speth, J. D., und D. D. Davis, 1976. «Seasonal Variability in Early Hominid Predation». *Science*, 192:441–445.

Spuhler, J. N., 1959. «Somatic Paths to Culture». *Human Biology*, 31:1–13.

Squires, R., 1956. *The Loyalities of Robinson Jeffers*. University of Michigan Press, Ann Arbor.

Starbuck, G., 1966. *White Paper*. Little, Brown, Boston.

Stein, G. J., 1987. «The Biological Bases of Ethnocentrism, Racism and Nationalism in National Socialism». In V. Reynolds, V. Falger und I. Vine (Hrsg.): *The Sociobiology of Ethnocentrism*. University of Georgia Press, Athens, S. 250–267.

Steinbeck, J., 1963. *Meine Reise mit Charley. Auf der Suche nach Amerika* (*Travels with Charley in Search of America*, 1962). Übers. I. und R. H. Foerster. Diana, Zürich.

Stephenson, R., 1967. *Animation in the Cinema*. Zwemmer, London.

Stocking jr., G. W. S., 1987. *Victorian Anthropology*. Free Press, New York.

Stoczkowski, W., 1991. «De l'origine de la division sexuelle du travail: quelques fossiles vivants de l'imaginaire». *Les nouvelles de l'archaeologie*, 44:15–18.

Sullivan, S. A., 1984. *The Dutch Gamepiece*. Rowman and Allenheld, Totowa.

Sumner, W. G., 1963. *Social Darwinism. Selected Essays*. Hrsg. S. Persons. Prentice-Hall, Englewood Cliffs.

Swift, J., 1958. *Gulliver's Travels and Other Writings*. Hrsg. R. Quintana. Modern Library, New York.

— 1974. *Gullivers Reisen* (1726). Übers. K. H. Hansen. Winkler, München.

Tanner, N. M., 1981. *On Becoming Human*. Cambridge University Press, Cambridge.

— und A. L. Zihlman, 1976. «Women in Evolution. Part I: Innovation and Selection in Human Origins». *Signs*, 1:585–608.

Tattersall, I., 1970. *Man's Ancestors. An Introduction to Primate and Human Evolution*. Murray, London.

Taylor, J., 1630. *All the Workes of J. Taylor the Water Poet: Beeing sixty and three in number*. J. Boler, London.

Taylor, R. E., und R. Bogart, 1988. *Scientific Farm Animal Production. An Introduction to Animal Science*. 3. Aufl., Macmillan, New York.

Teilhard de Chardin, P., 1966. *Die menschliche Energie* (*L'énergie humaine*). Übers. K. Schmitz-Moormann. Walter, Olten.

Teleki, G., 1973. *The Predatory Behavior of Wild Chimpanzees*. Bucknell University Press, Lewisburg.

— 1981. «The Omnivorous Diet and Eclectic Feeding Habits of Chimpanzees in Gombe National Park, Tanzania». In R. S. O. Harding und G. Teleki (Hrsg.): *Omnivorous Primates. Gathering and Hunting in Human Evolution*. Columbia University Press, New York, S. 303–343.

Tennyson, A., 1867. *Ausgewählte Dichtungen*. Übers. A. Strodtmann. Bibliographisches Institut, Hildburghausen.

— 1874. *In Memoriam. «Zum Gedächtniss»*. Übers. A. von Bohlen. Gebr. Borntraeger, Berlin.

— 1888. *Locksley Hall*. Übers. F. Freiligrath, und *Locksley Hall nach sechzig Jahren*. Übers. J. Feis. H. Grüning, Hamburg.

— 1970. *The Works of Tennyson*. Hrsg. Hallam, Lord Tennyson. London, 1907–1908. Reprint AMS Press, New York.

Terrace, H. S., 1983. «Apes Who ‹Talk›. Language or Projection of Language by Their

Teachers?» In J. de Luce and H. T. Wilder (Hrsg.): *Language in Primates. Perspectives and Implications.* Springer, New York, S. 19–42.

— L. A. Pettito, R. J. Sanders und T. G. Bever, 1979. «Can an Ape Create a Sentence?» *Science*, 206:891–900.

Theokrit, 1970. *Gedichte.* Übers. F. P. Fritz. Heimeran, München.

Thiébaux, M., 1969. «The Mouth of the Boar as a Symbol in Medieval Literature». *Romance Philology*, 22:281–299.

— 1974. *The Stag of Love. The Chase in Medieval Literature.* Cornell University Press, Ithaca.

Thomas von Aquin, 1977. *Summa theologica*, 13. Band: *Das Gesetz.* Hrsg. Philosophisch-theologische Hochschule Walberberg. F. H. Kerle, Heidelberg - Styria, Graz u. a.

Thomas, F., und O. Johnston, 1981. *Disney Animation. The Illusion of Life.* Abbeville Press, New York.

Thomas, K. V., 1983. *Man and the Natural World. A History of the Modern Sensibility.* Pantheon, New York.

Thompson, D. B., 1948. *Swans and Amber.* University of Toronto Press, Toronto.

Thompson, E. P., 1975. *Whigs and Hunters. The Origin of the Black Act.* Pantheon, New York.

Thomson, J. A., 1910. «Darwin's Predecessors». In A. C. Seward (Hrsg.): *Darwin and Modern Science.* Cambridge University Press, Cambridge, S. 3–17.

Thoreau, H. D., 1906. *The Journal of Henry D. Thoreau.* Hrsg. B. Torrey und F. H. Allen. Houghton Mifflin, Boston.

— 1972. *Walden oder Hüttenleben im Walde* (1854). Übers. F. Güttinger. Manesse, Zürich.

Tiger, L., und R. Fox, 1971. *The Imperial Animal.* Holt, Rinehart and Winston, New York (dt. *Das Herrentier*, 1973).

Tilander, G., 1956. «Guicennas. De Arte Bersandi. Le plus ancient traité de chasse de l'occident». *Cynegetica* (Uppsala), 3:1–32.

— (Hrsg.), 1964. *The Boke of Hunting.* E. G. Johansson, Karlshamn.

— 1967. «Jacques du Fouilloux: *La Vénerie* et *L'Adolescence*». *Cynegetica* (Uppsala), 16:1–330.

Tillyard, E. M. W., 1944. *The Elizabethan World Picture.* Macmillan, New York.

Tobias, P. V., 1965. «Early Man in East Africa». *Science* 149:22–33.

— 1984. *Dart, Taung, and the ‹Missing Link›.* Witwatersrand University Press, Johannesburg.

Tolkien, J. R. R., 1965. *Tree and Leaf.* Houghton Mifflin, Boston (dt. *Baum und Blatt*, 1982).

Tooby, J., und I. DeVore, 1987. «The Reconstruction of Hominid Behavioral Evolution through Strategic Modeling». In W. G. Kinzey (Hrsg.): *The Evolution of Human Behavior. Primate Models.* State University of New York Press, Albany, S. 183–237.

Toulmin, S., 1984. «The New Philosophy of Science and the ‹Paranormal›.» *Skeptical Inquirer*, 9(1):48–55.

Toynbee, J. M. C., 1983. *Tierwelt der Antike (Animals in Roman Life and Art*, 1973). Übers. M. R. Alfödi und D. Mißlbeck. P. von Zabern, Mainz.

Trevelyan, G. M., 1942. *English Social History.* Longmans, Green, London. Reprint 1964, Penguin, Harmondsworth (dt. *Kultur- und Sozialgeschichte Englands*, 1948).

Turbervile, G., 1576. *The Noble Arte of Venerie or Hunting: wherein is handled and set out the Vertues, Nature, and Properties of fivetene sundrie Chaces togither, with the order and maner how to Hunte and kill every one of them.* Reprint 1908, Oxford University Press, Oxford.

Turk, M. H., (Hrsg.), 1930. *An Anglo-Saxon Reader*. Scribner's, New York.

Turner, J., 1980. *Reckoning with the Beast. Animals, Pain, and Humanity in the Victorian Mind*. John Hopkins University Press, Baltimore.

Turner, R. L., 1966. *A Comparative Dictionary of the Indo-Aryan Languages*. Oxford University Press, Oxford.

Twain, M., 1869. *The Innocents Abroad*. Ausgabe Harper, New York 1913 (dt. *Die Arglosen im Ausland*).

— 1894. *Pudd'nhead Wilson and Those Extraordinary Twins*. Ausgabe Harper, New York 1913.

— 1916. *The Mysterious Stranger and Other Stories*. Harper, New York. Reprint 1962, New American Library, New York.

— 1917. *What Is Man?* Harper, New York.

— 1962. *Letters from the Earth*. Harper and Row, New York.

— 1965. *Dem Äquator nach (Following the Equator*, 1897). Übers. A. M. Brock. Hoffmann und Campe, Hamburg.

— 1977. *Durch Dick und Dünn (Roughing It*, 1871). Übers. O. Wilck. Hanser, München.

Uhland, L., 1980. *Werke*, Band I: *Sämtliche Gedichte*. Winkler, München.

Vegetius, F. R., 1986. *Epitoma Rei Militaris (Das gesamte Kriegswesen)*. Hrsg. F. Wille. Sauerländer, Aarau.

Vergil, 1987. *Landleben*. Übers. J. und M. Götte. 5. Aufl., Artemis, München/Zürich.

— 1988. *Aeneis*. Übers. J. und M. Götte. 7. Aufl, Artemis, München/Zürich.

Vonnegut, K., 1961. *The Sirens of Titan*. Houghton Mifflin, Boston (dt. *Die Sirenen des Titan*).

— 1968. *Canary in a Cat House*. Fawcett Gold Medal, Greenwich.

— 1975. *Wampeters Foma and Granfaloons*. Dell, New York.

— 1990. *Galapagos (Galápagos*, 1985). Übers. L.-W. Wolff. Goldmann Tb, München.

Vrba, E. S., 1976. *The Fossil Bovidae of Sterkfontein, Swartkrans, and Kromdaai*. Transvaal Museum, Pretoria.

Walker, A., 1976. «The Hunter Hunted». *Natural History*, Mai, S. 76–81.

— und R. E. F. Leakey, 1978. «The Hominids of East Turkana». *Scientific American*, August, 239:54–66.

Walker, E. P., 1964. *Mammals of the World*. John Hopkins University Press, Baltimore.

Wallace, A. R., 1869. Besprechung von C. Lyell: *Principles of Geology* und *Elements of Geology*. *Quarterly Review*, 126:359–394.

— 1889. *Darwinism*. Macmillan, London (dt. *Der Darwinismus*, 1891).

Wallace, J. A., 1975. «Dietary Adaptions of *Australopithecus* and Early *Homo*». In R. H. Tuttle (Hrsg.): *Paleoanthropology, Morphology, and Paleoecology*. Mouton, The Hague, S. 203–223.

Wäppling, E., 1984. «Four Irish Legendary Figures in *At Swim-Two-Birds*». *Acta Universitatis Upsaliensis*, 56:1–109.

Wardale, E. E., 1935. *Chapters on Old English Literature*. Kegan Paul, Trench, Trubner, London.

Ware, J. R., (Hrsg.), 1963. *The Sayings of Chuang Chou*. Mentor, New York.

Warner, C. D., 1878. «A-Hunting of the Deer». *Atlantic Monthly*, April, S. 522–529.

Warner, S. T., 1977. Einleitung zu T. H. White: *The Book of Merlyn*. Berkeley, New York 1978, S. IX–XXVI.

Washburn, S. L., 1951a. «The Analysis of Primate Evolution with Particular Reference to the Origin of Man». *Symposia on Quantitative Biology*, 15:67–77.

— 1951b. «The New Physical Anthropology». *Transactions of the New York Academy of Sciences*, 2. Serie, 13:298–304.

— 1960. «Tools and Human Evolution». *Scientific American*, September, 203:63–75.

— und I. DeVore, 1961. «Social Behavior of Baboons and Early Man». In S. L. Washburn (Hrsg.): *Social Life of Early Man*. Aldine, Chicago, S. 91–105.

— und C. S. Lancaster, 1968. «The Evolution of Hunting». In R. B. Lee und I. DeVore (Hrsg.): *Man the Hunter*. Aldine, Chicago, S. 293–303.

— und V. Avis, 1969. «Die Evolution des menschlichen Verhaltens». In A. Roe und G. G. Simpson (Hrsg.): *Evolution und Verhalten (Behavior and Evolution*, 1958). Übers. K. Bergerhoff. Suhrkamp, Frankfurt/M., S. 128–151.

— und R. S. O. Harding, 1975. «Evolution and Human Nature». In S. Arieti (Hrsg.): *American Handbook of Psychiatry*. Basic Books, New York, Band 6, S. 3–13.

Waters, R., 1990. «A New Dawn in Bohemia?» *Sierra*, Mai/Juni, S. 34–40.

Watkins, T. H., 1980. «The Thin Green Line». *Audubon*, September, S. 68–87.

Watson, P. F., 1979. *The Garden of Love in Tuscan Art of the Early Renaissance*. Art Alliance Press, Philadelphia.

Weiner, D. R., 1988. *Models of Nature. Ecology, Conservation, and Cultural Revolution in Soviet Russia*. Indiana University Press, Bloomington.

Weismiller, E., 1936. *The Deer Come Down*. Yale University Press, New Haven.

Wells, H. G., 1925. *Die Grundlinien der Weltgeschichte (The Outline of History)*. Übers. O. Mandl u. a. Verlag für Sozialwissenschaft, Berlin.

— 1945. *Mind at the End of Its Tether*. W. Heinemann, London/Toronto.

Werner, A., 1945. «The Author of ‹Bambi›». *Saturday Review of Literature*, 3. November, S. 17f.

Wesley, J., 1958. *The Works of John Wesley*. Zondervan, Grand Rapids.

Whedbee, C. H., 1966. *Legends of the Outer Banks and Tar Heel Tidewater*. John F. Blair, Winston-Salem.

Whicher, G. F., (Hrsg.), 1965. *The Transcendentalist Revolt against Materialism*. Heath, Boston.

Whisker, J. B., 1981. *The Right to Hunt*. North River Press, o. O.

White, E. B., 1944. *Des Anderen Brot (One Man's Meat)*. Overseas Editions, New York.

White, L. A., 1949. *The Science of Culture. A Study of Man and Civilization*. Grove, New York.

White jr., L., 1962. *Medieval Technology and Social Change*. Oxford University Press, London (dt. *Die mittelalterliche Technik und der Wandel der Gesellschaft*, 1968).

White, T. H., 1980. *Das Buch Merlin (The Book of Merlyn*, 1977). Übers. I. Brender. E. Diederichs, Düsseldorf/Köln.

— 1982. *Kopfkalamitäten und andere Geschichten (The Maharajah and Other Stories*, 1981). Übers. R. Rocholl. E. Diederichs, Düsseldorf/Köln.

Wilbur, R., 1963. *The Poems of Richard Wilbur*. Harcourt, Brace, and World, New York.

Wieland, C. M., 1909. *Gesammelte Schriften*. Hrsg. F. Homeyer. Band I (1,2): *Poetische Jugendwerke*. Berlin. Reprint 1986, Weidmann, Hildesheim.

Wilde, O., 1970. *Werke*. Hrsg. R. Gruenter. 2. Band. Übers. P. Baudisch und E. Landmann. Hanser, München.

Williams, J., 1990. «The Killing Game». *Esquire*, Oktober, S. 113–128.

Williams, T., 1981. «The Worst Predator in Maine». *Audubon*, März, S. 36–41.

— 1989a. «The Incineration of Yellowstone». *Audubon*, Januar, S. 38–85.

— 1989b. «Circus Whales». *Audubon*, Februar, S. 16–23.

Wiltse, H. M., 1900. «In the Southern Field of Folk-Lore». *Journal of American Folk-Lore*, 13:209–212.

Wimberly, L. C., 1928. *Folklore in the English and Scottish Ballads*. University of Chicago Press, Chicago.

Wishy, B., 1968. *The Child and the Republic. The Dawn of Modern American Child Literature*. University of Pennsylvania Press, Philadelphia.

Wolberg, D. L., 1970. «The Hypothesized Osteodontokeratic Culture of the Australopithecinae. A Look at the Evidence and the Opinions». *Current Anthropology*, 11:23–37.

Wolcott, J., 1983. «The Prince of Finesse». *Harper's*, September, S. 63–66.

Wolf, R., 1981. «God, James Watt, and the Public Land». *Audubon*, März, S. 58–65.

Wolkomir, R., 1985. «High-Tech Materials Blaze Urban Trail for Outdoorsy Duds». *Smithsonian*, Januar, S. 122–127.

Wolpoff, M. H., 1971. *Metric Trends in Hominid Dental Evolution*. Press of Case Western Reserve University, Cleveland.

Wordsworth, W., 1974. *Präludium oder Das Reifen eines Dichtergeistes (The Prelude)*. Übers. H. Fischer. Reclam, Stuttgart.

— 1984. *William Wordsworth*. Hrsg. S. Gill. Oxford University Press, Oxford.

Wyatt, T., 1969. *Collected Poems of Sir Thomas Wyatt*. Hrsg. K. Muir und P. Thomson. Liverpool University Press, Liverpool.

Xenophon, 1930. *Kynegetikus, oder Büchlein von der Jagd*. Übers. C. H. Dörner. *Werke* IV,9. Langenscheidt, Berlin-Schöneberg.

Young, J. Z., 1971. *An Introduction to the Study of Man*. Oxford University Press, New York.

Zuckerman, S., 1991. «Apes R Not Us». *New York Review of Books*, 30. Mai, S. 43–49.

Danksagung

Viele Menschen haben mehr zu diesem Buch beigetragen, als ich hier sagen kann. Besonderen Dank schulde ich meinen Kollegen von der Duke University für ihre verständnisvolle Unterstützung und der John Simon Guggenheim Memorial Foundation für die Gewährung eines Guggenheim-Forschungsstipendiums, das mir ein Jahr freie Zeit zum Studieren und Nachdenken über die hier behandelten Fragen einräumte. Dankbar bin ich R. D. Martin, John Pfeiffer, David Pilbeam, B. J. Williams, Peter Winkler und Dorothea Cook für ihr Interesse und ihre Ermutigung; ferner C. Loring Brace, Weston La Barre, Charles Leslie, Pat Shipman und dem inzwischen verstorbenen John Buettner-Janusch für viele hilfreiche Ideen und Kritiken; sowie Cleveland Amory, Michael Corcoran, W. L. Hylander, Judi Klein-Dial, Bill Taylor, Phillip Tobias und dem verstorbenen Raymond Dart für die Hilfe, die sie mir beim Beantworten von Fragen und Aufspüren von Quellen erwiesen haben.

Besonders dankbar bin ich für die Hilfe, die ich von den Mitarbeitern der Harvard University Press erhalten habe. Zu nennen wären hier Michael G. Fisher, der mir mit Rat und Tat zur Seite stand, A. J. Sullivan, der bei der Beschaffung der Abbildungen eine unschätzbare Hilfe war, und meine Lektorin Joyce Backman, die mich und mein Buch mit großer mitdenkender und mitfühlender Energie durch den Publikationsprozeß leitete. Besonderer Dank gebührt Howard Boyer, dessen anhaltende Begeisterung für dieses Projekt mich durch schwierige Zeiten am Anfang brachte und mir half, bis zum Ende zu kommen. Die Forschungsarbeiten für das 9. Kapitel («Das Bambi-Syndrom») wurden durch die großzügige Unterstützung von David Smith und den übrigen Mitarbeitern des Walt-Disney-Archivs ermöglicht.

Personenregister